康熙奇局

向敬之

著

 上海三联书店

目
录

用

人

引

子

康熙的机心：
自古得天下之正莫如我朝

1

"秦筑长城以来，汉、唐、宋亦常修理，其时岂无边患？明末我太祖统大兵长驱直入，诸路瓦解，皆莫敢当。可见守国之道，惟在修德安民。民心悦，则邦本得，而边境自固，所谓众志成城者也。"（《清圣祖实录》卷一百五十一，康熙三十年五月乙巳）

康熙三十年（1691）五月，康熙皇帝率诸王公大臣，约蒙古各部落首领，会盟多伦诺尔归来。古北口总兵官蔡元，报告其管辖的那一带长城"倾塌甚多，请行修筑"，工部拟批准，怎料康熙以此谕驳回。

世人皆认为康熙之所以不再修筑长城，是因为其从历史的经验教训和祖辈入关的经历中认识到：长城并不是防患固国的屏障，真正的长城在人民的心中，在富民强国，凝聚在民族精神里。

这里断章取义丢了前文："帝王治天下，自有本原，不专恃险阻。"（《清圣祖实录》卷一百五十一，康熙三十年五月乙巳）那才是康熙心里盘算着的另一种政治策略：长城内外都是他的天下，今有提议修缮八旗子弟铁血破残垣的长城，是要防患北国冰天雪域再起龙吟气，还是指桑骂槐称其外族主政不合正统？他岂能"兴工劳役"再修一道土工长城，重筑分割关内多民族与"三北"游牧民族的隔离墙，来时刻提醒自己来自关外，"帝王治天下"之"本原"是强抢过来的而非由来有"自"。

春秋时期，孔子就提出了"大一统"的政治理念，认为"礼乐征伐自天子出"。《礼记·丧服四制》进一步解释"大一统"："天无二日，土无二主，国无二君，家无二尊，以一治之也。"所谓一治，即大一统之义。但是，部落之争，国家之战，导致了中原地区政权修长城，以抗御边患，防御北方游牧民族的入侵。秦始皇筑长城，以此作为中原农耕民族对抗北方游牧民族的防火墙，作为华夏文化与草原文化的分界线。

长城内外，对立冲突。历史上的"中国"，也就成为一个政治地理和国家疆域的旧概念，也导致了商周以降的中原历代王朝，尤其是汉族中央政权，一方面强化"大一统"，一方面排斥"夷狄"。所谓"内中国外夷狄"，也就成了中原政权坚守的民族观念和传统。

历朝历代对长城赋予了重大的军事防御功能。为了这一个分界线，中央政权不惜靡费大量的人力、物力和财力，不断修复、加固。而此中又以明朝为最，明朝自太祖开国起，不但分封了九大攘夷塞王，而且把修长城作为一项国策，一直延续到崇祯亡国前夕。

明修长城，最初旨在防御蒙古残余势力，后来又与蒙古瓦剌、鞑靼对峙，后拦截东北女真—满洲，防止他们破关南下。

这道防火墙真的有用吗？

作用是有一些，像明军扼守山海关，使得后金—清朝势力直至明亡后吴三桂被迫开关迎降前，始终不能越过此处长城一步。但是，1449年的土木之变，1629年的己巳之变，也先的瓦剌兵，皇太极的后金兵，先后威胁明朝京师，都是越过长城后的长驱直入。

就是在皇太极时期，八旗兵也曾五次入关，对明朝社会秩序、经济生产以及政治建设都造成了严重的破坏。

甲申巨变，清军入关，问鼎北京，逐鹿中原。

长城，对于清朝政权而言，早已失去了防御"三北"游牧势力的作用。

先说东北。

这是清朝政权的发祥之地、龙兴之地，皇太极时期已基本统一东北全境："自东北海滨，迄西北海滨，其间使犬、使鹿之邦，及产黑狐、黑貂之地，不事耕种、渔猎为生之俗，厄鲁特部落，以至斡难河源，远迩诸国，在在臣服。"（《清太宗实录》卷六十一，崇德七年六月辛丑）迄至顺治元年（1644），摄政睿亲王多尔衮统兵入关，也相继拿下了明军撤走的宁远、中后所等四处孤城。

至康熙二十八年，清廷与沙俄签订《尼布楚条约》，划定中俄东段边境，将北至外兴安岭以南的广阔地区都纳入了大清王朝的版图。

再说北部。

这是蒙古部族势力范围，诸部互不统属，纷争不断。皇太极在天聪年间，对强悍的察哈尔部进行多次征讨，迫使其首领林丹汗死在流亡途中。皇太极一统漠南蒙古，并组建蒙古八旗，以盟旗制度统辖蒙古诸部，并威逼漠北蒙古即喀尔喀诸部与清廷建立朝贡关系。

再说西北。

康熙二十九年，准噶尔首领噶尔丹率部东侵漠北蒙古喀尔喀，意图与清廷争夺内外蒙古。康熙帝审时度势，决定派福全、常宁两路大军进击，继而御驾亲征，未料出古北口驻跸鞍匠屯时，中暑高烧不退，于是中途而返。和硕裕亲王福全以抚远大将军统兵，皇长子胤禔副之，内大臣索额图、明珠与阿密达等参赞军务，在乌兰布通一战大败噶尔丹。遗憾的是，统帅福全优柔寡断，与胤禔又闹矛盾，赞襄军务大臣明哲保身，结果调度乖方，没有统兵追击，导致噶尔丹带着千余人仓皇逃亡漠北。

康熙初征大胜，为加强北方边防与喀尔喀诸部管理，于是邀约蒙古诸部贵族，进行一次多伦会盟，定疆界，制法令，并将在内蒙古推行的盟旗制度推至喀尔喀三部，明确清朝中央政府对喀尔喀蒙古的管辖。

此时的长城，虽然承载了几千年的历史风雨和民族记忆，但不过是横亘在大清王朝内陆的一道长长的土墙。倘若再如前明那般斥资巨大、劳民百万地修复，那也是典型的浪费，劳民伤财。

当然，康熙废长城之举，又是中华历史上的一大创举，它正式将中央政府直辖的势力范围"中国"的地理坐标，由秦修长城真正地、全面地、纵深地延伸到长城以外，实现了长城内外的"大一统"。

康熙帝果断地制止大臣请旨拨款修复长城，就成了历史上有名的"康熙废长城"。此举，标志着在政治上中国不再有长城内外之分，也废弃了传承两千多年的"华夷之辨"。

他死后没有明确皇位继承人，雍正即位颇受争议。湘南士人曾静大肆炒作吕留良的"华夷之说"，将入中原的清军指斥为"异类""禽兽"，遭到雍正严厉反驳："逆贼吕留良等，以夷狄比于禽兽，未知上天厌弃内地无有德者，方眷命我外夷为内地主……自我朝入主中土，君临天下，并蒙古极边诸部落，俱归版图。是中国之疆土开拓广远，乃中国臣民之大幸，何得尚有华夷中外之分论哉？……今逆贼等于天下一统、华夷一家之时，而妄判中外，谬生忿戾，岂非逆天悖理，无父无君，蜂蚁不若之异类乎？"（《大义觉迷录》卷一）

雍正的雄辩，虽有自我颂扬之意，但也间接地说明了康熙帝将太宗"满洲、蒙古、汉人，俱为一体"的政治思想，推至了"天下一统、华夷一家"的融合高度。康熙帝坚持国家的统一，推行民族联合政策，实现了国家与民族的"大一统"。

这是前所未有的。

这让大分裂时代承载着军事防御功能的长城，成了盛世之下的一笔凭吊历史的文化遗产。

清朝统治者自关外入主中原，高居中国顶层的统治者属于人数较少的满族。康熙将从皇太极、顺治处继承的民族思想做了深化。他要做"中外一视""天下一家"的共主，证明自家皇权体系是"大一统"的正脉。从其亲政以来的诸多大事，如平叛三藩、收复台湾、兴废太子、以治兼道、出兵准噶尔部等来看，他一直在谨终如始地精心构建"自古得天下之正莫如我朝"(《清圣祖实录》卷二百七十五,康熙五十六年十一月辛未)的康熙盛世。

2

康熙帝冲龄践祚,经历了八年被索尼、鳌拜等四辅臣操控的傀儡政治,于康熙八年扳倒鳌拜后,真正实现亲政。

为了终结辅臣时代,少年老成的康熙帝,在亲政的前期就为即位之初被四辅臣定为犯有十四宗罪的先帝顺治重新定位,为之建造一座偌大的"孝陵神功圣德碑",大力褒扬顺治帝"视满汉如一体,遇文武无重轻"(《清圣祖实录》卷二十五,康熙七年五月庚戌)的改制努力,间接指责四辅臣独崇满洲、贬抑汉臣等做法。

亲政后的康熙,不断集中和强化皇权,先是倚重内阁,将宗室成员主持的议政王大臣会议边缘化,继而吸收翰林学士进入南书房,备做顾问,掣肘内阁,使之几近于摆设。

康熙中期伊始,康熙帝在皇子大多年幼的情势下,注重扶持亲兄弟。他日理万机,将众兄弟中仅存的二哥福全、五弟常宁引为议政。凡议政王大臣等会议军事机密,皆以福全居首,领衔密题请旨。遗憾的是,福全喜好清闲、不慕功利,而常宁缺少才智、性情庸散,尤其是乌兰布通一战并未全胜之后,康熙对兄弟失望了。

康熙后期,康熙帝虽然因为皇储矛盾激化而身心废弛,但还是积极培植诸成年皇子,命他们分领旗务,赞襄机务,组建了凌驾于诸王贝勒、内阁、侍卫处与议政处之上的特殊权力中枢。

直言之,康熙执政,多有任人唯亲的帝王心术。

而在治理国事方面,他主导的核心政治问题,即为清朝"治天下"的合法性寻找"自有本原"正统的依据，不惜一切王霸政策、法律、制度，在武力征服到文治的转化过程中，既维系满族独尊的地位不致衰颓崩坏，又拒绝本民族与被统治的民族的真正融合，强迫被统治民族承认和接受清朝正统的合理性。

3

在具有特色品质和独立人格的中国成功皇帝中，历史背景的时代凿痕，传统文化的教养烙印，出身民族的性格陶铸，使他们在具有雄才大略的伟美形象的同时，又有着不一样的事功悲剧——

秦始皇统一六国，然没能改变二世而亡、亡秦必楚的血色宿命。

汉武帝实现东西文化大融合，但没能避免继承者几乎大权旁落。

唐太宗谱就一曲贞观长歌，而晚年昏聩选择了性格懦弱的继承人。

宋太祖纵有陈桥兵变和杯酒收权的佳绩，也无法改变天下纷争的局面。

元太祖的铁骑踏出最辽阔的版图，却留给后世无休止的民族争斗。

较之于秦皇的威、汉武的烈、唐宗的智、宋祖的坚与成吉思汗的勇，康熙帝更多是在大一统的实现上有着与众不同的帝王术。他于康熙五十六年首倡"自古得天下之正莫如我朝"（《清圣祖实录》卷二百七十五，康熙五十六年十一月辛未），则直欲居历代正统之最。这一口号承前启后，实为有清一代最为重要之政治纲领。

康雍乾三帝，皆不惜天子之尊，口诛笔伐，连篇累牍，蔚为奇观。

我们不能否认，康熙推行的各项政策摆脱了清初统治者赤裸裸的民族征服恶政的遗轨；但在理解康熙治统时，我们也会发现，肇始康雍乾盛世的康熙帝，仍在反复强调清朝"帝王治天下，自有本原"的资本和荣耀。

顺治中途逊位，玄烨以非嫡子承继大统，属临危受命。康熙冲龄践祚，虽有祖母孝庄支撑，但索尼、鳌拜等四大辅臣，或为三朝元老，或救过先皇，很快结束了和衷共济的合作时代，各成朋党，相互掣肘，自不会格外忠诚地侍奉孤儿寡母。

武将出身的鳌拜自恃功高，不将幼主放在眼里，却不料想少年天子坚忍而富于谋略，借力打力，终于独断乾坤。

三藩为前朝叛臣或其子孙，虽不敢公然对抗，但随着平南王尚可喜的请求撤藩，带动平西王吴三桂、靖南王耿精忠的被迫表态。他们满以为少年天子会继续挽留，不料却正中康熙早已决意撤藩的政治意图，这让在封地妄自尊大的吴三桂等人始料未及，他们于是叫板大清以少数民族对主体民族的统治。

玄烨一再强调"自古得天下之正莫如我朝"，最为关切如何维持祖宗家业不堕。他政治活动的全部内涵归结到极致，即保持满洲贵族在政治上的绝对支配地位。

如三藩之乱爆发，又遇京师特大地震，言官魏象枢密奏请杀索额图，康熙的反应很是奇怪。这一场争执，揭开了康熙隐藏在盛世光彩下的帝王心术。魏以敢讲真话、整肃纲纪而著称，被史家誉为清初直臣之冠。其两度为官二十余年，所上奏疏一百多章，言之有据，行之有效，堪称典范，乾隆曾下令"言官奏事当如魏象枢奏疏"。其整饬吏治的思想、刚直不阿的作风影响了康熙，使他敢对叔丈、首辅索额图下手，推动吏治清明、廉吏踵起。此人还对戡定三藩立下大功。

三藩被平定，却使康熙不安：汉人阵营相互利用、矛盾重重；京师大地震带动政局波澜，入关已久的八旗兵力日渐颓废。八旗兵早期骁勇善战，从创制初的开疆拓土，到反明入关征战，到康熙前期对沙俄等几度用兵，都表现卓著。但在民族等级思想影响下，八旗兵逐渐养尊处优，沾染恶习，腐化沉沦，纪律败坏，日趋软弱，战斗力降低。三藩乱起，八旗军中竟无一人敢讨吴三桂，以至康熙不得不施激将法以励绿营："自古汉人逆乱，亦惟以汉兵剿平，彼时岂有满兵助战哉？"（《平定三逆方略》卷四十七）平定三藩主要由绿营来完成，是归降的明兵消灭了降而复叛的明兵。

此时去清军入关不足三十载，八旗兵竟不堪若此，自让康熙心事重重，盘算机关，思量如何利用汉人而仍尊崇满族，捍卫绝对权力。

满洲权贵与八旗子弟的种种作为，让康熙对接班人的正统性、高标准性都有了更多的考虑。

他有慈父的一面，爱子如命，但对孩子的教育是严厉的，告诫不能学无赖小人动辄恶语相向，训令须戒色、戒斗、戒奢华，让他们从小熟习骑射武功，长大后修学士农工商。

他请亲近大臣视养皇子，且亲自抚养皇二子胤礽。胤礽为皇后赫舍里氏难产遗子。康熙帝学习汉人的嫡长子皇位继承制，将刚满周岁的幼儿封为太子，寄予了殷望和挚爱。而胤礽在集万般疼爱于一身的同时，却难脱权臣索额图之流拉帮结派导致的堕落厄运。

康熙把对亡妻的恩爱与追忆，悉数寄予此子，一再立废，至后来不论臣下如何谏议，亦不再重设新储，足见其对儿子不争气、参与党争、图谋皇权的隐痛和无奈，感伤和苍凉。

康熙对胤礽两番立废，其实也是出于守卫血脉正统的考量，胤礽虽是皇二子，却是嫡长子，是宗法意义上的唯一嫡子，故康熙在废立太子问题上甚是痛心。我们可以根据满文、汉文史料中所记载的皇太子出阁读书姗姗来迟的很多情景，以及通过解读闹剧般地废立太子的上谕，来考察康熙的情感变化：由最初的苍凉与感伤，到后来的怯懦与猜疑，到晚年窘境的孤独与惶惑。

4

与其说康熙的帝王心术是在为盛世建设排除障碍，还不如说是为确立清朝正统的政治心机。

他建造孝陵神功圣德碑，将顺治罪己诏上的罪行改为功德。

他构建清太祖立国与起兵反明逐利政权的正义性，为大清正名。

他粉饰明朝覆灭和清兵入关的传承性，重建满洲传统融入历代帝王庙的合理性，特尊辽金塑造满族统一中华的新格局。

……

一切的举措，包括其身兼治道地驾驭群臣与天下，都是在不遗余力地营造"自古得天下之正莫如我朝"的"康熙盛世"。

他是一个崇尚马上治天下的皇帝——

他用人不疑地起用降将施琅，收复孤悬海疆的台湾岛。

他不倦地四次用兵、三次亲征准噶尔，迫使噶尔丹放弃裂地称王。

那协助清军入关的前明帮手或其后人吴三桂、耿精忠（耿仲明之孙）、尚之信（尚可喜之子），在索额图等人看来，是大清的恩人，不宜削权而应封赏。康熙却执意削藩，用一场延续多年、民不聊生的铁血征程，剿灭了意图翻覆的三藩势力。此举险些葬送了清朝皇权，但对康熙寻求的满洲统治"天下一统"，确是一次良机。

他派出户部侍郎赫寿进驻西藏，为拉藏汗协理西藏政务，相与为用，始建驻藏大臣。著名的仓央嘉措为摄政桑结嘉措寻立，但成了康熙惩处对手的牺牲品。康熙常以射猎为名，调兵遣将，行营立帐，策马布阵，巡幸四方。游移暧昧的青海蒙古与里塘胡必尔汗的争夺战中，康熙依旧是绝对的胜利者。

战争带给了百姓灾难和疾苦，康熙也曾自责率尔决定，以此为殷鉴，然他为了剪除内忧，不得不长期征战于形形色色的军事对抗阵营，对漫长历史、沧桑国家，又何尝不是痛苦抉择中的理性取向。

他惩治战乱的肇始者，而对被胁从者的处置，始终坚持律例裁夺。他自始至终捍卫着清朝"得天下之正"，绝不容许其他政权游离于他的势力范围内。

5

康熙五十六年十一月十三日，孝惠皇太后去世。年近七旬的康熙帝因得年七十七岁的嫡母孝惠之死，进行了一番情意深重的道德诉求。

满洲旧例，年老有疾者，皆以孝服为忌。康熙帝年近古稀，身体也患病，既然穿了孝服，就算是极尽孝道。

康熙帝在孝惠死去当日，捶胸哀号，即行割辫，坚持穿布制孝服，哭泣不已。而且在送葬当日，祭祀之时，都是恸哭不止，居丧一月有余，甚至弄得自己脚背浮肿，需手帕包裹，乘坐软舆，让人抬行。

他这不只是哭自己的继母。

他这是超乎常情之外也。

当时，诸皇子、满汉大臣对于康熙要在孝惠病重时亲往宁寿宫，在孝惠去世后割辫、服布等事，都是强烈反对的。

皇三子诚亲王胤祉、皇四子雍亲王胤禛组织诸皇子、领侍卫内大臣、内阁大学士、礼部大臣、九卿等商议。

他们一致认为："皇上现在头晕足痛，不能动履"，断不能"因皇太后病势渐增，即亲诣宁寿宫"，"皇上圣躬关系重大……当念宗庙社稷为重！"（《康熙起居注》康熙五十六年十二月初四日）

康熙朱批：我会考虑。

礼部满洲尚书、镇国公吞珠等又上一折，称是集体商议："查例皇上孝服，向用纺丝。慈和皇太后之事，皇上亦服纺丝，载之档案。倘遇皇太后之事，照旧例预备白纺丝孝服，即妃嫔亦预备白纺丝孝服。又查得，慈和皇太后之事，皇上并未割辫，倘遇皇太后之事，皇上亦断不可割辫！"（《康熙起居注》康熙五十六年十二月初四日）

慈和皇太后，即康熙生母孝康章皇后佟佳氏。

礼部为康熙服丧尽孝考虑了一切，其实也是考虑了他年迈体衰、圣躬违和，奏请他以宗庙社稷为重。

孰料，康熙朱笔一挥：孝服定了用布，我必行割辫。

康熙父母早亡，孝敬孝庄太皇太后与孝惠皇太后，颇见真情。

其实，孝惠仅年长康熙十三岁。他们之间的关系也很微妙。

顺治十一年三月十八日，康熙帝玄烨出生。此时，孝惠博尔济吉特氏还是蒙古科尔沁的格格。论辈分，他们是表姐弟。

但是，两个月后，他们的关系变了。顺治十一年五月，十三岁的孝惠入宫，成为顺治帝的皇后，同时也成为玄烨的嫡母，当然也是继母。

佟佳氏死后，康熙敬侍孝惠这位孀居的嫡母为母亲。

康熙帝哀悼孝庄与孝惠的礼仪和程度，与汉人所持孝道相契合。

大臣们合词劝谏康熙帝遵居丧之制，称"皇上孝事两宫，超越万古……虞舜而后，唯我皇上一人也"（《康熙起居注》康熙五十六年十二月二十八日）。

康熙帝在亲自践行自己所倡行的"孝治天下"。

此时的康熙，正因为准噶尔侵藏战事新起，战略部署失误，而极度烦心。

康熙内心的博弈与平衡，很情绪化，不无执拗，值得反复体悟。

像他待诸位阁臣，表里不一、厚此薄彼的弄权现实，也值得玩味。

我们试图重构康熙满怀雄心壮志又不无压抑隐晦的心灵笔记，揣摩这位大帝心路历程的良苦用心。这对于我们真实了解、把握康熙的谋略人生、历史作为，很有意义。

康熙作为铁腕专断的强权人物的政治形象，理政谋国，不分满汉，对民族互仇的言行，甚是痛恨。其视天下一家，唯才不避远，朝廷上下，不乏熊赐履、汤斌、李光地等道学之士，连西方传教士南怀仁、安多、徐日升等也位居要津，得到尊重和赏识。

罗马教廷特使多罗欲设驻华代言人，拓展教宗的势力范围，约束传教士的行止，不让中国宗法礼制影响天主教仪式，使康熙意识到皇权受到了异域教权的挑战。他严词拒绝了。

他要卫护中国皇帝传统的权威和祭祖祀孔的仪轨，强令旅居的西洋人接受、服从中国的礼制。

他洞察天下、思虑中国，却困囿于家天下或族天下的政治藩篱和王霸机心之内，作茧自缚，影响后世，长期闭关锁国，清朝以"原不藉外夷货物以通有无"的天朝自居，然而大清国却很快沦为了英国人马戛尔尼断言的"只是一座雄伟的废墟"，而贻误了现代化进程。

我们认识康熙帝这一伟大人物，需要重返他所处的特定历史环境，理解他强调"自古得天下之正莫如我朝"的得失、利弊、残酷与惨厉，那是他毕生坚守且流传后世的政治追求和显耀。

少数民族统治多民族在中国历史上并不鲜见，如北朝，如辽、金、元，但真正少数民族实现大一统者，少之可怜，也短之可叹。即便最大的汉民族统治中国，如汉唐盛世，如朱明王朝，也多是没有实现大一统。

清代的大一统远迈汉唐元明，而正统之争反较历代为烈。康熙帝忽视了，天下接纳他的统治时，其实也默认了他的正统，而他及其后人执政自危，危害的也正是他们所爱的国家。

本书将全面解读康熙封建专制统治的数十年，多层次、多角度地展示一位老成、仁孝、冷酷、嗜权、衰颓与敬终如始的伟大皇帝的多重性格与具体形象。这几十年是打破民族、政治、社会、文化、宗教和现实区隔的几十年，在生与死、血与火、爱与恨中饱含悲悯与狡诈、鼓角与铮鸣、机心与悲情。

透视康熙盛世繁荣的背后，审视帝王政争机心与人性欲望的此消彼长，就会发现各种诉求的相互碰撞，各种情感的博弈纠葛，生为少数民族的封建帝王隐示杀戮却寻绎正统的复杂情态，以及权力场上顽强博弈者的精神疲惫与心理危机。

　　本书力图以史料为据，重返历史现场，窥探封建宗法制社会与天下一统的政治脉动，针砭当时之弊，洞见症结。唯有深入史料，爬罗剔抉，方能较为全面地诠释政争与正统、民族与天下、人情与皇权、虚无与血腥之间错综复杂的关系，以及理性且客观地质疑和批判康熙权力人性错位的深邃内涵。

继

统

康熙即位，
关键在孝庄太后的力挺

1

顺治十八年（1661）正月丁巳午夜，清世祖因患痘疹驾崩，留下的一份遗诏指定了继承者："太祖、太宗创垂基业，所关至重。元良储嗣，不可久虚。朕子玄烨，佟氏妃所生，岐嶷颖慧，克承宗桃，兹立为皇太子。即遵典制，持服二十七日，释服即皇帝位。"（《清史稿·世祖本纪二》）

玄烨即位，是为康熙帝。

康熙朝纂修的《清世祖实录》所载遗诏，因避帝王讳而缺"玄烨"，但交代了幼主的年龄："年八岁。"（《清世祖实录》卷一百四十四，顺治十八年正月丁巳）

八龄童登基，又一次让清政权面临主少国疑的境地。

此前的顺治帝，就因六岁登基，而惶恐地生活在代行皇权的摄政睿亲王多尔衮独专跋扈的阴影里，"惟拱手以承祭祀"（《清世祖实录》卷八十八，顺治十二年正月戊戌），近似傀儡。

凡天下国家之事，他既不能过问，也没有人向他禀告，极尽屈辱。

故而，顺治的遗诏，在指定嗣君的同时，规定了内大臣索尼、苏克萨哈、遏必隆和鳌拜辅政，没有从皇家宗室中选择王公作为顾命大臣留给新君。

顺治帝不想自己的儿子重蹈受辱的历史。

然而，从所谓顺治遗诏的内容来看，不论是指定嗣君，还是安排辅臣，都写在一份历数顺治罪行的文件里，其中只有顺治的十四款罪行，而没有只言片语谈及他的历史功绩。

对于一个曾有不少政治作为的早逝帝王而言，顺治遗诏是不客观、有失公允的。

它最有可能是顺治帝的生母孝庄太后与四辅臣炮制出来的。顺治帝从发病到驾崩，前后仅一周时间，病势迅猛，几近昏迷。

有人指出，这份遗诏是顺治临终的前一天，召集礼部侍郎兼翰林院掌院学士王熙和内阁学士麻勒吉草拟，分三次进呈顺治帝裁定的。

《清史稿》王熙、麻勒吉本传中都有提及，但是《清世祖实录》没有谈到。

难道是顺治帝大限将近，回光返照，对自己背叛祖制导致的纲纪废弛、法度纷乱，有着条分缕析的深度思考？

他不曾谈及多尔衮摄政时期的维艰，也不曾说到进剿南明的成功，而是直接历数"亲政以来"的种种不是。人之将死，其言也善，但未必善得把自己想做一个有为帝王的努力，否定得干干净净。

若真如此，则是旷代的心伤加速了他的死亡。

因此，这份遗诏最大的可能是有人授意王熙、麻勒吉写的，把昏迷中的顺治帝的沉默当作了默认。

授意者，除了四辅臣，还有孝庄太后。

一个母亲，从她允许这份遗诏颁示天下的举动来看，也算是隐痛到了极致。

但是，她却在与顺治帝长达十年的较量中，成了最后的胜利者。

2

多尔衮英年早逝，顺治帝迅速亲政，重用汉官，改善民族关系，却在迎娶蒙古科尔沁舅舅家的女儿为皇后的同时，试图打破太宗强化、孝庄延续的满蒙贵族联姻制度。

这，直接威胁到孝庄太后娘家博尔济吉特氏家族的利益。同时，孝庄太后因为反对顺治帝"崇汉抑满"的政治表现，得到了以两黄旗大臣为代表的保守势力的支持。

顺治与孝庄的权力之争，愈演愈烈。

顺治帝为了摆脱以孝庄太后为首的老一辈大臣的干预和掣肘：宠任背叛故主、没有原则的正白旗大臣苏克萨哈，命其为领侍卫内大臣兼议政大臣；宠幸正白旗内大臣之女董鄂妃，入宫不到一年便晋升其为皇贵妃，并试图第二次废后，立董鄂妃为后。顺治帝在董鄂妃诞育皇四子后，称皇四子为"朕第一子"（《清初内国史院满文档案译编》下卷，顺治十四年十月），派人告祭天坛、地坛、太庙、社稷，即将册立储君。

这种尊崇新晋上三旗之正白旗的做法，直接威胁到固属皇帝自将的两黄旗的根本利益。

当初，两黄旗大臣面对强势的多尔衮，在代表蒙古利益的孝庄的劝说下，迅速改旗易帜，誓立的皇子由原来支持的太宗皇长子、正蓝旗旗主、和硕肃亲王豪格，改为未领旗务的皇九子福临，最后成功使之成为顺治帝。

两黄旗大臣力保自己的利益不受损害，不希望其他旗跃然其上，分割或者占据他们的上旗势力。

经历多尔衮的多番打压，以索尼、鳌拜、遏必隆为首的两黄旗大臣挺了过来，原想在顺治亲政后扬眉吐气，不意顺治母子的权力之争，导致正白旗迅速发展，有可能后来居上。

两黄旗大臣抱团防御，站到了失望的孝庄太后一边。

孝庄太后在顺治诸蒙古后妃无生育的情势下，毅然早早地选择了汉军正蓝旗都统佟图赖之女佟氏庶妃所生的皇三子玄烨精心培育，并安排自己从科尔沁娘家带来的心腹侍女苏麻喇姑做他的启蒙老师，教授国书。

后来，成为康熙帝的玄烨回忆道："朕自幼龄学步能言时，即奉圣祖母慈训，凡饮食、动履、言语皆有矩度，虽平居独处，亦教以毋敢越轶，少不然即加督过，赖是以克有成。"(《圣祖御制文二集》卷四十《庭训》)康熙帝把自己的成就，归结为"圣祖母"孝庄太后从他一两岁起的教养之大功。

3

孝庄太后的深谋远虑，为玄烨以庶子的身份顺利即位开道铺路。

至于顺治帝已明确属意的储君人选——董鄂妃所生的皇四子，数月而殇，是感染了当时京师冬春季节流行的痘疹。在皇四子死前，孝庄染患痘疹，董鄂妃为了改善婆媳关系，或是为赢得孝庄的好感与谅解，在新生儿刚满月时忍痛前往南苑为孝庄侍疾，成就了后来被顺治帝为之御制《孝献皇后行状》时说"十四年冬，往南苑，皇太后圣体违和，后朝夕侍奉，废寝食"的孝道与贤德。

孝庄病好了，"皇太后安之"(《清史稿·孝献皇后传》)，但，顺治属意的皇四子却无命富贵。

顺治帝哀痛不已，追封皇四子为荣亲王，修建新地宫，而且对于没有按时安葬的礼部官员处以拟斩监候的重罚。本想学习汉人继承制——嫡长子皇位继承制——的顺治帝，心烦意乱，没有再从剩余的诸皇子中择取储嗣，这是因为：

一、他还很年轻，二十岁左右。即便他如后人乾隆所神化的那样，亲自为自己选好了陵寝之地，但他还年富力强，无须储君来分割正在集中和强化的皇权。

二、他还期待心爱的董鄂妃为之再次生育。却不意董鄂妃痛子心切，一病不起，很快病逝。虽然董鄂妃的病重没有使之禁欲，但董鄂妃的死却给了他致命的打击。

顺治帝的等待计划落空，而其继承者康熙帝，以及传教士汤若望，却各有说法。

《清圣祖实录》卷一开篇记载：顺治十六年，玄烨"六龄时，尝偕世祖皇二子福全、皇五子常宁问安宫中，世祖各问其志。皇五子甫三龄未对，皇二子以愿为贤王对"。玄烨回答："待，长而效法皇父，黾勉尽力。"于是，"世祖皇帝于是遂属意焉"。

六龄童志向远大，主动求取皇位，表现了他人小胆大的帝王志业。童言无忌，他真如此胆大吗？有可能，但未必如此理直气壮。唯有他梦想成真后，后继之君为粉饰非常之志，不惜纂修实录，为之勾画天生皇命。

可是，与顺治帝有过不少往来的德国人汤若望，却留下资料，说顺治帝弥留之际，准备传位给堂兄、安亲王岳乐，是他汤若望进宫，力劝顺治帝传位于熬过天花的玄烨的。

一个外国人，匡正了中国人的皇位传承。这却忽视了孝庄太后的存在。

与孝庄太后有着长期的激烈冲突与权力争斗的顺治帝，难免想选择一个理想而成熟的继承者，将自己为之奋斗而不能实现的政治理想实现。

顺治帝希望给自己未竟的帝业选择一个理想的继承者，这未可厚非。

毕竟岳乐为顺治朝成长起来的新一代贵族，更是支持顺治帝改革的优秀代表。

论军功，他在顺治三年随肃亲王豪格出征四川，作战英勇，富于谋略，参与阵斩张献忠，后来又任宣威大将军，独立领兵进剿喀尔喀土谢图汗、车臣汗，迫使蒙古喀尔喀部投降入贡。

论理政，他在顺治八年袭爵封多罗安郡王，分管工部事务，进入议政王大臣会议，四年后任宗人府左宗正，管理皇家事务，晋升和硕安亲王。

在顺治后期，议政王大臣会议的领袖人物，一个是简亲王济度，另一个就为安亲王岳乐。顺治十七年七月，济度英年早逝，岳乐独掌议政王大臣会议。

岳乐虽然也被安排与蒙古贵族联姻，但积极支持顺治帝改善关系，重用汉臣，停止圈地，进一步安抚和团结汉族臣僚、地主阶级士大夫，夯实清朝的统治基础。

他不但自己喜欢汉文化，还延请了不少汉族名士入邸谈论学问、教授诸子。

昭梿《啸亭杂录》卷六有一篇《红兰主人》，写道："崇德癸未年，饶余王曾率兵伐明，南略地至海州而返，其邸中多文学之士，盖即当时所延致者。安王因以命教其诸子弟，故康熙间宗室文风以安邸为最盛。"

崇德癸未年，即1643年。饶余王则为顺治元年晋爵多罗饶余郡王的阿巴泰，即岳乐的父亲。是年十月，阿巴泰率军攻明，从黄崖口进入明境，在蓟州击败明将白腾蛟，在兖州擒斩鲁王朱以派，在山东分兵攻略多地，一直打到海州，即今天江苏连云港的海州区，带回了不少南方学人。

当年十九岁的岳乐，应该随父从征，受了汉文化影响，也从老爸阿巴泰那里接管了汉族学士，并熏染了自己的儿子。

"红兰主人"即岳乐第十七子蕴端（《啸亭杂录》作"岳端"）。文中的"安王"，则指岳乐。

岳乐请汉人教授儿子，很有影响，《啸亭杂录》不但写蕴端以结交名士闻名，且专门谈论岳乐第十五子玛尔浑袭爵后，也以"好文学"传世。

诸子如此，乃父功莫大焉。岳乐的远见卓识，功高望重，不免会使未捷先死的顺治帝认为，岳乐能够继续实施其帝王战略。

然而，亲政后深入学习汉文化的顺治绝对知道，弟兄传承皇位，除了会改变自己的皇位传承世系外，还容易给自己的子孙带来杀身之祸，更有可能遭到他所重任的汉官们的极力反对。

更何况，他的弟终兄及，选择的还是堂兄，必然会带给根基未稳的清王朝更大的内部纷争。

太宗皇太极曾费时十年，大力削弱八旗旗主权势，才将皇帝与旗主的关系成功变为君臣、主仆关系，全面废止太祖末年的八和硕贝勒共治国政制，也使汗位推选制名存实亡。

顺治帝想传位岳乐,对形成皇帝权威、保持皇嗣正统,存在着严重的危害性,必然会在第一时间受到握有实权的孝庄太后与两黄旗大臣的阻挠和抵制。

一、孝庄已在精心培育皇三子玄烨。她早已舍弃了年长玄烨一岁的皇次子福全,理由是"向以损一目不得立"(萧奭《永宪录》卷三),而其他庶妃生子皆比玄烨小,更没有经历过不知何时要命的痘疹。

二、岳乐即位,孝庄太后就成了叔母,即便有太后之尊,面对的也是一个只小自己十岁的成年皇帝,干政的可能性极大下降。经历了多次宫廷争斗的孝庄太后,已成为一位杰出的女政治家,她是不甘心退出权力中枢,使皇位旁落其他世系的。

三、岳乐即位,他所在的正蓝旗必将鸡犬升天,越过两黄旗和正白旗,两黄旗和正白旗即将面临重新洗牌。索尼、苏克萨哈、遏必隆、鳌拜等上三旗大臣,即便宿怨日深,但在固有的集团利益受到威胁时,也会抱团抵御。

而汤若望的出面进谏,有可能代表了孝庄。毕竟他是孝庄的干爹。

顺治十八年正月初九日,离年满七周岁还差两个多月的玄烨即皇帝位,派人祭告天地、太庙、社稷。四天后,孝庄太后谕告诸王、贝勒、贝子、公、内大臣、侍卫、大学士、都统、尚书及文武官员等:"尔等思报朕子皇帝之恩,偕四大臣同心协力,以辅幼主,则名垂万世矣。"(《清圣祖实录》卷一,顺治十八年正月癸亥)

孝庄以皇太后谕,告诫群臣,要以报答顺治之恩,辅佐少年康熙。

值得注意的是,她自称"朕",这是皇帝专有的自我称谓。作为大清王朝第一个也是唯一的一个太皇太后,她也是不在其位的皇帝。

这,得到了康熙及后世之君的认同。

或者说,在康熙及后世之君心里,孝庄太皇太后就是一个未称帝的皇帝。

两朝大将军王为何
死后遭削谥？

1

《清史稿·圣祖本纪二》记载了这样一段文字："十二月丁未，裕亲王福全、庄亲王博果铎、惠郡王博翁果诺、温郡王孟峨疏辞议政。允之。……己未，康亲王杰书、安亲王岳乐疏辞议政。不许。"

此事发生在康熙十一年（1672），正是圣祖终止辅臣执政、恢复皇帝亲政后的集权初期，两拨王公要辞去议政权位。

早已展现铁腕弄权之术的康熙，却展现了两种态度：他答应了亲兄福全和三位太宗之孙的请求，却驳回了关系较远的另两位太祖后裔的辞呈。

他和福全同父，与博果铎、博翁果诺、孟峨（猛峨）共祖父太宗，而杰书的祖父代善、岳乐的父亲阿巴泰与他的祖父太宗才是兄弟。

圣祖如此安排，算是一种回报。康熙八年五月，圣祖扳倒"妄称顾命大臣，窃弄威权"的鳌拜，杰书等王大臣给鳌拜整出罪状三十条，称"鳌拜系国家大臣，背负先帝重托，任意横行，欺君擅权。文武各官，尽出门下"（《清圣祖实录》卷二十九，康熙八年五月庚申）。

岳乐在其列，奉命清洗了鳌拜余党。

岳乐是顺治帝留给康熙的重臣，顺治六年（1649）进封多罗郡王，改号为安，为此后岳乐称安郡王、安亲王之始也。好一个"安"字，该寓有辅佐圣君、安定天下之意。

2

岳乐没有辜负堂弟顺治帝"改号曰安"（《清史列传·岳乐传》）的深意。

康熙十二年十二月，吴三桂起兵造反，耿精忠、尚可喜响应。第二年六月，康熙命贝勒尚善为安远靖寇大将军进军岳州，康亲王杰书为奉命大将军奔袭浙江，贝勒洞鄂为定西大将军前往四川。

三藩联手，手下都是刚刚帮八旗军覆灭前明大军和农民义军的精兵强将，又被大清朝廷丰厚的军饷豢养了二十余年，外搭上陕甘强悍的王辅臣趁火打劫，实力足以与朝廷抗衡，逼得志在平定三藩的青年康熙派出多路大将。

电视剧《康熙王朝》，虽没按史料所载的那样派出多个王公贝勒挂帅，但屡战屡败的战报，让老成持重的康熙帝如坐针毡，急躁得要下罪己诏退位。孝庄出手，仓促拼出数万虎狼之师，将一个在史上并不著名的周培公，设计得文韬武略，成了著名武将图海的主帅。电视剧在把图海黑得很惨的基础上，让一个小幕僚变成了大将军。而在这场持久战中战功卓著的大将军岳乐，却被虚构的泡泡湮没了。

康熙十三年九月，年届五旬的老将岳乐被封为定远平寇大将军，率师讨伐吴三桂。他是一个战斗经验丰富且智勇双全的战将，二十出头便随堂兄、肃亲王豪格进剿盘踞四川的大西王张献忠。他作战英勇，颇具谋略，率部击斩张献忠。此后，他又多次随叔叔、英亲王阿济格出征，大胜而归。久在名将之下历练受教，自然积累了许多经验和教训。

当时，吴三桂与耿精忠两路叛军进犯江西。岳乐仔细分析了当前形势，认为如果先攻湖南，与吴正面交锋，即使胜利，所得的土地也不容易保住，不如先攻江西稳定后方，切断吴、耿的联系。

大将在外，君令有所不受，但是清军的最高统帅还是皇帝，战略部署必须征得皇帝的同意。康熙帝"令速定江西"。事实证明岳乐的判断是正确的，他率师很快占领整个江西，并乘胜直捣湖南。

康熙十七年八月，在衡州做了五个多月大周皇帝的吴三桂，突患"中风噎嗝"，又添"下痢"病症，医治无效而逝。

岳乐征战湖南，攻下长沙，与大将军察尼分兵平叛，又历时一年多，胜利在望。

康熙十九年，圣祖下诏褒奖岳乐身历艰险、不辞辛劳的功绩："王连年以来，远莅岩疆，亲历百战，栉风沐雨，历暑逾寒，竞扬貔虎之雄。克清枭獍之孽。湖湘诸处，已见荡平；滇黔余氛，俱成坐困；更体朕轸念穷荒之心，广示招徕，深加抚恤。王师所至，遐迩来归。捷奏屡宣，中外称庆。"（《清圣祖实录》卷八十八，康熙十九年正月辛亥）

康熙在诏书中不忌用肉麻的字句："朕既嘉硕画，益笃亲亲"，并亲自到卢沟桥南二十里迎接，还专门为皇堂伯岳乐写了两首歌功颂德的御诗：

"大开册府纪元功，伐罪安民将略雄。伫见天潢蒙上赏，明光高宴赋彤弓。"

"洞庭南岳尽提封，九伐勋名勒景钟。眼底穷荒皆赤子，早销金甲劝三农。"

郑观应在《盛世危言》中说道："三藩同叛，而岳乐、穆占、赵良栋、梁化凤、王进宝之将才出。"康熙平定三藩，岳乐当为首功，同时带回了前明皇子朱慈灿。大胜在即，康熙派人迎接岳乐回京，将军队暂交他人。

岳乐班师，是为康熙十九年三月。

《清史稿·岳乐传》记载："二十年十二月，命王仍掌宗人府事。"也就是说，岳乐回京后有一年半多闲置，康熙帝并没有授予实职。

岳乐是重返旧岗位。他初授宗人府左宗正掌印，是在顺治十二年，此次出征前被拿掉了这一职务（康熙十一年九月，代善曾孙、多罗顺承郡王勒尔锦掌宗人府事）。康熙如此做，不无防岳乐功高震主或擅权自立之意。

岳乐为康熙帝建了大功奇勋，却并未被赋予重任，既不在议政王大臣之列，也不分管六部事务。

康熙二十七年七月，蒙古准噶尔部首领噶尔丹与喀尔喀部构衅兴兵。岳乐与简亲王雅布受命各带兵丁五百人，远赴塞外高原上的苏尼特边界驻防，直至天寒的十月，才奉命从草原撤还京师。这时的他，已是近六十五岁的老人了。

第二年二月，岳乐病逝。是死于京师还是回师军中，《清史稿》没有明确记载。这样一位对康熙平定三藩之乱建有最大功勋的大将军王辞世，康熙帝除了给一个"和"的追谥外，并无超规格的辍朝、哭奠的举措记载。

3

顺治九年二月，已亲政一年的顺治帝，命年长其十三岁的堂兄岳乐掌理工部事务，入议政王大臣会议。第二年，岳乐奉命出任宣威大将军，驻军归化城，进讨喀尔喀部土谢图汗、车臣汗，使喀尔喀投降入贡。顺治十四年，岳乐晋封和硕安亲王。

岳乐是清初皇家改革派的代表人物，全力支持顺治帝的一系列改革，大胆起用汉人，缓解与汉族地主阶级的矛盾；停止圈地，使人们能正常从事生产活动。

顺治末年，岳乐主持议政王大臣会议，决策军国大政，是清朝最高统治集团的核心人物之一。顺治死后，他和杰书率领诸王公贝勒大臣，拥立玄烨继位。岳乐长期执掌宗人府事务，为完备皇族管理制度、编修谱牒做了大量工作。

按理，岳乐是顺治亲政之后的主要重臣，军功卓著，治绩突出，但顺治帝驾崩前，并未安排他入列嗣君辅臣。

其中有原因：

一、顺治帝鉴于自己亲政前，长期遭受以摄政睿亲王为首的皇叔亲王的欺凌，心有阴影，故而不给嗣君留下新的父辈亲王辅政。

二、孝庄与四辅臣达成了某种默契，不使王公贝勒干政，故而主持议政王会议的岳乐，只能明哲保身，并无实际作为。

三、四辅臣对岳乐也做了安抚。早在康熙元月正月，岳乐就晋和硕亲王，赠阿巴泰如其爵，此举当是四辅臣合议后报孝庄定夺，因为八岁的少年康熙是无权决定的。很有能力和威望的岳乐不抵制四辅臣，尤其是鳌拜，无疑是一种沉默的回报。

在后来康熙清算鳌拜一党时，岳乐并没有像杰书那样突出，未免在康熙心里记下一笔账。康熙打响平藩大战，过了一年多，事态恶化才起用老将岳乐，历时五年多啃下最难啃的吴三桂之后，又及时命他交出兵权。这明显是一种权力设防，以免岳乐有机会在完胜归来时恃功尊大，或因权坐大。

岳乐病逝第二年，家族攻讦战开始了！

礼亲王代善的曾孙、原封贝勒诺尼，控告岳乐于康熙四年主管宗人府时，偏听诺尼姑母谗言，审案不公，枉判诺尼不孝死罪、革爵下狱，后又释放。案发二十五年后，对于这种死无对证的事情，仅凭诺尼一家之言，康熙帝认定岳乐"诬陷无辜，理应反坐"（《清史列传·阿巴泰附岳乐传》），将其追降郡王，夺谥，其子经希、吴尔占分别革去郡王、贝子，授为镇国公。

岳乐之父阿巴泰、兄博洛都以贝勒受任大将军出征，而岳乐先后两次出任大将军王，都立下汗马功劳。

康熙帝为何要严惩为他击败吴三桂的岳乐呢？

雍正元年（1723）十二月有一道诏书给出了答案："安郡王岳乐谄附辅政大臣，每触忤皇考，蒙恩始终宽宥。"（《清史稿·岳乐传》）

雍正帝进一步下旨："安郡王爵不准承袭。"

岳乐诬陷之事，康熙帝早有交代。中国第一历史档案馆藏有一份记为康熙四十五年二月初一日的满文档案，为康熙帝与明珠、马尔汉等四位老臣的密谈记录。其中康熙帝回忆，时为安亲王的岳乐带头力言要杀苏克萨哈，并像鳌拜一样强行具奏："苏克萨哈一贯欺瞒主子，罪过断不可赦。"并称苏克萨哈曾向人言，康熙帝某次前往天坛，问他"猪为何物"。貌似苏克萨哈把少年康熙当作只吃过猪肉而没见过猪跑的无知孩童。康熙直接否了岳乐的检举揭发，称自己幼时出宫出痘，对"民间之事无论官兵生养、人情教化、牲畜繁殖等，朕无所不知。朕见识之广博胜于苏克萨哈，岂会问伊猪为何物？"康熙斥责岳乐"岂可以此全无踪影之事，诬告苏克萨哈而治罪乎？"于是，康熙"自此不再倚重安王。伊子未得承袭亲王，仅袭封郡王，乃源于此"。

虽是几十年后的回忆，但足见康熙帝对这位皇堂伯的恨，耿耿于怀，挥之不去，丝毫不念及岳乐在平定三藩中的巨大功勋。

至于雍正所言"安郡王爵不准承袭"，主要还是由于允裸（胤裸）娶了岳乐外孙女郭络罗氏为嫡福晋，同时以第二任安郡王马尔浑为首的岳乐家人，都是允裸的支持者。雍正不过是借着康熙打压岳乐世系的幌子，对其进行严厉的报复。当然，此事还需另说。

4

电视剧《康熙秘史》中，苏克萨哈乔装深夜求见岳乐，想和他联手对付鳌拜，取消辅臣，归政皇上，但遭拒绝。故岳乐死后，康熙对明珠说，鳌拜擅政，岳乐迎合，方便其绑架议政王大臣会议，弄权欺主。

电视剧渲染岳乐觊觎帝位。

岳乐是真有图谋吗？

德国人魏特写的《汤若望传》记载：顺治帝去世前，考虑继位人选时，"想到了一位从兄弟，但是皇太后和亲王们的见解，都是愿意皇帝从皇子中选择一位继位者。皇帝使人问汤若望的意见。汤若望完全立于皇太后一方面，而认为被皇太后选择的一位太子为最合适的继位者。皇帝最后受到汤若望的劝促，舍去一位年龄较长的皇子，而封一位庶出的、还不到七岁的皇子为帝位之继承者"。

顺治帝舍弃福全，改立玄烨，"是因为这位年龄较幼的太子，在髫龄时已经出过天花，不会再受到这种病症的伤害"。

顺治帝亲政后，耶稣会传教士汤若望经常出入宫廷，对朝政得失多所建言，先后上奏章三百余封。顺治议立嗣皇，曾征求汤若望意见。当时，顺治帝因得天花，而满朝只有汤若望一人知道天花如果流行会造成什么样的后果，于是他就说一定要找一位得过天花的皇子来继承大统，于是便有了后来的康熙帝。

汤若望为钦天监监正，上奏废明《大统历》，用《西洋新法历书》。徽州新安卫官生杨光先先后撰《群邪论》《辟谬论》以反对，嘲笑传教士带来的地球说不合理，天主教荒诞无稽，提出："宁可使中夏无好历法，不可使中夏有西洋人。""中夏"即指中国。

杨光先生于明万历二十五年（1597），信奉伊斯兰教，反对西方历法。早年他做过前明新安卫千户，于崇祯十年（1637）四月抬棺死劾刑科给事中陈启新及首辅大学士温体仁，被崇祯帝"怒其恣臆乱政，廷杖，戍辽东"（计六奇《明季北略》卷十三《杨光先参陈启新》）。

杨光先大难不死，也不怕死，到了康熙三年，已经六十八岁的杨光先在鳌拜的支持下，复上《请诛邪教状》。经议政王大臣会议，会审汤若望以及钦天监官员。翌年三月十六日，廷议将钦天监监正汤若望、刻漏科杜如预、五官挈壶正杨弘量、历科李祖白、春官正宋可成、秋官正宋发、冬官正朱光显、中官正刘有泰等皆凌迟处死。已故刘有庆子刘必远、贾良琦子贾文郁、宋可成子宋哲、李祖白子李实、汤若望义子潘尽孝俱斩立决。

汤若望因身患瘫痪，说话困难，且身系桎梏，跪地受审，已无力为自己申辩。若非另一位来自西属尼德兰（今比利时）的传教士南怀仁不避凶险、挺身而出、细心照顾，年过古稀的汤若望或许早熬不住了。

后因京师地震，时人纷纷传闻，这是上天示警。

索尼提议，汤若望罪案事关重大，必须奏请太皇太后定夺。

　　于是，四辅臣一同面见孝庄，请她拿主意。

　　孝庄身在深宫，不是不知宫外已经吵得不可开交，发展到又要使朝廷官员一大批人头落地的态势。天子还只有十岁，少不更事，她早已在慈宁宫坐不住了！

　　但是，她不能见面就责备四辅臣，还是先将他们呈上的折子阅览。

　　看完后，她可以发作了。

　　先是愁眉紧锁，脸色陡变，大为不悦，吓得四辅臣赶紧跪地顿首；继而将折子直接扔掷给四辅臣，丝毫不给年长自己十多岁的索尼、鳌拜，与自己年龄相仿的苏克萨哈、遏必隆面子。

　　孝庄申饬道："汤若望向为先帝信任，礼待极隆，尔等岂俱已忘却，而欲置之死耶？"（黄伯禄《正教奉褒》）

　　顺治帝信任的人？

　　他信任的太监吴良辅，已在康熙即位的那一年被处死。

　　他信任的亲王岳乐，权力已经大大地被削弱。

　　这都是孝庄与四辅臣达成共识所实现的。

　　孝庄抬出顺治帝信任汤若望，只是托词，但鳌拜等四辅臣若强行杀了先帝信任的人，就是忤逆大罪，是背负皇恩。

　　这，使他们惶恐万分，使他们想起了顺治帝驾崩后，他们"誓告于皇天上帝、大行皇帝灵位前……惟以忠心，仰报先皇帝大恩"（《清圣祖实录》卷一，顺治十八年正月）的誓言。"若复各为身谋，有违斯誓，上天殛罚，夺算凶诛。"

　　更何况，四辅臣也明白，汤若望原本就是孝庄看重的大臣，当初劝奏顺治册立皇子玄烨也是孝庄授意的。有孝庄的首肯，他们可以指责先帝"渐习汉俗，于淳朴旧制日有更张"（《清圣祖实录》卷三，顺治十八年六月丁酉）的十四宗罪，可以"率循祖制、咸复旧制"地推行自己的逆天"新政"：如将顺治帝生前设置的内廷十三衙门革除，规定永不倚用内官；如裁汰内阁、翰林院，复设内三院，于乡试、会试取消八股文取士；如规定陈奏折子不得超过三百字，强调简约真切，禁止浮饰虚华……但是，孝庄不同意，甚至雷霆震怒，四辅臣是杀不得"洋和尚"汤若望的。

汤若望遇赦，只有李祖白等五名钦天监官员被杀。《时宪历》废止。

孝庄抬出先帝顺治，只是保住了汤若望。汤若望被免除钦天监监正，改由鳌拜推荐的杨光先出任。这样的安排，无疑是孝庄与辅臣之间的妥协。至于汤若望，于康熙五年死于寓所。南怀仁等传教士与杨光先继续论争，斗智斗法，于康熙七年底以事实证明新法胜于旧法，杨光先被革职，南怀仁接掌钦天监，推行《时宪历》，则为后话。

汤若望险遭大难，是否因谏阻岳乐继位而被秋后算账呢？

史料未载，不好乱说。

至于岳乐继位说有几分真实，也未必如汤若望所言。

但是，顺康之际，议政王大臣会议由安亲王岳乐、康亲王杰书领衔。他们曾在康熙即位数日后，领着王公大臣在大光明殿设誓，愿为幼主竭忠效力。

这个由皇室、宗室成员领衔的权力中枢特殊机构，本来可以成为制衡四辅臣的重要设置，但作为首席议政王的岳乐（另一位议政王杰书，论年龄、辈分、军功和执政能力，都得让位于这位年长自己二十多岁的堂伯），却不再是顺治朝积极中坚的改革派，而是对四辅臣，尤其是鳌拜，多为谄媚迎合、言听计从，使议政处沦为了对四辅臣已决的大小事务皆以上谕、谕旨和敕等形式发布政令通知的执行团队。

毕竟，四辅臣给顺治帝议罪十四宗，称顺治崇汉抑满、背叛祖制，昭告天下，对岳乐不啻一次严厉的警告。

毕竟，四辅臣代行皇权，裁决庶务，将他排挤在辅政之外，他自知稍有不慎便会接受最无奈的惩罚。

毕竟，顺治帝拟传位于他，欲将改良运动进行到底，这让他在此时只能噤若寒蝉，结果最后还是遭到了康熙帝的鄙视和抑制。

康熙汉军生母诋毁
董鄂妃为汉女人

1

《康熙王朝》开演，董鄂妃病重，顺治帝慰问。董鄂妃遗憾没给顺治生育，希望怀上皇子，顺治脑筋一转，认子冲喜！

剧中，顺治说：佟贵妃有两个儿子，皇二子和皇三子，就让皇三子过继给董鄂妃吧。

玄烨生母佟贵妃，自然不肯儿子过继给情敌，更嫉妒顺治帝偏爱董鄂妃，将顺治引进僧人做法事，归罪为董鄂妃"这汉女人的罪过"。

董鄂妃即孝献皇后，是顺治帝最钟爱的妃子。她不是没为顺治生育过，而是生育过第四子，遗憾的是此子只活了三个多月便夭折了。

顺治为安慰董鄂妃，追封这个连名字都没来得及取的皇四子为"和硕荣亲王"，还在京东蓟县的黄花山下专门修建了一处荣亲王园寝。顺治十五年(1658)，于昌瑞山西部的黄花山下恭葬荣亲王，添设守备一员、千总二员、守兵一百名巡护防守。

在荣亲王的地宫中，有一块墓碣石，上面刻有："和硕荣亲王，朕嫡一子也……"

如果此子不早夭，未必有后来的玄烨继位成康熙。这个"数月而殇"的婴儿，是顺治诸子中唯一在顺治生前就被追封的皇子，而且是清朝的最高等级，还有专修的规模不小的陵寝，足见顺治对董鄂妃钟爱的程度如何。

那个被顺治集三千宠爱于一身的董鄂妃，是一个苦命的女人，然而她真的是汉女人吗？

《清后妃传》记载："孝献皇后董鄂氏，满洲正白旗人，内大臣鄂硕女也。幼颖慧，年十八以选入掖庭，婉静循礼。能谨侍皇太后，独为帝所宠。顺治十三年立为贤妃，未及册进为皇贵妃……知书尤笃信佛，生和硕荣亲王殇。"

董鄂妃的死，与其子幼殇有关。痛子心切，忧伤成疾。

剧中安排顺治要她认子冲喜，说佟贵妃有二子，让小的玄烨过继。这样的设计，虽没有多大意义，但也是改变史实来增加戏份。

2

玄烨生母佟佳氏，才是一个真正的汉女子。

其曾祖父佟让原为明朝军官，其祖父即康熙的太姥爷佟养正子承父业，为明朝副总兵，随明将李成梁之子李如松抗倭援朝，大败倭寇。天命四年（1619），后金攻破抚顺城，佟养正兵败，便和弟弟佟养性投降努尔哈赤，编入汉军。天命六年，佟养正从征辽阳，以军功授游击世职，奉命守朝鲜界城镇江，七月十四日，明朝游击毛文龙率一百九十七人奇袭镇江，擒获佟养正，押送京师，被斩。同被处决的有其子丰年、其侄松年等。康熙的外公佟图赖，为佟养正的次子。

《清史稿·后妃传》云："孝康章皇后，佟佳氏……后家佟氏，本汉军，上命改佟佳氏，入满洲。后族抬旗自此始。"这段文字是说康熙帝玄烨的母亲，本姓佟，原属汉军正蓝旗，康熙时抬旗入满洲镶黄旗，改姓佟佳氏。

虽然佟氏家族一直称自己的祖上是明初投奔明廷的女真商人，世居抚顺，汉化后改姓佟，但是太祖、太宗以及多尔衮、顺治帝仍以其隶属汉军。即便佟养性娶了太祖第三子阿拜之女，成了天命汗家族的额驸，即便他们称与太祖元妃佟佳氏（褚英、代善生母）是一个家族，也始终改变不了佟氏家族的旗属关系。

当然，不仅太祖对佟氏兄弟青眼有加，太宗在天聪五年（1631）初命佟养性出任汉军总管，与其约定："凡汉人军民一切事务，付尔总理，各官悉听尔节制"，又谕众汉官，"凡汉人军民一切事务，悉命额驸佟养性总理，尔众官不得违其节制。如有势豪嫉妒、藐视不遵者，非仅藐视养性，是轻国体而玩法令也。"（《清太宗实录》卷八，天聪五年正月乙未）佟养性被视为投效后金的首席汉官，受命组建金国炮营，同时肩负汉军创旗重任，出力建功，荫及家族，但始终只是汉军镶黄旗旗人，与女真最显贵的满洲旗人还是有些区别的。

康熙帝虽然高喊"自古得天下之正莫如我朝"（《清圣祖实录》卷二百七十五，康熙五十六年十一月辛未），但也不否认其血管里有一半汉人血统。

女人争宠打口水仗，在皇帝的后宫是最为表面的。而电视剧助兴，玩起了张冠李戴的闹剧，更改了佟贵妃和董鄂妃的民族属性。佟贵妃要以满洲旗人自居，那还得等几年。她儿子康熙登基之后，对她和她的家族专门创造了一个抬旗的概念。

有一个问题值得注意：康熙生母佟妃母家，初为汉军，但"汉军"是八旗的一个分支，与"汉人"有别。八旗细分，又分为满洲、蒙古、汉军三大旗组织，虽然太宗在即位之初就倡导"满汉一体"，在法令、分摊差徭公务上同等对待，甚至在改汗称帝的前夕为强化满蒙汉贵族联盟关系，说："朕于满洲、蒙古、汉人不分新旧，视之如一。"（《清太宗实录》卷二十四，天聪九年七月癸酉）但其"首崇满洲"的既定国策始终不变。乾隆四年（1739）刊印、鄂尔泰等纂修的《八旗通志》卷首序云："我国家受天景命，太祖高皇帝龙兴东土，创造鸿基，肇建八旗，以统满洲、蒙古、汉军之众，规模宏远，立极万世。太宗文皇帝继绪膺图，遐迩率服，输诚归附者，云集景从，咸隶旗籍。"

汉军，也在旗人之列。

民间传说"满不点元，汉不选妃"，纯为市井的讹传。清朝前中期确实没有满人中状元，直至同治四年（1865），蒙古正蓝旗人崇绮在殿试中夺魁，被慈禧太后定为一甲第一名。崇绮不出名，但其父为文华殿大学士兼领班军机大臣赛尚阿，因镇压太平军失利而被革职论斩，牵连崇绮被革除工部主事官职。崇绮发奋读书，苦练书法，以文采出众、书法优秀而得到慈禧太后的青睐，安排侍奉少年同治做日讲起居注官。同治十一年，两宫皇太后为皇帝选妃，崇绮的女儿被慈安太后钦定为皇后（即孝哲毅皇后），崇绮的妹妹则被册封为珣嫔。崇绮留在清史上最有名的一笔，则是其为有清一代唯一的旗人状元。有趣的是，崇绮的岳父，即同治皇后的外公，竟然是慈禧在辛酉政变中赐死的郑亲王端华。

坊间传闻"满不点元"，是清朝统治者为了笼络汉人士大夫而在科举取士上推行的特别政策；"汉不选妃"，又是统治者为保证血统纯正而玩的策略。其实，"满不点元，汉不选妃"只是前后矛盾的无稽之谈。满人靠荫生入仕，扶摇直上，远比汉人子弟幸运。

更何况，顺治宫闱中有多名出身汉人或汉军的妃嫔，除了康熙生母佟妃出身汉军外，皇五子常宁的生母庶妃陈氏，就是汉人。

康熙的后妃中，亦有多名妃嫔贵人为汉人女子，如康熙中期备受宠爱的顺懿密妃王氏（皇十五子胤禑、皇十六子胤禄、皇十八子胤祄的生母）、皇十七子胤礼的生母纯裕勤妃陈氏。

3

佟贵妃真的给顺治生育了皇二子和皇三子吗？

《清史稿·后妃传》说：佟贵妃"子一，圣祖"。即佟贵妃只生了玄烨一人。潜台词：玄烨并无顺治口中的胞兄皇二子。

顺治帝的哪个妃子生了几个皇子，哪个皇子的母亲是谁，都被电视剧搞错了，实属不该。

顺治帝的皇长子早夭，皇二子福全顺次是皇长子。《清史稿·诸王五》记载："世祖八子：孝康章皇后生圣祖，孝献皇后董鄂氏生荣亲王，宁悫妃董鄂氏生裕宪亲王福全……"

福全的母亲也称董鄂氏，但这个董鄂氏却非顺治的最爱，只是一个不受宠的庶妃。

福全是一个聪明人，母不得宠，他也不争储。幼时，世祖问其志，他对曰："愿为贤王。"世祖异之。

康熙六年（1667），封福全为裕亲王。康熙对这个非一母同胞却畏远权势的大哥，一直礼遇有加。福全死后，康熙帝特命画工精绘一张像，为康熙帝与福全并坐于桐荫之下，示手足同老之意。康熙帝以此图寄以衷肠，表示了对福全的思念之情。

此事非野乘。《清史稿》福全本传有记载："福全畏远权势，上友爱綦笃，尝命画工写御容与并坐桐荫，示同老意也。有目耕园，礼接士大夫。"

至于顺治帝最终是死于任期，还是出家做了和尚，那是另外的话题，此处不述。

《康熙王朝》拍得很严肃，很具有历史性，打出了大型历史电视连续剧的旗号，但是借着艺术创造，却改变了很多不宜篡改的历史。

我不反对对历史性文艺作品进行艺术加工、虚构提炼，严肃的题材以轻松的方式道出，但在基本的历史常识上，还是应该是非分明，以免张冠李戴、以讹传讹，完全改变历史。

康熙数十年不葬孝庄的
隐情知多少？

1

康熙二十六年（1687）十二月二十五日，昭圣太皇太后病逝，享年七十五岁。

昭圣太皇太后，就是著名的孝庄太后。

昭圣是顺治即位后，为活着的生母尊上的徽号。

她驾鹤西去，悲痛万分的康熙给祖母尊谥孝庄。

孝庄太后之名，影响至今，但始于康熙二十七年十月十二日拟定。孝庄的梓宫送至暂安奉殿，四日后由康熙帝行三跪九叩礼，正式"谨奉册宝，上尊谥曰：孝庄仁宣诚宪恭懿翊天启圣文皇后"（《清圣祖实录》卷一百三十七，康熙二十七年十月乙卯）。

也就是说，孝庄之名，在其死后十个月才有。影视剧《康熙王朝》中的自称"我孝庄"，纯属编剧将谥号当徽号的张冠李戴。

孝庄太皇太后临终前，嘱咐康熙帝："太宗文皇帝梓宫，奉安已久，不可为我轻动。况我心恋汝皇父及汝，不忍远去，务于孝陵近地，择吉安厝，我心无憾矣。"（《清圣祖实录》卷一百三十二，康熙二十六年十二月）

孝庄交代安葬之事，并未写进昭告天下的诰谕，但不是秘事。康熙帝专门给内阁大学士和内务府总管下达了谕旨，安排将孝庄生前曾经居住也很喜欢的慈宁宫之东新建的五间宫殿拆除，在孝陵附近选择吉地修建暂安奉殿。

孝庄的梓宫，没有被送至盛京，与其丈夫、太宗皇太极合葬于昭陵。

　　此后，康熙继续在位三十五年，孝庄的梓宫一直在暂安奉殿，直至雍正三年（1725）十二月初十日才葬入昭西陵地宫。

　　《清世宗实录》卷三十九记载："壬申，奉移孝庄文皇后梓宫于昭西陵庐殿，遣诚亲王允祉行祭奠礼。癸酉，奉孝庄文皇后梓宫于宝床，陈册宝于石案毕。恭毕元宫石门。"

　　昭西陵始建于雍正三年二月初三日，雍正帝还特地命人赴康熙景陵告祭一番，说明自己"即暂安奉殿建为昭西陵，以定万年之宅兆"，乃是完成皇父未竟的事业："孝庄文皇后躬备圣德，贻庆垂庥，隆两朝之孝养，开万世之鸿基。及大渐之际，面谕皇考以昭陵奉安年久，不宜轻动。建造兆域，必近孝陵，丁宁再三。我皇考恭奉慈旨，择地于孝陵之南，为暂安奉殿，历三十余年。"（《清世宗实录》卷二十九，雍正三年二月辛巳）

　　当然，雍正也对康熙的成就歌颂一番，以了却孝庄心系子孙的愿望："我皇考历数绵长，子孙蕃衍，且海内升平，兆人康阜。"康熙"子孙蕃衍"，雍正却在安葬康熙、孝庄后，即开始大刀阔斧地开展清理兄弟子侄的宗籍运动，或者直接使兄弟子侄死于非命。

　　雍正的寡情冷酷，那是后话。但是，孝庄与康熙的祖孙情深，也是真实感人的。

　　孝庄病重时，康熙正忙于指导与沙俄的边界谈判，且开始谋划抗击西北蠢蠢欲动的准噶尔首领噶尔丹事务。

　　百忙中，康熙仍每天都去侍疾。《康熙起居注》中曾有十余日，只记载了康熙在慈宁宫侍疾，不御乾清门听政。"自太皇太后圣躬违豫以来，上日在慈宁宫恭侍。偏检方书，亲调药饵，昼夜席地而坐，衣不解带，寝食俱废。"（《康熙起居注》康熙二十六年十一月二十九日）

　　孝庄去世当日，康熙哀号，捶胸跳脚，呼天抢地，哭声不断，三天不进饮食，全然失去了平日里威严示下的皇帝形象。

康熙的哀号痛切，是真情流露的感念，是对孝庄力挺他即位的感激，更是对孝庄鞠育扶持他三十余年的感恩。

孝庄的真情付出，得到了康熙的真切回报。

天命十年（1625）二月，不到十三岁的蒙古科尔沁格格博尔济吉特氏布木布泰（孝庄本名），嫁给妻妾成群的皇太极。皇太极继汗称帝，孝庄却一直是老公政治权谋的牺牲品，与入主中宫的姑姑（即孝端文皇后）无法媲美，就是寡居的姐姐、孀居的察哈尔太后来了，她也是不断地被迫纡尊降贵。太宗遽然暴卒，孝庄在姑姑孝端文皇后的支持下，联合满洲两黄旗大臣，将年仅六岁的独子福临推上帝位，然孤儿寡母也遭受了威福自专的摄政睿亲王多尔衮的百般凌辱。好不容易待到多尔衮死于非命，亲政后的顺治帝，为了独断乾纲，又与孝庄发生了激烈的冲突，导致满蒙政治联姻关系濒临破裂。

顺治英年早逝时年仅二十四岁。此时的孝庄已经在长期的宫廷斗争中成长为一位杰出的女政治家，再次承担起抚育孙皇帝康熙的重任。

主少国疑。四辅臣虽然在大行皇帝灵前起誓，不拉帮结派，要翊护幼主，但时间久了，各有盘算。鳌拜自恃军功巨大，无视康熙的皇帝天威。

少年天子与鳌拜集团争衡，孝庄只能在调停中暗助孙儿。

康熙擒鳌成功，处死了阴谋篡位的皇室长辈班布尔善。孝庄也由最高决策者退居幕后，当皇帝的顾问。

没有孝庄，也就没有康熙。

孝庄的隐忍和睿智，成就了康熙帝。

尤其在康熙七年正月，康熙帝在鳌拜独专权柄、权倾朝野的情势下，营建"孝陵神功神德碑"，强调顺治帝"视满汉如一体，遇文武无重轻"（《清圣祖实录》卷二十五，康熙七年正月庚戌），为四辅臣为顺治帝弄出的"罪己诏"翻案，褒扬顺治帝的丰功伟绩，间接指责四辅臣崇满抑汉、重武轻文等做法。

这无疑得到了孝庄太后的鼎力支持。

最初的孝庄，也是与汉文化格格不入，禁抑儿孙学习汉人习俗。而最后，却在康熙夺权运动中，毅然抛弃了"汉俗盛而胡运衰"（吴晗辑《朝鲜李朝实录中的中国史料》第九册，显宗七年九月改修实录）的成见与短视。

孝庄不愿在死后与太宗合葬，给康熙留下了一道难题。

不运回合葬，不合礼制；运回合葬，又不合孝道。

康熙最后遵从了孝庄的心愿，除了舍不得祖母离去外，还有一个原因，即太宗遗体已遵满人旧俗火化。《清世祖实录》卷八记载，顺治帝入关前夕，即元年八月甲子日，辅政郑亲王济尔哈朗陪着顺治帝、皇太后，率王公大臣、公主福晋，"恭捧宝宫安奉"，两日后，"恭奉大行皇帝宝宫安葬昭陵"。

宝宫，就是一个骨灰罐。

顺治帝去世后，也是采取的火葬。

但是，康熙却学习汉人，以土葬安置了自己的后妃。

康熙不将孝庄葬入昭陵地宫，不免因为有两难之处：如果留其全尸去陪一罐骨灰，需备一个偌大的棺椁彰显新式规制，却让太宗的小型宝宫相形见绌；如果将其焚烧再送入地宫，匹配先人丧葬方式，最尊贵的太皇太后在下葬规格方面却不如普通的嫔妃。

这，于孝于礼，都让对孝庄最有情感的康熙选择了自己不葬、留待后人的方式。后人却猜测其中有隐情：孝庄曾以皇太后之尊下嫁给小叔子、摄政王多尔衮，无颜与太宗相逢于地宫。

猜测归猜测，提出猜测的人们却严重忽视了一件事：康熙帝于康熙二十七年十月二十二日将孝庄太皇太后升祔太庙、奉先殿，孝庄照样进入了太宗之庙。

不相见于地下，却相伴于宗庙。

难道康熙有意要让历代祖先都欣赏敬爱的皇祖母赧颜，愧对太宗？

地下有知愧共眠，庙享无灵常相伴？

著名的抗清将领张煌言，以《建夷宫词》渲染孝庄与多尔衮的情事，真假虚实相掩映，却让无数人对皇家丑闻捕风捉影。

2

孝庄不愿死后与有二十年夫妻情分的太宗皇太极同穴，康熙长达三十五年不下葬对自己恩重如山的祖母，这貌似为孝庄太后下嫁多尔衮一说，平添了皇家无可奈何的默认。

孝庄本是蒙古科尔沁部与后金女真政权进行政治联姻的牺牲品，嫁给大自己二十二岁的皇太极时是肩负任务的。即便此后，她做过天聪大汗的西宫福晋、崇德皇帝的永福宫庄妃，但是，称汗称帝的姑父兼丈夫皇太极一旦要进行新的政治联姻，便会一再降黜她的地位。

天聪六年（1632）二月，蒙古扎鲁特部巴雅尔戴青之女扎鲁特博尔济吉特氏嫁皇太极，为东宫福晋，孝庄在后宫地位降到第三位。两年后，皇太极征服察哈尔，林丹汗的遗孀窦土门福晋、囊囊大福晋，以及孝庄的二十六岁的亲姐姐海兰珠，相继来归，孝庄的地位一降再降。

崇德元年（1636）定五宫后妃，曾经的首席侧福晋永福宫庄妃被排在末位。

皇太极对庄妃，是很不尊重的。

她生下的皇九子，从皇太极那里获得的崇隆与珍爱，也远不及姐姐、关雎宫宸妃海兰珠所生的皇八子。

人们因此猜想：老公不爱自己，不免让幽怨的女人移情别恋。

于是乎，孝庄与多尔衮之间的情事被不断演绎，甚至成了敌国进行舆论战的充分素材。

南明遗老、兵部尚书张煌言写了一组《建夷宫词》，共十首，其中有云："上寿觞为合卺尊，慈宁宫里烂盈门。春官昨进新仪注，大礼恭逢太后婚。"

太后再嫁，皇帝敬酒。

小叔娶寡嫂，并不悖满人旧俗，太祖继妃富察氏就原为堂兄遗孀。即便崇德元年，太宗改国号为大清，议定《会典》，重申"自今以后，凡人不许娶庶母及族中伯母、婶母、嫂子"，并说："汉人、高丽因晓道理，不娶族中妇女为妻。凡人既生为人，若娶族中妇女，与禽兽何异。"（《清太宗实录稿本》）但，后世为了政治联姻，还是不为禁止。

抗清名臣按明朝礼制，嘲笑入主中原的清朝统治者大嫂嫁小叔，下臣娶太后，违背和亵渎伦常的行为。

也有人认为清军入关，搬来了八旗的政治统治，征战之时营造高压态势，民间自然不敢妄传宫闱秘事。

但是，张煌言虽为儒将，也该有北京密探，传来新朝敌情，为了对敌军进行攻心战，自然会想尽一切办法，打造最有力度的宣传书，哪怕是捕风捉影。他未必还考虑君子有所为有所不为，即便是写谤书也要震慑敌心。

无独有偶。

顺治八年（1651）二月，世祖与郑亲王济尔哈朗对死后追封成宗义皇帝的多尔衮反戈一击，整出十四款大罪，其中有"自称皇父摄政王""又亲到皇宫内院"云云，似乎坐实了摄政睿亲王逼太后下嫁，故而有了他皇父摄政王的身份，他可以随意出入太后居处。

多尔衮留宿后宫有可能，但未必是让孝庄陪床。倘若有其事，就是借一万个胆给重获权力的济尔哈朗，他也不敢借题发挥。

欲盖弥彰，也会使大臣们大做文章。

济尔哈朗要对曾长期打击和压制自己的政敌多尔衮秋后算账，拉出的权力清单亦难免夸大其词，罗织罪名。

但，造假，他不敢直戳皇太后和顺治帝的痛处。

只有绕过了皇太后，济尔哈朗的别有用心才能符合顺治帝的政治需要。

至于同顺治帝和多尔衮都有些交情的意大利传教士卫匡国，曾在《鞑靼战纪》中写道：世祖"发现自己的叔叔活着的时候怀着邪恶的企图，进行暧昧的罪恶活动，他十分恼怒，命令毁掉阿玛王华丽的陵墓，掘出尸体。这种惩罚，被中国人认为是最严厉的，因为根据宗教的规定，死人的坟墓是备受尊重的。他们把尸体挖出来，用棍子打，又用鞭子抽，最后砍掉脑袋，暴尸示众"。这个阿玛王，即多尔衮。

多尔衮死后，该按满洲旧俗火葬，唯有一个小小的骨灰罐，哪来的尸体让顺治帝、济尔哈朗们"挖出来，用棍子打，又用鞭子抽，最后砍掉脑袋，暴尸示众"？

当然，也有可能多尔衮的遗体还未来得及火化，一场暴风骤雨的清算运动就来了。

世祖严惩死了的多尔衮，真因太后下嫁吗？

孝庄的灵柩浮厝于"暂安奉殿"近四十年，直至雍正三年才在暂安奉殿原处就地起建陵园，葬入地宫。其陵在昭陵西，故称昭西陵，与昭陵遥相呼应，实乃一而二。昭西陵碑文上刻有"念太宗之山陵已久，卑不动尊，惟世祖之兆域非遥，母宜从子"。

得不到正常夫爱的女人，或许想在曾怨恨自己的儿子那里，得到一些心灵上的慰藉吧。

3

孝庄太后下嫁摄政王多尔衮一事，同时代人张煌言的《建夷宫词》被后人作为一大证据。

以此为据者，忽视了几个关键性问题：

一、张煌言的政治立场

浙江宁波人张煌言，为崇祯十五年（1642）举人，爱读兵书，擅长骑射，但在混乱的明末，时运不济，取得会试资格却没有机会登龙门，又遇到李自成大军攻陷京师，明王朝灭亡。

随之，清军入关，入主中原。外族入侵，张煌言投笔从戎，响应前明刑部员外郎钱肃乐举事，恭请鲁王朱以海北上监国，多次组织军队，三入长江，抗击清军。

永历帝封其为兵部左侍郎。他是永历朝的联郑抗清、联闯抗清的主战派代表人物。后来被封为东阁大学士兼兵部尚书，与延平郡王兼招讨大将军郑成功几番联手，成为清朝统一大业的拦路虎。

二、战乱中的情报真伪

张煌言的抗清大业，主要活动在浙江一带，远在紫禁城的千里之外。即便有间谍传递情报，也未必对宫闱秘闻了若指掌，难免捕风捉影而臆断成说。

两国交兵，两军博弈，张煌言针对最恨的敌人，不免酒后起兴，口占一绝，即便是误传而来，也可一泄心中巨大的憎恨，进行礼教的挞伐。

谤诗也能让遭受清军武力征服和民族压迫的广大汉人产生共鸣，集体对清朝统治者的行为更加不齿。多尔衮强势推出的剃发、圈地、投充、缉捕逃人等恶政，已严重损害了人们的感情，即便是已被迫降清的前明官员和士大夫，也遭受着无颜见先人的礼教侮辱。

三、舆论战的政治需要

南明军队人数众多（如左良玉曾纠集近百万兵力），但是鱼龙混杂，各自为政，内部倾轧。李自成、张献忠留下的大顺军、大西军，试图联合南明抗清。而对于"联合抗清"的义军，南明阵营采取联而排挤的政策，结果导致南明联合军在清军强大的攻势中节节败退。

张煌言虽然执掌兵部，但主要兵权在郑成功和大西军李定国、孙可望等人手中，张煌言不免要借汉人的礼教观念攻击清朝统治者。于是，此诗一出，真假难辨，但通俗易懂，正好流传。

　　今日流行的营销炒作术，虚实掩映，又何尝不是从古代这样的攻心术、舆论战中学来的呢？

　　更何况，多尔衮自太宗暴卒夺位不得，以退为进做了摄政王，却不满足于皇叔父的荣耀，而要过把皇父瘾。于是乎，他发明了皇父摄政王的称谓，貌似顺治帝因为叔父做了继父，要以正式的文书昭告天下：年轻的太后为他找了新的皇父。

　　不管是皇叔父摄政王，还是皇父摄政王，都不只是皇帝一人的，即便是宗室王公、文武大臣，也要恭敬称呼。

　　乾隆年间国史馆纂修蒋良骐在《东华录》中写到多尔衮的罪状，并未将多尔衮自称皇父摄政王与擅到皇宫内院弄做一款，而是列为两款，一是"自称皇父摄政王"，二是"又亲到皇宫内院以太宗文皇帝之位原系夺立，以挟制皇上"。

　　多尔衮到皇宫内院，并非夜宿太后居住的慈宁宫，而是散播太宗继位不合法的言论，重提太祖遗言要传位给自己，故而危及顺治帝承袭父位而父位不正的帝位。

　　对于多尔衮的能力，卫匡国的评价是："他具有超人的谋略和精明，并以勇武和忠实著称。他的聪明才智使最有学识的中国人都钦佩不已，他的公正仁慈赢得平民百姓的爱戴。"而对其身后荣辱巨变很是同情："阿玛王使鞑靼获得了中国，由于他的贤明公正仁慈和军事才能，鞑靼人和中国人都对他很敬畏。这个当权者的死给朝廷带来很大的麻烦。"（《鞑靼战纪》）

　　顺治七年十二月，多尔衮英年早逝，迅速亲政的顺治帝追尊其为成宗义皇帝，且将其夫妇升祔太庙。

　　他打着"开国承家，道莫先于立爱正名定位，礼莫大于尊亲，子有至情"（《清世祖实录》卷五十三，顺治八年二月戊子）的旗号，将生母孝庄尊为昭圣皇太后，继而又对多尔衮展开了彻底的清算。

　　重新进入权力中枢的郑亲王济尔哈朗，联合主管六部事务的敬谨亲王尼堪、巽亲王满达海、端重亲王博洛，联合给多尔衮罗织诸多罪状，其中一条云："太宗文皇帝龙驭上宾时，诸王贝勒大臣等同心翊戴，共矢忠诚，扶立皇上。彼时臣等，并无欲立摄政王多尔衮之议，惟伊弟豫郡王多铎，唆调劝进。皇上因在冲年，曾将朝政付伊与郑亲王共理。逮后睿王多尔衮独专威权，不令郑亲王预政，遂以伊亲弟豫郡王多铎为辅政叔王。背誓肆行，妄自尊大。"（《清世祖实录》卷五十三，顺治八年正月己亥）

所谓多尔衮"妄自尊大"，无非是给自己强行戴上皇父摄政王的帽子，比辅政叔王再高一个等级，并且所用仪仗、音乐、侍卫、府第等，"僭拟至尊"。

多尔衮"自称皇父摄政王"，最主要的原因是称帝不成，心中有怨。为了高居在诸和硕亲王，甚至两位辅政叔王济尔哈朗、多铎之上，造出了清初宗室爵位的最高级别，以示显贵至极。

多尔衮原为叔父摄政王，按顺治帝的称呼，多尔衮与济尔哈朗、多铎皆为皇叔父，同等称呼，并无区别。多尔衮将济尔哈朗排挤出局，另择胞弟多铎为辅政叔王，但他自知多铎对他不是真正的顺承，反而多有争权的拆台，因此自然要高多铎一等。

他唯有改加法为减法，厚着脸皮去掉"叔"字，才是唯一的解决办法。

《李朝仁祖实录》记载：顺治六年二月，朝鲜国王李倧见清使前来递交的国书中，有"皇父摄政王"字样，于是问负责联络对清外交事务的领议政金自点："清国咨文中有皇父摄政王之语，此何举措？"金自点曰："臣问于来使，则答曰：'今则去叔字，朝贺之事，与皇帝一体也。'"（《李朝实录》第三十五册）

"与皇帝一体"，这样的政治意图，未必不是一种实情。

多尔衮强迫顺治帝下旨，承认他是皇父摄政王，俨然以"二帝"之一自居，或直接凌驾于顺治帝之上，把玉玺搬回睿王府，命大臣到睿王府朝会，而不是做名义上的太上皇。

他要站在儿皇帝之上，做一个不是皇帝而高于皇帝称号的皇帝。

多尔衮何其聪明，难道不知道太上皇只是称呼上显贵，而未必是皇帝？

汉高祖称帝后，就给了其父太公一顶太上皇的帽子。唐高祖禅位太宗后，由皇帝变为太上皇，也是过得很郁闷。

精通权谋的多尔衮，定鼎中原独揽大权后，要的是诸王与天下臣民对他的臣服，而非象征性的尊崇。

这，与他到皇宫内院散播太宗继位不正的事情吻合，他对帝位还是有热热的欲望的。

4

世祖被迫下旨，封多尔衮为皇父摄政王，是在顺治五年十一月。

有诏为证："加皇叔父摄政王为皇父摄政王，凡进呈本章旨意，俱书皇父摄政王。"（蒋良骐《东华录》卷六）

这是要表彰"叔父摄政王治安天下，有大勋劳，宜增加殊礼，以崇功德"，是"部院诸大臣集议具奏"的最后决定。（《清世祖实录》卷四十一，顺治五年十一月冬至日）

论功劳，清军入关，多尔衮总调度，先后肃清崇祯帝的大明军、李自成的大顺军和张献忠的大西军，只剩下南明小政权在强大的八旗大军与明朝降军的重围下，危于累卵，垂死挣扎。

多尔衮为首功，厥功至伟，诚如后来乾隆帝所言："睿亲王多尔衮，当开国时，首先统众入关，扫荡贼氛，肃清宫禁，分遣诸王，追歼流寇，抚定疆陲。一切创制规模，皆所经画。寻即奉迎世祖车驾入都，定国开基，以成一统之业，厥功最著。"（《清高宗实录》卷一千〇四十八，乾隆四十三年正月辛未）

值得注意的是，多尔衮晋级皇父摄政王，始于顺治五年十一月。是时，多尔衮大福晋博尔济吉特氏还健在，她于顺治六年十二月病逝，还被"以册宝追封为敬孝忠恭正宫元妃"（《清史稿·多尔衮传》）。

若以多尔衮"自称皇父摄政王"作为太后下嫁的一大证据，那么太后下嫁之后，是给多尔衮做妾？

即便多尔衮与太后两情相悦，不计名分，或只做露水夫妻，但顺治帝与清朝皇族即使再庸懦，也断然不会答应圣母皇太后纡尊降贵，居于多尔衮原配大福晋之下做个有实无名的侧福晋。

大福晋过世，多尔衮授意朝廷"以册宝追封为敬孝忠恭正宫元妃"，这是昭告天下这个博尔济吉特氏尊大，自然不是以障眼法去扇那个下嫁的太后博尔济吉特氏一个大大的耳光。

如果太后还是太后，只是拔高多尔衮为皇父摄政王来匹配成婚，那又何来"太后下嫁"一说？

即使多尔衮与太后玩了不合法的婚外情，那太后也还是太宗的妻子，而多尔衮有自己的正宫元妃，何来"嫁娶"之说？

宫闱秘史，多为茶余饭后的谈资罢了。

《清史稿·多尔衮传》还记载："七年正月，王纳肃王福金，福金，妃女弟也。复征女朝鲜……五月，率诸王贝勒猎于山海关，朝鲜送女至，王迎于连山，成婚。"这句话，暴露了多尔衮好色的本性。原配刚死不到一个月，多尔衮就从已故侄儿、肃亲王豪格的遗孀中，将自己的姨妹强娶过来，同时派人到朝鲜王族征集秀女。五月，多尔衮在外行猎，闻讯朝鲜女到，急不可耐地迎上去，当夜成婚。

如果这段史料属实，那么置下嫁的太后于何地？太后如果真的下嫁多尔衮，不论情爱所系，还是情势所迫，多尔衮都未必敢在顺治帝已蓄势争权、诸王贝勒也虎视眈眈的情形下，如此疯狂妄为。要么，这段史料是为了掩盖太后下嫁多尔衮丑闻而弄出的烟幕弹，让后世读者甚至研究者因为多尔衮的极度好色而不理会太后下嫁一说。要么，太后下嫁为子虚之事，而这段史料正说明了多尔衮风流成性的本色。

5

至于多尔衮成为皇父摄政王时，孝庄太后还只有三十五岁，从情欲和身心上都有对异性的需要，若其真的下嫁，断然不会容许多尔衮再接连强娶、征调其他年轻女人进入王府。

从孝庄成功地辅佐顺治、康熙两任明君的事功来看，她是一个懂得隐忍的伟大女性。她不愿意与太宗合葬，而遗言另葬于北京，未必不是因为哀痛独子英年早逝、牵挂孙儿独撑大厦的真实情结。一位在长期激烈权斗下历练出来的成熟的政治家，绝不会自缚于小我情长不得脱。她在支持顺治帝主动接触中原文化的同时，自然受过汉人礼制的一些影响。至于接受了多少，只有天知道，只能从顺治、康熙的政治事业中渗透出的点点滴滴中表现出来。但，从服侍了她一辈子的侍女苏麻喇姑终身不嫁、终年不浴、终生不服药等奇特事来看，作为主子的她，也该更有常人不可比却少为人知的历史。否则，她怎会容忍一个怪女子，并倚为第一心腹呢？毕竟，历史给她的记载，也不是很详细。

当然，她也知道，在太宗的后妃之中，她虽是少女初嫁，但从丈夫那里得到的疼爱和尊重却还不如几个半路杀入的寡妇。虽然当时满人礼教观念还很粗糙，但清朝皇家初入关内，正在考虑如何置身汉人世俗，构建新的威仪，未必容许她去追爱其他非子孙的男人。她在面对多尔衮的淫威委曲自守时，守护得更多的，当是她儿子顺治帝的帝位和江山，甚至是皇帝的尊严和声誉，而不是自己的情爱和欲望。

文史大家金性尧在《太后下嫁案》中，强调"朝鲜《李朝实录》于康熙二十七年正月，记朝鲜闻孝庄逝世，却秘不发丧，朝鲜大臣感到奇怪"，认为"这是因为圣祖已感染汉化，越发感到其祖母下嫁之不光彩，故有秘不发丧、灵柩浮厝等措施"。康熙帝接受汉文化，重用汉文人，甚至他的血管里也流着一半汉人的血液，但是他的骨子里还是有自己的坚守的，以"自古得天下之正莫如我朝"，贯串康熙盛世及其帝王心术。

圣祖为了彰显其母身份，用政治手段玩了一回抬旗的族群修饰。他虽生于关内，受了中原礼教观念的影响，但不深切。他妻妾成群，其中有四对亲姐妹，还有一人即慧妃为其远房表姑。他深得祖母孝庄宠爱和扶持，对其只有强烈的感恩之情，"忆自弱龄，早失怙恃，趋承祖母膝下，三十余年，鞠养教诲，以至有成。设无祖母太皇太后，断不能致有今日。成立罔极之恩，毕生难报"（《康熙起居注》康熙二十六年十一月二十九日）。即便其祖母有下嫁史，他也未必心怀芥蒂，而会打出更加堂皇的幌子。

朝鲜《李朝实录》记载，康熙二十七年正月，朝鲜才知孝庄逝世，认为秘不发丧；而《清史稿·圣祖本纪》记载，康熙二十六年十二月，孝庄病重，圣祖"亲制祝文，步行祷于天坛"。

《康熙起居注》记载得更感人，称圣祖"亲制祭文，词意恳篇，字字皆天性至情，极其真切"，祷告上苍，请求折损自己生命，增延祖母寿数："若大数或穷，愿减臣龄，冀增太皇太后数年之寿。"（《康熙起居注》康熙二十六年十一月二十九日）

一连十余日，康熙都是在孝庄所居的慈宁宫，《康熙起居注》都只有简短的"上在慈宁宫侍疾"的记载。但是，上苍并未因康熙的虔诚，而增加孝庄的寿命。

康熙二十六年十二月二十五日，孝庄病逝。康熙倒地，捶足哀号，呼天抢地，苦无停声，饮食无法入口。天子的真性情，表露无遗。"上哭踊视殓，割辫服衰，居慈宁宫庐次。甲戌除夕，群臣请上还宫。不允！"（《清史稿·圣祖本纪》）情深意切，真情流露，无须遮掩。如朝鲜官方史料为实，接到信息迟缓的原因是有隐情而秘不发丧，那么清朝官方记载还有多少是没有被修饰诿过的呢？

当然，史料哪怕是实录，也未必是史实，所以数千里之外的朝鲜记载，也未必没有水分。

祖孙情深背后的家族利益绑架
惊世骇俗

1

康熙二十六年（1687）十二月，七十六岁的太皇太后孝庄病危，三十四岁的康熙亲自撰写祝文，从深宫步行至天坛，祷告上苍："若大数或穷，愿减臣龄，冀增太皇太后数年之寿。"（《康熙起居注》康熙二十六年十一月二十九日）

一位已威服四方、权倾朝野的皇帝，竟然请求老天爷折损自己的生命，以增延祖母的寿数，也足见其"亲制祭文，词意恳篇，字字皆天性至情，极其真切"，并非冠冕堂皇的皇家程式。

同样是冲龄践祚，同样是经历了许多磨难，康熙虽然没有像其父顺治那样碰到多尔衮存在代立的强悍摄政，但是，他即位时年纪太小，顾命辅政的四内臣都想把他操纵如傀儡。尤其是辅政后期，若非少年天子及时联手已故首辅家的索额图，以及两大汉臣黄锡衮、王弘祚，采取分解势力、突然袭击等招数，给了"一时威福，尽出其门"（昭梿《啸亭杂录》卷一）的鳌拜致命一击，或许康熙和鳌拜都中了阴谋篡位的宗室成员、领侍卫内大臣兼内秘书院大学士班布尔善的一箭双雕之计。

班布尔善被依律处死，鳌拜被拘禁幽所，索额图逆袭为内阁首辅，黄锡衮与王弘祚也成了朝廷重臣。他们的主子康熙帝，真正开始了亲政的权力人生。

而完成这一切，站在康熙背后的老谋深算的孝庄，自是厥功甚伟。

康熙帝深得祖母孝庄宠爱和扶持，对其怀有满满的感恩之情，"忆自弱龄，早失怙恃，趋承祖母膝下，三十余年，鞠养教诲，以至有成。设无祖母太皇太后，断不能致有今日。成立罔极之恩，毕生难报"（《康熙起居注》康熙二十六年十一月二十九日）。

康熙二十六年十二月二十五日，孝庄病逝。康熙捶足哀号，呼天抢地，哭无停声，不进饮食。"上哭踊视殓，割辫服衰，居慈宁宫庐次。甲戌除夕，群臣请上还宫。不允！"（《清史稿·圣祖本纪》）

天子的真性情，表露无遗。

2

孝庄成就了康熙的成功，此言非虚。

顺治十八年（1661）正月，年仅八岁的玄烨登基，顺治帝同时给他留下了四大辅政大臣。

他八岁丧父，十岁丧母，在父母膝下未得一日承欢。四辅臣时期，他艰难地熬过了八年。若非祖母孝庄宠爱和扶持，他的政治命运甚至人生都会是另一番模样。

按照顺治最初的设计，四辅臣必须忠于幼主，不得结党营私，但是他们很快背弃了当初的誓言，各怀鬼胎。尤其是排名最末的鳌拜，自恃军功巨大，日见骄横张狂，根本不把小皇帝当回事。鳌拜为了置换圈地，公然矫诏绞杀国史院大学士苏纳海、直隶总督朱昌祚和巡抚王登联，进而将排名第二的辅政大臣苏克萨哈磔杀于市。

康熙提出反对意见无效，鳌拜攘臂强制用玺。鳌拜已然威胁到康熙的帝位和性命，但最后还是被少年老成的康熙反戈一击。

康熙帝成了最后的胜利者，而在其身后的则是祖母孝庄。孝庄经历过顺治即位、与摄政王争权、严惩多尔衮等大风大浪，虽然年龄不及四辅臣，但她的斗争经验丰富，身份尊贵特殊。

她最初力挺玄烨登基，与以四辅臣为首的保守势力妥协，弄出一份所谓"顺治罪己诏"，严责世祖崇汉抑满，违背祖制，但也因她的支持和影响，少年天子康熙帝先后经历了战胜鳌拜、提前亲政、平定三藩、收复台湾等政治大事件。

孝庄的隐忍、坚定、顽强与顾全大局，对康熙的影响最大。无论在政治上，还是婚姻上、思想上，康熙帝都听从了孝庄的设计和安排。

孝庄生于蒙古。顺治帝继承多尔衮在摄政期间制定的大政方略，缓和民族矛盾，改善民族关系，却受到了以孝庄为首的保守势力的极力反对。新旧势力对弈，顺治帝虽有少数少壮派如安亲王岳乐的支持，但仍然无法抵御孝庄联合两黄旗大臣等勋旧的围攻。

绝望的顺治帝，极力笼络正白旗势力无济于事，被逼得为前明亡国之君崇祯帝哭陵，哀叹自身命运不济，甚至命内阁学士麻勒吉祭奠陪崇祯自缢的太监王承恩，并"命立故明殉难太监王承恩碑"，称"独承恩目击艰危，从容就义，从死愍帝之旁。其岳岳之风节，即古之忠臣烈士"（《清世祖实录》卷一百四十一，顺治十七年十月庚戌），以排解自己对推行新政孤立无援和备受打压的巨大怨怒。

一个不乏权力的帝王竟然不惜抬出前朝殉主太监，浓墨重彩地将其树为忠臣典型，足见顺治因身边缺乏知己而悲歌伤怀的心情。

3

顺治朝的孝庄，是强悍的保守势力首席代表。

她不但反对顺治崇汉抑满的举措，而且对皇族成员接近汉文化都是极其反感的。《朝鲜李朝实录中的中国史料》记载孝庄"太后甚厌汉语，或有儿孙习汉俗者，则以为汉俗盛而胡运衰，辄加禁抑云矣"（吴晗辑《朝鲜李朝实录中的中国史料》下编卷二，显宗改修实录七年九月）。

儿子顺治想有作为，她却不惜与之针锋相对。其中既有源自出身家庭的民族局限意识，也有对顺治破坏，甚至断裂满蒙政治联姻关系的强烈反击。

孝庄指定侄女为后，顺治找了一个借口将其废黜。孝庄继立侄孙女入主中宫，顺治意欲再废，改立来自正白旗的董鄂妃为后。董鄂妃生育皇四子后，顺治以此为"朕第一子"告祭天地、社稷与太庙，大有立储的征兆。母凭子贵，顺治在玩废后新立的政治把戏。孝庄极力维护的满蒙政治联姻关系再次受到了巨大的威胁。

孝庄要维护家族的政治利益，于是早早地扶持出身汉军的佟妃所生的皇三子玄烨，而舍弃另一个来自正黄旗的董鄂妃（宁悫妃）所生的皇二子福全，就是为了继续选择娘家女子为大清的女主人，而从娃娃教育抓起，豢养一个不涉旗属利益而对自己听话感恩的嗣君。

这，是娘家蒙古科尔沁部博尔济吉特氏家族赋予她的政治使命。

她虽然不是太宗朝的国君福晋，只是位号一降再降的永福宫庄妃、西侧福晋，然而，太宗朝的女主人为其姑姑，崇德五妃也都是博尔济吉特氏女人。顺治朝的两位正式的皇后（不算被追封的孝献皇后董鄂妃）都是孝庄家族成员。终顺治一朝，真正的女主人位置则属于孝庄。

她要将博尔济吉特氏女人入主大清中宫的荣耀延续到底。她在成功扶立玄烨登基成为康熙帝之初，就从娘家选择了一个几岁的少女，养在大清后宫，待其长成。

这个女子，就是后来康熙后妃序列中的慧妃。

慧妃博尔济吉特氏幼年入宫，可以说是童养媳，是孝庄堂叔额德的孙女，与顺治帝是同辈表亲。在娘家，同样来自科尔沁的康熙嫡母孝惠皇太后和皇考淑惠妃，还得尊称慧妃为堂姑。为了稳固满蒙联姻以保障科尔沁家族利益，孝庄是不择手段的。

若非为了斗鳌拜而须与首辅索尼的赫舍里氏家族联姻，孝庄定然会安排其成为康熙的皇后，以赓续家族女子作为大清女主人的荣耀传统的。

事与愿违。虽然赫舍里氏皇后后来也早逝，但那也是康熙十三年五月的事情了。而博尔济吉特氏没有熬到那个时节，于康熙九年芳华早逝。

更奇怪的是，命浅福薄的博尔济吉特氏，入宫最久，却至死也没来得及成婚。康熙将其追封为慧妃，并辍朝三日，还做出了诸多高规格的丧仪规定，可见他们虽无夫妻之名却有夫妻之实。

孝庄在等待一个时机，可以再续博尔济吉特氏的皇后梦。

论辈分，慧妃当是康熙的远房表姑。他们的故事，即后来所说的"康熙纳姑"。满洲旧俗，婚姻不遵行辈，康熙没有其父顺治迎娶隔代亲戚的乱伦羞愧。康熙帝陵寝建好后，慧妃金棺首个奉安入景陵妃园寝。后来，乾隆帝定康熙诸妃神位次序，慧妃的地位仅次于温僖贵妃，在其他诸妃之首，再次强调慧妃在康熙时期的分量。

他草拟顺治十四宗罪，
却被康熙重用四十年

1

对于王熙这个人，大家只要想到那道顺治罪己诏，就不陌生了。

《清史稿·王熙传》记载，顺治十八年（1661）正月，世祖病危，特召王熙至养心殿撰写遗诏。王熙伏地饮泣，不能下笔，世祖勉励他抑制哀痛，就在御榻前草拟第一条进呈。后来，王熙奏请移到乾清门撰拟，进呈余文，皆报可。当晚，世祖驾崩。

王熙时为翰林院掌院学士，加礼部尚书衔。他能够一挥而就，证明他很明白顺治和情势的政治需要。他是顺治四年进士，入选世祖第一批日讲官，很得皇帝欢心。他于顺治十四年七月晋升弘文院学士。其父王崇简，为明崇祯十六年（1643）进士，被举荐仕清后不断升迁，官至礼部尚书，加太子少保，此时正为国史院学士。

父子双学士，堪为佳话。

顺治帝高兴地说"父子同官，古今所罕"（《清史稿·王熙传》），命其为经筵讲官，教习庶吉士，充武会试正考官，擢礼部右侍郎。

顺治十七年六月，王熙到景运门内值班。太宗天聪三年（1629），清代词臣始有"入承偬直"之制，顺治亲政后多次命大学士、学士于太和门更番入直。

王熙入直前，顺治特谕："翰林院各官，原系文学侍从之臣，分班直宿，以备顾问，往代原有成例。今欲于景运门内建造直房，令翰林官直宿，朕不时召

见顾问，兼以观其学术才品。"(《钦定大清会典事例·翰林院职掌》)

五个月后，王熙加礼部尚书，再次与其父同官。

此时的王熙，刚过而立之年。他勤于职任，成了顺治帝晚年最赏识的汉臣。

他所代笔的顺治罪己诏，究竟是顺治帝的临终遗言，还是四辅臣授意而为之？当存疑。毕竟皇帝死了，按最新约定的政治规定，四辅臣要集体商议出一个章程，报孝庄太后拍板。

要直指大行皇帝的是是非非，非皇家最高身份孝庄太后签字不成，否则，四辅臣想治顺治一个崇汉抑满的原则性大罪，就是谋逆。

孝庄丧子心痛，但顺治毕竟早已触犯了以她为首的权贵阶层的根本利益。于是乎，王熙只能奉命直书，亦是泣血而书，在所谓顺治罪己诏（亦是遗诏）中大肆责备大行皇帝"渐习汉俗"(《清世祖实录》卷一百四十四，顺治十八年正月丁巳)，不遵旧制，重用汉臣而"致满臣无心任事，精力懈弛"，对明朝"偏用文臣""委用宦寺"亡国而"不以为戒"……林林总总的十四宗大罪，历数他背叛祖宗崇满抑汉的既定国策，险些葬送太祖太宗创立的基业，没有一条涉及他的历史功绩和政治作为。自责的文字很刻薄！

王熙奉谕书写遗诏一事，《清世祖实录》不曾提及，只是强调内大臣索尼、苏克萨哈、遏必隆和鳌拜为辅臣，"皆勋旧重臣，朕以腹心寄托"(《清世祖实录》卷一百四十四，顺治十八年正月丁巳)。

倒是《王熙自订年谱》中，对此次受命草诏之事，写得很详细。顺治十八年正月初六日夜三鼓，王熙奉诏见驾，来到养心殿请安。顺治帝说："朕患痘势将不起，尔可详听朕言，速撰诏书。"命王熙在榻前书写。

当时的内阁有十一名大学士，即中和殿大学士巴哈纳、金之俊、冯铨，保和殿大学士额色黑、成克巩，武英殿大学士洪承畴、傅以渐、胡世安，文渊阁大学士卫周祚，东阁大学士李霨，以及管户部尚书事的原秘书院大学士车克。车克奉命与安南将军宗室罗托率师驻福建，防郑成功；金之俊在吴江老家、傅以渐在聊城老家休假，洪承畴目疾加剧在家调理。其他七人，都在内阁办差。然而，顺治却只召了礼部侍郎兼翰林院掌院学士王熙。

顺治帝的解释是："朕平日待尔如何优渥，训尔如何详切。今事已至此，皆有定数。"（《王熙自订年谱》，《四库全书存目丛书》集部第二百一十四册）

王熙"泣不能止，奏对时不能成语"，临终前夕的顺治帝还在安慰他"君臣遇合，缘尽则离。尔不必如此悲痛。此何时，尚可迁延从事，致误大事"。王熙与满臣麻勒吉，"凡三次进览，三蒙钦定"，于初七日"日入时始完"。（《王熙自订年谱》，《四库全书存目丛书》集部第二百一十四册）

顺治帝还在弥留之际，"遣内大臣苏克萨哈传谕：京城内，除十恶死罪外，其余死罪及各项罪犯，悉行释放"（《清世祖实录》卷一百四十四，顺治十八年正月丙辰）。

这真让人奇怪啊！

顺治帝竟然有这样清醒！

顺治帝患痘，高度昏迷，即便回光返照，亦不免昏沉浑噩，怎么那样条理清晰地归纳十四宗罪名，并全部归罪于自己。

遗诏有孝庄太后妥协、四大辅臣造作之嫌。王熙迫于权势，也不得不说些违心的话，力证顺治临终前十分清醒，还知道怎样去安慰哀伤的他。

除了这些，作为翰林院掌院学士的王熙，别无他法。

他在当时的清政府，职级太低。

清廷问鼎中原后，迅速承明旧制，设立一批中央机构，其中就有顺治元年设立的翰林院。是年十一月，降清以大学士原衔入阁佐理机务的冯铨，奏请将翰林院由前明的五品衙门改为正三品，定掌院学士为专官，置汉员一人，兼礼部侍郎衔。但是，很快又降为五品，归入内三院，印章也改为铜印（六部二品，使用银印）。直至顺治十五年七月，裁内三院为内阁，翰林院复设单立衙门，置掌院学士一人，秩正五品，兼三品礼部侍郎衔。

王熙幸运，因为顺治倚用，因为考满优等，获加礼部尚书衔，但只是待遇得到了提高。

因为兼职加衔，王熙才跻身二品序列。然他主要职务还是正五品的翰林院掌院学士，所职掌任务，主要是经筵日讲、撰写文书、培育人才之类的文职工作。

虽有侍直、侍班、扈从之便利，但在满人统治下，他也是位卑权轻。

他能够为顺治帝草拟临终遗言，主要还是顺治帝最后的看重。

而草拟大行皇帝的罪己诏，容不得他半点懈怠，唯有遵从孝庄懿旨和辅臣指令，方可完成政治任务。

他没有一点话语权。

他只是一个遵循致仕草拟文案的捉刀者，遣词造句来不得半点马虎，而且这是要昭告天下的官宣，只能使天下人在哀悼之余惋惜，而不得留下半点让人质疑的地方。

这是国家最高机密，涉及对大行皇帝盖棺论定的评价，不容日后荣辱翻覆时另置一词。毕竟，让一个皇帝活得明白，死得清醒，也是一个做臣子的本分。

他不能越界。

但是，四辅臣很快越界了。

四辅臣上任伊始，在顺治十八年六月，便打着尊重大行皇帝遗命的旗帜，裁撤顺治设置不久的六殿阁制内阁、翰林院等，恢复为关外旧制内三院。保守势力重新抬头，抛弃了多尔衮、顺治帝承袭明制制定的新政策。

王熙掌管的翰林院，在一片"率循祖制，咸复旧章"（《清圣祖实录》卷三，顺治十八年六月丁酉）的呼声中，被撤销了。

本享有礼部尚书加衔待遇的王熙，被安排回弘文院任学士，不久转任礼部左侍郎。后来，他因失察钱粮举人参加考试，被削尚书衔，降一级留用。

2

这是四辅臣有意考验王熙的政治纪律。

王熙忍受了这一切，直至康熙五年（1666）十一月，才被擢升为左都御史。这时是四辅臣摄政，康熙帝还是龙椅上无话语权的傀儡。

王熙恪尽职守，直言陈弊，弹劾各地督抚搞近亲繁殖，纵容不法，贪婪者侵害百姓，懒惰者贻误地方。他对六部官员不作为、乱作为，进行了有效的监督。

吴三桂驻云南，尚可喜驻广东，耿精忠驻福建，三大藩王拥兵自重，逾越礼制。吴三桂发展最快，骄纵为最，擅任官吏，无视朝廷。其子吴应熊，以公主额驸居京师，散尽巨资交结大臣。三藩不断坐大，又不断向朝廷要钱，扩大自己的军队。

王熙第一个站出来，要求对三藩裁兵减饷。这断了三藩养兵的财路和建制，无疑要激起藩王们的强烈不满。但他的建议，则是提醒朝廷不要大干养虎为患的蠢事。

胆大的王熙，猛打三藩要钱的手，且在康熙与鳌拜斗争白热化的时刻，还大胆地提请名义上亲政的康熙帝下旨颁发条例，详细建议：王公、将军、督抚、提镇大小官员，如果仗着自己有钱有势，与民争利，或放纵奸商欺行霸市，都必须严加治罪。

此前，鳌拜为了换一块地，就能矫旨绞杀大学士苏纳海、直隶总督朱昌祚和巡抚王登联。但在康熙七年五月，王熙借天象说事：世祖"精勤图治，诸曹政务，皆经详定。数年来有因言官条奏改易者，有因各部院题请更张者，有会议兴革者，则例繁多，官吏奉行，任意轻重。请敕部院诸司详察现行事例，有因变法而滋弊者，悉遵旧制更正。其有从新例便者，亦条晰不得不然之故，裁定画一"（《清史稿·王熙传》）。

这是不点名的批评，王熙采取了正评反批的方式，充分肯定了顺治帝的政治作为，谴责四辅臣背叛故主，"变法而滋弊"，将顺治帝的制度悉数推翻。

索尼已死，苏克萨哈被杀，遏必隆作壁上观，鳌拜擅权自专。康熙帝暗自积蓄力量，剑拔弩张，终于有了一个不怕死的汉臣，抬出顺治帝的政治功绩，大肆挞伐鳌拜四辅臣的胡乱作为。康熙命各院部遵旧制，删繁例，涉及数十项行政事务。

王熙由四辅臣的替罪羊，变成了康熙帝的利器，在鳌拜倒台前迁工部尚书。王熙向康熙举荐能干的黄锡衮，助力铲除鳌拜，后来又极力推荐黄锡衮入阁，拜东阁大学士兼兵部左侍郎、武英殿总裁官，转任武英殿大学士管兵部事。

一个尚书，能向皇帝进言举荐阁臣，足见康熙帝对先帝师傅王熙是非常看重的。

3

康熙十二年五月，圣祖欲撤藩时，特地将王熙调任兵部尚书。当年底，吴三桂起兵造反，朝廷震动，吴应熊的党羽在京城制造火灾。王熙及时请奏砍了吴应熊，传首湖南、四川，虽不能彻底震慑吴三桂，但激发了康熙帝唯有一战到底的决心。

康熙帝对王熙是绝对信任的，命他专管密本。"汉臣与闻军机自熙始。"

康熙十七年，王熙丁父忧，康熙并未要他夺情，而是密切关心，待其守孝三年期满，"即家拜保和殿大学士，兼礼部尚书"（《清史稿·王熙传》）。

清初，汉臣大学士极少能够出席议政王大臣会议，出席会议已是一份恩宠，故而他们于诸王面前跪着对答已成一种惯例。康熙帝接受汉臣的反对意见，规定自王熙起，与诸王会议公事，不必行跪拜之礼。议政王大臣会议，"非大臣跪诸王之地，亦非诸王受跪之时"（《清史列传·王熙传》）。即便见到康亲王杰书这样平定耿精忠、击溃郑经退守台湾、建功巨丰的少壮派军事权贵，也不例外。

康熙三十年，王熙以足疾请辞，康熙不准，强调他是仅存的先帝老臣，虽精力衰颓，但老成练达，常伴左右，也使皇帝殊有裨益。直至康熙四十年八月，王熙在阁拜相已整整二十年，才获准致仕。康熙帝特加王熙少傅，于新年上元节宴请他全家，并派侍卫送去"耆老旧德"匾额及楹联，称自己没有哪天不想他，就是他人求赐御书时，康熙帝也感念王熙荣休在家，心里却时刻记挂着朝廷和皇帝。

康熙四十二年正月，王熙病逝，圣祖正南巡，特派皇长子、直郡王胤禔和内阁领班大学士马齐前往祭奠茶酒，并特令胤禔行祭拜礼，举哀致奠。康熙说，大臣过世，皇子前往慰问，"从未施拜之礼"（《清史列传·王熙传》），但王熙是先帝留下的老臣，必须要胤禔代替他行拜礼。

十年过去了，康熙帝追念数十年来的大臣，对王熙的评价甚高，说："服官最久，尽力矢忠，保全名节。"（《清史列传·王熙传》）

盖棺再论定，是汉臣难得的荣耀。

那份顺治罪己诏，不论是世祖授意而书，还是四辅臣强奸帝意，皆是王熙不得不写的代笔。无论主使者是谁，都是给先帝的脸上抹黑，使之身后无功留骂名。但，康熙帝破天荒地对这个捉刀者，给了顶级礼遇和赞誉。

被迫代笔，情有可原。

康熙为了打造"自古得天下之正莫如我朝"（《清圣祖实录》卷二百七十五，康熙五十六年十一月辛未）的政治理想，以另一种修史争正统的方式沿袭了四辅臣对顺治民族政策的彻底背叛，同时极力诬陷前左都御史、刑部尚书魏象枢反对出兵平藩，诬陷魏象枢背主、误国。

王熙挺身而出，直言不讳："有苗格，乃会议时魏蔚州语，告者截去首尾，随失其本意。然若如其言，岂不是误国！汉官移家故有之，亦多有否者，日久何从分别，岂不是背主！汉官负此两大罪之名，复何颜立于朝乎？"（《碑传集》

卷十二，韩菼《文靖王公熙行状》）

康熙犯了偏听偏信的错误。

在康熙明确绝对权力意志的独专时代，内阁大学士只是佐君理事之人，大都不敢去触犯康熙帝"我欲去则竟去之"（李光地《榕村续语录》卷十四《本朝时事》）的底线，但王熙大声说出：不。

他是一个名副其实的王大胆！草拟顺治帝的十四宗罪行昭告天下，他虽是临危受命，也要担不少被秋后算账的政治风险。他指责权倾朝野、煊赫一时的鳌拜及四辅臣背叛故主，反对康熙帝为争清朝政权为天下最正而制造的政治污蔑，更是一种冒险。

然而，他在大臣不能侵犯皇帝绝对权威的时代，却被康熙重用了近四十年，死后还被康熙多次追忆，更被后继之君雍正帝入祀贤良祠，也算是汉臣一大奇迹。

辅

政

怒斩顺治大宠吴良辅背后
的皇家丑闻

1

电视剧《少年天子》中有一幕不堪的场景，即顺治宠信的太监头子吴良辅，将没有主见的康熙生母佟氏揽入怀中。

坊间有传闻，顺治十八年（1661）二月处死吴良辅，是对其染指孝康章皇后的惩罚。

奇怪，如此诡秘的宫闱秘史，为何没有被官家禁毁，反而成了三百多年后现代艺术的素材。

孝康章皇后佟氏十三岁入宫，时为顺治十年。她是汉军正蓝旗都统佟图赖之女，父祖皆为清初战将与功臣。她入宫时，顺治正值第一次积极废后，不免对新来的佟氏有兴趣，故而在"顺治十一年春，妃诣太后宫问安，将出，衣裾有光若龙绕，太后问之，知有妊，谓近侍曰：'朕妊皇帝实有斯祥，今妃亦有是，生子必膺大福。'三月戊申，圣祖生"。（《清史稿·孝康章皇后传》）

这段康熙在孕见祥瑞的文字，无疑是后来史官在康熙称帝后的编造：

一、康熙"将出"，三月生，孕妇在新春自然挺着一个大肚子，此时的孝庄太后刚过四十岁，还不至于老眼昏花。

二、从蒙古后妃不受孕、而汉军庶妃入宫便有喜的历史来看，顺治帝是有意为之，内务府要记录在案，主管大臣早已报告孝庄，哪来六七个月了经问才知情。

三、佟妃怀孕生产，为顺治宠妃董鄂氏入宫两年前的事情。有非常征兆，却没有被顺治帝郑重其事地记入史书，难道顺治还在等待？有人认为是孝庄造假，见蒙古后妃无生育，改而培育汉军庶妃生子，作为制衡顺治帝的一个砝码。

四、佟妃待产有祥瑞之兆，让孝庄联想到自己孕育顺治的情景。好一个"实"字！她在崇德二年(1637)作为排名五宫后妃最末的庄妃，不敢言及后来称的祥瑞，而今贵为大清太后、皇帝生母，便不再有忌讳，大富大贵，昭示天命。如果佟妃身上真的出现了祥瑞之兆，当有孝庄规劝顺治对佟妃之子进行重点培育的记载。

但是，皇三子玄烨初生，顺治并未狂喜，而在顺治十四年十月，董鄂妃生下皇四子时，顺治立即宣扬"朕第一子生"(《清初内国史院满文档案译编》下册)，派重臣告祭天坛、地坛、太庙、社稷，明显有立储之兆。

佟妃和玄烨在顺治帝面前失宠。佟妃为了复宠，不免有讨好顺治心腹太监吴良辅的可能。然而，此等丑闻，何等私密，不可能流传宫外。

即便吴良辅暗中与失宠的佟妃对食，一旦被孝庄和顺治帝发现，哪怕捕风捉影，也会及时对吴良辅采取相关措施。

然而，吴良辅——这个前明留下来的太监，却是顺治帝的大宠。

顺治十五年三月，顺治帝给吏部下达一份谕旨，称"内监吴良辅等，交通内外官员，作弊纳贿，罪状显著，研审情真"(鄂尔泰、张廷玉等撰《国朝宫史》卷一)。吴良辅供认不讳，还供出了已被革职的原弘文院大学士陈之遴贿结之事。

吴良辅的问题，已经严重触犯了顺治十二年六月颁发的内监不得干政、结交外廷的政治规矩。依律，吴良辅和陈之遴都该处死。

但是，顺治帝却说深究下去会牵连甚广，需从宽处理。陈之遴全家被流放辽东，吴良辅继续在内廷管事。

2

吴良辅为顺治帝管理着新设立的十三衙门。

虽然顺治帝在仿明制设立十三衙门的第二个月，针对反对意见强调："衙门虽设，悉属满洲近臣掌管，事权不在寺人。"（《清世祖实录》卷七十七，顺治十年七月丁酉）但是，以吴良辅为首的太监，在具体的执行中，严重地剥夺和免除了原来两黄旗大臣兼管内廷、后宫事务的职权。

这是顺治帝授意和支持的。

顺治帝之所以这么做，并非要加强吴良辅的权力，而是因为以领侍卫内大臣兼内务府总管索尼为首的两黄旗大臣，直接效命于孝庄太后，左右着顺治帝行使皇权。

吴良辅有恃宠骄纵、狡黠跋扈的一面，却维护顺治帝的绝对权威，因此与领侍卫内大臣团队如鳌拜、遏必隆、索尼及其背后的孝庄太后，发生了激烈的冲突。

孝庄太后深受满蒙传统文化的影响，在巩固清朝统治的同时，强化满蒙贵族联姻关系。这对于意图淡化满蒙姻盟外交而加强与汉文化交流的顺治帝，不啻一道枷锁。

顺治帝急于挣脱这一束缚，加剧了母子之间的权力争斗。尤其是顺治帝不愿意接受孝庄强加的满蒙贵族联姻，而要按自己的行事方式拔高来自正白旗的董鄂妃的地位，使得母子矛盾日益激化。

太监充斥的十三衙门，也就成了顺治夺权的一大工具。

故而在后来所谓的顺治罪己诏中，便有一宗"重任宦官"的罪状："祖宗创业，未尝任用中官。且明朝亡国，亦因委用宦寺。朕明知其弊，不以为戒。设立内十三衙门，委用任使，与明无异，以致营私作弊，更踰往时，是朕之罪一也！"（《清世祖实录》卷一百七十七，顺治十八年正月丁巳）

顺治帝背叛祖制、不畏明戒、不怕亡国，宠任吴良辅为首的太监，已然是一个严重不合格的帝王。即便他不是患痘早逝，也会面临着孝庄太后和两黄旗大臣忍无可忍整肃朝纲的风险。

这，足以说明孝庄太后和两黄旗大臣，对顺治帝宠任太监、剥夺他们权力的恨达到了极致。

吴良辅在劫难逃。即便他曾经是顺治帝向孝庄夺权的一颗棋子，但现在也成了一条人人喊打却没了主人的狗。

《清史稿·圣祖本纪一》记载：顺治十八年"二月癸未，上释服。乙未，诛有罪内监吴良辅，罢内官"。从康熙释服到吴良辅被诛杀，前后仅十二天。

这是索尼、苏克萨哈、遏必隆、鳌拜就任辅政大臣后，以皇帝的名义发出的第一道诛杀令。

3

他们得到了孝庄太皇太后的支持。

吴良辅的罪状，是"阴险狡诈，巧售其奸，荧惑欺蒙。变易祖宗旧制，倡立十三衙门名色。广招党类，恣意妄行，钱粮借端滥费，以遂侵牟。权势震于中外，以窃威福。恣肆贪婪，相济为恶。假窃威权，要挟专擅，内外各衙门事务，任意把持。广兴营造，糜冒钱粮，以致民力告匮，兵饷不敷"（《清圣祖实录》卷一，顺治十八年二月乙未）。

与吴良辅一同被问罪的，还有已死但遭"冥诛"的"满洲佟义"。从佟义被"削其世职"来看，他应该是满洲大臣、顺治近侍。吴良辅之死，最大的问题是"变易祖宗旧制，倡立十三衙门名色"，"权势震于中外，以窃威福"，严重侵害了侍卫处和内务府大臣索尼等的权力。

顺治去世，索尼们名正言顺地代行皇权，自然要把吴良辅和十三衙门当作在身体多年的肉中刺拔掉。与此同时，四辅臣们也将顺治帝为集中和强化皇权、侵害了他们权益而设的内阁和翰林院悉数撤销。

至于吴良辅与康熙生母孝康章皇后有苟且之事的传闻，那是坊间秘闻，不足为外道哉。只不过，民间不直接说顺治放任太监擅权，而给他弄了一顶绿帽子。

顺治任用宦官，沿袭明制设置十三衙门，不以明朝阉党之祸为忌，导致吴良辅抱青年天子的大腿，不惜甘当反弹保守派的"政治棍子"，有些忘乎所以，而遭到保守势力集团目标一致的集体围攻。顺治死后，清廷迅速处死吴良辅，清除宦官干政影响。

孟森在《清初三大疑案考实·世祖出家事考实》中说："铲除宦寺，处斩吴良辅，实为清一代最惩覆辙之高见，而亦不似世祖向来优容吴奄之举动。"清朝皇宫离不开宦官的近身服务，但是一直采取"永抑宦官"的做法，即便太监奉旨引来重臣觐见皇帝，也须及时退出。即便到了晚清，慈禧宠信的太监李莲英见到弱主光绪帝，还是毕恭毕敬地逢迎小主子。

吴良辅之死，死于自身的阴险狡诈，也死于顺治的拉拢腹心，更死于统治集团激烈的内部斗争。

吴良辅被诛杀时，顺治帝已逝。佟妃已被幼主和四辅臣送了一顶金碧辉煌的圣母皇太后桂冠。虽然佟妃为了上位不择手段自甘被辱的传说没有孝庄下嫁多尔衮的传说精彩，但也让不少人炒成了茶余饭后的笑谈。

史上的慧妃，
是孝庄给康熙早定的皇后

1

《康熙王朝》没有九子夺嫡的整体故事,但皇长子胤禔对皇太子胤礽的储位,一直虎视眈眈。

电视剧对胤禔的安排,很有冲击皇位的实力:

一、康熙前四子早殇,序齿第五的胤禔顺理成章上升为皇长子。他虽是庶出,但占据了"长"的位置。他老爸康熙和先帝顺治、皇太极,都以非嫡胜出。所以说,庶出是大有希望的。

二、胤礽虽是太子,但其母赫舍里氏皇后生育时难产而崩,而胤禔的母亲慧妃还在,论年纪资历,在严格执行长幼有序、尊卑有序的康熙跟前,还是有机会吹枕边风的。剧中的慧妃,半老徐娘,很擅长争宠卖骚,要比康熙宠爱的容妃会来事。她口称不觊觎皇后的位置,但一直在为儿子争储谋划争斗。她不想做政治强人的傀儡皇后,但寄望做懦弱皇帝的强势皇太后。

三、胤礽有外公(该是叔外公)索额图大力支持,但胤禔的舅舅明珠,与索相同在上书房,都是领班大学士,康熙的左膀右臂。二人旗鼓相当,势均力敌,"权势相侔,互相仇轧"(昭梿《啸亭杂录》卷十《索明二相博古》)。(史上的明珠,与胤禔的外公索尔和有同一个祖父金台石,即明珠并非胤禔的舅舅,该是胤禔的远房叔外公。电视剧的安排,应该来自《永宪录》之类史书的错误记载。)

四、胤禔的母亲还在后宫,位排前列,且有一个宰辅舅舅,自然有一大帮大臣效忠追随，形成了足以与太子党抗衡的大爷党。

在历史上，胤禔也是很有本事的：

史说胤禔长相极为俊美，在诸皇子中是较聪明能干的。他在皇子中年龄居长，替其父做事最多。

康熙二十九年（1690），十八岁的胤禔奉命随伯父、裕亲王福全出征，任副将军，参与指挥战事。

康熙三十五年，胤禔随康熙亲征噶尔丹。他与内大臣索额图领八旗前锋营、汉军火器营、四旗察哈尔及绿旗驻军，参赞军机，后来还给西路大将军费扬古做参军。这年三月，二十六岁的胤禔因有军功被封为直郡王。

康熙三十九年，胤禔随康熙巡视永定河堤，任总管，衔命祭华山。

向康熙讲授过几何学和算术的法国传教士白晋证明："皇上特别宠爱这个皇子，这个皇子确实很可爱。他是个美男子，才华横溢，并具有其他种种美德。"

2

康熙爱长子胤禔不假，这是为父天性，而且老大能为父分忧排难。

但是，非嫡出即位的康熙，却要选择嫡承大统。

即便胤禔再优秀，胤礽再荒唐，康熙仍坚持："朕前命直郡王胤禔善护朕躬，并无欲立胤禔为皇太子之意。"

康熙还强加了一个似乎很充分的理由："胤禔秉性躁急、愚顽，岂可立为皇太子？"此为其一。

至于电视剧，设计胤禔在胤礽被废后，要为康熙行万难之事，更让康熙对儿子们的手足相残感到了无限恐慌。而胤禔的要替父行万难事，却致使自己身陷万劫，引来了李光地奉命抄家。

最关键的是，胤礽是康熙钟爱的皇后所生，而胤禔的生母只是一个不得宠的偏妃。

而且，《康熙王朝》连胤禔的生母都搞错了。

胤禔的生母为惠妃，纳喇氏，满洲正黄旗人，正五品郎中索尔和女，而不是慧妃。

康熙另外有一个慧妃。

一字之差。但这一字在康熙心目中的地位，还是不一样的。

《钦定大清会典》卷四十二曾给康熙后妃排位：温僖贵妃之后，是慧妃、惠妃、宜妃、荣妃、平妃、良妃、宣妃、成妃、顺懿密妃、纯裕勤妃、定妃。

慧妃紧接贵妃之后，惠妃之前。慧妃，自然不是胤禔的生母，胤禔出生时她已经死了，但她的地位却始终要比胤禔的生母惠妃地位高一点点。

康熙并未因为慧妃没给他生个一儿半女，而惠妃给他生了一个健在的皇长子，就慢待一些。

3

《康熙王朝》把康熙和苏麻喇姑安排为青梅竹马，这与史实严重不符。苏麻生于1612年，要年长生在1654年的康熙四十二岁。

苏麻只是康熙的启蒙老师之一，而康熙有自己青梅竹马的女孩，那就是后来的慧妃。

《皇清宗室谱系四种》记载：慧妃自幼"待年宫中"，即童养媳，尚未成婚。

慧妃博尔济吉特氏，是科尔沁三等台吉阿郁锡的女儿。阿郁锡，是康熙祖母孝庄太后的堂叔额德的儿子，即堂弟。慧妃与顺治的孝惠章皇后是姑表亲，因此她是与康熙关系不远的表姑。

《清朝野史大观》中，有一个康熙纳姑为妃的故事，其来源可能即是慧妃之事。

按现在的说法，康熙与慧妃，是乱伦，但他那时似乎不忌讳这一点。他的祖父皇太极不也娶了博尔济吉特家的一姑二侄吗？皇太极虽下了禁令，但很快被康熙打破，而且得到了孝庄太后的默许和支持。

慧妃自幼被养在宫中，应该是孝庄的安排。她是要培育这位博尔济吉特氏堂侄女与孙子康熙两小无猜的感情，她曾经临时安排两个博尔济吉特氏侄女与儿子顺治成婚，结果导致了两桩政治婚姻的不幸。

她要从长计议，从娃娃抓起。

这样看来，孝庄最初给康熙安排的皇后，应该是慧妃。若非鳌拜弄权，政治危机使然，孝庄要争取首相索尼的全力支持而不得不在康熙四年册立索尼的孙女赫舍里氏为后，慧妃极有可能在政治婚姻制度下成为皇后。

4

慧妃死得太早，甚至生前有名无分，身后才得慧妃的追赠。

《皇清宗室谱系四种》记载：慧妃在康熙九年四月十二日去世，五月初九日追赠为慧妃。

好一个"慧"字，足见她在康熙心中是聪慧的女子，青梅竹马，情意纯真。遗憾的是，她死前，年轻的康熙先是被四大辅政大臣架空，到后来才借助于索尼父子的势力，铲除鳌拜，逼退遏必隆，真正亲政。慧妃死时康熙已立索尼的孙女赫舍里氏为后，二人还是相敬如宾的蜜月期。

如果慧妃能及时生育儿女，康熙定然会给她一个更高的封赏。

初恋情深，红颜薄命，但从诸多史料来看，康熙对她是格外地用情。

而且，康熙在慧妃生前没公开夫妻之实，也无子女作证，还明诏追认祖母家的堂姑为自己的老婆，是明摆着承认乱伦和破坏了皇太极禁令，除非他对她的情非一般。

《清圣祖实录》卷三十三记载，康熙九年四月癸亥日，康熙帝"谕礼部：博尔济金氏，乃科尔沁冰图郡王额济音之亲叔额德台吉之子三等台吉阿郁锡之女。选进宫中待年，方欲册封。今遽尔长逝，朕心深切轸悼，宜追封为妃。其封号，及应行礼仪。尔部即察例议奏，寻允礼部议，追封为慧妃"。

如此看来，康熙与这位远房表姑是有夫妻之实的，"方欲册封"，而因红颜命薄，夫妻情短。即便没有婚礼、册封仪式，康熙和大清皇室也还是承认慧妃这个蒙古媳妇的，而且给了很高的待遇。

不仅如此，慧妃死后，康熙帝辍朝三日，并颁文规定：

一、大内以下、宗室以上，三日内咸素服不祭神；妃宫中女子内监剪发截发辫，咸成服二十七日除服、百日剃头，姻戚人等成服二十七日而除、百日剃头，茶膳房人员男妇成服皆于大祭日除服、百日剃头。

二、妃初薨日，亲王以下、奉恩将军以上，民公侯伯以下、一品官予以上，公主福晋以下、县君奉恩将军一品夫人以上，咸齐集，移日、祭日同二周月内日上食上次，百日内上食二次，均内府官及执事内管领下官员男妇齐集。

三、妃金棺奉移殡宫行初祭礼，用金银定七万、楮钱七万、画段千端、楮帛九千，馔筵三十一席，羊十有九，酒十有九，尊设采仗，众齐集行礼，次日绎祭金银定楮钱各五千，馔筵五席，羊三酒三尊，不设采仗，执事内管领下官员男妇齐集大祭与初祭同。次日绎祭与前绎祭同，周月致祭用金银定楮钱各一万，馔筵十有一席，羊五酒五尊，二周月三周月百日致祭及未葬期年致祭羊酒楮帛之数皆与初周月同，清明设挂楮钱宝华一座，中元及冬至岁暮用金银定二千楮钱一千，皆馔筵五席，羊一酒一尊，执事内管领下官员男妇齐集。

康熙二十年，康熙帝的景陵修建完工。慧妃金棺第一个奉安入妃园寝，初称慧妃园寝、妃衙门。

《钦定大清会典则例》记载："康熙二十年，妃金棺由殡处奉移妃园寝，豫期行奉移礼用金银定楮钱各一万五千，馔筵十有三席，羊五酒五尊，设采仗，众齐集,沿途驻宿奠馔筵一。至陵日,不值班之大小官员咸于十里外,跪迎举哀,候过随行,奉安园寝芦殿。次日行奉安礼,陈设祭物与奉移同,送往大臣官员暨在陵之大小官员等及其妻咸齐集。将入园寝先一日,行奉移礼与前奉安礼同,至吉期安葬。"

即便是后世之君,也对慧妃给予了规格不渝的待遇。

乾隆二年(1737),对康熙景妃园寝飨殿两次间增造寝室床龛,并定诸妃神位次序:奉安温僖贵妃神位于中龛内居左,慧妃神位居右,惠妃神位次左,宜妃神位次右。

这样的礼仪安排,再次明确慧妃虽未生育子嗣,但不改她在康熙"妃"这一等级排序第一的名分和位置,甚至享受着贵妃一等的待遇。

若非政治需要及其早逝,或许这一位有着满蒙政治联姻使命的博尔济吉特氏女人,会在康熙后宫有着更高的殊荣和地位。

鳌拜杀掉的费扬古父子
究竟是谁?

1

《清史稿·鳌拜传》和《清史列传·鳌拜传》都说鳌拜向幼主康熙叫板时,第一个向内大臣费扬古(《清史列传》署作"飞扬古")开刀。

《清史稿》是这样说的:鳌拜"受顾命辅政。既受事,与内大臣费扬古有隙,又恶其子侍卫倭赫及侍卫西住、折克图,觉罗塞尔弼同直御前,不加礼辅臣。遂论倭赫等擅乘御马及取御用弓矢射鹿,并弃市。又坐费扬古怨望,亦论死,并杀其子尼侃、萨哈连,籍其家,以与弟都统穆里玛"。

《清史列传》记载:"既受事,与内大臣飞扬古有隙,又飞扬古子侍卫倭赫及侍卫西住、折克图,觉罗塞尔弼同在御前,不加礼辅臣。鳌拜恶之,遂论倭赫等擅乘御马及取御用弓矢射鹿罪,并弃市,坐飞扬古怨望,亦弃市,并杀其子尼侃、萨哈连,籍其家,以与弟都统穆里玛。"

两处都说明,鳌拜与费扬古本来有矛盾,而费扬古给康熙做侍卫的儿子倭赫和另外几个侍卫,对辅臣无礼,鳌拜不高兴了,于是以倭赫等擅骑御马及取御用弓箭射鹿有罪,将他们和费扬古一众砍了。

鳌拜炮制的倭赫案发生在康熙三年(1664)四月,这时主要是四辅臣主政,小皇帝无话语权。倭赫等自恃是皇帝跟前的人,对辅臣无礼不恭,对于正需立威的四辅臣而言,是一种挑战,必然引起辅臣联合体群起攻之。

两书都没说有人出来反对,索尼、遏必隆不说话,苏克萨哈保持沉默,即便是皇帝和孝庄也没有说"不"。鳌拜理直气壮地将费扬古父子砍了！

这也算是事出有因！

2

费扬古真的被鳌拜弄死了吗？

康熙年间，有两位著名的内大臣叫费扬古，一个是董鄂氏，一个是乌拉那拉氏。

先说董鄂氏费扬古。他是顺治帝那位最钟爱的董鄂妃，即孝献端敬皇后的弟弟。他们的父亲为内大臣鄂硕，满洲正白旗人，状貌异常魁梧。

正白旗人士，应该是鳌拜重点打击的对象。但是，这位费扬古生于顺治二年（1645）。顺治十三年，董鄂氏入宫，深受顺治帝宠爱，封为贤妃。仅一月有余，顺治以"敏慧端良、未有出董鄂氏之上者"为理由，晋封她为皇贵妃。鄂硕因此晋封三等伯，但同年病逝，被追为三等侯。顺治十五年，十四岁的费扬古承袭了鄂硕的爵位。

至康熙三年，这位先帝的小舅子、也算得上康熙的小舅舅，仅二十岁左右。这样的年纪，能有多大的儿子给外甥皇帝当保镖啊？

至于费扬古怎样与鳌拜交恶，以及身陷倭赫案中被鳌拜论死，史书并未记载。

很多人都认为他是被鳌拜杀了。但这位费扬古的本传，在交代出身后，直接切入康熙十三年，费扬古从安亲王岳乐率兵到江西征讨吴三桂的叛军，多次击败吴军大将，连战连捷。康熙十八年，任领侍卫大臣，位列议政大臣。后来，康熙两次对噶尔丹御驾亲征，费扬古继裕亲王福全之后，接任抚远大将军，成为康熙第二次用兵时的西路军统帅。康熙三十六年，费扬古有病还京，仍任领侍卫内大臣，位进一等公。康熙四十年病故，康熙赐祭葬如典礼。

注意啦！《清史稿》费扬古本传中，署作"费扬古"，而非"飞扬古"。此二名，都指前国舅费扬古。

难道此费扬古不是彼费扬古？

此处只能存疑。《清史稿》和《清史列传》还专门给费扬古做了本传。他在康熙初年并未做过内大臣，只是继承了其父鄂硕的三等伯。

3

另一位乌拉那拉氏费扬古，确实做过康熙初年的内大臣。《清史稿》和《清史列传》没有专门的本传。

《八旗满洲氏族通谱》卷二十三载：正黄旗人博瑚察"次子费扬古，奉太宗文皇帝谕旨，令入包衣佐领，在内廷养育，后授三等侍卫，从征朝鲜。及大凌河、锦州等处，俱立军功，授二等侍卫。寻委署前锋侍卫，追藤吉思，击败土谢图汗，及和硕罗汉等兵。叙功，授骑都尉。后由委署护军统领。征鄂尔多斯，及察哈尔、大同等处，屡著劳绩，授内务府总管。请旨归隶本旗。寻授步军统领。奉圣祖仁皇帝谕旨：'费扬古，系初设步军统领，即克胜任，甚属可嘉。著交部议叙，钦此。'续经部复议，将费扬古升授正一品步军统领。奉特恩，再赐一云骑尉，寻擢内大臣"。

论年龄和经历，他确实有很多机会和鳌拜发生交集。

但是，他生有五个子女，儿子中却没有一个名叫倭赫的，唯一的女儿在康熙三十年，被康熙帝赐封给皇四子胤禛为嫡福晋，后来成了雍正的孝敬宪皇后。

不仅如此，孝敬宪皇后出生于康熙二十年，也就是说，她的父亲费扬古活得比鳌拜长，没有给鳌拜论死弃市的机会。

4

当然，也有人认为鳌拜杀的是瓜尔佳氏费扬古。

而此费扬古，却是鳌拜的堂侄。他是费英东之孙，图赖之子。当然，鳌拜为了树威，也敢向亲人开刀。他在构陷亲家苏克萨哈一案中，对女儿女婿就未留多少情面。

但这个费扬古同样不具备倭赫案中的费扬古特征。他骁悍善射，在康熙平定"三藩之乱"时，先后任护军参领、统领，征讨吴三桂叛军，至长沙遇吴将吴国贵，直前突阵，面中鸟枪而死，议恤，赠云骑尉。

他是没有做过内大臣的。

看来鳌拜制造的倭赫案中，费扬古另有其人，或者被写错了名字。

值得注意的是，顺治九年四月，鳌拜出任领侍卫内大臣，总管侍卫，奉命教习武进士。此时内大臣中，有一个镶黄旗费扬古。

顺治十三年三月，顺治帝对侍卫处主要大臣进行调整，在原有满洲两黄旗领侍卫内大臣六人（镶黄旗伯伊尔登、鳌拜、遏必隆，正黄旗索尼、公额尔克戴青、额齐尔）、正蓝旗一人（色勒，太祖伯父、武功郡王礼敦之孙）的基础上，增补正白旗苏克萨哈为领侍卫内大臣。同时，从上三旗中各新选二人补入内大臣，董鄂妃之父、正白旗鄂硕就是此次入选的。原有三名内大臣中，就有一个是镶黄旗费扬古。

难道鳌拜所杀的费扬古，为这个与自己同旗的费扬古，被鳌拜视为不愿附己的异己分子？

顺治的大忠臣成了
康熙的大逆贼

1

对于索尼、苏克萨哈、遏必隆、鳌拜四人如何辅政，《清史稿》如此评价："四辅臣当国时，改世祖之政，必举太祖、太宗以为辞。然世祖罢明季三饷，四辅臣时复征练饷，并令并入地丁考成。此非太祖、太宗旧制然也，则又将何辞？索尼忠于事主，始终一节，锡以美谥，诚无愧焉。苏克萨哈见忌同列，遂致覆宗。遏必隆党比求全，几及于祸。鳌拜多戮无辜，功不掩罪。圣祖不加诛殛，亦云幸矣。"

索尼最忠诚。苏克萨哈遭排挤。遏必隆附逆臣。鳌拜喜杀戮。

这样说鳌拜，也是秉承了康熙的说法："妄称顾命大臣，窃弄威权。"（《十叶野闻》）

受康熙旨意罗列鳌拜罪状的康亲王杰书也说："鳌拜系国家大臣，背负先帝重托。任意横行，欺君擅权。文武各官，尽出门下。"（《清圣祖实录》卷二十九，康熙八年五月庚申）

2

鳌拜到底是怎样"欺君擅权"的呢？

先说四辅臣的关系。

索尼是正黄旗，鳌拜和遏必隆为镶黄旗。两黄旗都是皇太极父子亲率。而苏克萨哈所属的正白旗，原为多尔衮兄弟统领。

皇太极死后，未立储君，留下夺位之战。两黄旗鼎力支持豪格嗣统，而两白旗极力推动多尔衮上位。迫于顺治帝生母孝庄和两黄旗势力的联合压制，多尔衮提出折中办法，把豪格弄出局，自己摄政，便疯狂打压两黄旗和豪格。

精通满、汉、蒙古文的文武全才索尼，曾为太宗的文馆谋士、一等侍卫，随太宗征明时书写汉字文书谕告汉地百姓，任吏部启心郎，却因不附多尔衮，曾遭两次革职免死，遣守昭陵。

遏必隆为太祖外孙，父弘毅公额亦都巴图鲁，母太祖四女和硕公主穆库什，十多岁袭父一等总兵官世职，崇德六年（1641），刚过二十岁的他被皇太极赞赏"巴图鲁之子，仍巴图鲁也"（《八旗通志初集》卷一百四十二《名臣列传·镶黄旗满洲世职大臣·遏必隆》），于顺治二年（1645）从征湖广叙功头等，却在三年后被人举报"与白旗诸王有隙"，多尔衮将这个外甥革职，籍没一半家产。

鳌拜则是少年入行伍、百战敢拼死的硬汉，崇德二年被太宗赐号巴图鲁，顺治初年以护军统领随多尔衮入关，后从阿济格击溃退至湖广的大顺皇帝李自成，继而跟随豪格进军四川射杀大西皇帝张献忠，还参与了平定大同总兵姜瓖的叛乱，不意，多尔衮因鳌拜拥护少年天子、不阿附自己，而多次对其议罪论死。

多尔衮与其胞兄阿济格构陷亲侄豪格，使之幽死狱中，随后各强娶豪格一福晋。

黄白对立，日益激烈。顺治帝安排的四辅臣，就是两黄旗对一白旗、三黄臣对一白臣，自会延续往日情仇。

索尼是四朝元老，位居四辅臣之首，但年老多病，且聪明狡猾。鳌拜日益骄恣，索尼装聋卖傻。当初，鳌拜和索尼、谭泰谋立豪格，就是好战友。后来，索尼和谭泰相仇，攻讦死磕，鳌拜因庇护索尼再次获罪，几被革职。如果不是孝庄斡旋，直接将索尼的孙女封为皇后，让首辅做了太国丈，索尼也未必会同几个儿子一同站到老战友鳌拜的对立面。

遏必隆是皇亲国戚，但他是典型的骑墙派。他附和鳌拜也是有缘故的。多尔衮当政时，有人告发：皇太极驾崩、诸亲王夺位之际，鳌拜擅拨护军，为还是侍卫的遏必隆防守宫门。多尔衮因此差点弄死鳌拜。遏必隆欠了鳌拜一份大人情。

苏克萨哈属正白旗，原为多尔衮的打黄干将（奇怪的是，多尔衮摄政时，苏克萨哈除了得了骑都尉、三等轻车都尉世职外，并没有太多的荣耀）。多尔衮死后，朝局一变，刚做了几天议政大臣的苏克萨哈，伙同原睿王府侍卫、新晋议政大臣詹岱，一同跳出来告发故主棺椁中私藏八补黄袍、大东珠、素珠、黑狐裖之类僭越物品，阴谋篡逆，引发群臣要对多尔衮开棺扬灰，因此受到顺治重用，很快升为镶白旗护军统领，顺治十二年随礼部尚书兼镶黄旗满洲都统陈泰等领兵驻镇湖南，大败大西军将领刘文秀，回京后擢为领侍卫内大臣，加太子太保。

这四人入选辅政大臣，为顺治帝临终前与孝庄太后的商定，已无须皇室、宗室王公与议政王大臣会议推选。

索尼、遏必隆和鳌拜，初为拥立顺治帝，与孝庄太后结为共进退的政治联盟。后来，孝庄与顺治矛盾激化，索尼等三人不认同顺治帝的改制运动，认为其破坏了满蒙政治联姻关系，而站到了孝庄太后一边。

他们三人入选，自是孝庄的主张。而苏克萨哈，应该是顺治帝的提议，即便孝庄不喜欢这个正白旗人，但还是妥协地接受了他的入选，并默认了世职不显的苏克萨哈排名第二。这也照顾了作为上三旗之一的正白旗的情绪。

况顺治临终，有意抬高在领侍卫内大臣任上资历最浅的苏克萨哈，命他独送御讳、传谕大赦，使在一旁坐冷板凳的索尼等三人眼馋心恨，也使得苏克萨哈感激涕零地奏请情愿殉主。

顺治帝说："尔不知死事易，守主事重。"《清圣祖实录》卷二十三，康熙六年己未）顺治对苏克萨哈寄予托孤之厚望，也为鳌拜等很快抱团攻苏，埋下了导火线。

苏克萨哈虽热爱皇上，但背叛故主，毫无气节，索尼、鳌拜等人在仇视他的同时，多了一份鄙视。

鳌拜居四辅臣之末位，但资格老，军功高，常常气势夺人。武夫当国，首当其冲。

3

鳌拜的滥杀，主要是针对原属多尔衮的正白旗。

《清史稿》和《清史列传》都说鳌拜先拿内大臣费扬古（《清史列传》署作"飞扬古"）开刀。他与费扬古本来有矛盾，而费扬古给康熙做侍卫的儿子倭赫，和另外几个侍卫，对四辅臣中属于两黄旗的三辅臣无礼，鳌拜不高兴了，于是以倭赫等擅骑御马及取御用弓箭射鹿有罪，将他们和费扬古一众砍了。

康熙五年（1666），鳌拜把矛头直接指向了同为辅政大臣且排名靠前的苏克萨哈。

他强行要把镶黄旗与正白旗在直隶所圈的土地置换，即以贫瘠之地换肥沃之地。

他是要将二十年前多尔衮强势置换的土地，重新换回。

朝廷内外，皆言不便。

属正白旗的大学士兼户部尚书苏纳海、兵部尚书兼直隶总督朱昌祚、保定巡抚加工部尚书衔王登联，联合在朝堂上公开反对。

苏纳海坚决抵制，不畏惧鳌拜淫威，不阿其意。

朱、王上疏奏称：旗民不愿圈换地亩。他们支持正白旗民坚守不移，阻挠鳌拜的强制命令。

鳌拜大怒，即以此事，谋兴大狱，下刑部议罪，必欲置之于死地。

对于此事，站在当时两黄旗的角度看，鳌拜是针对多尔衮的正白旗而言，多尔衮已死，鳌拜要还击正白旗，同时也是在维护两黄旗的利益。鳌拜坚持要严惩坚奏苏纳海等，索尼、遏必隆不反对，甚至在鳌拜强奏时附议支持，故而有康熙帝"特召辅臣等，赐坐询问，鳌拜、索尼、遏必隆，坚奏苏纳海等，应置重典。独苏克萨哈不对"（《清圣祖实录》卷二十，康熙五年十一月丙寅）的辅政分裂僵局。

十四岁的康熙帝看出四辅臣有分歧，没有批准。

专横的鳌拜攘臂强争，最后假借皇帝的名义，把苏纳海、朱昌祚、王登联三人绞杀，抄没家产。

鳌拜等的理由是——

苏纳海身在内阁，执掌户部，如果有意见，就应该即时陈奏。而今既然奉差拨地，却以种种奸巧不愿迁移，是明显抗旨，藐视皇上。

朱昌祚、王登联，身为督抚，各有专任职掌，不按要求处理好拨地事宜，还妄行具奏反对，又将奏疏予苏纳海看，报告中不止言及民间困苦，还将旗下不愿迁移之处一并具题。

要杀苏纳海三人，不只是鳌拜一人的意思。

中国第一历史档案馆藏满文奏折中，有一份未书具奏人的文件，记载了康熙四十五年二月初一日，康熙帝在畅春园召见满洲镶黄旗内大臣明珠、满洲正白旗兵部尚书马尔汉、满洲正黄旗原户部尚书麻尔图、满洲正白旗原兵部侍郎温代四个老臣时的一番话。康熙重提苏纳海等因"更换地亩事"不符合辅政大臣心意，结果被定为死罪。四大辅政"入内具奏时"，"索尼、鳌拜、遏必隆三人均奏称当斩，迫朕杀之"。

事情过去了三十多年，康熙不以索尼是太国丈、遏必隆是国丈，为尊者讳，直言他们作为"辅政大臣办理政务时，结纳植党，专擅威权，谄媚者任意使用，不附者寻隙治罪"。遗憾的是，《清圣祖实录》没有记录此事。

一向持重的索尼，之所以坚持要处死苏纳海等支持正白旗拒换要求的三人，应该是对苏克萨哈的一次反击。一年前，孝庄拟将索尼孙女定为皇后，苏克萨哈怒称此女与康熙年庚不符，挑起鳌拜与遏必隆一同反对力阻，还称索尼之子、领侍卫内大臣噶布喇为"满洲下人"（《明清史料》丁编第八本《鳌拜等罪案残件》）。

康熙谴责鳌拜妄称顾命大臣，窃弄威权，植党营私时，经常不忘称四大辅政。毕竟索尼等辅政时，康熙帝只是一个老老实实坐在龙椅上的傀儡。

康熙六年三月，索尼与苏克萨哈、遏必隆、鳌拜一起上书请求康熙帝亲政。康熙没有马上答应。六月，索尼病逝，辅臣们班行章奏，本为四辅臣之末的鳌拜却站到了最前面。

鳌拜大权独揽，独断专行。

遏必隆选择明哲保身，对于鳌拜的专擅，既不加阻止，也未曾弹劾。很快，鳌拜及大学士班布尔善诬苏克萨哈不欲归政，列二十四罪，将其处死。

《清史稿·圣祖本纪》记载：康熙六年"秋七月己酉，上亲政，御太和殿受贺，加恩中外，罪非殊死，咸赦除之。是日，始御乾清门听政。甲寅，命武职官一体引见。己未，辅臣鳌拜擅杀辅臣苏克萨哈及其子姓。癸亥，赐辅臣遏必隆、鳌拜加一等公"。

在康熙亲政大赦之际，鳌拜要对一大辅臣进行灭门甚至是灭族，如果没有绝对的罪证，还是很难通过的。大局已定，康熙还加封屠杀者为一等公，也可以看出他对苏克萨哈一案还是默认的。

《清史列传·苏克萨哈传》记载，康熙在鳌拜倒台后，特谕吏、兵二部："苏克萨哈虽有罪，不至诛灭子孙。"康熙承认苏克萨哈有罪。

鳌拜与苏克萨哈是姻亲，还是拜康熙所赐。康熙二年，孝庄太后为了政治需要，和四辅臣联姻。索尼有孙女，遏必隆有女儿，鳌拜有女儿，都准备送给康熙为妃子。谁知，康熙当廷指婚，鳌拜的女儿嫁给苏克萨哈的儿子。皇帝金口玉言，鳌拜哑口无言，眼睁睁地看着索尼成为太国丈、遏必隆也成为国丈，而自己也想成为皇亲国戚却和最大的旗敌成了亲家。二人并未因此而握手言和，却常常因政见不合发生争论，势同水火。

鳌拜在诛杀苏克萨哈一家时，只留了一个自己的女儿给苏克萨哈生的孙子，却未见史料记载他是否放过了自己的女儿。

4

康熙六年七月初七日开始，康熙帝躬亲大政。

虽然实权还抓在不愿意卸政的鳌拜的手里，但康熙迄至病逝前长达五十五年的御门听政，正式拉开了帷幕。

对于这一历史性时刻，《清圣祖实录》卷二十三记载："己酉，上躬亲大政，御太和殿。王以下，文武百官，上表行庆贺礼，宣诏天下"，"诏内恩赦，凡一十七条"。

四辅臣中，只留有鳌拜和遏必隆。

遏必隆附和鳌拜，鳌拜一家独大。

大臣非议，鳌拜"辄请申禁言官，不得上书陈奏"（梁章钜《归田琐记》卷五）。

康熙说可以的，鳌拜说"不"。

康熙不允的，鳌拜仍行。

当时在康熙宫廷中的法国传教士白晋在回忆录中记载：在康熙十五六岁时，四位摄政王中最有势力的宰相，把持了议政王大臣会议和六部的实权，任意行使康熙皇帝的权威，因此，任何人都没有勇气对他提出异议。这个"最有势力的宰相"就是鳌拜。

此时的鳌拜，已经对康熙的皇权构成了严重威胁。

两个天生的权力控，组成了一个领导班子，自然要进行彻底的较量，最后康熙以三十条大罪将鳌拜拿下。

至于三十条大罪中有多少真假，各有说法。虽然康熙将鳌拜视为大逆贼，但还是没将其直接砍头，只是堂而皇之地拘禁。

鳌拜专擅弄权，真的是为了篡位吗？

电视剧《康熙王朝》和《鹿鼎记》中，都安排了鳌拜置办龙袍、意图篡位的场景，但这不见于史料记载。按理，鳌拜不敢篡位，原因有四：

一、鳌拜虽权倾朝野，但清廷八旗兵力还主要掌握在皇家亲王旗主手中，他顶多有镶黄一旗支持。同时皇家也有专属部队，如丰台大营之类，《康熙王朝》不是还设计班布尔善率兵攻打皇城，却被护军头领吴六一很快血拼殆尽吗？鳌拜当时应该还没将拱卫京城的卫戍部队拿下。

二、已经在康熙阵营站队的索尼家族，实力还是很强大的，也能保证正黄旗不支持鳌拜。

三、南方割据的"三藩"也虎视眈眈。在他们手中，有全国一半的兵力。鳌拜属于排汉派，自然和吴三桂们搞不到一起，吴三桂也不买鳌拜的账。

四、鳌拜也会联想到多尔衮是何等的强势，也只会逼皇帝封他为皇父摄政王，却不敢直接篡位。而多尔衮死后差点被开棺扬灰，其势力被皇帝很快清洗干净，可见支持皇帝的人还是最多的。

不能否认，鳌拜喜欢权力，想发号施令，但他骨子里还是对皇帝忠诚的。这一点，康熙和后世之君也明白。

《清史列传·鳌拜传》称，康熙五十二年，康熙帝又下旨，称"鳌拜战阵功多，特追赐一等男"。雍正继位后，"赐鳌拜祭葬，复一等公，世袭罔替，加封号曰超武"。这样，无疑是给鳌拜平了反。

只不过，《清史稿·鳌拜传》还多加了一句："乾隆四十五年，高宗宣谕群臣，追核鳌拜功罪，命停袭公爵，仍袭一等男；并命当时为鳌拜诬害诸臣有褫夺世职者，各旗察奏，录其子孙。"

清高宗重提鳌拜案，下谕强调："鳌拜当日自恃政柄在握，辄敢擅权执法，邀结党羽，残害大臣，罪迹多端，难以枚举……俟出缺时，即行停袭公爵，仍照皇祖所降谕旨，给予一等男爵，世袭罔替，已足以示国家法外施恩旧勋之意矣。"（梁章钜《归田琐记》卷五）乾隆终止雍正对鳌拜世系恢复的一等公，但还是承认鳌拜为"屡立战功"的"勋旧"，只是表达了对鳌拜在其"皇祖冲龄践祚，鳌拜受事以后，即专权自恣，擅作威福"的强烈不满。

作为太宗朝的巴图鲁和世祖留下的辅政大臣，鳌拜是忠于大清的。但是，他随着权势的扩大，利欲熏心，很快由皇权的捍卫者逐步走向了反面，首先是以两黄旗与正白旗的宿怨而重点打击在辅政大臣中名列第二的苏克萨哈，继而利用索尼和遏必隆的支持，强行圈换土地，矫旨杀死反对圈换土地的大学士兼户部尚书苏纳海等，并对苏克萨哈灭门，制造了一系列冤案。即便是康熙帝反对，鳌拜也是攘臂向前，强制下旨，将小皇帝视若傀儡。

索尼死后，鳌拜力图独专权柄，"一时威福，尽出其门"（昭梿《啸亭杂录》卷一《圣祖拿鳌拜》）。但是，他并没有篡得皇权、夺取皇位、更换皇帝的意图，只是在少年长成的康熙急欲掌权的时期，仍想继续独掌辅政大权，凌驾于皇帝之上，势必直接威胁到皇权。

前文提及的那一份康熙与明珠等人密谈的满文奏折中还记载，鳌拜奏请将苏克萨哈及其子孙定罪灭族抄斩时，与康熙有一段对话。

康熙说："苏克萨哈与尔等同为辅政大臣。朕惟念终养尔等，断不至尔等有罪而杀之。"

鳌拜答："嗣后若我等犯了同样之罪，主子也应将我等一同斩首。"

鳌拜理直气壮地要杀苏克萨哈，不惜说自己有罪也该杀。

他一直把自己定位成大清王朝的忠臣，只是为了独擅威权，而不惜一连七日强奏，强逼康熙帝族灭苏克萨哈。

待到康熙清算鳌拜时，矫诏擅杀苏克萨哈，则成了鳌拜的一大罪状。

康熙帝命人将已下狱定罪、用铁链绑缚的鳌拜，带到武英殿大门前，当面责问他：先前你在御前强奏，执意斩杀苏克萨哈。你是否还记得你说过，以后若你等犯了同样的罪行，我也应该将你等一并斩首。现在你还有什么话说？

鳌拜不再骄横，无言以对，只是叩首，请求康熙看其年老衰迈，从宽免死。

康熙帝并没有将其处死，而是命人松开铁链，将其终身监禁，也算是念及其历史功绩。

康熙只是将鳌拜圈禁，待其自生自灭，但处死皇族长辈班布尔善，不免是因为其有篡立之迹，从而给予了最严厉的处分。

至于乾隆秋后算账的做法，也未必是针对鳌拜。雍正生前重用的大臣都被乾隆重点打击，而雍正疯狂镇压的奸逆大多为乾隆所加官晋爵。

5

谈鳌拜的荣辱巨变，就不得不谈及他最大的对手苏克萨哈。

苏克萨哈原为多尔衮打压两黄旗的主要帮手，被封为议政大臣，但待主子一死，他马上跳出揭发多尔衮移驻永平图谋叛逆，并私制擅用不少僭制的御用物品：多尔衮生前准备了八补黄袍、大东珠、素珠、黑狐褂，有大逆之罪。

这，为曾被多尔衮当作傀儡的顺治帝和被多尔衮排挤出局的郑亲王济尔哈朗，以及屡遭多尔衮议罪论死的两黄旗大臣，对已被追尊为成宗义皇帝、祔享太庙的多尔衮进行清算，找到了借口。

业已亲政的顺治对多尔衮展开清算，夺回一切恩典封号，籍没家产，平毁墓葬，给予了最无情的秋后算账。就连入继其后的嗣睿亲王多尔博，也被革爵遣还原宗，意在让多尔衮绝后。多尔衮生前所率的正白旗，由顺治帝自将，成了上三旗之一。

苏克萨哈投效顺治帝，作为正白旗大臣，成了领侍卫内大臣，加太子太保，最后成为顾命辅政之一。

顺治帝临终的安排，是想用正白旗大臣苏克萨哈牵制两黄旗三辅臣。

这样，既保证两黄旗处在上风，又纳入正白旗力量作为一份制约。

顺治帝早在亲政之后，为了推行多尔衮摄政期间制定的大政方略，改善民族关系，缓和民族矛盾，就与孝庄太后及以两黄旗大臣为首的保守势力发生了严重的冲突。顺治除了积极任用汉官进入内三院任大学士外，还有意识地拉拢正白旗势力。

出卖多尔衮的苏克萨哈，就是顺治帝过分倚重的对象。尤其是顺治帝在晏驾前指定了四辅臣，却只命苏克萨哈"独送御讳"（《清圣祖实录》卷二十三，康熙七年七月己未），这就是彰显他在皇帝心中最为贵重的分量。

康熙最初只有小名，顺治临终前亲定储君御名玄烨，再由苏克萨哈送给在乾清门西围屏内撰拟遗诏的翰林院掌院学士王熙等人，以便写进遗诏昭告天下。

被顺治帝宠冠后宫的董鄂妃，为正白旗内大臣鄂硕之女。顺治宠爱董鄂妃，既有情爱的成分，也有示好的因素。尤其是董鄂妃生下皇四子后，顺治帝宣称皇四子为"第一子"，告祭天地、太庙、社稷，这是立储的征兆，让正白旗看到了被皇帝崇隆的态度。

顺治帝临死不改初衷，以别有用心的排序，激化了两黄旗与正白旗之间的矛盾。

索尼虽只是伯爵，但以四朝老臣居首，名正言顺。他对苏克萨哈出卖故主多尔衮而邀宠顺治帝的行为，是颇为不齿的。

遏必隆、鳌拜都是公爵，苏克萨哈为子爵，爵位有明显的等级之差，且遏必隆、鳌拜为内大臣要先于苏克萨哈，鳌拜的战功也远在苏克萨哈之上。

苏克萨哈被排在遏必隆、鳌拜前，仅次于首辅索尼，唯一可凭的是他额驸之子的身份。恃功骄纵的鳌拜排在末位，不甘屈居其下，自然会不时攻击苏克萨哈和正白旗。

此时又发生了一件大事。康熙选妃，索尼的孙女、遏必隆的女儿、鳌拜的女儿，都在选送之列。不料孝庄太皇太后为康熙定了索尼的孙女为皇后，遏必隆女儿为妃，却听任少年天子将鳌拜的女儿指婚给苏克萨哈的儿子。

鳌拜想成为皇帝的岳父，却成了政敌的亲家。这，在鳌拜看来是奇耻大辱。

康熙五年，鳌拜借强制将原属正白旗的蓟州、遵化、迁安正白旗诸屯庄圈地划归镶黄旗的冲突事件，绞杀了与苏克萨哈有联系的满洲正白旗大臣、内国史院大学士兼管户部尚书事苏纳海，以及秉持公正的兵部尚书兼直隶总督朱昌祚和保定巡抚兼工部尚书王登联。

孝庄不作声，索尼与遏必隆作壁上观，苏克萨哈不表态，更加纵容了鳌拜的疯狂。

索尼病逝，鳌拜为了继续辅政体制、独揽大权，于第二年进一步将苏克萨哈拟罪二十四款，将其及长子凌迟处死，将其余六子和孙一人、兄弟两人及部分族人都统统问斩或绞杀。

康熙反对鳌拜擅杀苏克萨哈，但鳌拜称苏克萨哈反对康熙亲政，并且在天子面前，竟攘臂向前，强制康熙下旨。

耐人寻味的是，《清史稿·苏克萨哈传》记载："八年，鳌拜败，诏以苏克萨哈虽有罪，不至诛灭子孙，此皆鳌拜挟仇所致。命复官及世爵，以其幼子苏常寿袭"。大权在握的康熙帝虽然给苏克萨哈翻了案，但还是强调苏克萨哈是"有罪"的！

无疑，康熙帝对苏克萨哈也是很不满的。近二十年后，康熙帝组织心腹扳倒明珠时，还在说："若等势重于四辅臣乎？我欲去则竟去之！"（李光地《榕村续语录》卷十四《本朝时事》）这"四辅臣"，不单指鳌拜，而且包括苏克萨哈。

康熙除鳌，
为何不杀主犯而杀从犯？

1

康熙八年（1669）五月十三日乙巳，康熙以下棋为名，召复为一等侍卫的索额图入宫，决定三日后召见鳌拜，突然发难，将其逮捕。

与此同时，康熙帝利用名义上的亲政之权，下旨先将鳌拜的亲信派往各地，调离京城，又特诏自己的亲信掌握了京师的核心区和卫戍权，如命黄机任吏部尚书，郝惟讷为户部尚书，将兵部尚书龚鼎孳调礼部，起用曾被鳌拜罢黜的原户部尚书王弘祚接管兵部，配合康熙倚重的兵部左侍郎黄锡衮掌控兵权。

一场擒鳌的政治战争正式开场了——

擒贼先擒王。

康熙派亲信太监召鳌拜入宫觐见。当然，康熙会叮嘱太监如何敬畏，如何回答鳌拜对皇帝现情况的查询，如皇上爱上了摔跤爱得不得了、看中了啥新玩意等，不能出现半点破绽。

这是关键性的前戏。

鳌拜自恃"满洲第一巴图鲁"，照常入宫，看小皇帝给他什么好处。康熙六年七月，他将四辅臣之一的苏克萨哈灭门，皇帝很识趣，特地给他和战友遏必隆再次加官晋爵。

鳌拜已有二等公、少傅兼太子太傅的殊荣，康熙加其一等公、太师，赐其子纳穆福袭二等公，并加太子少师。

　　遏必隆于顺治五年（1648）袭爵一等公，成为非宗室成员的民爵最高等，康熙则给他再加一份一等公的政治待遇，同时加太师。

　　清朝封公者，有宗室系列受赏的镇国公、辅国公。而民爵系列中的"公"，分为一、二、三等，有恩封、功封之别。鳌拜为八门总管卫齐之子，其叔费英东娶太祖长子褚英之女，然鳌拜作为皇家额驸之侄，自然不算勋戚；遏必隆之母为太祖第四女穆库什，他的女儿也进宫为妃，但他只是国戚，而非皇亲，不属于爱新觉罗氏宗室成员。故而，鳌拜与遏必隆的爵位，只在民爵系列。他们最初都属于袭爵，有功封的成分，但主要是靠有功受赏了家族世袭罔替的恩封世爵。

　　此次康熙再给他们额外加一等公［鳌拜原来的二等公转给其子；遏必隆膺受双一等公，这样的奖励在清朝属于殊典旷恩。乾隆十九年（1754），乾隆帝因小舅子、保和殿大学士兼领班军机大臣傅恒平定准噶尔，再次封赏一等忠勇公，傅恒坚辞不受，还感激涕零地说自己在前次受封一等忠勇公已经过分了］，按理是对辅政大臣的论功行赏，然而更多的是皇帝对他们的施恩。皇帝的施恩，不仅赐予最高爵位，还将他们同时加太师，进位三公第一位。

　　清朝位列三公者二十六人，但多为太傅、太保，也有像洪承畴、金之俊等六人先加太保再拜太傅者。

　　《清史稿·职官志一》有云："太师、太傅、太保为三公。正一品。少师、少傅、少保为三孤。从一品。太子太师、太子太傅、太子太保，从一品。太子少师、太子少傅、太子少保，正二品。俱东宫大臣，无员限，无专授。初沿明制，大臣有授公、孤者。嗣定为兼官、加官及赠官。"三公，虽为无实权的加官虚衔，清朝的一等公已是超品，鳌拜和遏必隆自然不在乎这个品秩，但终清一朝，位居太师者，唯鳌拜与遏必隆二人耳。

　　康熙如此崇隆，其中潜藏阴谋。

　　打铁还需自身硬。少年康熙在导演一出"迷中局"。

康熙召集身边练习布库的少年侍卫说："你们都是朕的好伙伴，是怕朕，还是怕鳌拜？"

大家磕头山呼："奴才们只怕皇上！誓死效忠皇上！誓死保卫皇上！"

康熙于是一边允诺封赏如何，一边布置逮捕鳌拜事宜。

狭路相逢勇者胜！

鳌拜一跨进殿门，康熙一声令下，少年们一拥而上。康熙在一旁看戏，一边心惊胆战，毕竟这是生平第一回：勇敢的冒险。

鳌拜猝不及防，被摔倒在地，虽有挣扎，也许有打斗，但还是难敌群殴，束手就擒。

《清史稿·圣祖本纪》这样记载这一场没有硝烟的战争：康熙八年五月"戊申，诏逮辅臣鳌拜交廷鞫。上久悉鳌拜专横乱政，特虑其多力难制，乃选侍卫、拜唐阿年少有力者为扑击之戏。是日，鳌拜入见，即令侍卫等掊而絷之。于是有善扑营之制，以近臣领之"。

晚清小说家李伯元更是在《南亭笔记》中，将康熙擒鳌的现场描述得绘声绘色："康熙帝在南书房，召鳌进讲，鳌入，内侍以椅之折足者令其坐，而以一内侍持其后。命赐茗，先以碗煮于水，令极热，持之炙手，砰然坠地，持椅之内侍乘其势而推之，乃仆于地。康熙帝呼曰：鳌拜大不敬。健童悉起擒之，交部论如律。"

偌大的皇宫，难道只有一把三条腿的椅子吗？

还让一个太监提着，显然是黑色幽默，告之有诈。这种玩法，竟然后来被末代皇帝溥仪在写回忆录《我的前半生》时，也认真剽窃了一回，当作资质平庸的摄政王载沣欲除大权在握的袁世凯的闹剧道具。

如此看来，少年康熙还是一个阴谋家，意图将鳌拜的御前失仪上纲上线为大不敬。一个搞笑的现场，一个荒唐的追责，貌似强过了后来公示的无数条大罪，与鳌拜直接对决。

但故事中有两处，是与历史现实不符合的：

一是南书房实际始设于康熙十六年十月。

《康熙起居注》称，康熙十六年十月二十日，康熙帝谕武英殿大学士勒德洪、明珠等："朕不时观书写字，近侍内无博学善书者，以致讲论不能应对。今欲于翰林内选择二员，常侍左右，讲究文义。但伊等各供其职，且住外城，不时宣召，难以即至。著于城内拨给闲房，停其升转，在内侍从数年之后，酌量优用。"这就是康熙帝将旧时读书处，正式扩建为南书房。昭梿《啸亭续录》卷一《南书房》记载："本朝自仁庙建立南书房于乾清门右阶下，拣择词臣才品兼优者充之。"康熙擒鳌，是在八年前，尚无南书房。

二是鳌拜一介武夫，怎能为康熙进讲。

汉唐为帝王设御前讲席，讲经说史，明清沿袭经筵旧制，故有经筵讲官，顺治十二年又设日讲官一职。旧时请翰林院学士为皇帝授课当老师，讲的是四书五经、治国方略以及历朝历代的兴衰史。《清圣祖实录》卷二十八记载，康熙八年四月辛巳，兵科给事中刘如汉疏言："帝王首务，莫大于视学，莫急于经筵。伏考世祖章皇帝亲政之初，躬幸太学，肇举经筵，煌煌盛典，载在史册。我皇上睿知聪明，善继善述，无事不以世祖章皇帝为法，经筵日讲，已屡奉谕旨，仰见我皇上尊经重道之至意。请敕礼部，详考旧章，先行日讲，次举经筵，选择儒臣，分班进讲。上嘉其言，下部议行。"顺治首开经筵，定为年例，康熙重新恢复经筵传统，并力主将"经筵大典"改为"经筵日讲"。进讲是侍读者的任务，而非起起武夫鳌拜所能胜任的！若康熙以此为借口召见鳌拜，不免欲盖弥彰，提前示警。

康熙没有这么傻。

李伯元写得似是而非。

无论哪般，擒鳌成功！

仇视汉儒经学的鳌拜不会进讲。但是，经筵进讲却成了康熙擒获鳌拜、真正亲政后的一大政治举措。

2

《清史稿·圣祖本纪一》记载："戊申，诏逮辅臣鳌拜交廷鞫。上久悉鳌拜专横乱政，特虑其多力难制，乃选侍卫、拜唐阿年少有力者为扑击之戏。是日，鳌拜入见，即令侍卫等掊而絷之。于是有善扑营之制，以近臣领之。"

这个"近臣"，就是索额图——康熙皇后赫舍里氏的叔父。他是已故首辅索尼的第三子，最初在侍卫处任职，康熙七年升吏部左侍郎，于八年五月初自请解任，重返侍卫处，效命康熙左右，为之训练摔跤的贵族子弟。

少年康熙成功擒鳌，又快速反应，命和硕康亲王杰书为首的议政王大臣等迅速拿问、清洗与鳌拜来往密切的官员。

这些人追随鳌拜的举动，被裁定为鳌拜结党擅政。

康熙八年五月"庚申，王大臣议鳌拜狱上，列陈大罪三十，请族诛。诏曰：'鳌拜愚悖无知，诚合夷族。特念效力年久，迭立战功，贷其死，籍没拘禁。'其弟穆里玛、塞本得，从子讷莫，其党大学士班布尔善，尚书阿思哈、噶褚哈、济世，侍郎泰璧图，学士吴格塞皆诛死。余坐谴黜。其弟巴哈宿卫淳谨，卓布泰有军功，免从坐。嗣敬谨亲王兰布降镇国公。褫遏必隆太师，一等公"（《清史稿·圣祖本纪一》）。

这段文字，传递出五个重要信息。

一、从抓住鳌拜到判决鳌拜一党，前后只花了十二天时间。鳌拜擅权案发，可以说是大清王朝开国以来，顺治八年二月处理摄政睿亲王多尔衮案之后的天下第一案。此等大案，康熙处理迅速，足见其少年老成，成功掌权，排除阻力。

二、按律，鳌拜该被诛灭九族，但康熙只杀了他两个弟弟和一个侄子。对于他本人，以战功免死。作为此案元凶，鳌拜无疑该杀，然康熙网开一面，像处置犯案的宗室成员一样将其幽禁，传递出康熙对鳌拜擅权的危害性还是有所把握的。

三、重点打击了鳌拜一党的核心成员。注意啦！《康熙皇帝》中取代魏承谟给少年康熙做师傅的济世，在历史上被砍了头。《清史列传·鳌拜传》中给鳌拜整理罪状时，就有一条是关于济世的："前工部尚书员缺，鳌拜以朕素不知之济世，妄称才能推补，通为结党，以欺朕躬。"

四、附和鳌拜的遏必隆，被革去太师官位和一等爵位。遏必隆不但在四辅臣之列，而且是清太祖第四女穆库什所生，与康熙之父顺治帝是表兄弟。同时，他又是康熙两个妃子（即后来的孝昭仁皇后、温僖贵妃）的父亲。他与康熙是亲上加亲，但在辅政时代逢迎鳌拜，因而被议罪十二款。

五、大学士班布尔善被诛杀。论关系，班布尔善是康熙的堂伯父，顺治的亲堂兄。其父塔拜为清太祖庶出第六子，有从征之劳，然军功不显，只得了个三等辅国将军的低级爵位。顺治年间，班布尔善袭爵后，几次升等，于顺治八年晋辅国公，但在康熙五年因事革爵。索尼死后，他抱上了鳌拜的大腿，虽未复爵位，却以领侍卫内大臣兼秘书院大学士成了权臣。

班布尔善虽未被复爵，但在未做出最终判决、被罢黜宗籍前，他仍是宗室成员。

按太祖于天命六年（1621）正月十二日的约定："吾子孙中纵有不善者，天可灭之，勿令刑伤，以开杀戮之端。如有残忍之人，不待天诛，遽兴操戈之念，天地岂不知？若此者，亦当夺其算。昆弟中若有作乱者，明知之而不加害，俱怀理义之心，以化导其愚顽。似此者，天地佑之，俾之孙百世延长。所祷者此也。自此之后，伏愿神祇，不咎既往，惟鉴将来。"（《清太祖武皇帝实录》卷三）

班布尔善该被幽禁。但是，康熙帝决定将其处死。

无疑，班布尔善对皇权的危害极大。

同样是宗室成员，敬谨亲王兰布——清太祖长子褚英之孙、鳌拜之孙女婿——被降为镇国公。

兰布坐降，是因为沾亲带故的裙带牵连；而班布尔善被斩，当是图谋不轨的咎由自取。

3

为何首犯鳌拜免死，而从犯班布尔善被斩？

康亲王杰书受命整理完鳌拜揽权欺罔诸罪状，向康熙报告，请求革职、立斩、籍没，鳌拜和他的儿子那摩佛都要处死。

然，康熙先说一番斥责鳌拜结党专擅、紊乱国政、有负皇恩、欺君罔上的话之后，话锋一转："但念鳌拜在累朝效力年久，且皇考曾经倚任，朕不忍加诛。姑从宽革职、籍没，仍行拘禁。那摩佛亦免死，革职拘禁。"（《清史列传·鳌拜传》）

鳌拜罪该万死，但康熙给了他大功赎罪。

康熙对鳌拜免死禁锢，一再强调他是三朝元老，屡立战功，还搬出了先帝，来说鳌拜罪不至死。事实上，鳌拜虽然专擅滥杀，但主要是针对原属多尔衮、打压两黄旗的正白旗官员，而且史书上也未载明他有篡弑之迹。至于后来各种各样的影视剧，如《康熙王朝》《鹿鼎记》，大肆渲染康熙突然驾临鳌府，窥破鳌拜穿黄袍、欲篡位，那都是毫无根据的虚构。

如果鳌拜真有篡弑行为，哪怕是捕风捉影，也必然会成为他罪证中最大的亮点。史料所记的鳌拜罪行，不免有康熙的大量注水，但康熙断然不会忽视篡弑的罪名，仅此一条就可以把鳌拜一案弄成铁案！

鳌拜案主要是执政权力之争，康熙要真正亲政，而鳌拜不情愿还政。也正是因此，康熙在案发后才让鳌拜老死幽所，而且让那摩佛回家丁忧、终老。

四十四年后，即康熙五十二年，康熙特地追封鳌拜为一等男，并以其侄孙和亲孙袭爵。

康熙之所以要为鳌拜平反，将自己钦定的铁案翻过去，是因为鳌拜自始至终只有"柄政独专"的意图，继续操控辅政的绝对权力，但并无获取皇权、篡夺皇位、废立皇帝的行为。

但是，有一个附庸鳌拜的大臣却对皇位有着非分之想，这就是班布尔善。

所以，康熙对这位诪事鳌拜的堂伯父班布尔善，给予了终极打击。

4

《清史稿》给了班布尔善一个简单的生平介绍："班布尔善，太祖诸孙辅国公塔拜子也。初封三等奉国将军，累进辅国公。康熙六年，以领侍卫内大臣拜秘书院大学士，诪事鳌拜。及事败，王大臣劾奏班布尔善大罪二十一，坐绞。"

班布尔善是努尔哈赤第六子塔拜的儿子。崇德四年（1639），塔拜卒，班布尔善袭三等奉国将军。皇太极对于这对六哥父子也小气，只给了一个小爵位，属于清朝宗室爵位第十一等的第四级。

代顺治摄政的多尔衮，对亲侄儿班布尔善稍有优待，先是以功先晋二等奉国将军，再升一等奉国将军、三等镇国将军。

直到顺治帝亲政后，才大方地给这位堂兄一个辅国公，并索性对死了多年的皇伯塔拜进行一个辅国公的追封。

班布尔善当了十几年的辅国公，不料在康熙五年因过失被革爵。至于是被哪位辅臣抓了小辫子，史料没有记载。

康熙对堂伯班布尔善更慷慨，在康熙六年辅政首辅索尼死后，让他以领侍卫内大臣拜秘书院大学士。都是核心位，两职一肩挑，不比辅政大臣权力小。

领侍卫内大臣是皇帝贴身警卫的总指挥、调度人。《清史稿》记载，皇帝侍卫处三旗领侍卫内大臣六人，正黄旗、镶黄旗、正白旗各二人，正一品。

秘书院为清初内三院之一，掌撰写与外国往来书札，摘录各衙门疏状，传布皇帝命令及草拟祭文等。秘书院设大学士二人，也是正一品。清沿明制，不设宰相，以大学士代之，直接参与议定国家军政大计，掌握国家机密。

然而，集两种机要大权于一身的班布尔善，与首辅鳌拜结党营私，凡事私下定议，然后施行。

班布尔善是真正有野心的。他是皇族，是开国太祖的直系孙辈。他与鳌拜走得近，也是利用鳌拜为前驱，自己在后盘算如何篡位弑君。《康熙王朝》就给了他这样的权欲表现，他在鳌拜被擒后，直接跳至前台，率兵攻打康熙皇城，结果被吴六一统领的步兵杀得血染紫禁城。

结果可想而知，班布尔善被王大臣们劾奏二十一条大罪，以绞刑处死，子孙皆被废黜宗室资格。

若非查有实据，皇帝再有生杀大权，也不能对皇室王公一家进行如此严厉的惩罚。一个与皇帝还有不少血缘关系的皇家近支，只有因为血腥的谋逆，才会被永远开除出宗室队伍。康熙和后世之君一直没使之复入宗室。

鳌拜罪大，康熙不杀，甚至追封，这是罪不至死。

班布尔善恶极，康熙杀之，而且彻底，此为大义灭亲。

康熙议罪鳌拜三十款，
被怒怼大都是构陷

1

鳌拜一案，可以说是康熙亲政后的第一宗大案。

康熙八年（1669）五月庚申，和硕康亲王杰书等议政王大臣，遵旨勘问鳌拜罪状，议定三十款：

一、系国家顾命辅政大臣，背负先帝重托，任意横行，欺君擅权。各部院文武各官，大多尽出门下。

按：背负重托，擅权妄为，非鳌拜一人所为。

顺治帝死后，四辅臣在初期也算和衷共济，为皇权过渡和天下维稳做出了一些贡献。

在寻求权力最大化时，权力场上的人不免是自私的。

四辅臣很快分裂，暗结亲信，自成集团，钩心斗角，背弃了顺治遗诏所望："朕以腹心寄托，其勉矢忠，保翊冲主，佐理政务。"（《清世祖实录》卷一百四十四，顺治十八年正月丁巳）

即便孝庄牺牲娘家入主中宫的利益，以册立皇后的形式联姻首辅索尼，成为太国丈的索尼还是在病重临终时，方提议奏请康熙亲政。

索尼出任首辅之初，也如鳌拜一般张扬威福，命部院大臣等长跪奏事，把自己代行皇权当成了比拟至尊的特权。甚至吏部给事中杨雍建指出，这有违礼法时，索尼等却忌恨之。

二、在朝廷内外，俱用依附自己的奸党成员出掌要津，大失人心，致使天下人不能仰望皇上。

按：辅臣都有自己的战队，只是鳌拜在辅政后期张狂些。

鳌拜与索尼，都是四朝老臣，顾命辅政时都已年过花甲，但是他们都有自己的山头，或者说他们隶属两黄旗，鳌拜所属镶黄旗与索尼所属正黄旗也是在暗斗角力。

鳌拜以巴图鲁自许，以战功自负，行事专断跋扈。

索尼生前，文武兼备，智勇兼济，对鳌拜有一定的牵制力。

当康熙六年六月索尼病逝，位列辅臣末位的鳌拜借力遏必隆的畏势依附，清除次辅苏克萨哈，后来居上，威福独专，大力培植私党，打击不附己者。

他操纵议政王大臣会议，在侍卫处、内三院及各部院安插自己的人。

其子那摩佛、胞弟巴哈都被安排出任掌控皇帝人身安全的领侍卫内大臣，侄儿塞本得也在内廷行走，一等侍卫阿南达公然对康熙称鳌拜为圣人。

像吏部、户部、兵部和工部尚书，大都是鳌拜党羽。

三、与穆里玛、塞本得、讷莫、佛伦、苏尔马、班布尔善、阿思哈、噶褚哈、济世、玛尔赛、泰璧图、迈音达、吴格塞、布达礼等十四人结成奸党。一切政事，先于私家议定，然后施行。又将部院启奏官员，带往私门商酌。

按：这些人，或为鳌拜的亲戚，或为亲信，都是内大臣、八旗都统、大学士、部院尚书各色大佬要员，控制着大清王朝权力中枢的各大核心部位。

鳌拜将自己的府邸，当成大清朝的小朝廷。

只是，鳌拜还知道自己只是主子的一个辅臣，没有像顺治朝前期摄政睿亲王多尔衮那样，将玉玺也搬回家。

四、倚仗小团伙紊乱国政，举荐自己所喜者，陷害自己所恶者。聚集天下之财，恶迹愈来愈明显。

按：鳌拜培植亲信，出掌要津，甚至挤掉康熙安排的人选。

康熙六年十二月，康熙帝决定授玛希纳为户部尚书，但鳌拜却称该缺满员应设二人为由，强行补用亲信玛尔赛。

为了方便玛尔赛独掌户部，鳌拜又在第二年八月将康熙信任的汉尚书王弘祚罢免。这为数月后康熙倚用王弘祚等扳倒鳌拜埋下了伏笔。

至于鳌拜贪赃聚财一事，具体数目，只见于雍正四年（1726）十月二十九日《上谕八旗》的记载。雍正帝面谕大臣"当日鳌拜获罪，查其赃私至二千余金"，但，雍正帝接着说，鳌拜力辩清白："我若贪赃至二千金，罪应伏诛。"

贪赃，只是杰书等为鳌拜罗织的一款罪名，风闻奏事，具体并不详细。

五、于上，违负先帝重托之遗诏；对下，滥行恶政虐害百姓。

按：四辅臣代行皇权，辅理政务，撤销了顺治帝新设的不少机构（内阁、翰林院），也使顺治帝废止的圈地、逃人法等清初恶政死灰复燃，严重地破坏了社会生产和稳定，激化了社会矛盾。

电视剧《于成龙》的开幕，就是山西人于成龙带着乡民保护滩地，抵抗八旗兵的圈地运动。带头的八旗兵喀尔齐，就是鳌拜的亲戚。

六、明知玛尔赛、光泰、噶达浑三族族人曾经罹罪，系太宗、世祖时不用为侍卫之人，仍擅自补录为侍卫。

按：具体是何人，因何罪状而遭禁锢罢黜，没有查到相关史料。玛尔赛为满洲正白旗人，其族人也该是正白旗，属于上三旗属民，具备竞选侍卫的基本资格。

七、于归政之后，即将苏克萨哈灭族。又将白尔黑图、乌尔把等无罪枉杀。

按：康熙六年七月，康熙帝亲政。按孝庄懿旨，辅臣仍行佐理，然苏克萨哈以身体有病、不能行走为由，奏请往守世祖孝陵，意图终止辅政体制，迫使鳌拜和遏必隆辞政。结果被鳌拜罗织罪名，连续七天强奏，逼迫康熙帝处绞苏克萨哈，杀其全家，并枉杀了一批受牵连的人。鳌拜不认此款，是因为他一直认为自己是忠臣，而苏克萨哈是以逃跑的形式抵制皇上亲政的奸臣。

鳌拜也很聪明，他极力拉拢遏必隆，让他也对康熙说，一定要杀了苏克萨哈。这是鳌拜与苏克萨哈缠斗的激烈时刻，遏必隆代表了辅臣的看法。

此外，和硕安亲王岳乐领着议政王大臣，集体在御前免冠跪奏，一定要杀了苏克萨哈，代表了这也是宗室成员和勋贵的共同决议。

鳌拜操纵议政王大臣会议，近乎逼宫，这是最明显的表现。岳乐，顺治朝的改革派中坚、宣威大将军，竟然沦为鳌拜打击政敌的走狗。这让康熙帝一直耿耿于怀，忌恨始终。

擅杀辅臣，此等大事，不知为何不见孝庄干预，孝庄甚至表现出不闻不问的态度。

八、康熙五年，以八旗更换地亩事不顺其意，擅杀原任户部尚书苏纳海、直隶总督朱昌祚、保定巡抚王登联。

按：这是鳌拜为了复仇，借维护镶黄旗利益，严厉打击原属多尔衮、苏克萨哈所属的正白旗。苏纳海等为民请命，结果被鳌拜欺君擅权，疯狂擅杀。

九、康熙五年，偏护所属镶黄本旗，将正白旗已定之地，强行更换。

按：与第八款是一回事。八旗内部为了利益，一直表演着明枪暗箭、缠斗不休的活剧。

十、康熙二年二月，康熙生母孝康皇后病逝，鳌拜不将配享太庙及奉先殿典礼奏请施行。此系欺君轻慢圣母之处。

按：此事值得深究。

在此只能说，即便鳌拜认罪，他也不能负全责。此款罪名四辅臣皆有份，孝庄该是首责。他们都考虑到顺治第二任皇后孝惠皇后的政治因素，或者说孝庄不愿其他女人先于自己进入太庙及奉先殿。

十一、康熙亲政后，贪揽事权，延挨不肯辞政。

按：鳌拜称自己早准备了辞呈，而且是谨慎其事，写了三次，还找遏必隆商量过，只是没有拿出来。遏必隆可以作证。但是，遏必隆出卖了鳌拜，称自已要辞政，鳌拜却不肯。

十二、因领侍卫内大臣噶布喇之女赫舍里氏被册立皇后，心怀妒忌，敢行奏阻。

按：康熙三年年底，孝庄拟联姻首辅索尼制衡鳌拜，却没料到苏克萨哈第一个跳出，以此女比康熙年长为由，找到鳌拜、遏必隆说，"噶布喇之女立为皇后，必动刀枪。满洲下人之女，岂有立为皇后之理？"（《明清史料》丁编第八本《鳌拜等罪案残件》）于是，就有了三人入宫阻奏孝庄一事。只是这个锅，后来被鳌拜背了。

十三、康熙七年六月，谬称皇帝不知的济世贤能，授为工部尚书，合谋欺骗皇上。

按：《清圣祖实录》《鳌拜等罪案残件》及康熙八年五月口谕、谕旨，都是强调康熙"不知之济世"。然而济世获授工部尚书前，是正蓝旗满洲都统，是统管一旗大小事务的军政长官、一品大员。

康熙少年出宫避痘，寄居在妈妈、嬷嬷、乳母等服侍之人家里，身历目睹中下等旗人及内务府包衣的家庭生活情况。他自许"民间之事无论官兵生养、人情教化、牲畜繁殖等，朕无所不知"（中国第一历史档案馆藏康熙四十五年二月初一日满文奏折），又怎么不知道为其管理一上旗事务的重臣济世呢？

鳌拜辩解，是皇上问及，他才奏称济世贤能，补授尚书。

有趣的是，电视剧《康熙王朝》中出现了济世，是鳌拜推荐给孝庄的，前提是鳌拜不喜欢康熙的汉人师傅魏承谟，于是给康熙推荐了一个满人当帝师。电视剧设计，孝庄称济世为一个大学问家，德高望重，并非阿附鳌拜，康熙还毕恭毕敬对其执师礼。

十四、康熙六年三月，妄奏户部旧设尚书二员，以同党玛尔赛贤能，徇情补授户部尚书，朦胧欺君。

按：参见第四款。鳌拜推出自己的心腹，挤掉康熙属意之大臣。

十五、害怕被检举弹劾，禁止科道陈言，阻塞言路，又是欺君。

按：鳌拜说，这是同遏必隆等共同议定的，不是个人决定。

十六、康熙六年，内翰林弘文院侍读熊赐履密陈《万言疏》，批评四辅臣执政弊端，鳌拜以为劾己，意图倾害。密陈内容走漏，鳌拜在皇帝身边安插了自己的人，朋党导致泄密。

按：鳌拜承认此款。

拱卫皇帝的领侍卫内大臣，都是他的儿子和胞弟，服侍皇帝的太监也少不了有他买通的内鬼。

电视剧《康熙王朝》中，就弄了一个太监吴良辅认鳌拜为干爹。只是历史上的吴良辅，是顺治帝大宠，也是鳌拜等四辅臣共同痛恨的，待顺治逝世，四辅臣便将他处死了。

十七、康熙八年初，户部尚书玛尔赛病逝，鳌拜主导部议赐谥。康熙下旨，其无显功，不准行。鳌拜不遵旨，仍强奏其在顺治十六年（1659）郑成功进攻南京时，领兵追杀有功，迫使康熙赐谥。

按：玛尔赛不但获谥"忠敏"，还被赐祭葬。

十八、于皇上前，凡事不依理进奏，多以顺治朝劝谏旧疏呈览，逼勒依允。

按：这，也是同遏必隆商量好了的，理由是，担心上奏本章言辞不当。

十九、御前呵斥部院大臣，拦截章奏，藐视皇上。

按：昭梿《啸亭杂录》卷一《圣祖拿鳌拜》记载，"鳌拜辅政时，凡一时威福，尽出其门"。

鳌拜可以为了杀尚书、督抚及辅政大臣，攘臂向前，威逼皇帝，更遑论畏势的大臣。

二十、私买外藩喀尔喀人为马甲之人。

按：这是遏必隆揭发的。

盟友之间一旦分享私密，这些秘密就很容易成为东窗事发后卖友求荣、落井下石的利器。

遏必隆举报有功，被康熙帝裁定并无结党之事，免除重罚，即便革除世职，也很快获命以公爵宿卫宫廷。其女钮祜禄氏，也在赫舍里氏皇后去世后，主持后宫，成为康熙帝第二任皇后。

二十一、擅授败阵革职官员达素官复原职。

按：顺治十六年，郑成功内犯江宁，鳌拜举荐同旗达素为安南将军，同镶白旗满洲固山额真索浑、满洲正白旗人巴牙喇纛章京赖塔等率师赴援，至则郑成功已败走，移师赴福建。十八年，召还京师，仍为内大臣。

遏必隆举报，鳌拜不认账。

二十二、议苏克萨哈罪状时，只同领侍卫内大臣兼内秘书院大学士班布尔善等定议，恐内国史院大学士巴泰逆意不合，不使与闻。

按：巴泰揭发，鳌拜认账，确有其事。

二十三、马匹被偷，擅自批准将马群头领和偷马贼尽行处决，籍其家产入己。

按：鳌拜称自己走了程序，按照规矩办理的。

二十四、以俄讷、喇哈达、宜理布等在议政处不肯附和鳌拜，即裁止蒙古都统不使会议。

按：遏必隆揭发。鳌拜称这是与遏必隆共同商议的。

二十五、先帝遗诏内，鳌拜名列遏必隆之后，但鳌拜不行遵奉，凡起坐班行，皆居遏必隆之右。同党噶褚哈，于列名启奏时，亦将鳌拜名前列。

按：鳌拜说，接受了遏必隆的礼让上座，但不见噶褚哈的署名写法。看见了，也说没见着，无证可明。

二十六、闻遏必隆因皇上传唤养鹰之人，激发怒言：朝廷成何朝廷。

按：鳌拜说，这是构陷。

二十七、三等侍卫费耀色（飞瑶色）奉旨放鹰。因其自行启奏，鳌拜认为没有先报告他和遏必隆，是离间君臣，辄加嗔怒。

按：这是无中生有，离间君臣。

二十八、皇上行幸海子，令鳌拜奏明太皇太后。鳌拜乃不遵旨，反要皇上自奏。

按：自己的事情自己做。鳌拜承认，怠慢了皇上。

二十九、鳌拜强行将克什克（克希克）之父妾，配给自己家仆为妻。

按：鳌拜说其付了银子，只是他不肯要。是不肯，还是不敢，都是鳌拜一张嘴巴两张皮。

三十、以克什克父之坟墓有碍鳌拜家风水，逼令迁移其他地方。

按：鳌拜称没这回事。

《清圣祖实录》历数鳌拜三十款罪时，称杰书等认为鳌拜"逆恶种种，所犯重大，应将鳌拜革职，立斩。其亲子兄弟，亦应斩。妻并孙为奴。家产籍没。其族人，有官职，及在护军者，均应革退，各鞭一百，披甲当差"。（《清圣祖实录》卷二十九，康熙八年五月庚申）

《明清史料》丁编第八本中，收录了一篇《鳌拜等罪案残件》，其中也有鳌拜的三十款罪状，与实录所载，大同小异。

2

康熙议罪鳌拜三十款，并非全都是杰书等会同三法司审出来的。曾畏势逢迎鳌拜的辅臣遏必隆，大学士巴泰、图海，三等侍卫费耀色以及身份不明的克什克等人揭发的罪名，达十六款之多。

揭发者中，遏必隆是鳌拜多年的盟友，同属满洲镶黄旗，太宗去世后同为抗拒多尔衮的铁血勇士。遏必隆的女儿还认了鳌拜做干爹。鳌拜曾拟选遏必隆亲家卓灵阿之弟为侍卫，索尼认为，已经正法的犯人之子不可取，取了就是紊乱朝政，执意反对，而鳌拜不惜为了遏必隆，与首辅力争。

在某些方面，遏必隆要优于鳌拜。

论出身，遏必隆父为清初五大臣之一弘毅公额亦都，母为太祖第四女和硕公主穆库什；鳌拜其伯父为五大臣之一直义公费英东，其父卫齐则是太宗出征时留守盛京的八门提督。遏必隆为太祖外孙、皇亲国戚，又是开国元勋子嗣。

论年龄，遏必隆具体生于哪年不详，但根据其父死于天命六年（1621），他于天聪六年（1632）袭父一等总兵世职，任头等侍卫，《八旗通志初集》卷一百四十二《名臣列传·镶黄旗世职大臣·遏必隆》所载御制碑文"袭显秩于髫年，膺禁近之职守"的"髫年"来看，遏必隆应该是额亦都的遗腹子，或者说遏必隆出生不久便丧父，故而可见他生于天命六年前后；而鳌拜生于明万历二十八年（1600）。遏必隆要比鳌拜年轻二十岁左右。

论爵位，顺治五年，遏必隆以所袭其兄图尔格三等公爵令并袭一等公，而鳌拜则是顺治亲政后累进二等公。遏必隆袭爵在前，而且是第一等。

论身份，四辅臣排名中，遏必隆第三，鳌拜居末位。此外，遏必隆之女于康熙四年入宫为妃，即后来的孝昭仁皇后钮祜禄氏。遏必隆也算是国丈之一，继续做皇亲国戚，高了作为一般臣子的鳌拜一头。

但是，拼战功，比资历，论才具，鳌拜长时间高过遏必隆一头。

遏必隆因为年轻鳌拜二十岁，又是天潢贵胄，不像鳌拜那样早入行伍，冲锋陷阵。崇德六年（1641），始随太宗攻明的遏必隆，因在松山明军偷袭一战中，奋力守卫御营，被皇太极赞赏为"巴图鲁之子，仍巴图鲁也"（《八旗通志初集》卷一百四十二《名臣列传·镶黄旗世职大臣·遏必隆》），即所谓虎父无犬子。鳌拜则是崇德二年便膺获太宗"巴图鲁"的赐号，早了遏必隆四年。当然，遏必隆得此赐号时，还只二十岁，而鳌拜则是三十七岁时方得。倘若深究，鳌拜是在皮岛一战打出来的，遏必隆还是皇太极念及私亲与扈驾有功而赏赐的。

遏必隆于顺治二年随和硕英亲王阿济格征伐湖广，叙功头等。鳌拜也在此次攻击李自成大顺军过程中，接连攻城略地。第二年正月，鳌拜又随和硕肃亲王豪格进军四川，射杀大西军首领张献忠，后来还参加了平定大同总兵姜瓖叛乱。鳌拜战功赫赫，却因不附多尔衮，几次获罪论死。

多尔衮死后，迅速掌权的顺治帝第一时间命鳌拜任议政大臣，比顺治九年三月兼议政的遏必隆，早了十四个月。不仅如此，鳌拜出任领侍卫内大臣，也比同为镶黄旗人的遏必隆早了八个月。

顺治九年四月，遏必隆总管銮仪卫事，负责皇帝的车驾仪仗队；而鳌拜则被任命为侍卫总管，负责皇帝人身安全的警卫工作。与此同时，鳌拜还奉命教习武进士，掌管全国新晋中高级军官的业务培训。

康熙五十二年四月初一日，康熙帝在畅春园内澹宁居召集诸王贝勒、领侍卫内大臣、八旗都统、护军统领、副都统等，为鳌拜功过重新评判，说："我朝从征效力大臣中，莫过于鳌拜巴图鲁者。伊功劳册大内现有，朕常念与近御大臣、侍卫听之。"（《清代起居注册·康熙朝》第二十二册）

也正是因为鳌拜军功卓著，性格怯懦的遏必隆自是长时间对其虚与委蛇。一旦康熙帝以迅雷之势拿下鳌拜后，被杰书奏请议罪十二条且被革除太师与世职的遏必隆，为了把自己摘干净，干尽了落井下石的勾当。揭发鳌拜罪状十六款，他一人就占了六款。

图海则是满洲正黄旗人，为顺治朝弘文院大学士、议政大臣，参与机务，太子太保加少保，管理刑部，曾因江南乡试舞弊案等牵连，被革职抄家。康熙即位时，其复出授任正黄旗满洲都统，征剿郝摇旗、刘体纯和李来亨等大顺军余部有功，康熙六年再任弘文院大学士，加一等轻车都尉世职，可见他这个对敌强横的鹰派人物，在四辅臣中，还是擅长左右逢源的。鳌拜倒台，图海受命同刑部审理重犯，甚得圣心，得到了康熙帝的倚信。

除了他人揭发的，康熙皇帝对其他十多款罪状都有真切感受，应该是授意杰书等整理的。

但是，对于这三十款罪状，除了前四款鳌拜态度不明外，对于其他，他都有说法。

鳌拜承认八款，即有负先帝之托虐民、执意置换正白旗土地、欺君轻慢皇太后、买通皇帝身边人打听消息、御前呵斥恐吓大臣、在喀尔喀买马甲之人、不让巴泰与会定罪苏克萨哈、让皇上自奏太皇太后。

至于滥杀尚书督抚、不肯启奏辞政、补授济世和玛尔赛、为玛尔赛强请赐谥、屡请禁止言道条奏、以劝谏世祖旧疏、擅杀马贼侵占其财、裁撤议政蒙古都统、班列和署名在遏必隆之前，以及将他人妾配给家仆，他都一一辩解。

一、他杀苏纳海和朱昌祚，是因为前者不行拨地而放鹰行走，后者无具奏职权而启奏，都是不司其责，而遭到共议严惩。

对于这一条，康熙四十五年二月初一日，康熙帝在畅春园召见内大臣明珠、兵部尚书马尔汉等时，说杀苏纳海等人不是鳌拜一人所为，而是索尼、鳌拜、遏必隆三人联合给康熙施压，故杀之。

二、对于康熙亲政后鳌拜不肯辞政的罪名，鳌拜自辩曾三次书写辞政报告，只是慎之又慎，没有及时提交。他还与遏必隆一起商量，要把辞政报告写得措辞准确。

无疑，他是舍不得真正放弃决策机务大权的，故而慎重措辞，为自己争取最后的一点奶酪。他却没料到曾经的亲密战友遏必隆说：他本来要辞政，鳌拜不依！

利益面前，没有永恒的盟友。

遏必隆此次揭发鳌拜罪状六款，诸如鳌拜在外藩喀尔喀买人，借苏克萨哈之言阻奏噶布喇之女为后，要给败阵的满洲镶黄旗人、安南将军达素官复内大臣原职等。

鳌拜否认多条。

历史证明，第一个反对孝庄太皇太后指定索尼孙女、噶布喇之女为后的，是苏克萨哈。是他带头说首辅索尼之子、领侍卫内大臣噶布喇为满洲下人，挑动鳌拜和遏必隆去慈宁宫找到孝庄强奏：若纳此女为后，恐生刀兵之祸。苏克萨哈是想卖孝庄一个人情，使之继续安排蒙古科尔沁娘家女子为大清皇后，而获取太皇太后对自己的信任。不料，孝庄欲联合索尼家族，喝道：我已决定，无须再议！

达素也被卷进了鳌拜一案，被罢官革职，但是很快又被恢复世职。应该说，他并非鳌拜党羽，而是顺治朝的有功之臣。

三、关于给党羽济世、玛尔赛授官或请谥号，鳌拜称康熙知道济世这个人；而对于玛尔赛，鳌拜称他在江南征战有功，这也是事实。

四、杀盗马贼，鳌拜称是刑部报来的处理报告，他只是批示者。侵占盗马贼的财产，鳌拜称是按定例拿了有司裁定给他的财物。鳌拜振振有词，却忽略了他胆敢在御前威慑部院大臣，部院大臣恐慌于涉及他的盗窃案而不能秉公执法，而对他讨好而草菅人命、假公济私。

五、对于克什克举报鳌拜抢占女人的恶迹，鳌拜的辩解不无荒唐：我本来想给银子二百两，他们没要。女人为妾，本是男权社会对女子的侮辱和损害，不料到了鳌拜的淫威下，可以强买强卖，恃势而为。

林林总总，鳌拜不论是辩解，还是否认，多为狡辩，也有说不清的无奈。

3

值得注意的是，巴泰举报鳌拜等给康熙生母慈和皇太后佟佳氏上尊徽号轻微、未配享太庙及奉先殿一事，鳌拜是承认的。

如此欺君轻慢生母，斯为藐视皇帝的大不敬之罪，真的是鳌拜独力完成的吗？

佟佳氏（当时还是"佟氏"，顺治遗诏中写的也是"佟氏妃"）死于康熙二年二月，五月谥曰孝康慈和庄懿恭惠崇天育圣皇后。她的谥号中，少了一个关键的字眼，即先帝顺治的庙谥"章"。

按例，两年前，顺治驾崩，四辅臣为之上尊谥章皇帝，那么康熙之母作为圣母皇太后去世，也该谥为"章皇后"，但是，四辅臣偏偏少了这个最要紧的字眼。也就是说，她死了，被追谥为皇后，但不能将牌位升祔太庙及奉先殿，与世祖章皇帝的牌位放在一起。

这是一个政治性问题。此等大事，按规定，四辅臣共同商议后，报孝庄太皇太后审批，却被疏忽、轻慢，也没人发现。直至康熙六年七月，康熙帝亲政后，内国史院大学士巴泰按照鳌拜等吩咐，查阅封赏"上母"诏书，才发现这些。巴泰向鳌拜回报，鳌拜没有当回事。

康熙后来称"孝康章皇后升遐时，朕方十岁，皆系辅臣办理，典礼恐有未备"（光绪《大清会典则例》卷四百七十七），是四辅臣议定孝康皇后的尊谥，但康熙却为尊者讳，没有提及此等大事，四辅臣是必须要报告当时实际的最高领导人孝庄太皇太后批准的。

没有孝庄的同意，四辅臣断然不敢少写这一个"章"字，也不敢不将已被追谥为皇后的皇帝生母的神位升祔太庙及奉先殿。

世祖生前，有过两任皇后，即废后与孝惠皇后，还曾将董鄂妃追谥为孝献皇后。世祖驾崩，升祔太庙，立庙谥章皇帝，孝惠皇后博尔济吉特氏还在世，尊为仁宪皇太后。

《清圣祖实录》卷七记载，康熙元年八月庚午，谕礼部尊祖母皇太后为昭圣太皇太后（即孝庄）的同时，尊"母后皇后尊号曰仁宪皇太后，母后尊号曰慈和皇太后"。

慈和皇太后，即康熙生母佟氏。她因为儿子即位，与顺治帝孝惠皇后并称两宫皇太后。

佟氏出身汉军正蓝旗，为固山额真佟图赖之女，顺治十年入宫为庶妃。她在十五岁时诞下皇三子玄烨（康熙帝）。顺治朝册封皇后、皇贵妃，董鄂妃入宫不久还被立为贤妃。然而佟妃服侍顺治帝八年，却始终未获正式的位号，久受顺治帝冷落。

故而有传闻，她在入宫前曾嫁他人，被顺治帝看中，逼死其夫而纳入后宫（这个传闻有点像汤若望所说的董鄂妃原为某军官的妻子，顺治帝为了得到董鄂氏，而对其夫该军官大打出手，导致这个不幸的男人自杀，继而顺治帝将董鄂氏收纳后宫）。佟氏妃原为他人妇之说，见于朝鲜金昌业《燕行日记》，顺治朝来华的耶稣会传教士安文思的手稿中也曾提及。后来也有电视剧极尽能事，称佟氏妃耐不住寂寞，为了争取利益，不惜委身于顺治的大太监吴良辅，导致康熙即位后不得不杀了淫秽宫闱的吴良辅。

佟氏妃作为汉军庶妃，不得圣宠，地位卑微如小福晋。太宗以降，为拉拢蒙古，强化满蒙政治联姻关系，后宫首重蒙古后妃。佟氏在宫中地位自是不及蒙古后妃和满洲妃子，屈居为第三等。而今却因母凭子贵，一跃而上，与来自蒙古科尔沁部的孝惠皇后并驾称尊，少不了使扶持其子为嗣皇帝但又不得不抬举她的孝庄为难与尴尬。

孝庄既要提升慈和皇太后的地位，以堵塞恪守汉儒家礼教观念的汉官悠悠之口，又要尊崇其堂侄孙女孝惠皇后作为第一皇太后的顶级殊荣，很可能会授意四辅臣在佟氏的太后仪注上打些折扣。

没有孝庄的首肯，四辅臣没有将被顺治帝生前尊谥为孝献皇后的董鄂妃加谥为章皇后，升祔太庙及奉先殿。毕竟董鄂妃受宠时，孝庄娘家来的废后荣辱巨变，孝惠皇后也险些被废。孝庄同她的政治盟友辅臣团队，自然不会给董鄂妃最大的荣光。

待到孝康皇后死后，四辅臣之所以在尊谥上做文章，是仰承孝庄鼻息，或者想将此事留于后来。

儿子成为皇帝，其生母却芳华早逝。其中虽不存在陷害与毒杀，但心情抑郁也总是难免的。

孝康皇后梓宫出殡时，作为嫡亲孝子的康熙帝却没有送葬。康熙想要送葬，被孝庄、孝惠制止了，她们的理由是：皇帝太小了。《清史稿》卷九十二《礼志·凶礼一·皇帝丧仪皇后丧仪贵妃等丧仪》有记载："梓宫移坝上，帝祭酒行礼攀号，太皇太后、皇太后念帝冲龄，止亲送。"

虽然《清史稿》中，这句话前面还有一句"上尊谥曰孝康章皇后"，那是综合后事笼统而言，隐没了四辅臣没给孝康皇后加世祖庙谥一事。

孝惠皇后还在，她是母后皇太后，是嫡母，理应位在孝康皇后之前。故而是否将孝康皇后的神位升祔太庙及奉先殿，也就成了摆在四辅臣面前的政治难题。

放入，则是对母后皇太后孝惠的不尊。

不放，只要孝庄太皇太后与孝惠太后还在，还有转圜的余地。

故而，当巴泰向鳌拜与遏必隆奏报此事时，他们仍是置若罔闻。

让鳌拜没有想到的是，对其向来不附的巴泰在其案发时，来了一招狠厉的举报："皇上亲政，尊崇圣母孝康皇后，查取从前诏款。鳌拜不将配享太庙、奉先殿典礼奏请施行，此系欺君轻慢圣母之处。"（《清圣祖实录》卷二十九，康熙八年五月庚申）

此事因为鳌拜案而被公开化，并昭告天下。康熙帝打出孝治天下这张牌，将其母孝康皇后抬旗入满，并将其神位升祔太庙及奉先殿。孝庄太皇太后与孝惠皇太后也只好顺势而为，得到了康熙更大的尊重和感恩。

但从孝康皇后的神位于康熙八年十一月奉入奉先殿，九年闰二月才加上尊谥为章皇后的事情来看，对孝康皇后的尊崇也不是一次性到位的，其中也有一个争取和妥协的过程。

当然，在有清一代，皇帝生母先于嫡母升祔太庙，配享奉先殿，仅此一例。

值得一提的是，康熙二十六年十二月，孝庄太皇太后病逝后，康熙帝遵从孝庄文皇后最后一道懿旨，为其在世祖孝陵附近建陵，先修了一座暂安奉殿。暂安奉殿建成后，康熙帝就在孝陵东侧为还在世的孝惠皇太后兴建陵寝。

这是清王朝营建的第一座皇后陵，开创了清代为皇后单独建陵的先例。

孝惠皇太后的陵寝，位于孝陵东侧，与孝陵为同一体系，故名孝东陵。

可见，孝惠皇太后于康熙五十六年死后，并未葬入世祖孝陵。世祖孝陵中的皇后，只有康熙生母佟佳氏一人。

毕竟此时的康熙帝，皇权在握，而且他对嫡母孝惠皇太后生前孝敬有加。而于孝惠皇太后而言，世祖生前对她这个表侄女皇后，毫无情感，极其冷漠，还险因董鄂妃受宠而被废黜。她也该是乐于接受康熙帝的安排。毕竟，她在康熙时期，也是真切地享受了皇太后的尊荣。

康熙有崇尚节俭的一面，曾经使用一块绒毡三十多年不换新，而且在饮食、衣着、车舆及宫室内部陈设上喜好素朴，被雍正帝表彰为"崇俭惜物"（《清世宗实录》卷三十九，雍正三年十二月辛卯）的典范，他可以对自己的生活供给大打折扣，但是对孝惠皇太后却是足额提供，甚至提高分量。

鳌拜的干女儿怎是
康熙的至爱良配？

1

1661 年，入主中原不久的大清王朝，根基未稳，百废待兴。顺治帝中途撒手，将一个摇摆的江山，交给了年仅八岁的康熙帝玄烨。

虽有顺治的母亲孝庄可以太皇太后的身份临朝听政，做最后的决策者，但是，顺治遗诏：索尼、苏克萨哈、遏必隆和鳌拜为四大辅政大臣。

顺治这样布局，也是鉴于他即位之前诸王争储的乱局。他能成为皇帝，也是赖孝庄妥协成功，还受了摄政王多尔衮的百般侮辱。甚至有传言，他的母亲为了儿子的基业，而不得不下嫁多尔衮，多尔衮也以皇父摄政王自居。所以，他给儿子选择的辅政大臣里，没有皇家亲王。

孤儿寡母，大厦欲倾。政治老手孝庄再次出手，也是不俗。那就是逼着四大臣在顺治帝神位前发誓：

"兹者，先皇帝不以索尼、苏克萨哈、遏必隆、鳌拜等为庸劣，遗诏寄托，保翊冲主。索尼等誓协忠诚，共生死，辅佐政务，不私亲戚，不计怨仇，不听旁人及兄弟子姪教唆之言，不求无义之富贵，不私往来诸王、贝勒等府，受其馈遗，不结党羽，不受贿赂，惟以忠心，仰报先皇帝大恩。若复各为身谋，有讳斯誓，上天殛罚，夺算凶诛。"（《清圣祖实录》卷一，顺治十八年正月辛亥）

这也是宫廷戏。出了宫，各怀鬼胎，各领角色。

奸臣：鳌拜，以军功封公爵的"满洲第一勇士"，跳得最猖狂，安插要员，大肆圈地，势力坐大，成了康熙祖孙最大的政敌。

忠臣：苏克萨哈当年靠铲除多尔衮，成了正白旗旗主。他继续忠诚幼主，受鳌拜打压，成了十足的挺帝派。

诈臣：遏必隆，特进一等公，加太师，家族钮祜禄氏是满洲八大姓氏之一，实力自然不能小觑。他两不相帮，做个骑墙派，但主动让女儿拜鳌拜做干爹。

巧臣：索尼是一只老狐狸，坐在首辅的位置，最初只作壁上观。

2

孝庄再次出手：同四大臣联姻。

索尼的孙女、鳌拜的女儿、遏必隆的女儿，待字闺中。

康熙是一个天生的政治家。十三岁那年，即康熙四年（1665），他制造一个理由，让鳌拜的女儿，嫁给了苏克萨哈的儿子。当然，他还是成了索尼家和遏必隆家的女婿。

遏必隆的女儿，即鳌拜的干女儿，虽然有老爸和干爹的双保险，可以捷足先登皇后宝座，但遭到孝庄阻击。孝庄从中斡旋，提前让索尼的孙女赫舍里氏直接做了康熙的皇后。

鳌拜没有做成名副其实的皇亲国戚，也无所谓。他迅速干掉了政敌兼亲家苏克萨哈全家，只留下一个外孙做种子。下一步，他貌似要将身上的蟒袍换龙袍。

索尼自然不答应，举全家之力助康熙剪除鳌拜及其余党。

索尼死了。鳌拜完了。

索尼的两个儿子先后成为领侍卫内大臣，官居一品，直接掌管皇帝的保卫工作。索尼的三子索额图还继承了大学士、辅政大臣的位置。

同样是皇亲国戚的遏必隆，却没有这样的荣幸。

《清史稿·遏必隆传》记载："四大臣当国，鳌拜独专恣，屡矫旨诛戮大臣。

遏必隆知其恶，缄默不加阻，亦不劾奏。"

遏必隆因与鳌拜走得近，被康亲王杰书以十二款罪名弹劾，遂削去太师之职，夺世爵，下狱论死。

最终，康熙念其为顾命大臣，且是勋臣之子，命仍以公爵宿卫内廷。遏必隆病重，康熙还亲临府邸慰问。

《清史稿·遏必隆传》说，遏必隆病逝，康熙"赐祭葬，谥恪僖，御制碑文，勒石墓道"。

毕竟，遏必隆也是康熙的岳父之一。

3

让遏必隆生前绝对想不到的是，他那拜给鳌拜做义女的女儿，在他死后四年，被康熙立为皇后。

《清史稿·后妃传》云："孝昭仁皇后，钮祜禄氏，一等公遏必隆女。初为妃。康熙十六年八月，册为皇后。"

《清圣祖实录》卷六十八记载：遵太皇太后慈命，"于康熙十六年八月二十二日，册立公遏必隆之女、妃钮祜卢氏为皇后。惟朕躬暨后，共勖敬勤，克迪厥德，庶其上绍徽音，敷宣盛化，以贻子孙臣民，亿万年无疆之祉。布告天下，咸使闻知"。钮祜卢氏，即钮祜禄氏。

不仅如此，此女正式入主后宫后，便请为其父遏必隆建家庙，得到了康熙的同意。

尽管此后也命薄，没有等到家庙敕建告成，便已病逝，但康熙坚守承诺，给遏必隆撰写碑文：

"赐一等公遏必隆家庙碑。孝昭皇后壶德攸宣，伦情肫笃，念父母鞠育之勤，思祠宇春秋之祀。朕嘉其德，遣官督理。后二月，皇后已崩，十七年十二月工作告成，因谕内阁，祥考明代实录，云符典例，特赐碑文，勒诸贞石……"

4

康熙不但对第一任皇后赫舍里氏用情至深，对青梅竹马的慧妃博尔济吉特氏的早逝哀痛不已，而且对这位出自政敌家的第二任皇后钮祜禄氏，也付出了一腔真爱。

钮祜禄氏与赫舍里氏同期进宫为妃，都是一种政治联姻，但孝庄太后为康熙选定的皇后是赫舍里氏。遏必隆附和擅权的鳌拜，自然影响到女儿进宫后尚无被尊崇的名位。甚至说，遏必隆陷身在康熙与鳌拜的较量之中，骑墙不定，导致了他的女儿未得重视。

钮祜禄氏能成为皇后，成为康熙诏书中的"良配""宫中良佐"，完全是因为她自己的努力！

从赫舍里皇后于康熙十三年五月难产而亡，到钮祜禄氏于康熙十六年五月被立为皇后，正好是三年大丧。

丧期刚过，钮祜禄氏就被康熙立为皇后，足见其三年来甚至更久以来，有着特别出众的表现，得到了孝庄和康熙的首肯，甚至得到了群臣的好评。

钮祜禄氏被立后，没有史料证明她因为是遏必隆的女儿，而遭到群臣的反对。当然，在政治强人康熙的面前，不合时宜的反对，往往是无效的。

《清史稿·志六十三》记载："康熙十六年，册立孝昭仁皇后，前期补行纳采、大征如大婚礼。亲诣奉先殿告祭，天地、太庙后殿则遣官祭告。至日设节案太和殿中，东西肆；左右各设案一，南北肆。帝御殿阅册宝，王公百官序立，正、副使立丹陛上，北乡，宣制官立殿中门左。宣制曰：'某年月日，册立妃某氏为皇后，命卿等持节行礼。'于是正、副使持节前行，校尉舁册宝亭出协和门，至景运门，以册宝节授内监，奉至宫门，皇后迎受。"

此正使，正是索尼的第三子、赫舍里皇后的三叔索额图。《清圣祖实录》卷六十八云：康熙十六年八月丙寅，"上御太和殿。遣大学士索额图为正使，大学士李霨为副使，持节授妃钮祜卢氏册宝，立为皇后"。

5

钮祜禄氏被立为皇后期间及以前为妃子的作为，史料没有明确的记载，但她死后，康熙及后继之君雍正对她的评价甚高：

《清圣祖实录》卷六十八云："皇后钮祜卢氏……钟祥世族，毓秀名门。性秉温庄，度娴礼法。柔嘉表范，凤昭令誉于宫庭。雍肃持身，允协母仪于中外。"（康熙十六年八月丙寅皇后册文）

《清圣祖实录》卷七十二曰："皇后钮祜卢氏……暨正宫闱，作朕良配……首弘俭朴之风。夜寐凤兴，克佐旰宵之治……览史披图。"（康熙十七年三月辛酉孝昭皇后谥文）

《清世宗实录》卷十一记载："皇妣孝昭仁皇后……椒涂正位，偕帝德以交辉。侍膳慈闱，克谨晨昏之奉。"（雍正元年九月庚辰孝昭仁皇后尊谥册文）

钮祜禄氏荣登后位，是以素质和品德取胜。她有着很高的文化修养，甚至是政治见解。

赫舍里皇后病逝前后，正好是康熙平定"三藩之乱"的关键期。吴三桂等"三藩"势大强悍，曾逼得康熙险些自主退位。而此期给他主持后宫的，应该是钮祜禄氏，不然康熙也不可能给她那么多贤内助甚至智囊性的评价。

《康熙起居注》中记载，钮祜禄氏死后，康熙伤悼不已，二月二十八日，亲自将其梓宫送至武英殿安置，且从这一日起直至三月二十五日，每天必去梓宫前举哀。几乎每次都是辰时往，申时还，在梓宫旁待上七八个小时。三月二十五日，他将梓宫送至巩华城，一直住到二十九日。这四五天内，他每日都长时间地在钮祜禄氏梓宫前举哀，而那时正值"三藩之乱"的决战期。

这可以说明，只有她与康熙在非常时期有更多的共同语言，他们夫妻相濡以沫，才会使得康熙在首任皇后丧期刚过就立其为皇后。

不仅如此，她也深得孝庄太后的欢心！她去世当日，"太皇太后驾至乾清门，欲入宫哭临，上故辞再三，太皇太后始回宫"。

这位被尊为孝昭仁皇后的女人，虽然没有子女，但康熙对她的敬重，丝毫不亚于对他的原配皇后。

《清史稿·后妃传》记载：康熙"二十年，与仁孝皇后同葬。上每谒孝陵，辄临仁孝、孝昭两后陵奠酹"。仁孝皇后，即赫舍里氏。

同样是遏必隆的女儿，温僖贵妃还给康熙生育了一儿一女，儿子即参与九子夺嫡的皇十子胤䄉，但她能晋为贵妃，也是在其姐死后，康熙才加封的。

康熙怒斩的大逆臣
不是帝王师

1

《康熙王朝》中，编剧给康熙安排了两位师傅，一个是汉人魏承谟，一个是满人济世。

魏承谟是由皇子师转为帝王师的，是最忠诚的挺帝派。他弹劾鳌拜大肆圈地，遭到严厉打击。

鳌拜为了控制幼主，弄走魏承谟，通过孝庄给康熙施压，让他接受陌生的济世当二路帝师。

济世不简单。据鳌拜介绍，他是保国公，给先帝顺治当过师傅。

济世很厉害。一番寒暄之后，济世便跪逼康熙下跪行拜师礼。魏承谟虽然敢向鳌拜叫板，但对三阿哥玄烨恭恭敬敬，就是玄烨上课迟到，他也只狠狠地鞭打自己给皇子当伴读的亲儿子。

所以，孝庄告诫康熙，济世是很好的磨刀石，能够磨砺他。

孝庄还说，济世不是鳌拜的人。

这是电视剧中的情景。时间久了，康熙和济世的关系也融洽了，济世教给了康熙许多帝王术，包括如何对付鳌拜，如何实现真正的亲政。

大家都认为这两位帝师都是虚构的。但也知道，魏承谟有原型，即清朝开国元勋范文程的儿子范承谟。

而济世呢？

先说其爵位，看看他是何许人也。

清朝的国公属于宗室爵位系列，即镇国公、辅国公及不入八分镇国公、不入八分辅国公四种。异姓功臣爵位中，虽有公爵，但非国公，这个公爵只分三等，且无国字。

鳌拜说济世是保国公。但清朝并未有保国公这一说法和封爵。看来是编剧对清朝爵位制度不熟悉，先是将济世弄个保国公，结尾又让汉臣魏东亭死前过了一把亲王瘾。

按鳌拜的说法，就让济世是国公，那么他就该是皇族宗亲。而且应该是近支，如顺治帝的亲六伯塔拜死了十多年才被追为辅国公。努尔哈赤不少亲儿子，皇太极不少亲兄弟，至死甚至死后都没得个国公爵位。根据他们的政策，你要想封为王公，必须是战功卓著。

看来济世应该是开国大功臣。

电视剧给济世的形象设计，须发花白，老态龙钟，按年龄来看，可能是康熙祖父辈。

然而，康熙对这个自家长辈，却很陌生。

当然，会有不少观众读者说，济世是二月河虚构的。

2

事实上，济世这个人不是虚构的。他确实是康熙初年的大臣。只是康熙对这个济世，确实很陌生。

康熙扳倒鳌拜后，第一时间就给群臣下旨："前工部尚书员缺，鳌拜以朕素不知之济世，妄称才能推补，通为结党，以欺朕躬。"（《清史列传·鳌拜传》）

康熙对这个鳌拜强请"推补"的济世出任工部尚书是很不满意的。康熙认为，济世的才能不怎么样，而且附逆鳌拜结党，欺骗了他。

所以，康熙在处理鳌拜余党时，下旨："其弟穆里玛、塞本得，从子讷莫，其党大学士班布尔善，尚书阿思哈、噶褚哈、济世，侍郎泰璧图，学士吴格塞皆诛死。"

这是《清史稿·圣祖本纪二》中的记载，也就是说，济世被康熙作为鳌拜集团的主要逆臣之一，直接诛杀。

康亲王杰书总结鳌拜有三十款大罪，但真正在《清史稿》和《清史列传》的鳌拜本传中，只有寥寥几条。

《清史稿》中的记载，就有两条是与济世有关的：

一、鳌拜"日与弟穆里玛、侄塞本特、讷莫及班布尔善、阿思哈、噶褚哈、玛尔赛、泰必图、济世、吴格塞等党比营私，凡事即家定议，然后施行"（注：塞本特，即塞本得，据《圣祖实录》，确为鳌拜侄儿，而非《清史稿·圣祖本纪二》所称弟弟）。济世是鳌拜集团的核心成员。

二、"工部满尚书缺员，妄称济世才能，强请推补"。济世的才能是鳌拜吹出来的。

对于鳌拜这种死忠分子，康熙是彻底打击的，甚至将其人身履历都洗干净了，只留下了扳倒鳌拜的铁证。

但是，让康熙没有想到的是，三百年过去了，他恨得咬牙切齿的、阻碍他亲政的大逆臣济世，却被电视剧设计成了帮助他真正亲政的帝王师。甚至有很多观众认为，这个人是被特地虚构出来帮助康熙帝雄才济世的大功臣。

3

在《康熙王朝》中确实有一人，是历史上康熙真正的老师。

但，电视剧却拿此人，与康熙玩了一出涉及欺师欺祖的师生恋。

康熙与苏麻喇姑被设计成青梅竹马，有一段很长的感情戏。剧中给康熙安排初试云雨的是赫舍里氏皇后，但他的初恋应该是苏麻喇姑。

康熙要娶苏麻喇姑的那一段戏，还占据了不少时间。

在历史上，苏麻喇姑是康熙祖母孝庄太后的侍女，比孝庄还大一岁，出身于普通的蒙古族牧民家庭，随孝庄陪嫁进入后金宫廷。身历努尔哈赤、皇太极、顺治和康熙四朝，是名副其实的四朝侍女。她通晓满蒙文字，很有智慧，崇德元年（1636）参与设计了清朝开国冠服。

苏麻喇姑担任过少年康熙的启蒙老师，老年时又帮康熙抚育过皇十二子胤裪。康熙四十四年（1705）九月，她以94岁的高龄去世。康熙按嫔礼为苏麻喇姑办理丧事，并将其灵柩与孝庄置于一处。

苏麻喇姑终老时，康熙还只52岁。电视剧安排这样一位祖母级女人，给学生康熙做红颜知己，不知何意？是要隐喻康熙欺祖，还是欺师，或是嘲讽康熙有恋祖母情节？

牵强者似乎还是知道苏麻喇姑这个人的，故而在中途插入了一段伍次友和苏麻喇姑的虐心恋，让康熙强娶不成。

我不反对现代影视剧对历史真实的艺术加工与情节虚构。

可以用原型，也可以不用原型，完全虚构，使遥远的故事多几分鲜活的色彩。

史料未必就是史实，我们可以以新的史学思考和推翻对历史的认识与评判。然而，打着历史剧的旗号，生拉硬拽，张冠李戴，很容易给观众一个重新讲述历史的印象。在人名、情节和事件的选择上，最好有原则地、负责任地保持历史学的境界，不宜以文雅的疯狂改变历史人物的时代角色和命运历程，使我们怀疑地生活在巨大的差距中。

索额图遭韦小宝
抢重头戏

1

权力之争是血腥的！权力背后的博弈，更加惊心动魄。

孝庄太后为了同首辅索尼建立攻守同盟，主动更改科尔沁女人为大清皇后的使命，将幼年入宫准备安排为康熙皇后的女子（被追封的慧妃）雪藏起来。康熙四年(1665)九月，十三岁的皇帝与比他大三个月的索尼孙女赫舍里氏大婚。从此，孝庄祖孙和索尼家族联手抗衡擅权的鳌拜。

索尼为四辅臣之首不说，他的长子即赫舍里皇后的父亲噶布喇为领侍卫大臣，其三子索额图是康熙帝身边的侍卫，由三等晋升一等，康熙七年出任吏部右侍郎。

清代侍卫宿卫宫廷、扈从皇帝，自太祖起，以八旗子弟中武艺出众者担任。一等侍卫为最高等，品秩正三品。索额图任正二品吏部右侍郎时，其父已死，是康熙帝任命的。

两年后，索额图奏请辞掉吏部要职，重返御前效力，做正三品一等侍卫。

这是历史的现场。而大家耳熟能详的《鹿鼎记》，安排了一个市井赖皮韦小宝，练摔跤勇擒鳌拜，身临险境智斗吴三桂，远赴罗刹国牺牲色相签和约（何其智慧勇敢！），却把索额图弄成了一个见风使舵、阿谀逢迎、圆滑世故的小丑角。

金大侠擅自让不学无术的韦小宝，流里流气地抢了智勇双全的索额图的重头戏。

单说索额图奏请降级，回到康熙身边，就是要以死捍卫侄女婿皇帝。

当时，鳌拜独揽大权、飞扬跋扈，藏刀以对康熙帝的慰问，可以说双方已到了兵戎相见的紧急关头。索额图自请降级，舍弃肥缺，不无勇者护主无惧生死的气度。

昭梿《啸亭杂录》卷一《圣祖拿鳌拜》记载：鳌拜"尝托病不朝，要上亲往问疾。上幸其第，入其寝，御前侍卫和公托见其貌变色，乃急趋至榻前，揭席刃见。上笑曰：'刀不离身乃满洲故俗，不足异也。'因即返驾。以弈棋故，召索相国额图入谋画。数日后，伺鳌拜入见日，召诸羽林士卒入，因面问曰：'汝等皆朕股肱耆旧，然则畏朕欤，抑畏拜也？'众曰：'独畏皇上。'帝因谕鳌拜诸过恶，立命擒之"。

一帮亲贵子弟练布库（满语，意为摔跤），带头的就是索额图。索额图作为康熙帝的心腹近臣，冒着随时会被鳌拜矫旨枉杀的风险，但他却义无反顾。此时，索额图官职不高，却被皇室宗亲昭梿提前尊呼为"相国"，可见昭梿对索额图助康熙铲除鳌拜的历史贡献，是铭记的。

拿下鳌拜后，索额图即刻被真正亲政后的康熙帝任命为国史院大学士，因功擢升一品。半年后，康熙帝改内三院为内阁，索额图为保和殿大学士，排名第一。

索额图职事保和殿，康熙帝对叔岳丈更加倚重，以其为总裁官修成《世祖章皇帝实录》，加太子太傅，因为他与康熙帝在除鳌行动中，有着过命的交情。

索额图成了最有权势的大臣，有"索相"之称，比明珠接替熊赐履成为武英殿大学士，被称"明相"要早七年。虽然索额图与明珠长达数十年地明争暗斗，但明珠能够接替熊赐履，还是因为索额图联合大学士巴泰、杜立德清查熊赐履拟票出错、盗窃嚼毁案。吏部尚书明珠奉旨认真追查，使龙颜大悦，成功入阁。

当然，康熙的老师熊赐履被革职罢任，而不被过分处罚，也是被当时还很正直的索额图力保，说事情虽存在，但熊师不说，查无对证，无法定罪。

2

康熙十二年春，康熙决定撤藩。还在大学士任上的熊赐履同索额图都不支持，怕引发激变。索额图请将建议撤藩的人处死，遭到康熙帝斥责。

索额图并未以此怀怨，反而在平定三藩叛乱中，积极出谋划策，协助皇帝运筹帷幄，同时对年轻好战而又冲动的康熙帝起到了镇静剂的作用。

电视剧《康熙王朝》称索额图反对撤藩，是因为拿了吴三桂的好处，似乎并非凭空捏造。杨钟羲撰《雪桥诗话》卷二有云，清廷担心吴三桂谋逆，拟派吏部文选司郎中、满洲正白旗人顾八代前往窥探虚实。吴三桂之子、顺治驸马吴应熊获悉，"遣人送黄金四十驮"。顾八代是一个廉正的干臣，拒收黄金，并将报告的门子杖责了二十大板，吓得贿赂者仓皇而逃。吴应熊"尽以金献大学士索额图"。索额图收下了这笔巨款，召顾八代相晤，被拒，于是奏称顾八代"偏执，恐事泄无济"，继而多次对顾八代打击报复。幸好有翰林院掌院学士喇沙礼、叶方蔼与满洲镶白旗老将、镇南将军莽依图力保，顾八代躲过一劫，最后得以奉命教导皇四子胤禛，擢升为礼部尚书。后因康熙认为不顾体面，顾八代被夺官革职，在家赋闲十年后病逝。由于清贫难葬，还是胤禛出资治丧。雍正四年（1726），诏复原官、获授太傅、重新祭葬、赐谥文端的追赠，还被入祀贤良祠。

顾八代荣辱巨变，且为后话。但有一事需要明辨：在此关键时刻，吴应熊派人带着浩浩荡荡的"黄金四十驮"，先送顾八代而不受，后送索额图而受之，难道是要欲盖弥彰，康熙帝完全不察，任由吴应熊、索额图翻手为云，覆手为雨吗？

从索额图在平藩之际翼赞筹谋、殚精竭虑，被康熙称为"股肱心膂"（《圣祖御制文一集》卷六《谕大学士索额图》）来看，索额图应该还是一个治国辅弼不糊涂的干臣。

康熙十八年十月，云贵总督周有德请求在进兵时该专任一人。康熙认为周有德好为大言，要追究他总督四川时与巡抚张德地前驻广元督饷迟误，导致数年来逆贼逃避诛罚，兵民苦累，影响了如今大兵前进的罪责。督抚诸臣有误饷运，以军法从事。

索额图说：周有德在陕西时就曾条奏，如果一路进兵，随后怎么办？分道并进，怎么调度军队？在索额图的争取下，康熙帝下谕王大臣商议大军自湖广进征云、贵，绿旗兵当有统帅，以周有德和湖广总督蔡毓荣都挂帅，周受蔡节制。

广西抚巡傅弘烈请求率兵进剿云贵，兵部不准。康熙帝令大臣商讨进兵方略。

索额图主张：大兵已经遣发，若又令傅弘烈前进，多用官兵，必致劳困。

傅弘烈因进兵掣肘，请求辞去巡抚。康熙帝不同意。

索额图认为：以前傅弘烈的奏请，都被批准。现在如果以言行不相顾为由，不令他进兵，则他反得借口解释前次失利。现在应仍令他照常募兵，向所指之处前进。

傅弘烈连年征战，屡建奇功，最后却不幸被吴三桂党羽、叛将马承荫拘禁，押送桂阳，骂贼绝食而死。康熙诏旨赐祭葬，加赠太子太师、兵部尚书，谥号忠毅。

昭梿在《啸亭杂录》卷十《索家奴》中说："索相当权时……多谋略，三逆叛时，公料理军书，调度将帅，皆中肯要。"索额图对平定三藩、统一全国，立下了不可磨灭的功勋。

吴三桂曾派刺客夜探索府，索额图正秉烛办军务，见一长须高大者站在身旁，便问他是不是吴三桂派来的刺客。

刺客长跪磕头，承认事实。

索额图问，你要取我的头？

刺客说：我来了很久，看您批示军机都如身临其境，料理军务通宵不眠，实在是贤良宰相也。我再愚蠢，也不能杀良相。

　　索额图的大义凛然，一身正气，竟然折服了一个奉命而来的刺客。甚至让刺客主动自首，成了忠于索额图的"索家奴"。

3

　　索额图嗜好权力，但他在康熙十九年八月主动称病请辞大学士。他担心猜忌的康熙帝因其曾谏阻平藩，秋后算账。其实，康熙帝也一直记得此事！三藩平定后，康熙帝对明珠等人说：吴三桂造反挑起叛乱，有人说是撤藩所致，请我诛建议之人，我若从之，则使忠言之人都含冤泉壤矣。

　　他是成功了便忘了前耻，在两军对阵无胜算时，他甚至有过退位下罪己诏的冲动。

　　康熙帝接受了索额图的请辞，以其为"辅弼重臣，勤敏练达，自用兵以来，翼赞筹画，克合机宜"，命在内大臣处上朝，不久授议政大臣。而背地里，康熙帝却对议政王大臣列举索额图的不端行为，说他包庇经常懒政翘班的五弟心裕，不管束上班时间在外校射为乐的六弟法保；说索额图贪恶，自恃巨富，日益骄纵。最终革去他的议政大臣、内大臣、太子太傅，只让其仍兼个佐领。

　　康熙对曾经的第一功臣索额图开始用心打压，后来还同意已被革职的心裕代理领侍卫内大臣。心裕明明不作为，却让他身居要津，康熙帝无疑是要恶心索额图。

　　索额图在政治人生低谷熬了两年，这也是康熙帝对他当初不支持撤藩的惩罚。此事还是一个教训。之后，康熙帝授其领侍卫内大臣，负责处理中俄边界纷争。

　　崇德八年（1643）起，沙俄就不断侵犯我国的黑龙江流域，建筑城塞，烧杀淫掠，扩大侵略。康熙帝平藩后，集中力量，发起两次雅克萨反击战，挫败了沙俄的侵略，收复了雅克萨，迫使沙俄求和，遣使臣到北京要求谈判。

康熙二十八年七月十四日，清政府全权使臣索额图和俄罗斯帝国全权使臣戈洛文在尼布楚（今俄罗斯涅尔琴斯克）签订中俄《尼布楚条约》。

《清史稿·索额图传》记载："二十八年，上命索额图与都统佟国纲往议。索额图奏谓：'尼布楚、雅克萨两地当归我。'上曰：'尼布楚归我，则俄罗斯贸易无所栖止，可以额尔固纳河为界。'索额图等与议，费耀多啰果执尼布楚、雅克萨为请。索额图等力斥之，仍宣上意，以额尔固纳河及格尔必齐河为界，立碑而还。"

至今还有人因未能收回茂明安游牧地，而认为此约是丧权辱国的不平等条约。但，《尼布楚条约》还是在大节不亏的基础上缔结的，阻止了沙俄的进一步侵略，保证了边境居民的安宁生活，巩固了我国北方边疆。索额图是边界外交的赢家，厥功甚伟。

让索额图绝对意料不到的是，他从尼布楚归来又参加了三次征战准噶尔后，却被人举报阴谋政变，倡议太子胤礽僭越使用皇帝专用的黄色。康熙帝要对他下手了。

《清史稿·索额图传》说："索额图事皇太子谨，皇太子渐失上意。四十一年，上阅河至德州，皇太子有疾，召索额图自京师至德州侍疾。居月余，皇太子疾愈，还京师。"君臣人伦之礼，却成了二人合谋造反的罪证。很快，康熙帝将他拘禁宗人府，称"养犬尚知主恩，若尔者虽格外加恩，亦属无益"（《清史列传·索额图传》）。曾经为之卖命的忠犬，到了清算时则连一条狗都不如。康熙帝下令，将索额图诸子交心裕、法保拘禁，并警告说若生事端，就族灭他们。

有家奴潜入狱中送饮食，发现索额图已死于非命，料理丧殓事毕，痛哭而去，不知所终。康熙帝说："索额图诚本朝第一罪人也。"（《清史稿·索额图传》）

独一份！
康熙封他首辅送皇帝冠服

1

巴泰名字像个满人，其实是辽东汉人，姓金，隶属汉军镶蓝旗。他很早就追随皇太极，做二等侍卫。

后金天聪五年（明崇祯四年，1631），皇太极率五万军队进攻明朝辽西大凌河城，即与祖大寿的那一战。明朝太傅兼兵部尚书孙承宗赶赴锦州，派遣祖大寿的妹夫、总兵吴襄等前往救援。

清军迎战，佐领尼雅汉（纳兰明珠的父亲）中伤坠马，巴泰飞马驰入敌阵，将尼雅汉救出。若非此举，就没有后来的康熙"明相"了（明珠生于天聪九年四月）。

巴泰是一个勇敢的战士，多次冲进明军重围，奋力拼杀，救出后金大将和战马。他不但是皇太极的忠勇卫士，而且追随多尔衮、济尔哈朗几度征战，在锦州大战中合力击败明朝总督洪承畴的军队。收兵时，巴泰殿后，明军偷袭，流矢射中巴泰面部，巴泰仍跃马挥刀，斩杀明军一人，迫使追兵退却。

崇德六年（1641），皇太极对勇士巴泰进行嘉奖，授云骑尉世职，擢升一等侍卫。巴泰以忠诚、勇敢，赢得了皇太极的赏识和信任。

2

不仅皇太极喜欢巴泰，顺治朝摄政睿亲王多尔衮对他也是青眼有加，先以其功劳多，晋升世职骑都尉，又根据大清朝特殊人才奖励制度，加一骑都尉。这个加，加的是薪资待遇。如后来康熙帝为了回报索尼率四辅臣、满朝文武请他亲政，特地下诏褒奖索尼忠心为国，加授一等公，与前授一等伯一起世袭。这是升新爵、加旧爵，无限光荣。索尼受宠若惊，力辞，康熙帝没有准许。

多尔衮这样做，是为了拉拢顺治帝的高级保镖巴泰，但碰了一鼻子灰。

当时，多尔衮因内大臣索尼、侍卫巴哈、护军统领鳌拜等曾拥立太宗子嗣，与他们结下了怨恨。

如索尼。顺治帝刚继位不久，多尔衮的胞兄、英亲王阿济格将顺治帝私下呼为"孺子"，索尼请求以藐视君王罪进行处罚，多尔衮置之不理。多尔衮召集诸大臣商议分封诸王，索尼坚决反对。巩阿岱、锡翰向多尔衮进言，称索尼不想让他执掌天下，请求处置索尼，多尔衮不准。然而，索尼还是坚决不依附多尔衮，哪怕被削爵、被夺官抄家、被安排去盛京守昭陵，也不退半步。

如鳌拜。顺治二年（1645）八月，阿济格没有及时奉旨班师，谎报战功，受到处罚，并藐视小皇帝。多尔衮在索尼的催促下，发布谕令要求正黄旗固山额真谭泰会同护军统领鳌拜召集部众，将阿济格"称上为孺子"之语传示晓谕。鳌拜因听从了谭泰之言，未奉行谕旨。顺治五年三月，贝子屯齐告发郑亲王济尔哈朗、鳌拜等当年拥立肃亲王豪格、后又包庇豪格的种种罪状，多尔衮兴起大狱，严讯诸人。鳌拜虽以大功凯旋，在短短数月间却被论死两次，可见其所受打击之严酷、境遇之窘迫。

多尔衮擅权自专，是实权的王，而巴泰坚决不向他表忠心。

谭泰隐匿谕旨不召集部众宣布阿济格的罪行，老战友索尼告发，谭泰被降世职昂邦章京，革职。谭泰怨恨索尼，攻讦他于内库牧马鼓琴及禁门桥下捕鱼，索尼被处罚。

鳌拜庇护索尼。多尔衮以摄政睿亲王之威，找巴泰谈话，想打击索尼和鳌拜。

多尔衮问道：索尼和鳌拜关系好吗？

巴泰说：不知道！

多尔衮又问：你和索尼关系好吗？

巴泰说：我和索尼都在皇帝身边当差，关系很好！

多尔衮没料到一个小侍卫，敢在皇叔父摄政王的淫威下大义凛然，于是以巴泰对索尼与鳌拜关系"弗知"之罪，削其云骑尉世职，并处以罚款。

拉拢不成，就以莫须有的罪名进行严惩。

顺治帝亲政后，慢慢提拔巴泰，入列散秩大臣，擢升内大臣。散秩大臣是清朝官名，从二品，是中央警卫局侍卫处的官员。内大臣，从一品，协助领侍卫内大臣掌管统率侍卫亲军，护卫皇帝，地位颇为尊崇，镶黄、正黄、正白旗各二人。巴泰以汉军镶蓝旗人入列，是顺治帝对他的破格提拔。

3

康熙三年（1664）六月，巴泰授内国史院大学士，位列正一品。这个任命，是索尼、苏克萨哈、遏必隆与鳌拜协商的结果。康熙帝还是坐在龙椅上没有话语权的傀儡皇帝。

四辅臣将巴泰由侍卫处调入内阁，给出的理由是他当年不依附多尔衮，还给了他一个三等男的爵位。他们让巴泰入国史院，特将蒋赫德改任弘文院大学士。这个安排，应该与索尼和鳌拜有关，更准确地说，是鳌拜要拉拢他，还委任他做主持纂修《世祖实录》的总裁官。

鳌拜出手比多尔衮更大方，但没想到巴泰还是不吃这一套。

鳌拜对巴泰是有所忌惮的。《清史列传·巴泰传》记载："时鳌拜辅政，恶巴泰不附己，会以辅政大臣苏克萨哈论事龃龉，构陷其罪，集众定谳，虑巴泰有异议，弗使与闻。"鳌拜强迫康熙帝下旨凌迟苏克萨哈，气势汹汹，竟在御前"攘臂上前，强奏累日"（《清史稿·苏克萨哈传》），罔顾人臣之礼，但他却怕巴泰反对。

鳌拜"凡一时威福，尽出其门"（昭梿《啸亭杂录》卷一《圣祖拿鳌拜》），为了一次镶黄旗与正白旗换地事件，就将反对的国史院大学士兼管户部尚书事苏纳海和直隶总督朱昌祚、巡抚王登联直接绞杀。

巴泰聪明，不久便办了病退手续。

鳌拜倒台后，康熙帝迅速处死依附鳌拜的皇亲——秘书院首席大学士班布尔善，请巴泰出山顶替其职，继续主持纂修《世祖实录》。康熙九年十一月，康熙改内院为殿阁，以中和殿为诸殿阁之为首，命巴泰为中和殿大学士兼吏部尚书（另一位中和殿大学士图海，隶满洲正黄旗，兼礼部尚书），晋爵一等子。巴泰是康熙帝真正亲政后的第一位领班大学士，被加太子太傅，后来退休后还被请出担任皇帝亲率的正黄旗汉军都统。

康熙二十三年，巴泰正式退休解任，康熙仍命他以内大臣的身份参与朝会，一直干到临终前。康熙帝对这位汉人，更是特别地看重，除了赏赐银币、鞍马外，还将他御用的皇帝冠服送给巴泰。这样的奖励，在有清一代无疑是顶级荣耀。

大家要知道，后来康熙帝严惩曾帮助他铲除鳌拜、平定三藩、抗衡沙俄立了大功的索额图，称他是"本朝第一罪人"，其中最大的问题就是，胤礽为皇太子时，索额图怀私倡议胤礽的服饰僭越使用皇帝专用的黄色。对太子的服色尚且如此敏感，更莫说大臣拥有皇帝御用的冠服了。当年，多尔衮遭到顺治帝清算，其中有一宗大罪就是被举报藏了御用物品。

计除鳌拜者，
实为两个前明降臣

1

与康熙相关的影视剧，如《康熙王朝》《鹿鼎记》中，让康熙帝引为骄傲的第一大事，即铲除鳌拜。

这样的历史，给了艺术作品无限虚构的空间。《康熙王朝》安排康熙与魏东亭合力戮贼，《鹿鼎记》设计康熙和韦小宝嘻哈擒贼。

血战是必不可少的。

魏东亭版链接着血腥的战斗大场面，前面铺陈了各种各样的宫廷权谋。而陈小春、周星驰版的影视剧，百十健童一拥而上的前戏，却多是狗血的情感爱恋。

《清史稿·圣祖本纪》记载：康熙八年（1669）五月"戊申，诏逮辅臣鳌拜交廷鞫。上久悉鳌拜专横乱政，特虑其多力难制，乃选侍卫、拜唐阿年少有力者为扑击之戏。是日，鳌拜入见，即令侍卫等掊而絷之。于是有善扑营之制，以近臣领之。庚申，王大臣议鳌拜狱上，列陈大罪三十，请族诛。诏曰：'鳌拜愚悖无知，诚合夷族。特念效力年久，迭立战功，贷其死，籍没拘禁。'其弟穆里玛、塞本得，从子讷莫，其党大学士班布尔善，尚书阿思哈、噶褚哈、济世，侍郎泰璧图，学士吴格塞皆诛死。余坐谴黜。其弟巴哈宿卫淳谨，卓布泰有军功，免从坐。嗣敬谨亲王兰布降镇国公。褫遏必隆太师、一等公"。

这段文字，讲述了如何擒拿鳌拜及处理鳌拜案，但未交代谁为康熙筹划出力。《清史列传·鳌拜传》也未载明，只是说康熙八年五月，"上以鳌拜结党专擅，弗思悛改，命议政王大臣等逮治鳌拜罪……于是康亲王杰书等列其揽权欺罔诸罪状，请革职、立斩、籍没"。最后念其顾命老臣，从宽处理，拘禁至死。

帮助康熙除掉鳌拜的，真的是魏东亭、韦小宝这类亲力亲为的小人物吗？金大侠有提示，纯属虚构。

助康熙者，确是另有其人，而且是两个从前明走过来的降臣。

康熙八年，由兵部左侍郎黄锡衮率领，被罢职的前户部尚书王弘祚配合，密助康熙主政于朝，逮捕鳌拜有功。王弘祚晋兵部尚书，黄锡衮升东阁大学士兼兵部左侍郎。

对于此事，《清史稿》似乎讳莫如深。《王弘祚传》中只有一句"八年，鳌拜得罪，起弘祚兵部尚书"。而黄锡衮这个主要人物，却是无传，让人遗憾。

2

黄锡衮，1621年出生于福建晋江潘湖。七岁能诗，二十岁中进士。明末授广西巡抚，后弃官读书于武鸣县起凤山东峰读书岩。世乱归家。

顺治五年（1648），黄锡衮出仕清廷，复考选庶吉士授弘文院检讨；顺治八年晋升翰林院编修，受命典试江南，后来转工部郎中、广东按察使；顺治九年任巡按广西兼理湖南清军盐法。此后历任监察御史、左副都御史、右布政使、弘文院内阁学士、大理寺寺丞等。顺治十六年，黄锡衮被提拔为都察院左佥都御史。康熙元年，黄锡衮迁通议大夫、兵部右侍郎，六年例加一级臣晋通奉大夫、兵部左侍郎，兼理兵部事，考核百官，推行教化。

黄锡衮帮助康熙除掉鳌拜有功，深受康熙倚重，康熙九年拜东阁大学士兼兵部左侍郎、武英殿总裁官，转任武英殿大学士管兵部事，兼兵部尚书衔。

康熙帝平定"三藩"叛乱，黄锡衮率军经略抵御耿精忠部，以平寇荣绩有旨复召入阁，寻解兵部务直讲筵官，其他兼官如故。康熙二十年十月，黄锡衮以病请辞假归，康熙特旨准以武英殿大学士衔在籍调用，十一年后才真正得旨准以大学士衔致仕回籍。他死后，康熙下旨，诰赠太子太傅、柱国光禄大夫，钦赐祭葬，谥文僖。

康熙对黄锡衮还是很感激的，让他身居相位二十二载，即便病休也是留职备用。

3

王弘祚，1610 年生于云南永昌，明崇祯三年（1630）举人，强习掌故，曾任蓟州知州，迁户部郎中，督饷大同。顺治元年，王出任岢岚兵备道，被宣大山西总督吴孳昌以筹划军饷，请仍留大同。第二年，总督李鉴推荐，授户部郎中，主持修纂《赋役全书》。

《清史稿·王弘祚传》记载，王氏修书，"裁定赋役，一准万历间法例，晚末苛细巧取，尽芟除之，以为一代程式"。

修书期间，王弘祚加太仆寺少卿，迁太仆寺卿，擢户部侍郎。他给清廷出主意，如何在江南、江西、湖广丰稔之地采米谷、储粮饷，以便进军还属于明朝辖区的云贵地区，征讨孙可望部。顺治帝采纳他的意见，下旨给经略大学士洪承畴执行。

顺治十一年，给事中郭一鹗弹劾王弘祚修书逾久未成，王疏辩，被郭复劾其巧饰。此后几年，王弘祚官运不通，屡遭弹劾，不是被罚俸，就是被降级。

顺治十五年，历十四年的《赋役全书》终于修成，朝廷记功奖励，擢王弘祚为户部尚书，加太子少保，进太子太保。此间，他和大学士巴哈纳等修订律例。《清史稿》评价："弘祚定赋役，文然修律例，皆为一代则，其绩效钜矣。"

康熙三年，授王弘祚为刑部尚书，不久复还户部，掌管全国财政大权。三年后，鳌拜奏请户部设满、汉尚书二人，将其死党玛尔赛安插进户部。王、玛不和，又遇户部失察书吏假印盗帑，清宗室、以领侍卫内大臣拜秘书院大学士班布尔善诣事鳌拜，独给王弘祚加罪，使之获罪，被革除官职。

不到一年，王弘祚配合黄锡衮密助康熙除掉鳌拜，真正实现亲政。

鳌拜倒了，班布尔善也被王大臣劾奏二十一款大罪，定罪以绞刑处死，子孙皆被废黜宗室资格，而王弘祚晋兵部尚书。

4

历史不会因为金庸在小说《鹿鼎记》中塑造了一个韦小宝，就忽略了黄锡衮、王弘祚这两位帮助康熙帝铲除鳌拜的真人。

《清史稿·圣祖本纪一》记载：康熙八年五月乙未，"起王弘祚为兵部尚书。戊申，诏逮辅臣鳌拜交廷鞫"。王弘祚接掌兵部，到拿下鳌拜交廷鞫，前后不过十三天。

九个月前，时任户部尚书王弘祚因失察书吏造印盗银案，被免职丢官，如今成了康熙帝清算鳌拜的兵部掌控者。足见，王弘祚是康熙帝极度信任的重臣。

清制，户部设二尚书。监守自盗案发时，正值鳌拜处死政敌苏纳海后，鳌拜侄儿玛尔赛刚刚接任户部尚书。玛尔赛仗势欺人，与顺治朝便是户部尚书、太子太保的王弘祚不和。吏部商议处分户部尚书监管不力时，拟援引恩诏宽免，但以领侍卫内大臣拜秘书院大学士的班布尔善独自拟票，将王弘祚一人罢免，而不处分玛尔赛。

班布尔善是太祖庶孙，诣事鳌拜，实则阴谋借势自立，与玛尔赛争权夺利，但又隐忍对外。他严惩王弘祚，就是为了削弱康熙帝势力，而没想到王弘祚会被很快起用。

王弘祚掌兵部大权，配合康熙帝早安排在兵部主政的左侍郎署武英殿事黄锡衮掌握京师卫戍权，筹划逮捕鳌拜。黄锡衮为行动执行者，王弘祚是这一场没有硝烟却不无血腥的战争的前敌指挥员。这是康熙除鳌行动关键性的双保险。

苏克萨哈被杀，索尼已死，遏必隆坐观龙虎斗，鳌拜已由四辅臣之一成为唯一的摄政者，党羽遍布朝廷内外。嗜权的少年天子康熙帝，不甘沦为鳌拜的傀儡，但也考虑到行动稍有不慎，就会打草惊蛇，酿成大变。

康熙挑选一批身强力壮的亲贵子弟，在宫内整日练习布库为戏，作为障眼法麻痹精明的鳌拜。鳌拜以为皇帝年少，沉迷嬉乐，不以为意，就连康熙不露声色地将他的亲信派往各地，他都以为是对自己的人委以重任。不料，康熙帝迅速安排忠于自己的人接掌吏部、户部和兵部，以突袭战一举拿下擅权自专的鳌拜。

康熙帝对两位助力除鳌的大功臣，厚待有加。

康熙九年，六十岁的王弘祚以衰老请求离休，康熙帝批准，下谕他"乘驿归里，食原官禄"（《清史列传·王弘祚传》）。

告老还乡，被下旨使用官道和公车，这是古大臣衣锦还乡的一种荣誉。

王弘祚停职留薪，继续享受兵部尚书的待遇。两年后，他上疏请辞，康熙帝说：爱卿在任著有功劳，厥功甚伟，年迈荣休，我赐你俸禄，要让你颐养天年，不要固辞。又两年后，王弘祚病逝，康熙按尚书例赐祭葬，追谥端简。

王弘祚这一份荣耀，比不得黄锡衮位列极品，官至武英殿大学士管兵部事，兼兵部尚书衔，即便以病请辞假归，仍得旨准以大学士衔在籍调用，死后康熙帝辍朝赐祭。但《清史稿》让王弘祚在众人合传中居首，却没有为黄锡衮立传。

清高宗在乾隆四十一年（1776）弄《贰臣传》，还是将王弘祚入列甲编。乾隆帝肯定他忠于本朝，但因他在前明做过蓟州知州、户部郎中，大节有亏，"不能念其建有勋绩，谅于生前；亦不能因其尚有后人，原于既死"（《贰臣传序》）。

较之于黄锡衮，王弘祚在明朝只是一个中层干部，而黄氏做过明末广西巡抚。他虽弃官归隐，但出仕清朝，也是投效，于顺治五年复考选庶吉士授弘文院检讨。

黄锡衮同王弘祚一样，都是贰臣。

或许乾隆帝念及黄氏助其祖父主政于朝，平抚三藩荣绩卓著，深受圣祖倚重，而有意不使之入列《贰臣传》，导致后世编撰《清史稿》遗漏了这一个大人物。

5

乾隆帝厚此薄彼的做法，除了不尊重历史外，直接影响了后世修史。

对于黄锡衮助力康熙除鳌的历史功绩，在其死后，姻亲弟子、文渊阁大学士兼吏部尚书李光地撰写墓志铭说："清康熙间，任兵部左侍郎，因密助圣祖主政于朝，深受圣祖倚重。康熙九年庚戌十月，入阁参与机务，拜东阁大学士兼兵部左侍郎，加光禄大夫。"虽未载明除鳌，但写到他因此受康熙帝倚重，入阁拜相，继续主持军务。

而出生于乾隆四十一年的第八代礼亲王昭梿在《啸亭杂录》中，谈及"圣祖拿鳌拜"时，既不说王弘祚，也没提黄锡衮。只说鳌拜辅政，"凡一时威福，尽出其门"，在不征得康熙帝同意的情况下，拿正白旗圈地之事，因言语发生冲突，便矫旨擅杀了直隶总督朱昌祚、巡抚王登联和户部尚书苏纳海。

鳌拜怕康熙在朝会上问情况，于是称病不上朝。康熙帝去鳌府慰问，来到床榻前，鳌拜装模作样要下榻跪迎皇帝，御前侍卫和托见鳌拜面色有鬼，便上前装作帮他收拾被子，被子下露出了利刃。

危急之际，少年天子急中生智，说"刀不离身乃满洲故俗"，不足为奇。

真不足为奇吗？回宫后的康熙帝，立刻以下棋为名，找来索尼之子，也是赫舍里皇后之叔父的索额图商议对策。索额图刚辞去吏部右侍郎，出任一等侍卫。

从鳌拜卧榻藏刀、索额图转任侍卫二事来看，鳌拜与康熙帝的矛盾，已经到了兵戎相见的决战时刻。

一战定输赢！一战定乾坤！一战决定谁是真正的王！

昭梿描述，康熙帝与"索相国额图"密谋后不久，召集练习摔跤的少年侍卫说："你们都是朕的股肱亲旧，你们怕朕，还是怕鳌拜？"大家说："怕皇上！"于是，康熙发布捕鳌计划。鳌拜入宫，康熙一声令下，少年们一拥而上，鳌拜猝不及防，被摔倒在地，束手就擒。

昭梿赞赏康熙帝"声色不动而除巨慝，信难能也"，却对此次宫廷政变控制兵权的两位重臣王弘祚、黄锡衮只字不提，反而强调当时官位不显后来居上的索额图，是疏忽，还是秉承某种意识形态而有意为之？

捡漏哥杰书靠什么
常任大将军王?

1

清代大将军名称不少,前冠有平南、征西、定远、靖寇等十多种。尊崇最高者,当为奉命大将军,仅有睿亲王多尔衮、贝勒阿巴泰、康亲王杰书及咸丰初年的惠亲王绵愉。

杰书于康熙十三年(1674)六月二十五日统兵征讨耿精忠,授奉命大将军,至康熙十九年十月班师,历时六年多,任期最长,长过了两任奉命大将军的多尔衮。

杰书能够上位,也是一个幸运的捡漏。

他是太祖次子、礼亲王代善第八子祜塞的第三子。代善死后,第七子满达海袭和硕亲王,成为第二代礼亲王。摄政睿亲王生前,曾以满达海与端重亲王博洛、敬谨亲王尼堪同理六部事。睿王身后荣辱巨变,满达海及时站在顺治帝一队,与郑亲王济尔哈朗罗列多尔衮罪状。满达海成为三大议政王之一,被顺治帝改号为巽亲王,并按诸王分治部务的规定执掌吏部,第二年病逝,追谥曰简,由其长子常阿岱袭封和硕巽亲王。

顺治十六年(1659)十月,满达海被追论与睿亲王素无间隙,与尼堪、博洛奉命抄家时分取睿王遗物,并在分管吏部时对尚书谭泰骄纵不纠,被顺治帝下令削爵、夺谥。同时牵连到常阿岱,将其和硕亲王降为贝勒。

满达海被削爵、常阿岱被降爵,顺治帝不好将皇伯代善家的礼亲王世系中断，于是从其孙辈宗另择一人继承。杰书因而成了幸运儿，从堂兄常阿岱那里接过了和硕亲王的爵位。

这已不是杰书第一次捡漏了！

杰书的父亲祜塞，初封辅国公，十九岁死后由其次子精济三岁袭爵，寻晋封多罗郡王。精济命薄，六岁幼殇，其大哥阿林为媵妾所生，故而不到五岁的杰书幸运地成为多罗郡王。顺治八年二月，世祖亲政，七岁的杰书被加号为康，始称康郡王，十六年十二月再次幸运地成为和硕康亲王。

2

若满达海不贪婪，祜塞、精济命长，杰书或许只是一个难见经传、难有作为的低爵位王孙，他连续被幸运之神垂爱后，在康熙政坛崭露头角，成为耀眼的人物。

杰书与康熙帝是同曾祖父的堂兄弟。杰书虽是康熙朝第二个大将军（第一个为贝勒尚善，为安远靖寇大将军，比杰书早封六天），但却是唯一被冠名奉命大将军的，应该有着足够的能耐，才能赢得亲政后独断乾纲的康熙帝的极度信任。

康熙朝著名的大将军，除杰书外，还有十三年封定远平寇大将军征伐吴三桂的岳乐、十五年以抚远大将军降服王辅臣的图海、三十四年授抚远大将军出征噶尔丹的费扬古。杰书与岳乐，都主要生活在关内，是宗室将领集群的新生代主要代表。他们同为康熙平定"三藩之乱"的方面军主帅，但从杰书的挂帅时间、战后待遇来看，他比岳乐还要深得康熙帝重用。

可以说，康熙帝决定打响平藩大战时，最早想到的是杰书，而岳乐被排在第二梯队。岳乐在顺治十年被授宣威大将军，驻军归化城，进讨喀尔喀部土谢图汗、车臣汗，使喀尔喀投降入贡。岳乐有着丰富的实战经历和经验，但杰书却没有经历过战争的洗礼。岳乐在顺治朝已经是议政王，位高权重，而杰书虽是顺治末年进封亲王，但他的政治历练主要在康熙朝。

杰书是康熙帝培养出来的大将军王。

3

岳乐对付的是三藩中最强大的吴三桂，而杰书奉命进攻的是响应吴三桂的耿精忠。

康熙十三年三月，耿精忠杀福建总督范承谟及幕僚五十余人，以封官晋爵拉拢党羽，派遣心腹接管福建诸府，以"复明"为幌子收买民心，令官民剪辫留发，衣服巾帽悉依明制，自铸"裕民通宝"。耿精忠自称总统兵马大将军，分三路出兵浙江、江西，并请台湾郑经由海道取沿海郡县为声援，一时兵势甚盛。

耿精忠反叛震惊朝廷。康熙帝一面派兵进闽，下诏削精忠爵，并收禁其在京兄弟；一面劝谕耿精忠改过自新，剿灭郑经，继续镇闽。耿精忠不予理睬，继续举兵攻陷浙江、江西、安徽部分州县，队伍扩大到十万之众。

是年六月，杰书率军南下，九月抵达金华。杰书命都统巴雅尔、副都统玛哈达（满洲正白旗）主动迎击，多次大败率五万人马来犯的耿部大将徐尚朝。杰书克复处州等地后，徐尚朝等多次来袭，都统拉哈达（满洲镶黄旗）采取防御战大破来敌。徐部机警强大，杰书兵力单薄不敢贸然进入。

康熙十五年三月，北京紫禁城里的康熙遥控指挥，催促杰书出战："王坐守金华，将及二载，徒以文移往来为事，不亲统官兵规剿，逆贼何日可灭？宜剋期进取，毋再迟延观望，贻误军机。"（《清史列传·杰书传》）大将军出外征战，只是战前军事统帅，只有机动的作战权，而战略进军的指挥权，还是由千里之外的皇帝掌握，靠快马往还两地加急传递，不及后世电报传递迅捷。战时拖延，可想而知。

杰书都督诸将，迅速移师衢州，进攻在大溪滩屯军抗拒的耿部大将马九玉。

这是一场恶战，杰书坐镇古庙指挥，古庙被叛军火器所穿，卫兵将门窗盖在身上作为隐蔽。唯独杰书谈笑自若，很有指挥若定、激战不惊的古大将之风。

各路清军士气旺盛，奋力攻击，耿军大败。杰书下令，日夜兼程，一路乘胜追击，一鼓作气攻占浦城，下檄书敦促耿精忠投降。当年十月，杰书大军进入福州，耿精忠请求跟从清军讨伐郑经以赎其死罪，杰书同意了他的要求。

杰书作战势如破竹，颇具智慧，在征得康熙帝同意下，携耿精忠跟从大军征讨郑经，命耿精忠以镇平将军留守福州，管辖原属民。福建军队数量设置得合适，原属耿精忠的军队不少于此数。温州总兵祖弘勋、藩下总兵曾养性两部兵马，应该转移到别处。此策略，是一种对耿精忠及其部众的相互牵制，在当时兵力有限的情势下，不失为一种借力打力的军事策略，方便进攻被郑经侵占的沿海各处。后来，耿精忠再生异志，杰书及时奏请康熙帝，并将耿精忠诱至京师处死。

由于这种制衡式的借力，杰书趁势大败郑经的军队，陆续攻克兴化、泉州、漳州等地，平定福建大部，逼得郑经一再退守，最后只能率领残部回到台湾。杰书此次率兵平叛为后来收复台湾打下了坚实的基础。

康熙帝下诏褒奖杰书的功勋。后来，由于清军援兵不到，致使海澄与长泰陷落。杰书上书请罪，康熙下旨等到班师时再议论罪责。

对于此事，康熙专门责成议政王大臣会议讨论杰书用兵不力的问题，然后以皇帝的名义，给杰书下了一个严重警告："杰书罢庸，怠忽军纪；宜并参赞大臣严行处分。但见在出征破贼，俟师旋察议。海澄被困之处，应令尽力救援。"（《清圣祖实录》卷七十四，康熙十七年六月庚戌）几年后，康熙帝追论此事，只是对杰书"销去军功，罚俸一年"，但并未对他严惩。当时的杰书，已在议政王之列。

康熙二十九年，准噶尔部首领噶尔丹与沙俄勾结，势力坐大，向东扩张，威胁清朝的统治。康熙帝派出裕亲王福全为抚远大将军进剿后，又以老将杰书领兵屯守归化城，防备噶尔丹的入侵。

六年多后，杰书病逝，康熙帝追谥曰良，并写碑文："尔和硕康亲王，乃和硕礼亲王之孙，蒙世祖章皇帝推恩属籍，授以多罗郡王之爵，寻进亲王，缵乃祖服，后参议政之列，得备机务之询。洎命将截除三逆，敕为奉命大将军，指授方略。俾帅师由浙取闽，王仰承庙算，剿抚寇贼。岩疆既奠，振旅还朝，圭组雍容，恪勤罔替。朕弥嘉乃劳绩，王益持以小心。方期荷兹宠光，永享多福，而遐龄未究，一旦溘亡，轸忆生平，用深凄恻，爰遵宪典，载锡诔章，赐葬易名，以光泉壤。"同样是太祖后裔，康熙对待堂兄杰书的态度，要比对功高权重于杰书的堂伯岳乐，优渥、宽容了很多。这种厚此薄彼，是权力之争的产物。杰书被康熙帝命为参与议政，而岳乐自顺治后期起主持议政王大臣会议，直至康熙初年。杰书唯命是从而受康熙喜欢，岳乐有独立主张而遭康熙猜忌。

杰书死后，其第六子椿泰袭爵康亲王。《啸亭杂录》的作者昭梿，为杰书的曾孙。

4

杰书作为亲贵出身的大将军王，虽算不上是岳乐那样积极使用汉官的改革派，他甚至会考虑八旗大军的利益，但他却为康熙举荐了两位名垂青史的汉人。

收复台湾的关键性人物——福建总督姚启圣，最早以汉人出仕通州知州，后被列籍汉军镶红旗，在追随杰书平定耿精忠之役中声名鹊起，以不凡的勇气和谋略，协助杰书攻克收复了江浙失地，并一路进取福建，彻底平定耿精忠叛乱。后来，姚启圣在复台大战中担当大任，与杰书的竭力举荐是分不开的。

被康熙帝赞誉为"天下廉吏第一"的于成龙，也是在福建藩台任上遇到了杰书这样的好领导。杰书经历重审通海案和申诉罢莝夫二事后，对秉公执法、不怕顶牛的于成龙刮目相看，专门上疏举荐于成龙，回京后在康熙帝面前力荐于成龙为直隶巡抚。当时的直隶，还没总督一说，巡抚便是这个畿辅要津的首席长官。几年后，于成龙治绩卓异，被康熙帝派任两江总督，使江南民风大变。

撤藩

平藩大将军做了
草根周培公的跟班

1

《康熙王朝》拍得精彩，且很经典，遗憾的是喜欢把一个历史人物移花接木换成另一个人，如李光地很有史上高士奇的做派，如索额图、明珠被熬成了寿比康熙长……就连战功赫赫的抚远大将军图海，也被设计给周培公打下手。

电视剧创作讲究大事不虚、小节不拘，但为何连真实的人物历史，也被张冠李戴呢？

图海，满洲正黄旗人，顺治八年（1651）二月某日偶遇顺治，刚亲政的青年天子见他举止稳重，决定重用他，恐有人不服，说：某中书举止异常，当按哪种法？众人以图海无罪求情。顺治帝说：是否可以立为卿相，是才堪其用呢！擢为内秘书院学士，两年后授弘文院大学士、列议政大臣；再过两年被加太子太保，摄刑部尚书事。

顺治帝说："图海原系白身，朕破格优擢，任用一品。"（《清世祖实录》卷一百，顺治十三年四月己巳）短短几年，图海由一个部门抄写员成了顺治帝的股肱重臣。如果不是有足够的能耐和治绩，也绝不可能在顺治极其挑剔的十字路口赢得赏识提拔。

他的家族是满洲八大姓之一，"马佳氏先人中以文襄公最为显赫"（《马佳氏宗谱文献汇编》甲编卷八，"文襄"即图海死后，康熙给的谥号）。他是一个刑狱改革派，与姚文然同定律例，删除明代酷法，除去死囚的长枷、匣床，以免狱卒凌虐；又毁掉明代镇抚司所用的酷刑刑具，如吕公绦、红绣鞋等。领导同事们纷纷为他点了一个大大的赞。

几年后，他因刑部失察一起侍卫斗殴案牵连，遭下旨严办，革职抄家，追责论死，后被宽免。顺治十八年十月己巳，四辅臣以幼主康熙的名义下旨，遵顺治临终遗言："原任都统图海，情罪原屈，欲改未及。遇有满洲都统缺补用。著图海补授都统。"（《清圣祖实录》卷五，顺治十八年十月庚午）图海被授正黄旗满洲都统。四辅臣以废除内阁和翰林院背叛顺治改革，但对图海还是厚爱有加的。

图海成了皇帝亲率的满洲第一旗的二号首长，职掌户籍、田宅、教养、营制、兵械及选官序爵、操演训练等事务。顺治一句遗言，图海又成了朝廷一品大员。康熙六年（1667），他复为弘文院大学士，加世职一等轻车都尉，充《世祖实录》总裁官。

康熙帝亲政后，恢复顺治十五年设置的内阁，中和殿为诸殿阁大学士之首。身为中和殿大学士兼正黄旗满洲都统的图海位高权重，但主动陈请"以一身而膺二任，才愧兼长，且非国家文武分途之制。乞解机务，专力戎行"（《清圣祖实录》卷三十一，康熙八年九月癸卯）。

康熙不准，称赞他"才猷敏练"，必须为君分忧，负责机密重地，身兼两个要职，不能推辞，并以其为中和殿大学士兼礼部尚书，位列第一。康熙帝不但让图海在阁处理政务，且让他参与军队管理。在康熙打造绝对权威、明确帝权意志的独专时代，一个大学士同时兼顾军政要务，极其罕见。

康熙十二年，三藩坐大，圣祖恐日久滋蔓，驯至不测，拒绝了反对的多数派的意见，下令撤藩。最初，图海属于坚决的反对派，但定下撤藩大局后，他立即服从，坚定支持，在随后的平定"三藩之乱"中，成了康熙极其倚重的重臣兼大将。

康熙帝让他管户部尚书事，筹措军需粮饷，调度战备人才，他竭尽全力秉公持正。

图海不但是总理后勤的高手，更是能率军征战的帅才。《清史稿》说："图海始阻撤藩之议，及其鹰扬西土，绥靖秦陇，卒收底川之绩。川军入滇，遂竟全功。"

康熙十四年三月，蒙古察哈尔王布尔尼兴兵作乱，军情紧急。京师禁旅皆南征，守备空虚。康熙和孝庄太后商量。孝庄说："图海才略出众，可当其责。"（昭梿《啸亭杂录》卷二《图文襄用兵》）孝庄心目中的大将军是图海。因他是人生首战，最后二人决定，以多铎之孙、多罗信郡王鄂扎为抚远大将军，图海为副将军，率兵出征。

一支家奴拼凑的虎狼之师，图海不惜以疯狂劫掠为激将法，闪电式平定察哈尔，清朝后方得以安定。班师，图海不虚功冒赏，主动请罪愿罚，情势所迫，"臣实无状，然以舆儓之贱，御方强之敌，若不以财帛诱之以壮其胆，何以得其死力？然上不即诛，待臣奏绩而后责之，实上之明也"。（昭梿《啸亭杂录》卷二《图文襄用兵》）被康熙帝宽恕。

昭梿纪功"图文襄公用兵"，却没有表扬大将军王鄂扎，而将功劳都给了图海。可见，此战是图海为主打下来的，宗室感念他"辅翊世祖、圣祖二朝，功业卓然"。

康熙帝毫不犹豫地让归来的图海，直接挂帅抚远大将军，征讨占据平凉城、响应吴三桂的陕西提督王辅臣。此前，定西大将军、贝勒董鄂率兵攻打，久攻不下。

2

康熙十五年二月，图海大军至平凉城外，明赏罚，申约束，士气正旺。

诸将请战，乘势攻城。图海说："仁义之师，先招降，后攻打。我们凭借皇上的天威，讨伐这些凶残的逆贼，不用担心无法攻克。但顾念到城中数十万生灵，他们没有一个不是朝廷的赤子，如今惨遭叛贼劫掠到这种地步，覆巢之下，杀戮一定很多。等待他们主动投降归诚，用来体现圣主好生之德，不是更加美好吗？"

城中军民听说后，莫不感泣，多有自相出城者。人心动摇，叛军形势江河日下。

在未开战之前，先用感化人心之术，效果十分明显。为图海献良策者，周昌也。

《清史稿·图海传》记载："图海用幕客周昌策，招辅臣降。"周昌，字培公。图海大军至潼关时，周培公求见，给图海当幕僚。

《清史稿·图海传》记载："辅臣所署置总兵黄九畴、布政使龚荣遇皆昌乡人，屡劝辅臣反正，以蜡丸告昌，昌白图海。"黄九畴、龚荣遇是周培公同乡，屡次劝说王辅臣投降，并以蜡丸密报周培公。周遂将此事报给图海，图海决定招降王辅臣。

图海命周培公入城谈判，说服已乏力对抗的王辅臣。王遣其副将出城乞降。图海请旨，康熙命让周培公以七品参议道的身份，赍诏往抚王辅臣。

图海被封三等公，又率大军赴湖广，会征吴三桂。康熙帝命图海亲率精锐以行。图海报告康熙，担心陕西有变，得到指示留守陕西。周培公仍在图海幕后。

此后五年，尚之信被杀，吴三桂病逝，耿精忠被擒。图海没有等到平藩大捷，以疾征还，卒谥文襄，赠少保兼太子太傅。雍正初，追赠一等忠达公，配享太庙。

《太子太保中和殿大学士文襄公图海传》中，康熙赞图海"为大将军，以乘胜之师，回戈西向。贼方肆其狂蹶，思与滇逆拼力。惟尔以重臣建牙，遂得横截秦陇，扼吭捣虚，逆势穷蹙，始帖耳垂尾，复来效命。迩年以来，尔镇抚三秦，威略大著，能使群贼胆寒。则凡天戈所指，建奢定之成功者，惟尔劳勋为多"。

3

不料，这样一位战功赫赫的朝廷重臣，却被电视剧弄成了周培公的跟班。

他在历史上作为主将的平叛察哈尔、收服王辅臣以及征战吴三桂的荣耀史，也被悉数给了那个七品秘书周昌。

清军平叛察哈尔时，周培公还在给振武将军呉丹做参谋，并没机会参战。

有人认为图海上招降王辅臣策后，康熙帝命周培公进京接受接见。但《清史稿》和《清史列传》都未记载此事，甚至连周培公的传略都只夹杂在图海本传中。即便《清圣祖实录》，也只说图海上表周培公的功劳和请求。

图海报告说，周父死于李自成攻打荆郢时，其母殉难而死。于是，朝廷诰封周母为贞烈恭人，加夫人衔；赠周父为朝烈大夫，加中奉大夫衔。康熙帝还御笔为周母撰写祭文，规定祭祀规格，命布政司分守武昌道参政吴毓珍办理。

周培公任布政使参政，后为山东登莱道，摄布政使，因与总兵官意见不合，难以继续共事，仅在任三年，便辞官回到荆门老家。康熙二十九年，噶尔丹反清。赋闲在家的周培公闻讯后，赶写平叛条呈送到京城。

至于电视剧中说的周培公出任盛京提督一职，如果符合史实，该是他一生中的最高官位，却不见于《清史稿》。盛京为清朝故都，直接防御沙俄和蒙古，重要性不言而喻。为何不载《清史稿》呢？原因只有一个：并无此事。

《康熙王朝》中的周培公，不屑曲于权贵而寄望殿试入朝参政，被赶出考场，流落街头，偶得康熙发现并简任，成为最重要的谋臣。他向康熙苦谏，改变统兵方略，起用汉军汉将。一介书生，被康熙称为"朝廷第一汉将"，抗击察哈尔，逼降王辅臣，平定吴三桂，活脱脱一个不惧血与火的硬汉和智者。

剧中，周培公不负康熙所望，善败将军成了常胜将军，只是快要完胜吴三桂时，康熙的圣旨来了。康熙命令，周培公即刻返京，让副将图海成为主将。

历史上，康熙是否接见过周培公，不见记载。而给康熙打了半辈子胜仗的图海，却在三百多年后被糊里糊涂地弄成了手底下人的副手。当然，若非周"大将军"制止，剧中平凉城外欲炮轰王辅臣的图海，倒有几分像史上图海战察哈尔的疯狂。

康熙逼反吴三桂，
被一老臣下一剂猛药

1

康熙十二年（1673）最大的事情，莫过于镇守南方的三大藩王的奏请——平南王尚可喜的请老归养，平西王吴三桂、靖南王耿精忠的疏请撤藩，都被康熙帝同意。

尚可喜请老在前，他同时请求准其长子尚之信继续镇守广东，结果被康熙帝拒绝。

年轻的康熙，认为三藩势力尾大不掉，对国家统治不利，决意撤藩。他一提出这个建议，立即遭到中和殿大学士图海、保和殿大学士索额图为首的绝大多数大臣反对。

图海与索额图，都是康熙的股肱之臣。他们之所以反对，是认为三藩势重兵强，贸然撤藩，势必激起造反。

康熙说：撤也反，不撤也反，不如先发制人。

若非户部尚书米思翰、兵部尚书明珠、刑部尚书莫洛在最高国务会议上站到了康熙帝的一边，康熙帝的撤藩大计很可能流产。

经历了扳倒鳌拜、终止辅政的康熙，已经大权在握，但他还年轻，还需要众臣的辅佐效力。当其拥有了支持者后，撤藩便更有信心，更加坚定。

但是，康熙的撤藩，虽然有米思翰承诺的总管粮草到位，但他还是缺乏准备的。毕竟三藩经营藩地多年，兵力充实，足以拥兵自重。尤其是吴三桂，镇守云贵多年，手下的队伍都是征战南明的精锐。全国不少地区的提督、总兵，都是他推荐的老部下，如陕西提督王辅臣、贵州提督李本深、四川总兵吴之茂。云南提督张国柱及马宝等十余名总兵，都是吴三桂的心腹大将。

这个平西王，其实就是西南王。

顺治朝，睿亲王多尔衮摄政时期与顺治亲政后，对吴三桂还是有所节制的。然而，顺治十八年（1661）底，吴三桂率兵擒获、缢杀永历帝朱由榔，基本解决了大陆的南明势力，被四辅臣倚为首功，施加殊礼以示崇隆。

康熙元年十一月，四辅臣以少年天子的名义，晋封吴三桂为亲王，命其在昆明设藩开府，管理云南文武官员、兵民财税等各项事务，同时兼辖贵州。很快，兵部议准吴三桂奏请，对云贵两省督抚的敕书，均要写明"听王节制"（《清圣祖实录》卷八，康熙二年二月丁巳）字样。

威权与盛名集于一身。

吴三桂成了云贵真正的一号人物。

吴三桂明白势大遭忌，毕竟战事已停歇，他担心清廷卸磨杀驴，重蹈他在顺治二年八月帮助清廷基本消灭李自成主力后，被召回遣至锦州镇守的覆辙。

于是，他要试探四辅臣的执政底线。

他还要摸一摸即将开启亲政模式的康熙帝的心理。

康熙六年初夏，他给康熙帝快递了一份求解云贵两省事务的报告，理由是：他患有目疾。

这是一件大事，康熙帝既要充分肯定他镇守边疆、总理两省、勋劳卓著，同时又要彰显极具人情味的关怀：平西王"两目昏瞀，精力日销，皆因事繁过瘁，深轸朕怀"（《清圣祖实录》卷二十二，康熙六年五月辛酉）。

既然吴三桂要病休，那么，"云贵两省事务应作何管理"，就成了一道最大的难题，必须由吏部进行认真的讨论，拟出一份合乎情理的意见来。

很快，吏部报告：既然平西王有病，请辞重任，那么就将该藩总管的各项事务，按照其他各省规矩，责令辖区督抚管理。

这是一招顺水推舟、将计就计。

吴三桂哑巴吃黄连，连处置藩下逃人的特权也被收走，责成有司管理，但，他又不甘心包括人事、财税、司法等事权被朝廷收走。

于是，他唆使云贵总督卞三元、云南提督张国柱、贵州提督李本深，合词奏请，希望朝廷仍命他继续总管云贵事务。

文武合请，情势所迫。

这，既是警告，也是威胁！

吴三桂之所以这么做，该是想趁少年康熙初涉亲政，与鳌拜主导的辅臣之间的矛盾越发白热化，为自己重获和谋得更大的事权。

他远在离京千里之外的云南边陲，却详细侦知朝堂之上矛盾重重（按：其子吴应熊既是质子，也是间谍）。康熙大婚过后两年，皇后的祖父、首辅索尼因病重，才倡议康熙帝亲政。在索尼之前，刑科给事中张维赤便疏言："伏念世祖章皇帝于顺治八年亲政，年登一十四岁。今皇上即位六年，齿正相符。乞择吉亲政。"（《清圣祖实录》卷十九，康熙五年八月己酉）奏请提交，却无回应。

虽然后来，康熙帝谢绝了索尼等辅臣屡行奏请的亲政，并解释原因："朕年尚幼冲，天下事务殷繁，未能料理，欲再俟数年。"（《清圣祖实录》卷二十三，康熙六年七月乙巳）这也可以作为对一年前张维赤所请的回复。然而归根结底，还是四辅臣不情愿结束代行皇权、裁决庶务的辅政体制。

索尼病故后的第二个月，即康熙六年七月，辅臣们复请孝庄拍板：皇帝总揽天下事务，鳌拜、遏必隆暂且会同办事。

康熙六年七月初七日开始，康熙帝躬亲大政。

虽然实权还抓在不愿意卸政的鳌拜的手里，但康熙至病逝前长达五十五年的御门听政已正式拉开了帷幕。

对于这一历史性时刻，《清圣祖实录》卷二十三记载："己酉，上躬亲大政，御太和殿。王以下，文武官员，上表行庆贺礼，宣诏天下"，"诏内恩赦，凡一十七条"。

亲政与辅理并存，原因是："钱粮刑法诸事重大，万一所虑未周，铸成大错，无可挽回。"（《宫中档康熙朝奏折》第八辑）

吴三桂万万没想到，原来对自己青眼有加的辅臣们，与锐意进取的康熙帝意见一致，给卞三元等人的联名奏疏上批示："该藩以精力日为销减奏请，故照所请允行。今地方已平，若令王复理事务，恐其过劳，以致精力大损。如边疆地方，遇有军机，王自应料理。"（《清圣祖实录》卷二十四，康熙六年九月己巳）

此时，索尼已病逝，苏克萨哈已被处死，遏必隆懦弱迎合，鳌拜掌握辅臣的话语权。四辅臣中，只留有鳌拜和遏必隆。

遏必隆附和鳌拜，鳌拜一家独大。

鳌拜因为刚矫诏擅杀苏克萨哈，妥协地支持康熙帝坚决断掉了吴三桂妄图再度总揽云贵实权的念想。

此时的清廷，虽然仍为辅臣时代，但鳌拜盛气凌人，已打破了原来四辅臣相互掣肘、相对稳定的格局。同时，十五岁的康熙即便没有足够的理政经验和掌控全局的影响力，但也已经行使了部分话语权。

这是朝堂的现实。而在西南——

吴三桂以退为进的阴谋失败。

吴三桂只是就藩云南的亲王。

他对朝廷的热情也濒临冰点。

他在六年后故伎重施，以为已亲政的少年康熙不会有鳌拜那般强硬，能恢复他昔日的威权和荣耀，殊不知康熙帝正等着他自请撤藩的报告呢。

2

康熙撤藩，彻底打破了吴三桂"世镇云南"的美梦。

他这个梦，曾是清军入关时，摄政睿亲王多尔衮对还是明朝平西伯的吴三桂的承诺："今伯若率众来归，必封以故土，晋为藩王。一则国仇得报，一则身家可保，世世子孙，长享富贵，如河山之永矣！"（《清世祖实录》卷四，顺治元年四月癸酉）

如今山河还在，但，吴三桂却面临着藩镇不再的现实。

吴三桂疏请撤藩，是假意，是试探，是故伎重施。

吴三桂阴谋辖区扩张，却不意自己看不起的小皇帝要遏制他的势力坐大。

吴三桂满以为自己功高势重，足以让初掌皇权的康熙帝投鼠忌器，却不意康熙帝手中有一张吴三桂甚为顾忌的底牌。

这就是吴三桂的长子吴应熊。

顺治五年四月，吴三桂自锦州出镇汉中。吴应熊是留于京师以巩固与朝廷关系的质子。

清军入关，吴三桂屈膝，请为前驱，为清廷定鼎燕京，逐鹿中原，立有汗马功劳。但是，以多尔衮为首的清朝统治者对他及其他异姓藩王并不放心，在赏赐金银的同时，采取了疏远的政策，将他们遣派到关外镇守清廷故地。吴三桂被安排到锦州。

对于以孔有德为首的汉族藩王，多尔衮最不信任的是吴三桂。顺治三年，多尔衮重新起用孔有德、耿仲明和尚可喜，而吴三桂的起用则拖到了两年后。这也是迫于全国反清活动风起云涌，而蒙古喀尔喀部蠢蠢欲动，多尔衮不得不调整战略，再次起用吴三桂。

于是，吴三桂为了表示忠诚，将最爱的长子吴应熊留在京城作为人质。

吴三桂在前线拼命进剿南明将士和大顺军、大西军联明抗清的余部，吴应熊也在顺治八年二月被选为额驸，尚皇太极的第十四女。

顺治十年八月，皇太极十四女十三岁，由孝庄太后下懿旨，同吴应熊成婚。吴应熊成为第一位做了清朝和硕额驸的汉族藩王子弟，获授三等子，加少保兼太子太保。

这位下嫁的公主，即《鹿鼎记》中的建宁公主原型。她的生活里没有出现大流氓兼假太监韦小宝，而是与吴应熊甚为恩爱。她没有搞笑地阉割自己的老公，而是给他生育了一连串儿子。

公主至爱，吴应熊乐不思归。当吴三桂暗中派人来接吴应熊时，吴应熊拒绝了，而且派长子吴世璠偷偷潜出京师，规劝吴三桂莫反，也透露了康熙撤藩的决定。

3

吴三桂想以退为进，却一再被康熙将计就计，断了前路。

于是，他派人以"九天紫府刘真人"的名义吹捧自己是"中国真主"。康熙十二年十一月底，吴三桂斩杀监视自己的云南巡抚朱国治，自称周王、总统天下水陆大元帅、兴明讨虏大将军，发布檄文，迅速占领云南、贵州、四川和湖南衡州。

吴三桂起兵，满以为儿子吴应熊是孝庄的女婿、康熙的姑父，又有公主作为保护伞，加之父子分离十多年，能与他造反的罪行撇清关系。

但是，有一位汉臣站出来说话了："大军已抵荆南，元恶旦夕授首。逆子应熊素凭势位，党羽众多，大寇在外，大憝在内。请速正法，传首湖南、四川，以寒老贼之胆，以绝群奸之望，以激厉三军之心。"（李元度《国朝先正事略》卷四《王文靖公事略》）

率先提议斩杀吴应熊者，为兵部尚书王熙。

著名的顺治罪己诏，就出自王熙之手。而今，他又以应斩杀吴应熊震慑吴三桂一疏，促成康熙借京城突发一起放火事件，将大清王朝的驸马斩杀了。

忠于清朝的吴应熊，连同次子吴世琳，成了康熙帝撤藩、吴三桂造反的祭品。

李元度说，明珠和米思翰曾认为："三桂仅一子，质于朝，可勿虑。"（《国朝先正事略》卷六《熊文端公事略》）还是王熙力主诛杀吴应熊，"及应熊诛杀，三桂惊悸发病，竟以死"（《国朝先正事略》卷四《王文靖公事略》）。

吴应熊被诛杀于康熙十三年四月十三日，而吴三桂病逝于康熙十七年八月十八日，前后相距四年有余。

吴应熊被杀，对于后来还做了五个多月皇帝的吴三桂猝死，有无直接影响不好说。但是，丧子之痛，不免对吴三桂有不少影响。吴三桂即便还有吴应麒等诸幼子，但从他临终前仍以吴应熊长子吴世璠即位来看，足见对长子吴应熊情感非同一般。

国亡城破，吴世璠被迫自刎。被追为周太宗孝恭皇帝的吴应熊，也成了伪帝之一。

而王熙也因此被康熙帝任命专管密本。"汉臣与闻军机自熙始。"（《清史稿·王熙传》）

4

三藩势力席卷大半个中国，康熙为何要发起最危险的挑战？

撤藩令一出，吴三桂自称"天下都招讨兵马大元帅"，蓄发，易衣冠，在云南打出"兴明讨虏"的旗帜，并于次年派大将率军进攻湖南，攻陷常德、长沙、岳州、澧州、衡州等地，派人四出散布檄文，声讨清朝。

广西将军孙延龄、四川巡抚罗森等地方大员纷纷反清。

耿精忠将福建总督范承谟囚禁，诱降巡抚刘秉政，自称"总统兵马大将军"，亦蓄发、易衣冠，分兵出击。短短数月，滇、黔、湘、桂、闽、川六省丢失，一时间，清帝国危在旦夕。

随后，陕西提督王辅臣，寻机以鸟枪射杀前来经略川陕的新任武英殿大学士管兵部尚书事莫洛，响应吴三桂。

广东的尚之信一边收了吴三桂的辅德亲王印，一边袭封清朝的平南亲王爵，跟老朋友康熙帝玩灯下黑，将叛乱扩大到广东、江西和陕西、甘肃等省。

大半个中国，都成了三藩造反的范围。

战争初期，吴三桂就显露出了战略眼光和胆识气魄的不足，一心想划江而治，结果失去了决胜的机会。吴三桂想的更多的是自己如何问鼎天下，而忘了自己当初复仇背后自亏投效的骂名。耿精忠、尚之信等，也未必不想改王为帝。

汉人百姓虽仍有强烈的仇清情绪，但他们已经对战争深恶痛绝了。

康熙帝坚定地要打一场持久的平藩大战。这是他在捍卫皇权，同时给自己在天下立威的机遇。

他要集中搞臭吴三桂，让他这个前明罪人，成为新朝的反贼。

他的对策是坚决打击三藩最强者吴三桂，决不给予妥协讲和的机会；而对其他的叛变者大开招抚之门，以此分化敌军，削弱吴三桂羽翼，从而孤立吴三桂。

康熙帝把湖南作为军事进攻的重点，命顺承郡王勒尔锦为宁南靖寇大将军，统领大军至荆州、武昌，正面抵住吴三桂，并进击湖南；命贝勒尚善为安远靖寇大将军，进军岳州。继而命安亲王岳乐为定远平寇大将军，由江西赴长沙，以夹攻湖南。

此外，康熙帝又放手重用汉将汉兵作战。与此同时，抚远大将军图海进军陕西，奉命大将军杰书奔赴浙江，定西大将军洞鄂挺进四川。

历时八年的三藩之乱，以吴三桂的孙子吴世璠自杀而告平定。吴三桂仓皇做了五个月的皇帝，也病逝了。耿精忠、尚之信等被迫降后，皆死于非命。

三藩只是清军入关前后对前明降将妥协利用，借力合剿反抗势力所推行的特殊的政治合作性产物。这种封异姓王的制度，并不符合清朝政治统治的终极需求。

故而，对于以弱胜强除去鳌拜后的康熙帝来说，裁撤三藩是迟早的政治事件，理由如下：

一、三藩独立自专，不断坐大，足以与朝廷抗衡。

1. 三藩在帮助清军肃清反抗势力时，练出了一大批属于自己的精兵猛将，待到天下平定，他们的驻地貌似清朝藩镇，实际藩王自立为王，在兵力配置、人事任免及财赋征收上，形成了只知藩王而不知朝廷的特殊政治统治体系，严重地威胁到刚刚巩固的清廷。

2. 三藩掌管地方财政、赋税，控制地方各种行业生产，又伸手向中央财政索要大量兵饷，拿朝廷的钱养自己的兵，打国家的旗壮自己的势，极大地加重了百业刚刚步入正轨的中央财政的负担。

3. 三藩治下的兵将，主要是前明官兵和义军残余。在他们的骨子里，降清还是民族矛盾下的人生污点，难免有跟随三大藩王"曲线救国"的初衷，当自立稳定之后，自然会产生反清复明的念头。三藩坐大，除了自己有完全自立的打算，也会因民间的愤怒而打另一种算盘。而他们本身久受儒家礼教观念影响，投敌卖国的叛逃者罪名，定是一个很重的思想包袱。

4. 顺治八年，多尔衮身后荣辱巨变，自然会影响到迎接多尔衮入关，并与之协同作战有着千丝万缕联系的三大藩王：兔死狗烹是迟早的事，只是因为他们手握重兵而使朝廷暂时无可奈何。

二、清廷肃清敌手，腾出手来，自要对付坐大的三藩。

1. 清廷虽然定鼎燕京、入主中原，但长期的征战已严重破坏了国民生产，朝廷要建立自己的统治，就必然要花大价钱恢复生产，而三藩不断的、巨大的财政索取，更给朝廷财政带来了沉重的负担。

2. 三藩坐拥重兵，不断坐大，擅自进行人事任免，严控财赋，并向北扩展，成了好不容易打下明朝疆域之后的清政府的最大毒瘤，继续养虎为患，危机不容小觑。早在索尼领衔的四辅臣时期，朝廷就已经对割据云南的吴三桂动了手。康熙二年，即以云贵军事行动已经停止为理由，收缴了他的平西大将军印信，接着又将他的地方官员铨选任免之权收归到吏部。康熙六年，吴三桂疏辞总管云贵两省事务，擅权的鳌拜下令两省督抚听命于中央，又剥夺了他的司法特权，命令平西王辖区逃亡事件，都必须归有司审理，王府属官不得干预。

3. 康熙铲除朝廷最大对手鳌拜之后，清除内忧，真正亲政，信心满满，就会再次积蓄举国力量，来肃清外患。三藩步步紧逼，小看幼主，开战只会提前。康熙帝认为，"三桂蓄异志久，撤亦反，不撤亦反。不若及今先发，犹可制也"（《清史稿·吴三桂传》）。康熙帝要先发制人！

4. 此时的朝廷亲贵，多为清初开国王公将帅之后的少壮派，与三大藩王并无实质性交集，自然和血气方刚的康熙帝一样，并不待见，也无法容忍三藩的存在。

第一个赞同撤藩者，
却不及附和者后来势重

1

顺治十八年（1661）正月初九日，年仅八岁的玄烨幸运地成了康熙皇帝，又不幸运地摊上了两伙势重权大的臣僚。

一伙是先帝顺治留给他的四大辅臣。

索尼、苏克萨哈、遏必隆和鳌拜在大行皇帝的灵前起誓，不结私党，翊护幼主，但，随着康熙的一天天长大，四辅臣加紧扩张自己的势力。他们无心夺取皇权、另立皇帝、图谋皇位，但都希望把康熙当作傀儡，持久地操控在自己的手中。

随着首辅索尼的离世，镶黄旗内大臣鳌拜变本加厉，擅权秉政，不经皇帝批准，就恣意将反对他置换正白旗圈地的直隶总督朱昌祚、巡抚王登联和国史院大学士兼户部尚书苏纳海诛杀。好在索尼之子索额图，是一个忠君之士，不惜舍弃吏部左侍郎的肥缺，重返康熙身边做一等侍卫，领着一帮年轻的羽林士卒练摔跤，将满洲第一巴图鲁鳌拜摔进了禁所。

鳌拜被绊倒，标志着长达八年的辅政时期结束。

而另一伙豪强势力，又威胁到少年天子的皇权。

他们是太宗、世祖两朝御封异姓王的产物。他们是帮助清军挺进关内、问鼎燕京、逐鹿中原、挥师南疆的有功之臣。

四辅臣势力式微，以平西王吴三桂为首的江南三大藩王割据一方，日见跋扈，拥兵自重。他们积极向朝廷要钱、要权，要这样那样的封赏，却在各自的辖区里建造着独立王国。

三藩做大做强，让十多岁的康熙帝感到了新的危机。

2

康熙十二年（1673）三月，平南王尚可喜给康熙皇帝送来一份报告。他请求辞职，归来辽东。

这是尚可喜的第十一次请辞。他要离休，却要世袭罔替，安排其长子、俺答公尚之信镇守广东。

尚之信是一个极端分子，是一个起起武夫。《尚氏宗谱》说他"生而神勇，嗜酒不拘细行。临阵遇危，瞋目一呼，千人俱废，故终身无劲敌"。他早年作为质子，在顺治帝身边服务，甚得赏识，但与康熙若即若离地相处了十年，对少年老成的皇帝并不友好。

康熙对他是熟悉的，知道他不好掌控，于是决定借尚可喜的请辞为由，裁撤三藩，解决尾大不掉的藩镇问题。即便前摄政睿亲王多尔衮代表顺治帝，承诺吴三桂等"封以故土，晋以藩王……世世子孙，长享富贵，如河山之永矣"（《清世祖实录》卷四，顺治元年四月癸酉），但砥定山河的康熙帝，解决了最后的南明问题，已不再需要继续同吴三桂们讲政治合作的条件。

吴三桂和靖南王耿精忠虽远在京城的千里之外，但能及时收到朝廷的消息，也摆出请辞的姿态，试探康熙的最后底线。

康熙帝召开最高国务会议，旗帜鲜明地提出话题，很有指向性，就是要撤藩。

中和殿大学士兼礼部尚书图海、康熙帝师兼翰林院掌院学士熊赐履，以及最有权势的保和殿大学士索额图，皆持反对意见。

他们的态度很明确：裁撤会激变。

君臣僵持。

康熙并非一意孤行。他也有支持者，即户部尚书米思翰、兵部尚书明珠和刑部尚书莫洛。

米思翰和明珠等提议：将三藩全部撤去，并将他们移至山海关外，调虎离山。

反对者们强调，即便要撤藩，也必须有保留，留吴三桂继续镇守云贵。

第一次内阁扩大会议以激烈的争论和不同的意见而结束。

但，康熙很快举行了第二次廷议。

米思翰坚持全部撤藩。昭梿在《啸亭杂录》卷一《论三逆》中说，圣祖"召诸大臣谋画，富察尚书米思翰首言其兵可撤，明相国珠和之，余皆嘿然"。

世人皆知明珠以支持康熙撤藩而加快了升迁的速度，入阁拜相，一度势重侵犯皇威，却不知米思翰才是第一个赞同撤藩的大臣。

这一点，清朝皇家已有共识。

3

米思翰，富察氏，满洲镶黄旗人。他承袭世职，兼管牛录，在四辅臣时期出任内务府总管。

有辅政大臣借御用器具，米思翰不惧强权，严词拒绝。康熙六年，圣祖名义上亲政，以"守正不阿"之名，晋升他为礼部侍郎。

僭分借物的辅政大臣是哪位？史料未载明，但应该不是鳌拜，这从鳌拜"一时威福，尽出其门"（《啸亭杂录》卷一）的康熙亲政初期，其旗属族人米思翰没有被惩罚、反而受奖励来看，就是一个力证。

米思翰的后人曾著有一本《春窗杂谈》，称米思翰与索额图同奉康熙密旨，谋划除鳌拜，索额图献计，以八旗内选近臣子弟练摔跤。米思翰推荐了自己的一位"身高丈二,面貌狰狞"的堂叔费扬古,加入勤王除鳌的摔跤团。此等荣耀,足以泽被富察氏家族。但不知为何,乾隆后期出生的昭梿在《啸亭杂录》卷一《圣祖拿鳌拜》中,只写了曾被康熙斥为"本朝第一罪人"的"索相国人谋画",而只字未提乾隆元后富察氏孝贤皇后的祖父米思翰怎样出力和荐人。

此时的鳌拜,一家独大,就连序列四辅臣第二的苏克萨哈,也被他罗织了心怀奸诈、久蓄异志、欺藐幼主、不愿归政等二十四款罪名,处以绞刑。

不能否认,在康熙迫于鳌拜淫威的艰难日子里,负责内务府的米思翰对主子还是绝对忠诚的。康熙扳倒鳌拜后,在第一时间将米思翰擢升为户部尚书,入列议政大臣。

户部尚书主管全国财政税赋和经济命脉。议政大臣参决大政,四辅臣就是以议政大臣的身份摄政的。无疑,康熙对身兼两大要职的米思翰是极为倚重的!

所以,对于米思翰最坚定地支持撤藩,康熙帝给予果断的支持:吴三桂、尚之信等蓄谋已久,如果不及早除之,使他们养痈为患,那就会蔓延成国家大祸。现在,他们势力大增,撤藩也反,不撤也反,我们为何不先发制人?

吴三桂果然造反,事态扩大,康熙帝派出亲王贝勒领兵征讨。

有大臣提出军需浩繁,宜就近调兵防守。

米思翰成为反对者:"贼势猖獗,非绿旗兵所能制,宜以八旗劲旅会剿之。至军需,内外协济,足支十年,可无他虑。"(《清史列传·米思翰传》)

吴三桂等打出"兴明讨虏"的旗号,如果康熙以汉军讨伐,不免阵前倒戈,再生兵祸。米思翰提交平叛方略,以八旗劲旅为前锋,命各路将军、护军、骁骑校、尉,并王公贝勒、贝子、各旗佐领,以及所有各部披甲一起上阵,以示八旗军威。

他深谋远虑,考虑战斗配置和粮草补给,并非是纸上谈兵图表现。

康熙帝将吴三桂的质子、皇太极的女婿吴应熊以及吴应熊的儿子处死,也是米思翰等人的建议:诛杀叛臣之子,以绝叛军之望,以振朝野之气。

《孙子兵法》有云"谋定而后动",而《清史稿》本传评价米思翰"知定谋有由"。

4

米思翰等大臣的鼎力支持,使康熙不惜放手一搏,以纾解这一场从未有过的焦虑和压力。

既然康熙决意平定三藩之乱,索额图、图海、熊赐履等反对派们,便也及时调整思路积极参与。而支持者米思翰、明珠和莫洛忠于职守,尽其职责,被康熙分别委以不同的重任。

康熙十三年二月,莫洛第一个被封为武英殿大学士,经略陕西,以刑部尚书管兵部尚书事,赐以敕印,扼守关中,防范川陕参与叛乱。

明珠被调任吏部尚书,于康熙十六年出任武英殿大学士,开启了他长达十一年的"明相"生涯。

而率先主张撤藩的米思翰,备办军需,被以克勤职守之功,加太子太保。他紧急调派粮草,有条不紊,同时做到了不加赋、不扰民、不累民的非常之举:"师行所至,屡奉明诏以正赋给军需,恐有司尚多借端私派,请敕各督抚严察所属,供应粮饷薪刍,一切动官帑,毋许苛派;其购自民间者,务视时价支给,勿纤毫累民。"(《清史稿·米思翰传》)

遗憾的是,他在康熙打响平藩大战的第二年(康熙十三年)十二月累死在工作岗位上,年仅四十三岁。

他没有像莫洛死在平藩的战场,也没有像明珠后来死于擅权的囚室,而是不幸英年早逝于能臣的病榻。

索额图曾向康熙建议,斩杀支持撤藩首谋者,指的就是米思翰、明珠和莫洛。

康熙说:撤藩是我的主意,他们何罪之有?

胜利之后,康熙皇帝追忆支持他的诸大臣,还专门提到米思翰,对其恋恋不舍。

不舍其人，不弃其后。米思翰次子马齐，以荫生出仕，被康熙多次破格擢升，历相康雍乾三朝，常任首相近四十年。这是康熙补了米思翰的大学士，并使之超长待机。米思翰的长子马斯喀、三子马武，也长期位列议政大臣，官拜领侍卫内大臣，品秩与权力不输于内阁大学士。

米思翰第四子李荣保，后来成了乾隆皇帝的国丈。米思翰凭孙女孝贤皇后而贵，被多情的孙女婿乾隆下旨：入祀贤良祠，追封一等公。此般殊荣，亦不失为康熙追思米思翰的一种延续。

至于马齐在康熙四十七年九月暗箱操作，议立皇八子胤禩，激怒康熙咆哮朝堂欲斩之，但很快又将其复出提升为首席大学士，利用他来制衡曾引为"知己"的文渊阁大学士李光地。此中缘由，一是马齐确实有魄力，二是米思翰遗留的情分，三是康熙贯彻"自古得天下之正莫如我朝"的帝王心术很难猜。

难猜就莫猜，我们只看事实。

朱国治：
"三藩之乱"忠烈，也是元凶

1

电视剧《康熙王朝》中的朱国治，貌似一个悲剧英雄。

云南巡抚朱国治弹劾镇守云南的平西王吴三桂势力坐大，恐有异心。与此同时，吴三桂举报朱国治拥兵自重，割据一方。谁是谁非？在康熙帝的朝堂上，以索额图为首的权贵大臣，为了不惹吴三桂引发兵变，要求严惩朱国治。

皇帝下旨，朱国治披枷进京。康熙帝来到狱中，欲杀朱国治，但说杀他并非因他诬陷吴三桂，而是为给国家争取两年稳定的时间，以后定当给他昭雪，子孙受封。

朱国治做出慨然赴死的样子。康熙却下令释枷，说杀忠臣自己岂非昏君，并下旨加官重任朱国治，让他重返云南，继续牵制和监视吴三桂。

此处设计周培公出场，为朱国治献策，这个周培公，在历史上是中和殿大学士兼抚远大将军图海的门客，在电视剧中却被虚构成了助力康熙逼降王辅臣、平定三藩的大将军。但，朱国治受命监视平西王、死于吴三桂刀下，是真实历史。

朱国治原为江苏巡抚，于康熙元年（1662）因丁父忧不报告擅自回家守孝，被部议擅离职守之罪革职。康熙帝亲政后，下诏起用朱国治，补云南巡抚。朱国治提着脑袋赴命滇地，做康熙帝筹划撤藩大业的探路石。

鳌拜死后，少年老成的康熙帝威权自专，让千里之外的吴三桂似乎闻到了少年天子的撤藩气息。于是，吴三桂与老部下重新部署计划，一边大肆找朝廷要这要那，一边网罗亡命之徒操练。

康熙十二年七月，吴三桂见康熙帝批准了平南王尚可喜第十一次提交的归养辽东的辞职报告，遂乘势发出了移藩的最高指示，震惊朝野。于是，吴三桂也装模作样地请求移藩锦州，以探康熙帝的反应。

吴三桂原以为朝廷会忌惮他手握重兵，进行慰留，哪知康熙帝初生牛犊不怕虎，派人八百里加急送来撤藩令。康熙认为吴三桂之子、和硕额驸吴应熊，是控制在京城的质子，且与建宁公主已经生子，料想吴三桂会因子孙投鼠忌器。而且，吴应熊也表明了"终守臣节，保全禄位"的态度。

当然，康熙帝明白"三桂蓄异志久，撤亦反，不撤亦反。不若及今先发，犹可制也"（《清史稿·吴三桂传》），派礼部左侍郎折尔肯、翰林院学士兼礼部侍郎傅达礼等前往云南，给吴三桂带来一份手诏："王其率所属官兵，趣装北上，慰朕眷注，庶几旦夕觐止，君臣偕乐，永保无疆之休"，并强调"王到日，即有宁宇，无以为念！"（《清圣祖实录》卷四十三，康熙十二年八月辛酉）康熙帝警示吴三桂：卧榻之旁岂容他人鼾睡！

钦差会同吴三桂及云贵总督、云南巡抚等议商布置官兵防地、撤兵起行等事务，约定：十一月二十四日正式移藩北上。朱国治对吴的配合很满意，于是请示皇帝在驿道上增设驿堡，调拨人员马匹，全力以赴地送瘟神。

2

瘟神不是那么好送的。吴三桂不甘心由威震一方的平西王和坐拥重兵的大将军，变成任人宰割的富家翁，决意铤而走险，表面上安排家人热热闹闹、匆匆忙忙地打包行李、财宝装箱，暗地里派心腹大将胡国柱、夏国相、马宝等，迅速带自己的人马扼守关隘。

开启战端，要师出有名，所以他命人准备檄文，自称"原镇守山海关总兵官、今奉旨总统天下水陆大师、兴明讨虏大将军吴"。他所奉的旨来自伪造的"明三太子",而他屈节臣服了三十年的清朝皇帝成了他如今发兵讨伐的"虏"。

前次降清,已让同胞唾骂,而降而复叛,他更要表示悔悟。于是,吴三桂在起兵前三日,约请巡抚朱国治、按察使李兴元、知府高显辰、同知刘昆到王府喝茶。

吴三桂要走了,朱国治等虽很紧张,但王爷有请,自然不敢怠慢。

吴三桂的茶不好喝。他不想走了,而要朱国治们跟着他一起造反,说只要朱大人等人识时务,成功后可封王拜相。

这些官员虽都是汉人,但不想做翻覆小人,也不想背主叛国。朱国治当场大骂吴三桂是一个降后复叛的乱臣贼子。

朱国治之骂,戳痛了吴三桂的心窝子,被"开膛示众"(《研堂见闻杂记》)。

康熙帝在平定三藩后,特地下谕说:"朱国治当逆贼吴三桂反叛之初,抗不从逆,遂被杀害。捐躯殉难,深为可悯!"并兑现荫其子的承诺。后来,雍正帝将朱国治入祀昭忠祠。《清史稿》也把他列入"忠义传"中。

3

就对待吴三桂反叛之事,朱国治被祭旗,是气节浩然、慷慨赴死的忠烈人物。

然而,顺治十六年(1659),贡生出身的朱国治,从大理寺卿的位置被外调江宁任江苏巡抚,成了封疆大吏,虽有过弹劾、罢免庸劣累民的布政使陈培正的治绩,却也在江苏干过两起性质恶劣、情节严重、影响极坏的害民大案。

一起是著名的江南奏销案,另一起是将著名才子金圣叹等斩首的哭庙案。

朱国治在任搜刮无度,人称"朱白地",是一个有辱斯文、不折不扣的酷吏。

《清史列传·朱国治传》记载:顺治十八年,朱国治疏言"苏、松、常、镇四府钱粮，抗欠者多。因分别造册，绅士一万三千五百余人，衙役二百四十人，请敕部察议"。他举报：苏州、松江、常州、镇江四府并溧阳一县的官绅士子，抗粮的很多，建议朝廷将欠粮者不问官做得多大，不分粮欠得多少，在籍缙绅一律按名黜革，现任官概行降两级调用；秀才、举人、进士凡未完钱粮者皆革去功名出身。

某探花欠银一钱亦被罢黜，吴伟业、徐乾学、徐元文等名士几乎全部罗织在内，一时"士籍学校为之一空"。

奏销案还未了结，顺治帝驾崩。苏州吴县正在发生抗粮哭庙事件。秀才们为声讨县令任维初贪酷，组织了一次请愿，跑到文庙先圣牌位前痛哭，发泄怨恨与牢骚。

秀才们哭庙之际，正值哀诏到达苏州，府衙设灵举哀痛哭三日。秀才们的举动被认为触犯了顺治帝的灵位，犯下了大不敬之罪，朱国治下令，将请愿哭庙的诸生拘捕，送到江宁会审，严刑拷问，"拟不分首从斩决，妻子财产入官"（《清朝野史大观·金圣叹小传》）。

金圣叹作为哭庙文的起草人，被朱国治定为首犯，冠以"摇动人心倡乱，殊于国法"之罪，被判死罪，在南京三山街执刑。

惨烈至极！《清朝野史大观·金圣叹小传》记载："同死者十八人。呜呼！专制国官吏之淫威，文网之严密，文人苟非韬晦自全，鲜有不遭杀身之惨祸者，况放诞不羁之金圣叹哉！"

《研堂见闻杂记》更是将奏销案和哭庙案联系在一起，揭露行凶作恶者"抚臣朱国治既以钱粮兴大狱，又杀吴郡诸生一二十人，知外人怨之入骨，适以丁忧罢"。

嚣张的朱大人心虚，也怕报复，便以其父亡故，按儒家礼教观念应回家守孝为由提交报告，请求丁忧。孰知他投效清廷被列入汉军正黄旗，而旗下者有不丁忧的规定，"守丧二十七日，即出视事"。他提交报告要延长守孝期限，朝议许其终制，另任韩世琦接替。韩氏还未到任，朱国治担心民众闹事揪住他不放，仓促离职，轻舟遁去。

百姓拍手称快。但韩氏上任，见朱氏早就走了，于是报告朝廷。朝廷以大臣擅离汛地，拟降五级，而严旨切责，将血债累累的害人虫朱国治革职为民。

酷吏本性难改，后来复出的朱国治初到云南时，虽是带着皇命而来，却对吴三桂卑躬屈膝，称臣行大礼，想以结欢的方式，让吴三桂对自己这个肩负监视使命的朝廷大员输送利益。吴三桂很是厌恶，朱国治恼羞成怒，改屈节为密报，不无添油加醋。同时对手下也是克扣军粮。另外多次向下属官员索要巨额贿赂，曾逼着大理知府冯苏找吴三桂借三千两白银了难，很不得军心和民心。

行刑者为吴三桂的女婿兼爱将胡国柱。有意思的是，前番朱国治杀了金圣叹后，苏州传有一首民谣："天呀天，圣叹杀头真是冤，今年圣叹国治杀，明年国治又被国柱歼。"（《平滇始末》）愤怒的民众寄望国家栋梁大臣严惩擅杀的朱国治，不意朱国治在云南遇到了胡国柱。

他向来横征暴敛、滥杀无辜，现在有了一个貌似报应的惩罚。康熙帝的撤藩令，是让吴三桂感到人生茫然的政治攻势，而贪婪的朱国治却是强索不成反强迫其造反的一个元凶。

陈梦雷暗战大功
被腹黑哥侵占

1

康熙二十一年（1682）正月，玄烨是亢奋的。历时九年的平藩大战，他是最后的胜利者。强悍的吴三桂病死了。狡诈的尚之信被处死。留下一个耿精忠，自请归降被下狱。

这个春节，康熙帝过得很惬意，特地在上元节宴请廷臣，观赏灯会，赋诗志庆。康熙帝高歌"丽日和风被万方"，群臣接着歌功颂德，勒石在翰林院内。

十九日，康熙帝御门听政，听取内阁和议政王大臣会议关于吴、耿谋反案的审理报告。大臣们的建议是：将耿精忠及同党十人凌迟处死，党羽十九人立斩。

凌迟杀千刀，斩头就一刀。刑罚何其残酷，但还有人抱着成王败寇的侥幸，铤而走险。

康熙说：耿精忠罪孽深重，应当处以极刑。其子辈都凌迟，也有可悯，可否改为斩刑。

鹰派首领、新晋武英殿大学士明珠说："耿精忠之罪，较尚之信尤为重大。尚之信不过纵酒行凶，口出妄言；耿精忠深负国恩，擅自称帝，且与安亲王书内多有狂悖之语，甚为可恶。"（《康熙起居注》康熙二十一年正月十九）

康熙帝下令，耿精忠等九人凌迟枭示，其子显祚一众人等立斩。康熙帝问："贼党内尚有可矜者否？"

明珠回答："陈梦雷等四人，虽犯罪固应处死，然在应死之中，尚有可宥之处。"

2

福建侯官人陈梦雷，生于顺治七年（1650），少有才名，十九岁中举，二十岁成进士（康熙九年），选庶吉士，散馆后授编修。本可有一番作为，但他学习三年期满，回家探亲，衣锦还乡，却碰到了耿精忠在福州起兵反清，罗列名士，强授官职。

陈梦雷躲进寺庙。耿精忠抓住其父，强迫他出来给造反献策。他仍托病拒受印札。

一同被抓的，还有后来成为康熙帝宠臣、以吏部尚书拜文渊阁大学士的李光地。李光地聪明，很快以泉州老家的父亲病重为由，请假回家。

李光地一回泉州，就写密折，藏在蜡丸中，派人送往京城，通过内阁学士富鸿基呈给皇帝。康熙帝看到密折后，深为感动，嘉许李光地忠诚，下命兵部录其为领兵大臣。康亲王杰书任奉命大将军，率军进剿耿精忠，耿精忠被迫请降。康亲王的军队进驻福州，命令都统拉哈达和赉塔讨伐郑锦，并打听李光地的所在。

李光地的政治荣耀开始了。他的好友陈梦雷，却身陷敌营，成了附逆的降官。

陈梦雷说，他曾与李光地密约：陈梦雷潜伏敌营，离散逆党，探听消息；李光地想办法逃离，从山路通信军前，共请清兵入剿。陈梦雷还拟好了请兵疏稿。

《清史稿·李光地传》记载：陈梦雷与李光地同年考中进士，一同担任编修。陈梦雷在家闲居时，耿精忠举兵作乱。李光地派叔父暗中前往陈梦雷处打探消息，得知其真实意图后，约请他一同拟订奏疏密陈破敌之计。谁料，李光地"独上之，由是大受宠眷。及精忠败，梦雷以附逆逮京师，下狱论斩"。

陈梦雷多次请求已为内阁学士的李光地为自己作证辩诬。李光地曾为陈代上一份奏疏，但对陈梦雷在福州离散逆党、密图内应及同谋请兵之事只字不提。

陈梦雷的暗战大功，被曾经的战友李光地独占，而自己成了伪授学士，依附逆党。

陈梦雷痛恨李光地卖友独荣，举报称李光地曾拖延了半年，才肯走人，还将他主拟的请兵疏做了大量删改，削去他的名字后，单独向朝廷上疏请兵。

李光地不承认陈梦雷拟定请兵之疏，称是与其叔商定而为。但他怕争论闹大，引发皇帝彻查陈梦雷举报他"欺君负友"的问题，上疏称康熙十四年正月，耿精忠与郑锦联合，他闻讯朝廷正进行招抚，因而派人约陈梦雷商议，或同去劝告耿精忠归降，或散播留言离间耿、郑关系，以便朝廷大军趁机进剿。陈梦雷说敌军空虚，多次要差人到江浙请兵，但关卡盘问太多，故而将敌军各路虚实告知李光地。

李光地又说，陈梦雷曾与他密约两次，故"知其心实有可原者也"（《清史列传·李光地传》）。至于陈梦雷出任伪学士之事，那是别有用心者捏造的，是把"藩下伪学士陈昉姓名误指为陈梦雷"。

李光地摆出了一副可以大义灭友的姿态，说："今皇上削平叛乱，明正是非，使陈梦雷果为伪学士，甘心从逆，是狗彘之流，臣虽手刃之市朝，尚有余恨。"

李光地反复讲，那两次密约，是患难中的交流，"冒死往来之述，非容旁人质证。臣若缄密不言，其谁能知之。臣断不敢为朋友而欺君父"。李光地貌似在给陈梦雷证明清白，但归根到底还是在表达自己对皇上的绝对忠诚。

而对于康熙帝而言，即便陈梦雷有最初输出情报、长期暗战敌营的功劳，但他不过一个奋斗在敌营的陌生人，自然比不上在自己身边出谋划策的李光地。毕竟李光地打着理学名臣的旗号，于康熙二十五年十月便以内阁学士侍直讲幄，旋擢翰林掌院学士，为康熙帝的政治需要进行了主要的思想文化研究和推广工作。

于是，康熙帝决意对陈、李争论的告密首功孰是孰非不做深究，而是指

示吏部对陈梦雷归正后不及时回京报告的问题进行定罪，削除他在翰林院的
原职。

法司议将陈梦雷以从逆罪处斩，被康熙帝下旨从宽免死。明珠的协调之功
奏效。

明珠说："陈梦雷等四人，俱系微末小人，并不曾为首，免其处死，给予披
甲新满洲为奴。"康熙帝朱批："着即照此完结。"（《康熙起居注》康熙二十一年
正月二十日）

3

陈梦雷被"免死为奴"，贬戍奉天尚阳堡。不但明珠伸以援手，内阁学士
张玉书和左春坊左赞善王掞、徐乾学等也都对陈梦雷寄予无限同情，并设法
营救。

陈梦雷含冤，李光地欺君卖友，朝堂之上，群情汹汹。李光地只好乞假送
母回老家，四年后才回京复职。康熙帝有意起用他，任为翰林院掌院学士，充
日讲起居注官，兼经筵讲官，教习庶吉士。

明珠日见失势，被直隶巡抚于成龙举报同亲信大学士余国柱卖官鬻爵。御
用文人高士奇趁机补刀，说大家畏惧明珠权势，怕被他弄死。康熙二十七年，
御史郭琇弹劾明珠结党营私、排斥异己。康熙帝随即罢黜明珠大学士之职，交
侍卫酌情留用。

明珠煊赫一时的日子结束了。曾被他鄙视的李光地成了皇帝的新宠。即便
他在孝庄太后丧期不按规矩行礼，被吏部议降五级调用，仍获康熙帝宽免。

杰出的女政治家孝庄太后，于康熙而言，恩重胜过一切。李光地不守臣礼
都能宽待，迅速擢升，平步青云，证明李光地在康熙心中非同一般。

康熙三十七年十二月，李光地因居官优善、清廉而迁任直隶巡抚。谁料康

熙东巡，将在奉天流放了十七年的陈梦雷召回北京，赐给住所和衣物，特旨命他入懋勤殿陪诚郡王胤祉读书。陈梦雷成了皇三子敬重的师傅。胤祉多次扈驾出巡，陈梦雷同行，协同胤祉主编《古今图书集成》，有了较多的机会接近康熙帝。

七年后，《古今图书集成》完工，虽因卷帙浩繁而未及时刊印，但康熙帝十分满意，亲临陈梦雷书斋，御书斋联一副"松高枝叶茂，鹤老羽毛新"，以示恩宠。

康熙帝这样做，无疑有一政治用意，就是推崇曾被李光地吃独食而导致"免死为奴"的陈梦雷，时刻警示刚刚入阁赞襄机务的文渊阁大学士李光地，不可得意忘形，要对得起"居官甚好，才品俱优"（《清史列传·李光地传》）的评语。

康熙对内阁拥有绝对权力，明令大学士"若等势重于四辅臣乎？我欲去则竟去之"（李光地《榕村续语录》卷十四《本朝时事》）。他不愿意看到李光地威势坐大，根深蒂固，成为科道言官的核心，便赶紧将因罪论斩的前大学士马齐复出，制衡李光地。

雍正继位后，陈梦雷因胤祉所谓无人臣之礼遭削爵禁死，受牵连被再度贬戍黑龙江，连同其在《古今图书集成》上的名字也被换成了受命重审的户部尚书蒋廷锡。他十八年后苍凉地死在戍所，而早死的李光地却被雍正帝推到了"第一完人"的高度。还是雍正心腹辅臣张廷玉说了一句公道话："自有书契以来，以一书贯串古今，包罗万有，未有如我朝《古今图书集成》者。"陈梦雷作为这部举世闻名的百科全书的事实主编，厥功甚伟。

不但当时的历史记下了陈梦雷的学术功绩，就连他被李光地侵占的政治功劳，也被后世史家重提。近代史学大家梁启超《新民说》中强调：李光地"卖其友陈梦雷，而主谋灭耿、郑，皆坐是贵显……光地之忘亲贪位，彭鹏闽人，给事中，与光地同乡。劾之，即微论大节，其私德已不足表率流俗矣。而皆窃附程朱、陆王，以一代儒宗相扇耀，天下莫或非之……以李之忘亲背交，职为奸谀"。

权
臣

康熙是
索额图的女婿吗？

1

陈道明主演的《康熙王朝》，虽已上映了近二十年之久，但着实经典，似乎比二月河的原著还要传播久远。

《康熙王朝》第四十二集中，陈道明版康熙说完那段著名的加料版正大光明挂牌戏后，就带着沦为阶下囚的明珠二次御驾西征噶尔丹。留守北京城的索额图，更是忙不过来，一边派小太监偷窥康熙的密折，一边鼓动太子胤礽该如何如何。

索额图拿胤礽搞大了红玉的肚子说事，终于说出他献上的红玉，是前明朱三太子的女儿。

胤礽慌了神。索额图胁迫他提前登基。

胤礽厉声：你跪下！

索额图尴尬：我女儿是你亲娘，我是国丈啊。

虽然是简单的两句对话，却道出了几层含义。

一、胤礽还是很清醒，即便当不成皇帝也不能杀父，而且严禁索额图有此狂妄之念。

二、索额图为了擅权，为了独揽大权，不惜篡位铤而走险。在此前，也有交代，他在康熙三十二年（1693）就私通朱三太子，准备利用康熙祭拜明太祖陵之机，用红衣大炮轰掉康熙。有匿名密折为证。

三、索额图是康熙的岳父，即国丈，他女儿是胤礽的生母。

2

索额图真是康熙的岳父吗？

《康熙王朝》对索额图的设定，就是康熙的重臣兼岳父，当朝首相。

第九集中，年轻的康熙与鳌拜斗智斗法，孝庄皇太后造访索尼府，拉拢索尼，做主将索尼之孙女、索额图之女赫舍里嫁给康熙，并越级直接做皇后。

孝庄对索尼说：你儿子索额图就是国丈，你就是太国丈了。

索尼确实是太国丈，但说索额图是国丈，还是有些水分的。

《清史稿·后妃传》对赫舍里有记载："圣祖孝诚仁皇后，赫舍里氏，辅政大臣、一等大臣索尼孙，领侍卫大臣噶布喇女。康熙四年七月，册为皇后。十三年五月丙寅，生皇二子允礽，即于是日崩，年二十二。"允礽，即胤礽。

《清圣祖实录》也有记载，证明赫舍里是索尼长子噶布喇的女儿。

《清史稿》还说，噶布喇官领侍卫内大臣，孝诚皇后父也。康熙十三年，皇后死后，康熙推恩所生，授噶布喇为一等承恩公，世袭。他的另一女赫舍里氏，后来亦嫁姐夫康熙帝，生皇子胤禨，死后被追赠平妃。

噶布喇先后有两个女儿嫁给了康熙。而其三弟索额图，虽然参与了康熙许多重大决策和活动，辅佐计擒鳌拜，官至国史院大学士、保和殿大学士、议政大臣、领侍卫内大臣等，深得康熙信任，在平定"三藩"时对稳定朝局也做出了大贡献，又以首席代表的身份签订了《尼布楚条约》，但参与了皇太子之争，后被圈进宗人府。

索额图跻身朝廷，日益权重，成为与明珠争衡的最有权势的"索相"，正是以其皇亲国戚的特殊身份而成功的。

索额图生有三女，一个嫁给大学士伊阿桑为妻，一个嫁给刑部右侍郎李辉祖之子、著名学者李锴，小女幼殇。

所以说，索额图只是康熙的叔岳父，而非岳父和国丈。索额图的侄女才是
胤礽的亲娘，索额图只是胤礽的叔姥爷。

3

索额图与皇太子胤礽的关系密切，确实不假。他的侄女皇后赫舍里氏早逝，
他自然也会力挺外侄孙的储君地位。

胤礽为皇后赫舍里氏难产遗子，刚满周岁便被封为太子，康熙亲自抚养，
寄予了很多殷望和挚爱。康熙认为胤礽"乃皇后所生，朕煦妪爱惜，亲加训谕。
告以祖宗典型，守成当如何，用兵当如何，又教之以经史，凡往古成败，人心
向背，事事精详指示"（《清圣祖实录》卷二百三十四，康熙四十七年九月庚寅），
甚至"以身作则"处置忤逆太子的人，默认私生活不检的太子放肆地广罗美女、
豢养面首，包容太子任意挞伐诸王臣工，轻率地立下规矩，让储君享受到臣下
对君王一般的尊崇。

索额图支持胤礽，本是情理之中的事情，但康熙最希望的是胤礽等，而不
是争。

争，就是他的敌人！

索额图犯了康熙的忌讳，陷身太子之争与朋党之争，最后被康熙以附逆谋
反罪饿死于宗人府，死后不得葬入祖坟，二子被处死，同祖子孙都被革职，其
一生所参与的重要军政大事，除与沙俄在尼布楚的谈判外，被全面给予否定。

康熙说："索额图诚本朝第一罪人也。"（《清圣祖实录》卷二百五十三，康
熙五十二年二月庚戌）

无疑，索额图所受到的惩罚，确实过于严厉了。

礼亲王昭梿在《啸亭杂录》卷十《索家奴》说：索额图在狱中时，曾有"客

潜入狱馈饮食，及公伏法，客料理丧殓事毕，痛哭而去，不知所终"。

传闻索额图主要死于高士奇的倾陷。

高士奇家道贫困，但长于诗文书法，被推荐给索额图。索额图常以"椒房之亲，且又世贵，侍士大夫向不以礼，况高是其家奴狎友，其召之幕下也，颐指气使，以奴视之"。

高士奇走运，被康熙帝看上，破格提拔，成为詹事府詹事兼礼部侍郎。高官显贵时，但见索额图，"犹长跪启事，不令其坐。且家人尚称为高相公，索则直斥其名，有不如意处，则跪之于庭，而丑诋之"。

索额图有时还"切齿大骂，辱及父母妻子"。

高士奇怀恨在心，"遂顿忘旧恩，而思割刃于其腹中"（汪景祺《西征随笔·高文恪遗事》）。

康熙四十二年，高士奇随驾北上。这时，他已背叛索额图，投靠明珠，而座主明珠与故主索额图"权势相侔，互相仇轧"。康熙帝回京后，即将索额图处死。

不复仇的明珠
被康熙下了套

1

不少人说清朝亡于慈禧之手，是因为她为部落复仇，因为她姓叶赫那拉氏。相传其祖先布扬古因清太祖努尔哈赤率大军攻破叶赫而城破身死，临死前愤怒诅咒："吾子孙虽存一女子，亦必覆满洲！"（恽毓鼎《崇陵传信录》）故而，"以此祖制，宫闱不选叶赫氏"。

恽毓鼎为清末宫廷史官，曾以侍读学士身份给光绪帝做了十九年起居注官。虽然他于光绪三十三年（1907）被奕劻、袁世凯利用，成功参劾军机大臣瞿鸿机和两广总督岑春煊，使这两位晚清重臣革职回籍，但他对光绪帝是很有感情的，对慈禧也是熟悉的。

慈禧是不是布扬古的后人，还不好说，毕竟他们相距近两百二十年。

另有说法，此一亡满咒语，出自与布扬古一同被努尔哈赤缢死的金台吉之口。

叶赫那拉·金台吉，又译金台石、锦台什，女真叶赫部贝勒杨吉努之子，纳林布禄的弟弟。他也是努尔哈赤的二舅哥，皇太极生母孟古哲哲的亲哥哥。

叶赫女真与建州女真是姻亲关系，但都想当老大，纳林布禄不时攻打努尔哈赤，败了就结盟，和了又开打。努尔哈赤坚守盟约，而纳林布禄却向明军借力，联合乌拉、辉发等九部征讨建州。九部联军缺乏统一指挥，被努尔哈赤以少胜多，叶赫贝勒布寨阵亡。努尔哈赤将布寨的尸体砍了一半送回叶赫，结下不解之仇。

万历三十一年（1603）九月，孟古哲哲病重，思母心切，努尔哈赤派人至叶赫请岳母。纳林布禄不允，造成孟古临终怨恨。

努尔哈赤视孟古为爱妻，"爱不能舍，将四婢殉之，宰牛马各一百致祭，斋戒月余，日夜思慕痛泣不已，将灵停于院内，三载方藏于念木山"（《清太祖武皇帝实录》卷二）。

孟古三年不葬是后话，但她死后刚过三月，即万历三十二年正月初八日，努尔哈赤率兵攻打孟古的母国叶赫，十一日攻克两城，收取七寨，俘获人畜二千余，班师。

五年后，纳林布禄病逝，金台吉成了叶赫的新贝勒。

金台吉和其兄一样，抓住机会就攻打努尔哈赤，且毁掉了一个新婚约（即传说中的"叶赫老女"东哥、布扬古的妹妹曾许婚努尔哈赤）。金台吉试图联合明军攻打努尔哈赤，不料努尔哈赤在萨尔浒一战击败明军，趁势挥师攻下叶赫。金台吉拒绝投降，放火制造自焚假象，寻机逃亡，不意还是被建州大军俘获，随后被缢杀。

这就有了金台吉的所谓遗言。虽然说终极使命可能落在女子身上，但其直系子孙怎该忘记为父祖复仇？

叶赫灭亡，金台吉的儿子德尔格勒、尼雅哈率部投降努尔哈赤，都被封为佐领，给了爵位。尼雅哈兄弟投降姑父，努尔哈赤并未对他们赶尽杀绝，后继之君皇太极、福临对他们也礼遇有加，让他们继续做皇亲国戚。

天聪九年（1635），尼雅哈的次子纳兰明珠出生。

2

明珠同索额图一样，都是康熙帝的长辈。

按血缘关系，明珠为太宗皇太极亲娘舅金台吉的孙子，也就是顺治帝的表哥、康熙帝的远房表叔。

按姻亲关系，明珠娶了英亲王阿济格的女儿做老婆，成了郡主额驸，同时便成了顺治帝的堂姐夫，即康熙帝的堂姑父。

裙带关系夹杂，使得明珠夤缘得势。

康熙初年，明珠由侍卫转任銮仪卫治仪正，不久升为内务府郎中，三年提拔内务府总管，五年任弘文院学士，还被任命为《世祖章皇帝实录》副总裁。

康熙七年（1668），他与工部尚书玛尔赛调查淮扬水患，商议修复白驹场旧闸口，凿开黄河北岸河道引流。

康熙帝亲政后，对这位年长自己二十岁的双重亲戚是信任的。先是在康熙七年九月因刑部尚书对哈纳迁内国史院大学士，便任命明珠为刑部尚书。第二年七月对哈纳兼刑部尚书，又改任明珠为都察院左都御史。康熙十年二月，命其担任经筵讲官，十一月迁兵部尚书。

能给铁血亲政、少年老成的康熙帝做重臣和师傅，可见明珠是有着足够的才干的。

康熙十六年八月初一日，皇帝给明珠送书，题词说："卿才能素著，久任股肱，特简丝纶重地，赞理机务。因卿凤稽典史，晓古今责难陈善之理、文献通考等书，皆致君泽民至道所录，特以赐卿。退食之暇，可时观阅，以副朕虚怀求治之意。"（《圣祖文集》卷六）

明珠作为康熙亲政前期最重要的大臣之一，身居内阁，掌"议天下之政"，"赞襄机务，表率百僚"（光绪《钦定大清会典事例》卷十四《内阁四》），为皇帝及时处理了很多棘手的大事，让康熙帝非常赏识。

四年前，康熙皇帝到南苑晾鹰台巡视八旗甲兵，时任兵部尚书的明珠提前颁布条例教令，训练士兵。

检阅之日，军容庄严整齐。康熙高兴地说："今日阵列甚善，可著为令。"（《清史列传·明珠传》）

此时的康熙，正在谋划对南方势力坐大、威胁中央政权的三藩用兵，强盛的军威就是国威的象征。

明珠能整顿出一支威武之师，甚得圣心。

是年底，驻守广东的平南王尚可喜，看到镇守云南的平西王吴三桂势力坐大，于是第十一次上疏请辞，要告老还乡回辽东。吴三桂与驻守福建的靖南王耿精忠也上疏请求撤藩。他们本想以退为进，却被已成功铲除鳌拜有些自负的康熙帝抓住机会，将计就计，决意撤藩。

内阁中，保和殿大学士索额图与中和殿大学士图海、武英殿大学士熊赐履等，是不支持此时用兵的，他们不约而同地谏阻，认为吴三桂久镇云南不可撤，恐生激变。

但是，明珠与户部尚书米思翰、刑部尚书莫洛等坚决支持康熙帝。

平藩大战，严重地损害了大清王朝的经济实力，但康熙帝对明珠更加恩宠，在对索额图甚为不满时曾说"以前议撤藩，惟明珠等能称旨"（《清史稿·明珠传》），并任命明珠为吏部尚书，安排他追查熊赐履拟票出错、嚼毁证据一案。

索额图挑起事端，却想力保熊氏，但康熙帝还是于康熙十五年七月将自己的老师之一熊赐履免职罢任。一年后，即康熙十六年七月，以新宠明珠接任武英殿大学士。

明珠正式入阁，成了大名鼎鼎的明相。

在历史上，明珠也因为康熙喜新厌旧，很快成为康熙的头号大宠。

康熙帝平定了三藩之乱，大肆夸奖明珠深得圣心，办事得体。索额图恐主子秋后算账，主动请辞大学士、退出内阁。明珠扶摇直上，成了康熙帝撰修多部皇家史籍的总裁官，修成纪功，获赏加衔，一时威势超过了康熙帝的叔岳父兼除鳌大战的生死兄弟索额图。

电视剧《康熙王朝》第四十二集中，康熙下旨将明珠等大臣革职，永不录用，并称大清最大隐患在于朝廷，要求众臣遵循"正大光明"牌匾，把乾清宫正殿改为"正大光明殿"。

坊间风传，此是康熙皇帝饰演者陈道明临场发挥，痛斥明珠集团贪纵枉法，恨不得自己罢免了自己，被观众认为是此剧最摄人心神的精彩戏。

剧中，太子宣旨，称"上书房大臣、领侍卫内大臣、文华殿大学士、太子太保明珠"怎么怎么，这一长串职务，历史上的明珠没有出任过其中任何一职。

上书房始设于雍正朝中期，是为皇子们读书创建的特殊学堂。康熙朝没有上书房大臣。康熙帝的帝办是南书房，有不少大臣在其中出谋划策，但主要是翰林院中层干部充当顾问和大秘，专门为康熙帝向内阁大学士夺权服务。

明珠做过内大臣，那是他于康熙二十七年被御史郭琇弹劾后，被康熙帝罢黜大学士，交给侍卫处酌情留用。他曾扈驾西征噶尔丹，曾做过一段时间的内大臣，但不是领侍卫内大臣。他的老对手索额图，倒是在革除大学士之后，做过几年领侍卫内大臣。

明珠于康熙十六年七月以吏部尚书升迁入内阁，至二十七年二月被罢免，一直是武英殿大学士，没有做过文华殿大学士。倒是因康熙打击明珠一党，追责内阁票拟任由明珠及其亲信大学士余国柱把持，其他大学士尸位素餐，而被责令致仕的李之芳，做过未满半年的文华殿大学士。

明珠获授武英殿大学士后，不久被累加太子太傅，晋升太子太师，但是从来没有加衔过太子太保。

无疑，影视剧创作者们对明珠真实担任过的职务，理解是模糊的、错乱的，胡乱用貌似威武的新职替代了真实的旧职。

剧中，康熙帝说：内阁五位大学士，不得不罢免四人；六部尚书，不得不罢免三人。这还有些历史依据。《清史稿·圣祖本纪二》记载，康熙二十七年，"二月壬子，大学士勒德洪、明珠、余国柱有罪免，李之芳罢御史，郭琇具疏论列也。尚书科尔昆、佛伦、熊一潇俱罢。甲寅，以梁清标、伊桑阿为大学士"。

明珠等获罪革职时，内阁确实只有五名大学士。除了明珠、勒德洪、余国柱和李之芳被免职外，还有一位保和殿大学士王熙。但剧中场景里没有王熙，只有班列领衔的索额图。剧中设计，这名未罢免的大学士是索额图，而非王熙。然在历史上，此时的索额图已离开内阁七年有余，时任领侍卫内大臣。

3

索额图被康熙帝打压，而明珠却权倾朝野，成了康熙朝表面和善的鹰派人物，以权臣的身份实施着结党营私、打压异己、独揽朝纲的政治手段。

他与索额图明争暗斗，相互倾轧。索额图与李光地结成一派，明珠与徐乾学连成一伙，看似风光，却都被同样嗜权的康熙帝在大清朝堂，给历史导演了一出各自上场玩心计的皮影戏。

索、明二相，都是能臣，也是玩家。昭梿在《啸亭杂录》卷十中专门写了一节"索明二相博古"，说索额图和明珠"并相"时，"权势相侔，互相仇轧"。二人各怀绝技：凡汉唐以来的鼎镬盘盂，索额图只要看一眼，没有不被即刻辨别真赝的，没人敢欺他；明珠爱书画，他的住处锦卷牙签，充满庭宇，是当时的一大盛事。

两个风雅大家，却因为权力争斗，最后误了自己。

康熙二十六年冬，曾被明珠在治水之争中打过板子的直隶巡抚于成龙（按：小于成龙）向康熙密奏：国家的官位已被两位武英殿大学士纳兰明珠、余国柱卖个精光。

康熙帝问正受宠的文臣高士奇：为什么没有人参劾？

高士奇回答：人谁不怕死？

第二年，左佥都御史郭琇给康熙帝上《特纠大臣疏》，说明珠和余国柱背公营私。内阁票拟皆出自明珠之手，任意说轻重；余国柱秉承他的指示，即使有舛错，同僚莫敢驳正；虽然皇上偶有诘责，但始终没有改变。

郭琇还说，明珠对人"柔颜甘语，百计款曲，而阴行鸷害，意毒谋险"（《清史稿·明珠传》），是一个口蜜腹剑的两面人。郭氏就差没说明珠是清朝的李林甫了。

康熙帝随即罢黜明珠大学士之职，交给侍卫酌情留用。此后二十年，明珠虽曾从征准噶尔，但始终不得重用。

高士奇原为索额图门人，屡遭侮辱后复仇，投诚效力明珠，使故主被扣上了一个太子谋反案策划者的帽子，活活饿死在宗人府的禁所。

康熙四十七年，索额图死了，明珠也抑郁而终。明珠是否肩负了祖父金台吉"覆灭满洲"的使命？

而真正操纵权力的康熙帝，是一个允许权臣名噪一时而不许权臣风光一世的主。他在平三藩、收台湾和抗沙俄时重用明珠，夸过他才华卓著、善掌机要、精通典史，但还是对他留了一手。可以说，康熙帝用他做了一把制衡索额图的利剑。

当年被明珠极力打击的熊赐履，在康熙二十七年复出任礼部尚书，后调任吏部尚书，十年后至东阁大学士，就是古稀退休也被康熙帝特允以原官卸任，仍旧享受大学士俸禄，留在京师以备顾问。

权力场上，胜负难说。连环套最后究竟套死了谁？都不好说。但下套者，千古一帝康熙也。

厚黑的索明二相，都被他们的小辈康熙帝黑了。即便是熊赐履，也未必是最后的胜利者。

索明二相缠斗不休，
康熙处置怀鬼胎

1

索额图与明珠的较量，可以用第八代礼亲王昭梿的一句"并相时，权势相侔，互相仇轧"（昭梿《啸亭杂录》卷十《索明二相博古》）形容，影响后世。

他们不但在权力场上明争暗斗，就是在兴趣爱好上也有一拼。

因为"二相皆有绝技"。

索额图爱好古玩，凡汉唐以来的鼎镂盘盂，只要经他看一眼，便立即知真伪。要想以此类古玩干谒索相者，还得花点心思，不好糊弄。

明相则喜欢字画，居所尽是锦绫装裱的卷轴、书卷，远近闻名，可谓是邺架之藏，蔚然一时之盛。他有三个儿子，大儿纳兰性德、次子纳兰揆叙，都是鼎鼎有名的大学问家。

他们玩这些高雅艺术，有附庸风雅之嫌，也需大量财力支撑。

他们都有显赫的家世。

索额图之父为康熙初期四大辅臣之首的索尼，四朝元老，虽然曾在顺治五年（1648）被摄政王多尔衮革职抄家，但顺治亲政后，命为内务府总管、领侍卫内大臣，康熙又在他临死前在原一等伯的基础上加授一等公。索尼去世，诸兄弟分家，索额图分不了多少，但他是康熙亲政前后最倚信的重臣，有着合力擒鳌的辉煌战绩与功劳。

明珠的祖上与爱新觉罗皇家有着说不清的恩恩怨怨。其祖父金台吉原为叶赫贝勒，是太宗皇太极的亲娘舅，却被太祖努尔哈赤破城处死，而明珠之父却得到了善待。皇家指婚，明珠娶了英亲王阿济格之女，成了康熙的堂姑父。他以侍卫入仕，康熙三年任内务府总管，五年以弘文院学士参政，在康熙扳倒鳌拜前被授职刑部尚书。想必，那时他颇得康熙赏识，又不招鳌拜排挤。

康熙前中期的建功立业，他们出力不少，自然少不了更多的恩赏。但绝大多数财产，都是他们贪赃枉法所得。

2

他们巨丰的灰色收入，康熙是知道的。

康熙二十二年（1683）三月，康熙谕旨议政王大臣："索额图巨富，通国莫及，朕以其骄纵，时加戒饬，并不悛改。在朝诸大臣，无不惧之者。"（《清圣祖实录》卷一百〇八，康熙二十二年三月庚戌）索额图遭到断崖式处理，被革除议政大臣、太子太傅、内大臣，仅留正四品佐领一职。

曾长期出任保和殿大学士的索额图，自恃巨富，日益骄纵，康熙只有训饬，而没有进行严厉审查。

对于索额图非法收入的来源，康熙并没有说明。

但是，五年后，即康熙二十八年二月，康熙授意高士奇、徐乾学，通过江南道御史郭琇弹劾武英殿大学士明珠诸多"背公营私"的问题时，其中有一条直指明珠"以市恩立威，因而要结群心，挟取货贿"（《清史列传·明珠传》）。从中也可以看出索额图的敛财手段。

郭琇为明珠的非法所得，总结了三条：

一、利用奉旨办差，对康熙称赞有能耐的大臣，就说"由我力荐"；对于康熙不满意的大臣，明珠便对他说"上意不喜，吾当从容挽救"。明珠充分利用康熙对大臣的喜好任用，将其作为自己举荐和挽救之功，以此索贿。

二、与亲信大学士余国柱把持票拟，卖官鬻爵，一旦督抚藩臬的官职出现空缺，就立马"辗转贩鬻"。这印证了直隶巡抚于成龙对康熙的直言，官职都被明珠伙同余国柱卖完了。

三、参与分割治河经费。劾章直指明珠、余国柱伙同河道总督靳辅团结分赃。但是明珠、余国柱直接克扣盘剥，还是靳辅截留上贡，各有说法。此事也与于成龙有关。此于成龙，为汉军于成龙，非山西于成龙。他在安徽按察使任上，与靳辅因治河方式不同而发生了严重的冲突，康熙帝支持于成龙，结果明珠反对：于成龙虽然清廉，但治河经验不足。由于明珠的抵制，康熙下令的疏浚下河工程拖了两年没完工。

这些事情，主要发生在索额图靠边站时期。虽然索额图曾于康熙二十五年八月被起用为领侍卫内大臣，但受命处理中俄边境纠纷，无暇分身。

明珠一家独大，势力坐强，威胁到康熙精心打造的绝对权威。所以，康熙说："若等势重于四辅臣乎？我欲去则竟去之！"（李光地《榕村续语录》卷十四《本朝时事》）

这一次，康熙对内阁大规模洗牌，一次性将武英殿三名大学士明珠、勒德洪、余国柱全部革职，命文华殿大学士李之芳致仕归籍，仅留下曾为顺治草拟遗诏的保和殿大学士王熙一人。

可是，康熙又对明珠、勒德洪网开一面，命留与领侍卫内大臣酌情任用。这既把明珠交到了索额图的手中，又为明珠东山再起成为保皇派、制衡索额图做了安排。

3

明珠同索额图，既有权力的争衡，也有夺嫡之较量。

索额图为皇太子胤礽的叔姥爷，而明珠是皇长子胤禔的叔姥爷。但有区别：

索额图为胤礽生母孝诚仁皇后赫舍里氏的亲叔，而明珠为胤禔生母惠妃纳喇氏的隔代堂叔。

这样的关系，注定了他们翊护少主的程度有选择。

索额图死心塌地地力保胤礽的储位，甚至不惜"助伊潜谋大事"（《清圣祖实录》卷二百三十四，康熙四十七年九月丁丑），意欲利用自己在朝的影响力废黜康熙。

明珠则不然。他在力助胤禔争储屡屡不得的情势下，选择了维护康熙的绝对皇权，甚至默认次子揆叙支持最为贤明的皇八子胤禩。

此外，他们之间，还有险遭杀头的仇恨。

康熙决意裁撤三藩时，保和殿大学士索额图是反对派，而时任兵部尚书明珠联合户部尚书米思翰、刑部尚书莫洛支持康熙的撤藩大业。

索额图迅速转变角色，为康熙调度军事，运筹帷幄。吴三桂派出杀手夜袭，他亦临危不惧，威风凛凛。但是，平定三藩后，康熙却出卖了这位曾经的亲密战友。

康熙以谕旨的形式告知明珠：吴三桂造反时，有大臣说是撤藩所致，请旨杀了建议之人。

康熙帝不明言，却暗指索额图。

康熙出卖兄弟不打紧，还邀功：我要是接受了建议，必定使你们含冤九泉。

康熙这样做，玩的就是以大难不死的仇恨利用明珠，对势力坐大的索额图敲山震虎。但他又需要索额图这位太子集团的谋主，继续翊护储君胤礽的地位和权威。

索额图与康熙渐行渐远，最后被康熙以结党营私、妄议国政之罪，饿毙于幽所。

康熙第一次废储时，将太子的罪行归结为"一切暗中构煽，悖乱行事，俱系索额图父子"（《清圣祖实录》卷二百三十五，康熙四十七年十一月庚辰）。

康熙五十一年十月第二次废储，不但杀了索额图的两个儿子，革除爵封，还索性将索额图定性为"本朝第一罪人"（《清圣祖实录》卷二百五十三，康熙五十二年二月庚戌），再次夸大索额图对皇家父子关系的破坏性。

家破人亡，更遑论曾经可以敌国的巨富。

明珠病故于康熙四十七年第一次废储前夕，康熙命正受重用的皇三子胤祉前往祭奠。然而，他自被郭琇参劾后，以"勋名既不获树立，长持保家之道可也"为信条，广置田产，买卖奴仆，从严治家，约束家人，以致"其下爱戴，罔敢不法，其后田产丰盈，日进斗金"（昭梿《啸亭续录》卷三《明太傅家法》）。

明珠成为朝中大臣首富，可保"子孙历世富豪"。

康熙五十八年四月，康熙帝特为胤禶十六岁的第三女指婚，下嫁给明珠次子揆叙之子、侍卫永福。

永福为揆叙嗣子，明珠长子性德、幼子揆方早逝，已故都察院左都御史兼翰林院掌院学士的揆叙无子，康熙遂下令以揆方两子永寿、永福，承嗣明珠—揆叙一系的香火。

永福成了皇家多罗额驸，也成了岳父胤禶资助胤禩集团争储的钱袋子。萧奭《永宪录》卷四记载："揆叙卒，无子。以所有家财八百万献于官府，令九贝子掌之。"

"九贝子"，即康熙的皇九子胤禶。

只是，昭梿说，明珠"权奸保家……历百年而不败"，"有天府所未有者"，却因后世子孙得罪了乾隆宠臣和珅，而遭"撄于法纲，乃籍没其产"（昭梿《啸亭续录》卷三《明太傅家法》）。

康熙最后为何对明珠、
索额图厚此薄彼？

1

康熙十二年（1673），平南王尚可喜第十一次疏请归老辽东，带动了平西王吴三桂、靖南王耿精忠请求撤藩。

尚可喜告老，还是有条件的，即请求让其长子、俺答公尚之信继续镇守广东。尚可喜还是将他率兵打下的广东视为自留地。而吴三桂、耿精忠的请求撤藩报告虽然写得情词恳切，但也给年轻的康熙设了一口温柔的陷阱。

只要你康熙敢撤藩，我们就有理由造反。

康熙召开御前会议，决意撤藩。他的理由是：吴三桂等人蓄谋已久，如果不尽早除掉他们，势将养虎为患。撤藩会反，不撤也会反。与其等到他们反清，不如先发制人。

康熙看清了天下形势。

吴三桂等不但在自己的封地擅作威福，而且不时向朝廷索要大量的军费，养自己日夜操练的兵。

他们的权力有多大，看他们和朝廷的约定就一目了然：军事上，"假以便宜，不复中制，用人，吏、兵二部不得掣肘，用财，户部不得稽迟"（《清史稿·吴三桂传》）；人事上，由他们决定官员的升黜赏罚。他们还把手伸向了其他地区，像陕西提督王辅臣、贵州提督李本深、四川总兵吴之茂，都是吴三桂的老部下。

三藩，不仅仅是尾大不掉，而且是危及社稷。

保和殿大学士索额图、中和殿大学士图海、翰林院掌院学士熊赐履等一大批朝臣，对撤藩极力反对。他们并不是三藩在朝廷的支持者，但要撤藩，朝廷没有做好充足的准备。

如果不是兵部尚书明珠、户部尚书米思翰和刑部尚书莫洛站了出来，坚决支持康熙帝撤藩，康熙的一意孤行，是很难执行下去的。

有了支持者，康熙便乾纲独断：撤藩。

即便吴三桂"兴明讨虏"，朝廷也不能示弱。

2

当康熙拍板打响这一仗后，反对者们立即转向，不但支持，而且积极参与。

图海奉命以抚远大将军之职，前往陕西解决王辅臣呼应吴三桂的问题，途中遇到了小秀才周培公，采用周氏计策迫降老王。

索额图在康熙身边，肩负总调度职责，筹划军机，夜以继日，即便面对吴三桂派来的杀手，也是大义凛然，毫不畏惧，最终使杀手折服，变成了"索家奴"。

明珠没经历过战阵，即便康熙战鳌拜，他也没像索额图那样在摔跤战中冲锋陷阵，但，他执掌兵部，铁腕治军，积极为康熙帝的平藩大战出谋划策，出力不少，于康熙十六年以吏部尚书拜武英殿大学士，成了康熙倚重的大臣。

三藩平定了，索额图却因擅权纳贿，被康熙革除大学士，改任内大臣兼议政大臣，后来又革职，但不久升任领侍卫内大臣。康熙与索额图的若即若离，成就了明珠，时人称其为"明相"，权倾朝野。在后来的收复台湾以及抗御外敌等重大事件中，明珠也起到了积极作用。

索额图曾建议康熙处死当初力挺撤藩者，这本是秘密进言，开始探索密折制度的康熙帝严禁泄密，却告诉了明珠，说索额图想借自己的手杀了他。此时，莫洛已死于王辅臣的陷害，米思翰早死于病榻，当初的三大力挺撤藩者，只剩下了康熙更加倚信的明珠。

明珠权势煊赫时，结纳亲信，支撑一党，与索额图集团相互倾轧。

索额图，虽然有汉官熊赐履、李光地之类的朋友，但认为自己出身高贵，性格倨傲，还是不愿意与汉人暗结集团的。

明珠不然，为人谦和，轻财好施，和言细语，大搞团结，其亲信大学士余国柱，对操纵票拟的明珠唯命是从，一一照办。当时为汉人中最高官员的文华殿大学士兼吏部尚书李之芳，曾率兵征战耿精忠，但入阁办事后，也唯明珠马首是瞻。

明珠坐大，经常纡尊降贵地向入直南书房的高士奇买消息，让康熙感到了威胁。

康熙借其敲打索额图，放任明珠与在南书房入直的徐乾学、高士奇等词臣联系在一起，待到索额图失势后，康熙又把政治斗争的矛头对准了明珠。

3

直隶巡抚于成龙向康熙直接举报：明珠卖官鬻爵，官职都被卖完了！

这个于成龙，是汉军镶黄旗人，康熙朝的治河名臣，官至左都御史、河道总督，而非三获"卓异"、被康熙赞誉为"天下廉吏第一"的两江总督于成龙。两人同朝为官，都是廉政典范。

康熙闻言，大怒，问高士奇：为何没人举报？

高士奇说：大家都怕！

康熙发话了：有我，他们势重于四辅臣乎？我欲除去，就一定除去了！不怕！

于是，高士奇受命，找到时任左都御史的徐乾学，写好弹劾报告，并先提交康熙帝审批。

时任内阁学士的李光地，在《榕村续语录》卷十四中说："三稿高皆先呈皇上，请皇上改定！"

康熙改定的弹折，由徐乾学找到门生御史郭琇，由其再次递交给康熙帝。这是走弹劾的正常程序，直接弹劾明珠的八大罪状，包括同其亲信大学士余国柱把持内阁，操纵票拟，结党营私，排除异己。

其中有一段文字，很有意思："明珠凡奉谕旨，或称其贤，则向彼云'由我力荐'；或称其不善，则向彼云'上意不喜，我当从容挽救'。且任意增添，以市恩立威，因而要结群心，挟取货贿。"（《清史列传·明珠传》）

康熙喜欢的大臣，明珠扬言是自己推荐的。

康熙不满意某人，明珠私下找到对方，称皇上不喜欢你，我尽力挽留。

康熙的喜好，成了明珠搞好人际关系的利器。

康熙是否有被当猴耍的感觉？

康熙罢黜明珠大学士之职，交给侍卫酌情留用。没过多久，康熙用兵征讨噶尔丹，又命明珠以内大臣随同参赞军务，虽然不是重返内阁，但在侍卫处还是位高权重。只是此时的明珠，不再如前凌厉老辣，而是选择明哲保身。和硕裕亲王、抚远大将军福全在乌兰布通一战大胜之后，明珠失去进取心，导致噶尔丹侥幸逃脱。归来的明珠，竟然伙同老对手索额图等一同上书，将责任全部推给福全，甚至想利用皇长子胤禔与皇伯福全之间的矛盾，对福全进一步落井下石。

《清史稿》评价："康熙中，满洲大臣以权位相尚者，惟索额图、明珠，一时气势熏灼，然不能终保令名，卒以贪侈败。"明珠在权力顶峰，忘乎所以，猖狂跋扈，最终身败名裂。

当然，明珠被罢相后，被安置在家反省，但很快被康熙起用为内大臣（在旁人看来还有可能被安排重返内阁主事），甚至在康熙离京时被任命为留守大臣。他在最后的二十多年中，还是深得康熙信任的，参与了康熙对噶尔丹战争的决策。

康熙四十七年，明珠病故，皇三子胤祉奉命前往祭奠。而在这一年，康熙第一次废储时，评价明珠一生最大的对手索额图："诚本朝第一罪人也！"（《清史稿·索额图传》）

其实，索额图已在五年前被活活饿死于幽所，而且康熙直言不讳地说是他"将索额图处死"。康熙对索额图的恨，主要在于曾期望他成为皇太子胤礽的忠实卫士，但没有想到他参与图谋不轨，"潜谋大事"，导致胤礽日渐不成器，还肆恶虐众、暴戾淫乱，变本加厉，导致人心尽失，迫使康熙不得不忍痛废储。而曾侵越皇权的明珠，在后期却变成了皇权的捍卫者，这让康熙帝感到欣慰。

索额图的狗奴才成了
康熙的高士奇

1

高士奇的人生如名字一样，可谓康熙朝一大神奇之人。他一个穷秀才出身，进京成为北漂一族，几经辗转，被康熙帝赐予会试资格，进国子监后，转入翰林院办事，后来成为最得圣心的御用文人。

赵翼《檐曝杂记》卷二说："高江村士奇，康熙中直南书房，最蒙圣祖知眷。时尚未有军机处，凡撰述谕旨，多属南书房诸臣，非特供奉书画、赓和诗句而已，地既亲切，权势日益崇。"

高士奇就是詹事府少詹事，不过正四品，但他是康熙帝身边的红人。

地利成了一种政治资源！康熙外巡狩猎，都会带上高士奇，视为师友，说："得士奇，始知学问门径。初见士奇得古人诗文，一览即知其时代，心以为异，未几，朕亦能之。士奇无战阵功，而朕待之厚，以其裨朕学问者大也。"（《清史稿·高士奇传》）

有了皇帝的特别重用和格外垂爱，长期以来，高士奇虽品秩不高，却干尽了坏事。

康熙二十六年（1687），湖广巡抚张汧贪污案发，牵涉高士奇。高氏除了喊冤之外，拿不出自证清白的证据，于是请辞。康熙同意他以原官解任，但命"其修书副总裁等项，着照旧管理"，留在皇帝身边，继续从龙外出。他是《大清一统志》副总裁官。

御史郭琇出任左都御史，说高士奇不"竭力奉公，以报君恩于万一"（《清史列传·高士奇传》），和原左都御史王鸿绪、原刑部尚书徐乾学等"表里为奸，恣肆于光天化日之下，罪有可诛，罄竹难悉"，列了他"欺君灭法，背公行私，其罪之可诛"的四大罪状，并强调高士奇等"豺狼其性，蛇蝎其心，鬼蜮其形"。

郭琇说高士奇原来不过一个以觅馆糊口之穷儒，忽而变成了数百万之富翁。"试问金从何来？无非取给于各官。官从何来？非侵国帑，即剥民膏。是士奇等真国之蠹而民之贼也！"（《清史稿·高士奇传》）都察院主官举报高士奇的诸多罪证，理应被重视，哪知康熙帝只是轻飘飘地一笔"着休致回籍"，便不了了之。

2

高士奇入仕，并没有取得正式的科考好学历，完全靠的是谄媚权臣的终南捷径。《檐曝杂记》说他最初给明珠的看门人做家教，一次明珠要找人写几封信，经推荐"援笔立就，相国大喜，遂属掌书记。后入翰林，直南书房，皆明公力也"。

昭梿《啸亭杂录》和《清史稿·高士奇传》也说高士奇是明珠推荐给康熙帝的。

高在康熙十年供奉内廷，授詹事府录事。第二年陪同康熙帝东巡。索额图正权势炙热，而明珠虽是左都御史、经筵讲官、兵部尚书，但与皇帝的亲近关系、受宠程度，还不足以与索额图同日而语。

所以，比赵翼和昭梿早生了几十年，与索、高同时代的汪景祺在《读书堂西征随笔》中，率先对高的发迹史给出了另一种说法：高士奇流落京师，在报国寺前卖字，遇到祖泽深。祖狡恶横暴，却会看相，偶遇高士奇，惊奇他有大富大贵之相，即使没有宰相之位，也有宰相之权。奇货可居，祖泽深把高士奇领回家养起来。

祖泽深要去外地当官，保和殿大学士索额图有个家奴想找个能写会算的人料理文字，祖就把高士奇当作结交的礼物推荐给他。宰相家人七品官，索是椒房贵戚、皇帝心腹，权势煊赫，高士奇能到索府接口饭吃，也算时来运转，攀上高枝。

那家奴常借着主家的权势受贿，被索额图察觉。高士奇劝家奴去领罪，果然被宽大处理。索额图奇怪，平时死不认错的家奴怎么突然变聪明了，于是找来问话，发现了高士奇善解人意，又能写一手好字和好文章，于是收作文书。

索额图以"椒房之亲，且又世贵，侍士大夫向不以礼，况高是其家奴狎友，其召之幕下也，颐指气使，以奴视之"。在他的眼里，高不过是一低贱的奴才。

索额图召见高士奇，"犹长跪启事，不令其坐。且家人尚称为高相公，索则直斥其名，有不如意处，则跪之于庭，而丑诋之"，有时还"切齿大骂，辱及父母妻子"。高士奇怀恨在心，"遂顿忘旧恩，而思剚刃于其腹中"。（汪景祺《西征随笔·高文恪遗事》）

康熙帝打响平藩大战，支持者明珠由吏部尚书升武英殿大学士，参与机务，而索额图因曾反对撤藩而成了被疑见弃的权臣。明、索"权势相侔，互相仇轧"（昭梿《啸亭杂录》卷十），高士奇帮着明珠敲打故主。最后索额图被圈禁在宗人府活活饿死。

再后来，明珠也被康熙帝日益疏远，但他和索额图都没想到，那个在他们面前奴颜婢膝的丧家狗高士奇，却成了让康熙帝爱得失了方寸的新宠。

3

高士奇很有文才！他勤奋好学，博览群书，精考证，勤著述，收录在《四库全书》的有八部著作，被编入《四库存目》的有五部。另外，还有十多种著作。他的诗文集中多记述康熙帝的日常活动，成了一种典型的政治诗。

他有一副巧言令色的巧官嘴脸。他是康熙中期谀颂之风的主要推动者之一。

康熙帝出巡狩猎，高士奇与护军诸将校并马扈从，受宠若惊，写诗"身随翡翠丛中列，队入鹅黄者里行"纪风采，炫耀自己在皇帝身边服务。

巧官无影无形，专投皇帝所好。一次，康熙帝射中马蹶，很不高兴，高赶紧用淤泥将衣服涂抹，不露声色地站在康熙身边。康熙帝问他怎么搞得满身污泥。高赶紧跪下报告，说他刚才落马堕入深水潭，衣服都没来得及清洗。康熙帝乐了，大笑着说："你辈南人，故懦弱乃尔。适朕马屡蹶，竟未坠骑也。"（昭槤《啸亭杂录》卷八《高江村》）

高士奇抓住了康熙帝自许擅长骑射的心理，自甘堕落为政治小丑，让康熙帝抓住机会奚落"南人"懦弱。

某年，康熙南巡来到金山，在前呼后拥中准备显摆风雅。哪知他拿起笔饱蘸浓墨，又不知道该写什么了。高士奇见状，马上明白主子遇到了难处，赶忙在手掌上写好"江天一览"四字，然后假装上去磨墨，悄然摊开手掌，故意露给康熙看。康熙帝心领神会，信笔泼墨。后来，宗亲昭槤讪笑高士奇："其迎合皆若此也。"

高士奇为何总能猜中康熙的帝王心术呢？这是有原因的。他做官发财后，每次入宫，都带一包金豆，找皇帝的近侍问起居。他是翰林院侍读，充日讲起居注官，又愿意付钱，"报一事，酬以一金豆。每入直，金豆满荷囊，日暮率倾囊而出，以是宫廷事皆得闻"（赵翼《檐曝杂记》卷二）。

康熙帝读什么书、说什么话、骂什么人、睡哪个女人，高都一清二楚。赵翼说当初明珠送他入宫，就是为了探知康熙帝的一举一动、一言一行。时间久了，满朝文武都在高府等着，花高价买皇帝的消息。就连权倾朝野的明相，也趋之若鹜。

卖皇帝的消息赚钱，本来是杀头的勾当。有人向康熙帝举发高士奇的不法行为，说他最初一介寒儒，如今资产富足，只要一问就可知他招摇纳贿的罪行。

康熙问是否属实。高士奇丝毫不装作蒙冤受屈，而是表现出盛宠之下该有所得的扮相，说：督抚诸臣见我被皇上眷顾，所以给我送钱，那都是我凭恩遇得来的。

康熙帝大笑，笑自己的恩遇给宠臣带来了生财之道。

京城的大街小巷传遍"五方宝物归东海，万国金珠贡澹人"，高字澹人，证据确凿，但康熙帝闻而不问，反说郭琇所弹劾的都没有真凭实据，不许深究。

没过多久，康熙帝借口问内阁哪些人擅长写文章、做学问，暗示大学士王熙、张玉书等举荐高士奇、王鸿绪和徐乾学，并下最高指示将他们召回京城修书。

高士奇回京后，康熙帝命他仍到南书房当差。三年后，高士奇要回家孝养老母，康熙帝批准了，还升他做詹事府詹事，后来又擢其为礼部侍郎。康熙帝没想到，高士奇回信说母老，谢绝赴任。康熙帝曾题词赞他"忠孝"故有"忠孝之家"。

高士奇或许忠于君王，但不忠于国家。他孝顺家中老母，却罔顾对国人的孝道。

康熙帝对高屡犯国法，全然无所谓，放任其妄为胡搞，却装聋作哑。

高士奇病逝，廷议按未赴侍郎赐祭一次，但康熙帝却命加级全葬，破格追谥为文恪。《清史稿》说："乾学、士奇先后入直，鸿绪亦以文学进。乃凭藉权势，互结党援，纳贿营私，致屡遭弹劾，圣祖曲予保全。乾学、鸿绪犹得以书局自随，竟编纂之业，士奇亦以恩礼终，不其幸欤！"

在高的问题上，康熙帝不无昏庸独专、放任丑恶的丑态，貌似一种不可言说的畸情所系。而康熙帝对高的故主——倚重更多、功劳更大、能力更强、威势更显的索额图、明珠，却是用后即弃，进行无情打击。

康熙帝和高士奇之间似乎隐藏着一些见不得光的勾当，或高士奇在南书房为康熙帝某种特殊政治需要干着他人无法替代的工作。

一小文员怎敢
策划扳倒两大学士?

1

在康熙的名臣系列中,高士奇是一个政治奇葩。

他"出身微贱",靠着索额图、明珠的内斗,成为康熙面前的红人。他长期担任詹事府少詹事,最高职务不过未就职的礼部侍郎。詹事府是给太子管理家务的,但高士奇没有跟着太子胤礽,而是一直给康熙打理南书房,负责皇帝办公室的文案。

他在康熙十六年(1677)十月进入南书房,开儒臣入直内廷之始,但级别很低。当时,康熙帝给武英殿大学士勒德洪、明珠下指示,说自己爱读书写字,而身边的近侍都不读书,以致他讲论没人答得上话。他要在翰林院选择两名博学善书的人,常伴左右,交流学问。

康熙帝说,对于陪伴的学者,要给予专家优待政策,由内务府在城内拨给专门的居住房屋,并保证只要他们干得好,几年后将对他们从优重用。

伴君如伴虎,但在皇帝身边做事,权势和声望见官大一级。他们是皇帝身边的人。

康熙帝强调:"高士奇等善书者,亦着选择一二人,同伊等在内侍从。"(《康熙起居注》康熙十六年十月二十日)按高士奇当时的身份,着实不够格:一、他只有监生身份,距离进士都有很大的差距;二、他没进过翰林,只是詹事府抄写员转入内阁当文案;三、他的级别太低,只拿六品俸禄而已。

但有了最高领导的戴帽,高士奇是内定之人。勒德洪和明珠在翰林院选了一个多月,才选定了另外一个人。《南书房记注》记载:"康熙十六年十一月十七日,上命日讲官、起居注、翰林院侍讲学士、支正四品俸臣张英,内阁撰文中书、支正六品俸臣高士奇,于南书房侍从。"

高士奇破格成为康熙皇帝的文学侍从。大家都知道他和张英将扮演帝办机要秘书兼高级参谋的政治角色,权势绝不与其实际品级等同。

他们上班的第一天,康熙帝就发出警告:"当谨慎勤劳,后必优用,勿得干预外事。"(《康熙起居注》康熙十六年十一月十八日)张英因"供奉内廷,日侍左右,恪恭匪懈,勤谨可嘉"(《清史列传·张英传》),很快被任命为翰林院学士兼礼部侍郎,兑现了"后必优用"的承诺。几年后,康熙帝让丁父忧复出的张英接替李光地辞职出缺的翰林掌院学士时,说:张英为人厚重,不干预外事,补授此缺十分合适。

而高士奇却始终留在南书房干考订文章之事。明珠很高兴,他寄望高士奇成为自己掌握康熙一言一行的秘密工具。

他因支持康熙帝打响撤藩大战,刚以吏部尚书拜武英殿大学士。康熙帝对保和殿大学士索额图似乎已经开始不信任,这是他的机会。高士奇留在南书房,就是他更胜一筹的政治资源。当然,他也知道天威难测,他接管武英殿,就是因为前任大学士兼经筵讲官熊赐履一次票拟出错,被他捡了一个大漏。康熙帝爱读书,熊赐履给他讲论经史,让他"有疑必问,乐此不疲……大有裨益"(《康熙起居注》康熙二十六年五月十一日),但一旦出了问题,就被皇帝抛弃,一撸到底,发配到江宁做闲人。

高士奇没有让明珠失望,为他带来了实惠。康熙帝对他越发信任,并将其心腹余国柱安排到武英殿做大学士。索额图被拿掉大学士,只挂个议政大臣,还经常被敲打。

更让明珠始料未及的是,高士奇一个少詹事,入南书房,本来被安排整理文案，禁止参与政事，但他因在权力中枢"地既亲切，权势日益崇"，"日思结纳谄附大臣，揽事招权以图分肥"。他将康熙的消息带出宫招摇纳贿。他每次回家，九卿的车驾挤满了他家门前的巷子，就连烜赫一时的新权臣明珠，也间杂其中，趋之若鹜。

2

明珠更没有想到，高士奇把皇帝的消息卖给他时，又在皇帝的安排下把他卖了。

康熙二十六年冬，康熙拜谒先帝陵寝，直隶巡抚于成龙（汉军镶黄旗的小于成龙）陪同。君臣交心，小于说自己对内阁很不满，官职都被明珠和余国柱卖完了。

康熙震动，惊愕地问：有何根据？

于成龙也不玩客套，说：您只要派亲信大臣盘查各省布政库银，如果有不亏空的，便是臣说了假话，我甘愿领死。

康熙帝问侍从的高士奇、徐乾学，他们怕泄密遭打击，为明珠和余国柱遮掩，引起了康熙帝的警觉。

归来后，值孝庄太后驾崩大丧，康熙帝没有回宫，单独找到高士奇秘密问话。这回，高士奇说了真话：于成龙没说假话。

康熙帝问：为何没人弹劾？

高士奇答：谁不怕死？

明珠及余国柱都是康熙帝特别信任的内阁重臣，权倾朝野，结党揽权，"凡阁中票拟，俱由明珠指麾，轻重任意，余国柱承其风旨，即有舛错，同官莫敢驳正。圣明时有诘责，漫无省改。即如陈紫芝参劾张汧疏内并请议保举之员，上面谕九卿应一体严处，票拟竟不之及"（《清史列传·明珠传》）。明珠是康熙帝倚重的阁臣，经常对最高指示"任意增添，以市恩立威"。

明珠有恃无恐，公然矫旨擅权，让群僚投鼠忌器。

康熙大怒：有我在。他们的势力能超过四辅臣吗？我要将他们罢免，则全部罢免！有何可怕的？

康熙帝再次宣示：自己的绝对权威，是任何权臣都不能侵犯的。出头便打！他才是真正的老大。高士奇窃喜，其实他正与被起用同沙俄谈判的全权代表索额图、复职新任礼部尚书的熊赐履、刑部尚书徐乾学，建立了新的政治同盟。

高士奇说：皇上做主，有何不可者！

3

这次出宫的高士奇，不再给明珠卖消息了，而是找到亲家徐乾学商量怎么写好弹劾折。一年前，徐乾学在左都御史任上时，就与明珠亲信余国柱、佛伦有过过节。

徐乾学写好诉状，找到新任左佥都御史郭琇，让他出面报告给康熙帝。康熙操盘，两路夹击，诉状一呈，便革了明珠和余国柱的大学士。时为康熙二十七年二月。

史书上所载的郭琇参劾明珠、余国柱的八大罪状，实为高士奇出谋、徐乾学草拟。而这起著名的政治事件，真正的策划者却是对他们特别信任的康熙皇帝。

这件大事，后来被李光地作为本朝时事，写进了《榕村续语录》。当时，李光地因请假回家探母，他是刚卸职的翰林掌院学士，兼日讲官和起居注官，在御前讲幄。聪明的他，是不会胡乱杜撰康熙帝亲自指挥、督办明珠大案的。

康熙帝第一次弃用索额图，其实也与高士奇助力明珠有着很大的关系。

然而，让高士奇也意想不到的是，第二年九月，因功升任左都御史的郭琇举报了他的四大可诛之罪，其中有一条与明珠有关，即他曾把康熙帝的消息卖给明珠。郭琇说高士奇是真正的"国之蠹而民之贼"（《清史列传·高士奇传》）。郭琇此次出击，一次性将高士奇和他交好的王鸿绪、陈元龙等四人都革了职，遣回原籍。

一桩连环案，扳倒近十个大佬。操盘手康熙帝曾警告他们不在其位不谋其政，或身在阁中仅佐君理事，但明珠心存侥幸，高士奇恃宠招摇，都不及张英"始终敬慎，有古大臣风"（《清史稿·张英传》），年过花甲还以礼部尚书拜文华殿大学士。

迄至今日，人们还在传诵张英和他的六尺巷佳话："一纸书来只为墙，让他三尺又何妨。长城万里今犹在，不见当年秦始皇。"张英坚守了康熙帝规定的政治底线，惠及后世，道光名臣吴振棫在《养吉斋丛录》卷四中写道："张英、张廷玉、张廷瓒、张廷璐、张若霭、张若澄，一门之内，祖父子孙先后相继入直南书房，自康熙至乾隆经数十年之久。此他氏所未有也。"张英的谨慎持重，影响了其子张廷玉。张廷玉后来成为康熙帝晚年最信任的汉臣、雍正帝遗诏配享太庙的汉人。

领导人用人，有一个原则：他们要的是勤谨职守，而不是越俎代庖、招摇妄为。

虽然高士奇死后，康熙帝给了"文恪"破格封谥，算盖棺论定，但富有讽刺意味。他对康熙的政治规矩并未恪守于心，但甘愿被康熙反击故人、以怨报德当枪使。

康熙为何怒骂索额图
为本朝第一罪人？

1

清朝权臣主要有七人，除了乾隆后期的和珅、咸同之际的肃顺外，其他五人都是康熙帝的大臣。隆科多与年羹尧，一个是理藩院尚书兼步军统领，一个是内阁学士外任川陕总督，他们成为权臣，是到了雍正初期。他们在康熙朝还是老实谨慎之臣。

除了把持票拟大权、把官职卖完了的明珠外，康熙朝前中期的鳌拜、索额图，都属于十足的骄纵之臣。

2

鳌拜为顺治遗命的辅政大臣。康熙年幼，缺乏理政经验。鳌拜战功卓著，对太宗有救命之恩，于顺治有翊护之功，被视为"满洲第一巴图鲁"。就连《八旗满洲氏族通谱》评传鳌拜，也是以"鳌拜巴图鲁"为词条，以示特别。

鳌拜在四大辅臣中位列第四，却日见张狂，阻碍首辅索尼孙女册立皇后，矫诏擅杀次辅苏克萨哈全家。朝堂之上，多为鳌拜的党羽，"文武各官，尽出门下"（《清圣祖实录》卷二十九，康熙八年五月庚申）。其子那摩佛、其弟巴哈及其亲信达肃等，或为领侍卫内大臣，或为内大臣。握有实权的八旗都统，名为中枢的内三院及六部之户部、兵部、工部等，不少是鳌拜安插的人。

户部尚书缺员，康熙拟命玛希纳上任，鳌拜却要以亲信玛尔赛补用，相持不下，最后只好同时任命。康熙重臣王弘祚，任户部尚书已历事两朝，看不惯玛尔赛专擅部务而提出异议，结果被鳌拜授命大学士班布尔善，议罪免职。玛尔赛死后，群臣商议给谥号，康熙不允，鳌拜直接给了一个"忠敏"，进一步使用本属于皇帝的事权。

鳌拜擅权干政，威福自专，最终被康熙智擒。

康熙八年（1669）五月，鳌拜被擒，康熙命议政王大臣会议为其拟罪，定罪三十款，理应"以所犯重大，拟以正法"，然而康熙却"念鳌拜在累朝效力年久，且皇考曾经倚任，朕不忍加诛。故从宽革职、籍没，仍行拘禁。那摩佛亦免死，革职拘禁"（《清史列传·鳌拜传》）。

鳌拜被革除辅政大臣、二等公外加一等公及所加的太师衔，抄没家产，处以拘禁。不久，死于幽所。

是老死，还是病逝，或是清朝惩罚王公贵族而惯用的饿毙刑罚？不得而知。康熙在杀之有名时不杀，也没有必要对禁锢中的老人下阴损之手。康熙五十二年，康熙以鳌拜战功卓著，追赐一等男，以其弟巴哈之孙苏赫袭爵，苏赫死，仍以鳌拜孙达福袭爵。

鳌拜是威胁皇权最大、干政程度最深的权臣，康熙却屡屡提及他的诸多功劳，主动为之平反。

3

帮助康熙铲除鳌拜集团的索额图，最后却被康熙视为"本朝第一罪人"（《清圣祖实录》卷二百五十三，康熙五十二年二月庚戌），在康熙四十二年九十月间活活饿死在拘禁之所，而且被胤祉等秉承圣意缠缚了九条铁链。

索额图"饿毙"于幽所，成了"本朝第一罪人"，潜台词是他的危害远比鳌拜要大。不仅如此，康熙还在同年追封鳌拜。即便爵位甚低，但两番任命袭爵者，为雍正元年（1723）为鳌拜赐祭葬、复一等公、准世袭罔替，做了极具意义的政治准备。

然而，索额图的两个儿子格尔芬、阿尔吉善，于康熙第二次废储时（康熙五十一年十月）被诛。索额图绝后。

康熙对索额图的惩罚，无疑远甚于鳌拜。

在康熙看来，鳌拜擅权自专，只是想继续保持辅政的政体和位置，而没有夺取皇权、攫占皇位、另立皇帝之意。

索额图不然。

索额图是康熙一手培育的倚信重臣，先为保和殿大学士，后任领侍卫内大臣，是太子的叔姥爷，也为太子集团的谋主。

他先在立太子之初，利用康熙实施嫡长子皇位继承制的急切心理，"怀私倡议"（《清史稿·索额图传》），将太子的服舆俱用黄色，一切仪注皆与皇帝相似。

所以，康熙认为太子胤礽的骄纵，是索额图造成的。他忘记了索额图只是"倡议"，而决定权在自己和太皇太后孝庄的手中。索额图"怀私"，是想把外甥孙扶上皇位。而康熙照样"怀私"，早已把胤礽视为后继之君，默认甚至纵容其僭制之举，而严重忽视了对胤礽的道德教育，导致胤礽心理变态，皇储之争亦愈演愈烈。

康熙在四十七年九月丁丑第一次废储时，在诏书中强调：胤礽"不法祖德，不遵朕训，惟肆恶虐众，暴戾淫乱，难出诸口"（《清圣祖实录》卷二百三十四，康熙四十七年九月丁丑）。康熙承认自己"包容二十年矣"，却不反省包容的遗祸。

由于康熙不理智、无原则的宠爱与纵容，导致胤礽"专擅威权，鸠聚党与，窥伺朕躬，起居动作无不探听……更有异者，伊每夜逼近布城，裂缝向内窃视。从前索额图助伊潜谋大事，朕悉知其情，将索额图处死。今允礽欲为索额图复仇，结成党羽，令朕未卜今日被鸩，明日遇害，昼夜戒慎不宁。似此之人，岂可付以祖宗弘业！"（《清圣祖实录》卷二百三十四，康熙四十七年九月丁丑）

在康熙看来，皇长子胤禔所举报的"帐殿夜警"事件，为太子胤礽意欲为叔姥爷索额图复仇，此事严重威胁到自己的生命安全。

康熙一时间怒不可遏，痛斥胤礽不忠不孝，但当听闻已被拘禁的胤礽通过负责看守的胤禔、胤禛转奏的申辩"皇父若说我别样的不是，事事都有，只是杀逆的事，我实无此心"（《文献丛编》第三辑《允禩允禟案·秦道然口供》）后，康熙甚感欣慰。

胤礽张狂，但明白索额图死后，康熙是他最后的救命稻草。他绝不会在力量不如康熙帝和反太子派时图谋不轨。即便他第二次被废，被举报与步军统领托合齐、刑部尚书齐世武、兵部尚书耿额等"结党会饮"时，也是胤禩集团骨干成员辅国公景熙的密报。

胤礽自辩清白，康熙把这一切，荒谬地反复解释为胤礽"忽为鬼魅所凭，蔽其本性"（《清圣祖实录》卷二百三十四，康熙四十七年九月己丑），"为鬼物凭附，狂易成疾"（《清圣祖实录》卷二百三十四，康熙四十七年九月丁酉），但又归罪于"索额图、常泰，交通设谋"，索额图曾经阴谋利用自己在朝中的影响力，废黜康熙，另立胤礽。

索额图死后，胤礽毫不收敛，更加疯狂，让康熙感到了前所未有的恐慌：害怕胤礽"欲为索额图复仇，结成党羽，令朕未卜今日被鸩，明日遇害，昼夜戒慎不宁"。

康熙对令其失望已久、好不争气的胤礽废之又立，立之又废，却丝毫不审视和反思胤礽日益变态、毫无收敛的行为，而是一味地炫功自己对胤礽至爱至极，亲自教育，以祖宗为典型，教他如何守成，如何用兵，教他学习经史，成败案例，却始终不分析胤礽"人心尽失"的根源。

源于此，索额图成了康熙托付辅政太子不成功的罪魁祸首。其罪祸，要远甚于当初他不怕牺牲、请辞肥缺地帮助康熙铲除的鳌拜，甚至远甚于挑起三藩之乱差点结束了大清王朝的吴三桂。

康熙对阵鳌拜，已为吏部左侍郎的索额图主动降级出任一等侍卫，为康熙训练布库勇士，一战摔倒权倾朝野的鳌拜。

康熙裁撤三藩，索额图初为反对者，但一旦康熙决意平藩，索额图运筹帷幄，调度军事，即便面对吴三桂派出的刺客，也是威风凛凛。

但是，他却因为要扶持康熙最爱的儿子，留下了骂名。

4

康熙二十六年来到中国，且教授康熙帝几何学和算数的法国传教士白晋说："此刻已二十三岁的皇太子，他那英俊端正的仪表在北京宫廷里同年龄的皇族中是最完美无缺的。他是一个十全十美的皇太子，以至在皇族中，在宫廷中没有一个人不称赞他，都相信有朝一日，他会像他父亲一样，成为大清帝国前所未有的伟大皇帝之一。"

这"一个十全十美的皇太子"，就是康熙最爱的胤礽。

胤礽为康熙第一位皇后赫舍里氏在康熙十三年六月难产舍命生下的皇子，被康熙亲自抚养宫中，并在其刚满周岁时册立为皇太子。

当时正是康熙帝打响平藩大战的关键期。前线三藩席卷全国反清，后宫女主难产罹难导致国丧。康熙焦头烂额，学习汉人的嫡长子皇位继承制，拉拢和团结了一大批汉族官员士大夫。

康熙舍弃先人的汗位推选制，实践汉族的皇位继承制，旨在维护清朝的统治。

他要以此，向造反的吴三桂、耿精忠和尚之信们宣示：他后继有人，决意将平藩大战进行到底。

为了教育好皇太子，康熙在立储颁诏天下的当天（康熙十二年十二月丁卯），就升内阁侍读学士孔郭岱、翰林院侍读学士陈廷敬并为詹事府詹事，定级正三品，作为完善东宫制度的配套设施。

他一边在大学士索额图、明珠的帮助下，对前方战事运筹帷幄；一边组织精英大臣，和自己一起教养皇太子胤礽，教给他文化知识与骑射功夫。

康熙十八年六月初四日，胤礽随康熙至景山围猎，"连发五矢，射中四兔、一鹿"，"时太子睿龄方六岁"。（《康熙起居注》第一册）据说，胤礽八岁时，已能左右开弓。

在文化方面，从胤礽幼时起，康熙亲自教授儒家典籍，且严格要求他学习满文，不容许侍从为之代笔。

东宫师傅汤斌在一封家书中说："自古来帝王教太子之勤，未有如今日者也。"（钱泰吉《曝书杂记》卷中）

5

康熙对胤礽从小寄予了后继明君、帝王大才的热热渴望。"毋使皇太子为不孝之子，朕为不慈之父，即朕之大幸矣！"（《康熙起居注》康熙二十六年六月初七日）

事与愿违，康熙却在四十七年九月、五十一年九月两度被迫废储。第二次废黜胤礽的储君之位，乃因其暗结原步军统领托合齐、内务府总管凌普等图谋不轨，逼迫康熙退位事发，导致立而再废。

而在第一次废储时，康熙宣读谕旨强调"似此不孝不仁，太祖、太宗、世祖所缔造，朕所治平之天下，断不可付此人"（《清史稿·允礽传》），"且谕且哭，至于仆地"。

康熙在诸王、大臣、侍卫的面前痛苦倒地，平日威严不再，伤心欲绝，乱了分寸。这不是王者表现，而是真情宣泄，悲愤胤礽的不争气。

他为了泄愤，诛杀了索额图的两个儿子格尔芬、阿尔吉善，以表达对前保和殿大学士、领侍卫内大臣索额图的恨。

索额图在五年前已被活活饿死在宗人府禁所，罪名是"议论国事，结党妄行"（《清圣祖实录》卷二百一十二，康熙四十二年五月癸亥）。

第一次废储时，康熙却说索额图作为太子集团的谋主，曾助胤礽"潜谋大事"（《清圣祖实录》卷二百三十四，康熙四十七年九月丁丑），意图篡位，威胁到自己的人身安全。

索额图为康熙初年首辅索尼之子，赫舍里氏皇后的叔父以及胤礽的叔外公。他并非靠皇亲国戚的身份夤缘上位，而是以对康熙的巨大作用而深得倚信。康熙欲除鳌拜，索额图放弃吏部左侍郎的肥缺，回任一等侍卫，组织亲贵子弟练习布库，一鼓作气摔倒鳌拜。康熙裁撤三藩，索额图由最初的反对到后来的坚定，调度兵力，运筹帷幄，曾在深夜以凛然正气吓得吴三桂派出的刺客纳头便拜。康熙与俄谋和，索额图不顾曾被闲置的前嫌，毅然以大清王朝首席代表的身份，签订了中俄《尼布楚条约》，不辱使命。

然而，他却犯了恃宠骄纵、贪婪营私等严重违法乱纪问题。更有甚者，索额图为了维护家族利益，在皇储矛盾日益尖锐的较量中，充当着太子一党的核心成员，直接侵害到康熙不断集中和强化皇权的帝王利益，遭遇了康熙扶持的明珠、高士奇的联合围攻。

6

康熙在索额图死后十年，即康熙五十二年二月庚戌公开说："索额图诚本朝第一罪人也！"（《清圣祖实录》卷二百五十三）

这是康熙帝对曾经最得力的助手的盖棺论定，全盘否定了索额图参决康熙前中期军政事务的功绩。

在这一论断前，康熙还有一句话："昔立允礽为皇太子时，索额图怀私倡议，凡皇太子服御诸物，俱用黄色，所定一切仪注，几与朕相似。骄纵之渐，实由于此。"

这是秋后算账。

康熙初次建储时，索额图和他正在蜜月期。索额图奉命带着内阁成员和礼部官员，为储君制定服装、车舆用色，以及礼制标准，都是提请待批的草案。具体的决定权，在康熙帝和孝庄太皇太后的手中。

康熙对嫡子爱之切、孝庄对曾孙疼之深，混乱了皇家庄严的政治规矩。

尤其是康熙帝，从胤礽还在襁褓中开始，到胤礽长大成人，都是隆宠过分。他除了对其生活用度朱批超过自己外，还曾亲自下令，元旦等节，诸王、大臣在皇太子前，须行两跪六叩礼，距离皇帝所享的三跪九叩礼，仅一步之遥。

索额图所拟仪注，康熙帝后来也曾修改。康熙三十一年三月，康熙帝责成礼部会同内阁、内务府修改太子仪注，规定："凡属臣僚，宜行朝贺之礼。嗣后元旦、冬至、千秋节，设皇太子仪仗于文华门外，皇太子于主敬殿升座作乐。王以下、入八分以上，排班于主敬殿阶下；文武各官，排班于文华门外，进笺，行二跪六叩头礼。其谢恩诸王各官于皇上前行礼毕，俟驾还宫后，诣昭德门前，于皇太子前行二跪六叩头礼。每月六次常朝官员，免诣皇太子前行礼可也。其行礼仪注，届期具题；乐章，翰林院撰拟；陈设仪仗，交与銮仪卫。"（王士禛《居易录》卷十七）

王士禛（王士禛）曾在南书房值班，时任刑部尚书，记载不会有假。而当时，索额图在侍卫处，不在内阁。

索额图死后，胤礽担心康熙追责废储，日益焦虑，任意挞伐臣工属下，大失人心。他破罐破摔，沉迷声色，暗中派人至江南苏州购买童男童女，在人前招摇。康熙曾在四十六年派出左都御史王鸿绪密查此事，得出的结论是"御前第一等人"所为。康熙怒其"肆恶虐众，暴戾淫乱"（《清圣祖实录》卷二百三十四，康熙四十七年九月丁丑），却还是采取了包容的态度。

若不是康熙四十七年九月，皇长子胤禔密报胤礽在康熙回京途中，私窥幔城，意欲难测，康熙未必会恼羞成怒地匆忙废储。

康熙一再放纵胤礽，放任甚至助长其僭制，不啻教养有功而育心无法的元凶。

而对于自己，康熙并无冷静理性的反省，只是强调"朕无日不向皇太子允礽言治理天下、爱育黎庶、维系人心之事"（《清圣祖实录》卷二百三十五，康熙四十七年十月甲辰）。他草率复储，又一视同仁地扶持反太子的诸皇子，导致最后探索秘密建储制度失败，而留下诸皇子夺嫡纷争不息、雍正为了正名而不择手段的迷局。

治
术

一降将讨封一等公，
盖过索尼和鳌拜

1

康熙六年（1667）初，十五岁的康熙很忙。他在为争取提前亲政谋划。他似乎成功了。首辅兼太国丈索尼率四辅臣及满朝文武奏请康熙帝，于七月初七日亲政。

是年三月，一个名叫黄梧的南明降将给康熙帝打报告，说："臣自纳土归诚以后，窃计报恩必先灭贼，而灭贼必先用抚。故一面随征闽安，一面阴行间谍。十二年中，共招抚过伪官二百余员、兵数万余员，节经题报，有蒙赐封侯、伯且世袭者。惟臣之公爵未知何等及承袭次数，乞敕部定议。"（《清史列传·黄梧传》）

黄梧已然是公爵，此次大摆功劳，建功已经有我，功成必须赏我，要康熙帝给他明确爵位等级和承袭次数。

他最想封为最高等，世袭罔替，不然也不敢说自己战功赫赫。这是公然强悍地要。

康熙帝与四辅臣商议，最后决定满足黄梧的要求，以其实心效力、著有劳绩，定封一等公，准袭十二次。

清朝的一等公，是对异姓功臣的顶级奖励。当时，索尼为一等伯，鳌拜为二等公，遏必隆的一等公是捡漏袭封的，苏克萨哈只是二等子，在黄梧之后，才陆陆续续地进位一等公。而曾出卖故主多尔衮的苏克萨哈，没受封就被鳌拜矫旨擅杀了。

此时的康熙，并没有结束傀儡皇帝的命运。给他讲授过几何和算术的法国传教士白晋回忆说："顺治皇帝去世的时候，康熙皇帝还没有成年，于是顺治皇帝立下遗诏，为他选择了四位大臣作为摄政，这本是无可厚非的选择。"辅臣联合摄政末期，鳌拜权欲急剧膨胀，把持了六部和议政王大臣会议，只手遮天，十分嚣张。

黄梧之请，不啻逆天。但他成功了！

他究竟是何许人也，敢如此直截了当地要定等级和袭次？

2

黄梧在明崇祯十七年（1644）做过平和县衙役，富有智勇，任侠豪迈。清军入关之初，福建是南明隆武政权的主要辖区。郑芝龙在福州拥立唐王称帝，改元隆武。

清顺治三年（南明隆武二年，1646），招抚江南各省总督军务大学士洪承畴向征南大将军、多罗贝勒博洛提出：招降郑芝龙。郑成功留父不成，分道扬镳，接过反清复明的大旗。

久有投郑之心的黄梧，与门役赖升密谋，杀知县，往投郑成功。郑成功非常赏识黄梧，委以中权镇左营副将，不久升英兵营统领。

南明永历九年（清顺治十二年，1655）八月，已由英兵镇镇帅改任前冲镇（今海澄）镇帅的黄梧，奉命与前提督黄廷、左先锋苏茂一同被郑成功派驻揭阳。

第二年初，清平南王尚可喜统兵万余，拿下揭阳，郑军损兵折将。郑成功论处揭阳丧师之罪，以左先锋苏茂轻敌致败，前冲镇镇帅黄梧、护卫左镇杜辉不及时应援反而临阵退却，拟处斩。众将跪告求情，郑成功仅斩苏茂一人，杜辉捆打六十棍。黄梧记下罪责，"戴罪代守海澄"。

郑成功御将以严著称，但性格过于刚强，失之偏激。苏茂轻敌寡谋，但勇于进战，负伤突围，本可从宽示警，以观后效，但郑成功坚决把他处斩，首级传示军中。

江日昇《台湾外纪》卷六记载，永历五年五月，施琅擅杀郑氏旧将曾德，郑成功断定他反形已露，密令援剿右镇黄山以商量出军机宜为名逮捕施琅之弟施显，同时命右先锋黄廷带领兵丁包围施宅，拘捕施琅和其父施大宣。施琅被捕后，在一些亲信部将和当地居民的掩护和帮助下，用计逃脱，匿藏于副将苏茂家中。

施琅《都阃安侯施公行述》说，他被追杀，"以旧将苏茂仗义相周旋"，得以逃亡。

郑成功搜查不得，怀恨于心，因而借揭阳兵败处斩苏茂。郑成功杀死苏茂后，装模作样地哀悼"马谡非无功于蜀，然违三军之令，虽武侯不能为之改"。戴罪镇守海澄的黄梧知晓内情，害怕步苏茂后尘，于是与同守海澄的后冲镇副将、苏茂族弟苏明，密谋降清。

顺治十三年六月二十四日晚，黄梧、苏明杀了总兵华栋等，带领部将八十余员、兵丁一千七百余名，把海澄县献给清廷，并带去了数百万计军械粮饷。

海澄是郑成功多年来投注了大量人力、物力建造的堡垒。黄梧之降，使郑成功失去了一个拱卫厦门的重要据点。

定远大将军、郑亲王世子济度向清廷请旨。顺治帝封黄梧为海澄公，给予敕印，开府漳州，弹压闽南。顺治还追封黄梧祖上，赐金在他老家营造宗祠。黄梧甚感新主之恩，实心任事，戮力征战、屡建战功，为清廷死心塌地地追剿郑成功势力。

黄梧联手新任闽浙总督李率泰，在郑成功的势力范围，攻城略地。

李率泰为第一个降清明将李永芳的次子，有勇有谋，善于用兵，能与士卒同甘共苦，随多尔衮入关后，在进攻李自成军、打击南明桂王政权的战役中立下了大功。

黄梧对郑成功的军事布防、兵力部署了如指掌。他一边加紧攻击故主，一边倾囊献策新朝，提出所谓的剿灭郑逆五策，帮助清廷招降纳叛、行攻心战。

李率泰进言顺治帝，称郑芝龙不宜流放宁古塔，那里离海近，怕他趁机逃走，祸患更大。此建议是黄梧给的："成功父芝龙虽经禁锢，尚未伏诛；天下人心以为朝廷欲留之以抚其子。自海澄内隶以来，成功势力已绌，犹藉其父斋书下海，扬言抚局已成，致沿海人情摇惑，诸伪镇之欲投诚者反多观望，官军亦未敢尽力剿除。必速诛芝龙，则海上联翩投诚，而独夫坐擒矣。"（《清史列传·黄梧传》）

他要杀了郑芝龙，迫使郑成功集团内讧。在黄梧的眼里，当初赏识他、提拔他、重用他的故主郑成功，已然是一个"独夫"。他忘记了，是郑成功给了他跳板，不然他顶多在平和县衙做个捕头，哪有机会成为清廷开疆拓土的马前卒。

降将受恩新朝，对故主的复仇，以怨报德更疯狂。

他亲自率人，掘开郑家祖坟，曝骨荒野。按理，他与郑成功并无深仇大恨，但因其丧心病狂，二人彻底成仇人。

他卖力围剿故主，清廷也慷慨：加太子太保，给足兵将配置，赐金匾"勋高九锡"。

3

相较于"开清第一功"的洪承畴，黄梧是殊荣登极。洪承畴以大学士致仕，朝廷几经争论，四辅臣才以康熙的名义，授以三等阿达哈哈番（轻车都尉），世袭四世。

轻车都尉还算不上正式的爵位。而先于黄梧降清而后有平台大功的施琅，也只封了一个靖海侯。清初替爱新觉罗家族打天下的五大汉人异姓王：定南王孔有德、靖南王耿仲明、平南王尚可喜、平西王吴三桂、义王孙可望，要么死于非命，要么几代而亡，都不如黄梧世系，袭封至清朝覆亡，且有一人封郡王。

康熙十五年，郑成功之子郑经派军围攻漳州，第二任海澄公黄芳度率将士抵抗。因有叛将吴淑引敌破城，黄芳度率兵巷战力竭，投井身亡，年仅二十五岁。其母、妻自缢，他的两个亲弟及叔父、堂兄等三十多人，慷慨赴死。

郑军找到黄梧的坟墓，开棺戮尸，以示对叛逃者兼报复者最严厉的惩罚。

康熙帝闻讯后下旨："海澄公黄芳度矢志忠贞，保守孤城，剿杀逆贼，屡建奇功。叛将通贼陷城，阖家殉难，以尽臣节，深可悯恻。可优赠王爵，谥以忠勇，照多罗郡王例，遣大臣致祭。"清代异姓大臣死于战场，追封王者，黄芳度第一人耳。

黄芳度死后无子嗣，海澄公的爵位转给了黄梧兄子袭任。至康熙二十九年，才以黄梧侄孙应缵为芳度嗣子，得以传后。

以灭门绝嗣、爵归侄系的代价，换得这般死后哀荣，若黄梧地下有知，会不会为故主之子联手又一个叛将复仇，而懊悔变节投效后负恩寡情地剿杀故旧呢？

著名的迁海令，闭关锁国，也是黄梧提出的，尔后由黄梧力荐的施琅积极推行。

熊赐履惨遭
学生帝王背叛

1

电视剧《于成龙》临近结尾却是高潮，两江总督于成龙怒斩江宁将军赫里。康熙帝说于成龙胆大包天，竟杀了自己的亲外甥，这让朝中大臣陈廷敬捏了一把汗，就连于成龙也后怕不已。

但有一人很平静！他一语惊醒惶恐的于成龙：皇帝没有回复就是回复。

此人便是熊赐履。赫里是虚构的一品大员、皇亲国戚，但熊赐履却是真真切切的朝廷重臣、康熙帝师。

熊氏，湖北孝感人，顺治十五年（1658）进士，入翰林院考试优等，由庶吉士授检讨，两年后出任顺天乡试副考官。

历史记住了熊赐履是一位理学名臣。康熙六年（1667），他完成了人生第一部理学名作《闲道录》，向康熙进呈了在清初政治史上深具影响的《应诏万言疏》。

洋洋洒洒数万言，熊赐履敢对擅权自专的鳌拜说"不"！

他向尚未正式掌权的康熙帝报告，说内大臣鳌拜不能做"内臣者外臣之表而也"（《清史列传·熊赐履传》），不整顿国家章程法度，纵容急功喜事之徒。

他指出，部院臣工大多缄默阿附鳌拜，托词为老成持重，其实尸位素餐不作为。

他怂恿康熙帝"申饬满、汉诸臣虚衷酌理，实心任事，化情面为肝胆，转推诿为担当"，要"汉官勿阿附满官，堂官勿偏任官司"。这，无疑是警告满朝文武不要以鳌拜为中心，搞团团伙伙，拉帮结派，袒护懒政。

他强调：治国要领在于皇帝的治国理念，治国理念是政者处理各种重要事务的关键，是万事的起始。政府公务人员必须心正，心术不正是万万不能进入政府的。

这些胆大包天的话，虽不会句句致命，也是招招诛心，在鳌拜集团崇满抑汉的疯狂时期，提出汉官独立、堂官自主，说到了正在与鳌拜争权的康熙帝心坎里。康熙皇帝正在为怎样壮大自己、削弱鳌拜，处心积虑，寻求合作。

于是，康熙帝对汉臣黄锡衮、王弘祚等给予重任，又下令升熊赐履为秘书院侍读学士。

熊赐履受宠若惊，士为知己者死，再次上疏："朝政积习未除，国计隐忧可虑。"

此时四辅臣，苏克萨哈被杀，索尼已死。康熙帝岳父之一遏必隆，是一个趋利附势的骑墙派，拍鳌拜马屁。鳌拜一家独大，威逼幼主。

法国来的传教士白晋曾说："在康熙皇帝十五六岁的时候，也就是这些大臣辅政近十年之后，其中一位大臣（鳌拜）的势力开始膨胀起来。他把持了六部和议政王大臣会议，只手遮天，十分嚣张。大臣们都不敢与他有什么不同的意见。"

熊赐履虽只是弘文院侍读，但人微言不轻，直陈朝政得失，说天下人都在期待聪明睿智的皇帝，重用儒臣，推行教化，改变鳌拜独掌朝政以来连年来的"灾异频仍，饥荒叠见"，气得鳌拜嗷嗷地叫，假传圣旨，诘问熊赐履什么是"积习隐忧"。

熊赐履答道：实现太平则不乱，保护国家则无危。

鳌拜下令，熊赐履不是如实弹劾，而是夸大其词，沽名钓誉，降二级调用。

鳌拜的命令遭遇康熙的上谕，皇帝还是老大，熊赐履被免除处分。

康熙不露声色，挑选一批身强力壮的亲贵子弟练摔跤，以沉迷嬉乐麻痹鳌拜，又将鳌拜的亲信派出京城，以自己的亲信掌握京师卫戍权。他大网张开，一鼓作气拿下鳌拜，然后命议政王大臣快速审讯，给鳌拜弄了三十款罪状。

皇家少壮派、康亲王杰书执行清算鳌拜行动，以熊赐履智斗鳌拜事，给鳌拜弄了一款大罪：鳌拜因熊赐履弹劾，阴谋报复。

熊赐履成了康熙帝的重臣，政治地位迅速上升，先被提升国史院学士，继而任恢复内阁制的翰林院掌院学士。

康熙十二年，圣祖决定撤藩，熊赐履告诫撤藩必引起反叛。果然，"三藩之乱"爆发，熊赐履积极协助平叛，代拟《宣谕云贵等处官民敕》，宣布削除吴三桂平西王爵，要求云贵民众"各按职业，并不株连"，"其有能擒斩吴三桂头献军前者，即以其爵爵之。有能诛缚其下渠魁及以兵马、城池归命自效者，论功从优叙录，朕不食言"（《清圣祖实录》卷四十四，康熙十二年十二月壬戌），以收拢人心，孤立吴三桂叛乱势力。

继铲除鳌拜之后，熊赐履再次为康熙帝战吴三桂打响诛心战。康熙帝下谕，熊老师素有才能，居官清慎，升为武英殿大学士。

康熙帝对熊老师是非常信任的，请他出任整理皇家档案的总裁官，负责编撰太祖、太宗圣训和《孝经衍义》，重修太宗实录。

2

清沿明拟票制，各处奏本送达内阁后，由阁员用墨笔预拟批答于浮票，再送呈皇帝朱批。

康熙十五年六月，朝廷发生了一件拟票出错的嚼签案。主犯即熊赐履。

陕西总督哈占上报的抓获盗犯、引出渎职官员的报告，被误票"三法司核议具奏"，被人举报，康熙帝宽免处分。

某日，保和殿两大学士闲谈，杜立德对索额图说，此票原已拟签，有人舞弊改写。

索额图要查阅草签原件，杜立德说被人偷走了。

于是，索额图联合中和殿大学士巴泰请旨，由吏部向内阁大学士、学士和中书等，严查拟票的改写偷窃舞弊案。吏部尚书明珠、郝惟讷报告，武英殿大学士熊赐履票拟错误，想诱过杜立德改写草签，后又偷走咀嚼而毁。

这还了得！票拟是阁员必须谨慎对待、不能出错的政治工作。一向谨慎的熊赐履错拟不说，还擅改诱过同僚，怕留把柄便销毁证据，失去了一个重臣该有的礼数。

康熙帝只能接受大臣们的建议，将熊赐履革职，送回江宁居家。故而，康熙二十年，于成龙奉命调任两江总督，正好遇到熊前中堂被罢在家。

熊赐履生于前明大户人家，其父熊祚延在乡里组织团练守御农民军，耗资巨大，死于非命，其母以织布为生将他抚养成人，成了贫寒之家，加之他为官清廉，家里没有积蓄，在江宁也是几次搬家，过得很艰难。

不料，电视剧《于成龙》却给熊赐履安排了一个高门大户、亭台楼阁的奢华宅院，与史实严重不符。

他是前宰相不假，但日子苦也是真。康熙二十三年，圣祖南巡，见到奉命接驾的熊老师，"召对良久"，送了他一些御书和食物，给他写了一块"经义斋"的匾额。

四年后，康熙帝命熊赐履为礼部尚书，后任经筵讲官及武会试正考官、吏部尚书。不巧，熊赐履碰到了河道总督靳辅和另一位于成龙的水利大争论，被御史弹劾"窃道学虚名"不作为，险些被吏部降三级调用，直至康熙三十八年才重新入阁，为东阁大学士，总裁编撰《平定朔漠方略》和《明史》。

3

曾在康熙朝做过刑部尚书的王士祯在《池北偶谈》卷四中记载："今上亲政后，选翰林官直讲禁中，先在弘德殿，后移于乾清宫。讲官始则熊赐履，继为史鹤龄、孙在丰、张英、徐元文、叶方霭、张玉书、汤斌、归允肃。"熊赐履是康熙朝最早直讲禁中的经筵讲官翰林官，他有心将康熙帝教育成合乎儒家理学的理想帝王，"上陈道德，下达民隐，上每虚己以听"（《清史稿·熊赐履传》）。

大学者熊赐履成了康熙帝满意的师傅。经筵制度被正式确立，康熙帝又以"经筵体严时暂，工夫切实在日讲"，令熊为起居注日讲官，进讲于弘德殿，恢复起居注制度。一批信奉儒学的官僚，获得了与皇帝接触交流的相对固定的合法机会。

熊赐履鼓励皇帝多读书，多读汉人的儒家典籍、理学理论。他指出教育皇帝是建国之本，"皇上生长深宫，春秋方富，正宜慎选左右，辅导圣躬，薰陶德性。优以保衡之任，隆以师傅之礼。又妙选天下英俊，使之陪侍法从，朝夕献纳。毋徒事讲幄之虚文，毋徒应经筵之故事，毋以寒暑有辍，毋以晨夕有间"（《清史稿·熊赐履传》）。

先帝顺治亲政后，表现出崇汉抑满，导致保守派亲贵大不满。后来四辅臣秉承孝庄懿旨弄的"顺治罪己诏"，第一宗写道："朕自亲政以来，纪纲法度，用人行政，不能仰法太祖太宗漠烈，因循悠忽，苟且目前。且渐习汉俗，于淳朴旧制日有更张，以致国本未臻，民生未遂，是朕之罪一也。"第二宗为："满洲诸臣，或历世竭忠，或累年效力，宜加倚托，尽厥猷为。朕不能信任，有才莫展。且明季失国，多由偏用文臣，朕不以为戒，而委任汉官。即部院印信，问亦令汉官掌管，以致满臣无心任事，精力懈弛，是朕之罪一也。"这是公开向天下表明顺治帝未遵祖制，渐染汉俗，重用汉官致使满臣无心任事。

冲龄继位的康熙，还未亲政时，对熊赐履的课很感兴趣，但权力掌握在四辅臣和太皇太后孝庄手中。四辅臣和议政王大臣，都是原来拼军功上来的武将变文臣，大多对汉儒文化不以为然。

当时的孝庄虽喜欢汉学，但骨子里仍偏爱满蒙文化。康熙五年九月，朝鲜使臣许积回国，向李朝显宗汇报。显宗问："顺治好汉语，慕华制云，今则如何？"许积回答说："闻其太后甚厌汉语。或有儿辈习汉俗者，则以为汉俗盛则胡运衰，辄加禁抑云矣。"（吴晗辑《朝鲜李朝实录中的中国史料》下编卷二，显宗改修实录七年九月）可见当时，孝庄是不赞成深入学习儒家文化的。

康熙帝是深受祖母孝庄影响的成熟的政治家，敬终如始，在康熙五十六年特地颁布一份长篇面谕，宣示"自古得天下之正莫如我朝"，直接影响到后继之君雍正、乾隆秉承所谓的圣祖遗训，标榜清朝得天下之正。

一生倚重汉臣张廷玉的雍正帝，在著名的《大义觉迷录》中说："本朝之得天下，较之成汤之放桀、周武之伐武王，更为名正言顺。"乾隆帝更是在序《世祖章皇帝实录》时说："自古得天下之正，未之有比也。"

正不正，顺不顺，不是哪个皇帝说怎样就怎样的。历史的评判，是唯一的标尺。清军入关之初，如果不是统治者主动接受汉文化礼制观念，如果不是汉族士大夫们本着建功立业的心态愿意合作，那么清朝未必能从全球经济危机中率先复苏，达到鼎盛。

作为从明朝走进清朝宫廷的儒士熊赐履，教给康熙的，是掺杂了理学思想的儒家文化，以程朱理学为清廷布政施行教化的根本，影响了康熙帝，使康熙帝尊重汉文化，却未改变他灵魂深处的崇满抑汉，康熙始终坚守了一个一切为政治统治服务的帝王心术。

熊赐履以年近古稀为理由请求退休，康熙帝命其停职留薪，留在京师以备顾问。熊赐履死后，康熙帝赠太子太保，谥文端，还多次对吏部和内阁说，已故大学士熊赐履居官清正，学优才赡，不忘初心，让他很想念。

帝师熊赐履能使康熙帝念念不忘的好处有很多，如利用汉文化、理学思想成就的帝王术，如为他与鳌拜、吴三桂政治博弈出谋划策。但康熙帝忘记了如何消弭影响后世的族群冲突与权力争斗。这是学生的不足与背叛，也是老师的不幸和悲哀。章太炎在《自述学术次第》中愤言："自汤斌、二魏、熊赐履、张伯行之徒……诚谓媚于胡族，得登腆仕者，不足与于理学之林也。"

在强势的康熙帝面前，杰出的儒士熊赐履也是无可奈何的。

帝师之子疯狂坑爹，
吓死超级学霸

1

清初"昆山三徐"，系亲兄弟，皆有文名，都是超级学霸。老大徐乾学和老二徐秉义为康熙朝探花。老幺徐元文少小沉潜好学，考取功名最早，成绩也最好，二十五岁高中顺治十六年（1659）的状元。

顺治帝在乾清门召见徐元文，抚慰有加，回宫后兴奋地向孝庄太后报告："今岁得一佳状元。"（《清史稿·徐元文传》）赐冠带、蟒服，封翰林院修撰。

顺治皇帝多次召见大自己三岁的徐学霸谈心。某日，徐元文扈从到西苑，顺治赐他乘御马。他写下"空传枚马金门侍，只倚雕虫事武皇"，纪念如此殊荣。

浙江天童寺住持道忞禅师奉诏进京，顺治帝带着"学士王熙、冯溥、曹本荣，状元孙承恩、徐元文，至方丈问法"。事毕，徐元文没有对方丈表示谢意。喜好佛法的顺治帝也没有难为他，反而介绍：此人大有见解，是朕亲自选拔的状元。

顺治帝很喜欢这个御用文人，但因过早驾崩，没有及时重用他，给予高位。或因徐大人陪同（未必是赞同），顺治帝爱佛法不爱江山，康熙冲龄践祚，四辅臣对徐状元并不礼遇，在同意他对有人奏停乡试副榜提出的反对意见后，借着江苏巡抚朱国治搞出的奏销案，将拖欠钱粮的徐元文降职调任銮仪卫。

按理，徐元文是先帝宠臣，先帝留下的四辅臣本可以干预，但索尼等人并没有出面，而是批准徐元文请假回家，分辩事情原委。

解释不是难事，徐元文却花了四年时间才得以澄清。康熙八年（1669），鳌拜倒台，幼主亲政，结束了四辅臣的执政时代，也结束了徐元文的蹉跎岁月。好学的康熙帝对于徐元文久仰大名，分派他到陕西担任乡试正考官，迁任秘书院侍读、国子监祭酒，充经筵讲官。徐帝师"闲雅方重，音吐宏畅，进讲辄称旨"。

少年天子对三十五岁的老师很满意，就连不服管教的八旗子弟都很敬畏徐师傅。康熙帝说"后人不能及也"，升其为内阁学士，改翰林院掌院学士，充日讲起居注官。徐师傅在朱子《通鉴纲目》中选择有关国君品德、治国理民的事例为康熙帝讲读。

康熙帝称赞他讲得很精当，对自己的学问和处理政务大有裨益。为表尊师重教，他特令徐元文进讲结束后，免于行礼。

徐元文奉命教习庶吉士，恰好二哥徐秉义会试得中，须参加学习。徐元文须按规定请辞教习任务，康熙帝做出特别批示：徐秉义就不参加了，徐元文继续组织教学。

康熙十八年，徐元文丁母忧还未服孝期满，就被充任《明史》监修总裁官。他到任后，推荐前明遗老李清、黄宗羲、曹溶、汪懋麟等共同编纂，吏部没有批准。康熙却批准了他的建议，但李清、黄宗羲、曹溶三人因年事已高，没能参编。

2

第二年，徐元文任左都御史。他遇事敢言，从不阿谀奉承。平定三藩后，有大臣歌功颂德，请求康熙帝登封泰山。徐元文独持反对意见，说国家的当务之急不是搞那些礼仪活动，而是重振纲纪、整顿吏治、推崇清议、厉行廉耻、端正教化等。

同僚们觉得他的言辞太直，劝他不要上奏。徐元文坚持己见，毅然上奏。康熙皇帝对徐元文的建议颇为称赞，认为是合理的，于是免除了登封大典。

有大臣主张应以将军为主，和督抚共同处理地方民政。徐元文直言不讳：应当以督抚为主，会同将军去处理。双方争论不已。最后，康熙皇帝听从了徐元文的主张。

徐元文对康熙亲政初期的吏治整顿提出了很多好建议。康熙十八年，朝廷定捐纳官到任三年称职者升转，不称职者弹劾。然地方官员罕有以不称职而向上报告的。朝廷拟下令道、府以下捐银者，免题本上奏，照常升转。左都御史徐元文说："国家大体所关，惟贤不肖之辨。三年具题，所以使贤者劝，不肖者惧。输银免具题，是金多者与称职同科。此曹以现任之官营输入之计，何所不至？急宜停止。"（《清史稿·选举七·捐纳》）

他恳求克复云南后，当即降诏中止捐纳，强调官府养士育才没有比质量更重要的。

他先后弹劾福建总督姚启圣纵恣谲诈、浙江副都统高国相纵兵虐民、两淮巡盐御史徇私包庇贪官等，只有姚启圣一人辩解获释。

他虽因涉嫌荐官不善，被处以降三级调用，但很快被康熙帝下诏专门主持史局，不久代其兄徐乾学执掌都察院，且继续做经筵讲官，还做过刑部尚书、户部尚书。

康熙二十八年，徐元文拜相，任文华殿大学士，兼管翰林院事务。康熙帝说："翰林掌院必文学淹通，众所推服者，始克胜任。凡翰林撰拟之文，亦须掌院删润成章。"（《清史列传·徐元文传》）并安排他担任《平定三逆方略》《政治典训》《大清一统志》及三朝国史的总裁官。

3

康熙帝对徐元文的评价是，学识渊博，威望服众。

《清史稿》说："康熙之政，视成、宣、文、景驾而上之，诸臣与有功焉。"徐元文便是功臣之一。

但，有人连续提出了质疑！

康熙二十八年九月，左副都御史许三礼说，徐元文入阁办事后，收受江苏按察使李国亮贺礼银五千两，"去了余秦桧，来了徐严嵩"。"余秦桧"指前武英殿大学士余国柱，而"徐严嵩"指徐元文。被以前朝巨奸喻之，却被康熙帝不了了之。

徐元文的主要工作是秉承圣意修史。他殚精竭虑，废寝忘食，遇到疑难处多次自掏腰包请教熟悉前朝的老人。他自知，强势的康熙帝组建南书房，旨在巩固皇权，削弱议政王大臣会议和内阁权力，故而他不学同僚索额图、明珠、余国柱等争权。

他被康熙帝倚为心腹，但没有其兄、刑部尚书徐乾学那般会摸着皇帝的心思来事。《清史稿·徐元文传》说："元文谨礼法，门庭肃然。"

徐元文主持户部时经常为老百姓减负，查处贪官污吏，然却没有防住几个儿子不断坑爹。

康熙二十九年五月，两江总督傅腊塔弹劾徐的儿子"不遵法度，彼此施威，朋比背恩，以官职为生理，公然受贿，扰害地方"（《清史列传·徐元文传》）。举报函被放在了康熙帝的案头。

一、江苏巡抚洪之杰谄媚他入阁，特地给他弄了一块大金匾，并绣了"瑞协金瓯，泰开玉烛"的大旗，送去一万两贺仪，由其次子徐树本收受。

二、地方采买青蓝布送户部，洪之杰和徐树本等以廉价购买，却报了一万四千两银子，私下分赃不少。

三、徐氏长子徐树声从京城回老家，去巡抚衙门，称带着紧急密信，对门吏动辄打骂。洪之杰闻讯，赶忙打开中门，鸣锣击鼓作乐迎进，不啻钦差驾到。

四、洪之杰多项不法事发，部议革职，徐乾学、徐元文兄弟向康熙帝求情，使他降级留任。洪之杰送银子两万两，又是徐树本接受。

五、徐树声兄弟前去苏州承天寺玩耍，见琅山房恶僧富足，敲诈一千两银子后，嘱托巡抚只留下琅山房僧人，驱逐其他房好僧，激起民愤。

其实，大学霸出身的徐元文，以文名闻世，但他的儿子徐树声和侄儿徐树屏早年参加顺天乡试，一个尽写病句，一个文体不正，被革除举人功名，还差点给徐乾学惹了麻烦。徐元文在京城专心修史，他的子侄们在乡里敲诈勒索、招摇纳贿。

明珠的外甥傅腊塔总督两江，是带着特殊使命前往的。临行前，康熙帝嘱托他要以"天下廉吏第一"的已故两江总督于成龙为榜样。傅腊塔下车伊始，"清弊政，斥贪墨，谳狱尤明慎"，"疏劾大学士徐元文、原任尚书徐乾学纵子弟招权罔利，巡抚洪之杰徇私祖庇"（《清史稿·傅腊塔传》），列罪十五款。

傅腊塔很有官声和治绩。康熙三十三年，傅腊塔死于两江任上，康熙帝下谕"傅腊塔和而不流，不畏权势，爱惜军民。两江总督居官善者，于成龙而后，惟傅腊塔"，遣太仆寺卿杨舒赴江宁致祭，赠太子太保，谥清端，予骑都尉世职。十年后，康熙南巡，经雨花台，赐祠额曰"两江遗爱"。雍正时期，将其入祀贤良祠。

因为遇到了清正无私（也存在挟私打击）的傅腊塔，康熙帝宽免了徐家父子的罪责，但命五十八岁的徐元文提前辞职归里。一年后，徐元文抑郁而亡，据说是"惊悸呕血而死"，但畏罪是真的。康熙帝对他的两个哥哥还很看重，甚至后来重新召回京城，但对"致仕回籍"的徐元文，既不按例赐祭葬，也不给个谥号。

清朝的大学士，若非被定罪制裁者，不被皇帝赏赐谥号进行盖棺论定，是罕见的。徐元文作为康熙帝曾非常信任的老师兼史官，受到这份看似不可思议的政治待遇，让人奇怪。从中可看出，康熙帝虽饶恕了他和他那几个坑爹的儿子，但对他们枉法还是耿耿于怀的。三年后，康熙帝下诏，要将徐乾学召回京城修书，不料徐老大已死两月，并遗疏呈上了徐编《一统志》，但是康熙帝并未感激地赐给谥号。

能为清朝统治者入主中原修史争正统，为其天下最正的政治梦想造文史依据，纵然大臣及其家属干尽了坏事，康熙帝都是一再宽容放任。

但是，一旦人走了，茶便凉了，在帝王心术掩盖的霸权利己主义者康熙帝那里，哪怕是尊重的师傅，或者宠信的臣子，如徐氏兄弟，都不过是为之政治理想鼓吹谀颂之风的阶段性的交易者与合作者。

康熙放纵几个汉臣
践踏国法

1

《清史稿·王熙传》中有一段文字，间接提及康熙帝给汉臣强加了"误国"和"背主"的两大罪名：

"平定三藩后，开方略馆。一日，上谕阁臣：'当三桂反时，汉官有言不必发兵，七旬有苗格者。'又其时汉官多移妻子回家，顾学士韩菼曰：'汝为朕载之！'菼退而皇恐。熙乃昌言阁中曰：'"有苗格"乃会议时魏象枢语。告者截去首尾，遂失其本意。然如其言，岂非误国？移家偶然耳，日久何从分别，其移者岂非背主？汉官负此两大罪，何颜立朝？'"

康熙帝为标榜平藩厥功甚伟，特设史馆撰《平定三逆方略》，详细记述他费时八年，平定吴三桂、尚之信、耿精忠"三藩之乱"，"逆寇荡平，诏赦天下"。

史官谀颂"圣祖仁皇帝特简八旗劲旅，迅扫欃枪。相度机宜，指授方略，剿抚并用，以次戡平"，让世人"既欣睹圣祖仁皇帝实兼守成创业之隆，亦弥仰我皇上觐扬光烈之盛云"（《四库提要·平定三逆方略序》）。

韩菼是撰述者之一。他于康熙二十四年（1685）二月任侍讲学士，一月后擢内阁学士，二十六年二月托病辞归乡里。康熙污蔑汉臣绥靖强敌、举家逃跑，说于康熙二十四五年间。

康熙说此话的诱因，为康熙十八年七月二十八日京师发生大地震，左都御史（后任刑部尚书）魏象枢密奏要杀罪犯。

古人按"天人合一"的观点，认为地震、大旱、暴雨等自然灾害，都是上天意志的体现。天子管理众生，如果失调出现人祸，上天就通过天灾给予警告。《国语》记载，公元前780年，岐山地震，伯阳父曰："周将亡矣。"一语成谶，九年后，西周幽王被申侯和犬戎所杀而亡国。

地震引发朝廷剧震。

释大汕《离六堂集》记载，"万七千人"丧生，北京城内死亡四百八十五人。

清人董含《三岗识略·京师地震》说："官民震伤不可胜计，至有全家覆没者……内外官民，日则暴处，夜则露宿，不敢入室，昼夜不分，犹如混沌。朝士压死者有学士王敷治、员外王开运、总河王光裕、通冀道郝炳等。积尸如山，莫可辨认……有李总兵者携眷八十七口进都，宿馆驿，俱陷没，只存三口……三海关、三河地方平沉为河。环绕帝都连震一月，举朝震惊。"

正为平藩大反攻运筹帷幄的康熙帝，赶忙下罪己诏，说："朕躬不德，政治未协，致兹地震示警。悚息靡宁，勤求致灾之由。"(《清史稿·圣祖本纪一》)警告官员不得对百姓苛取以行媚君王，大臣不得结党营私，领兵大将不得放纵焚掠，蠲租不得不落实政策，刑狱不得冤枉平头百姓，王公大臣要约束属下，不得侵害百姓。

康熙帝警示天下官员"在大法而小廉，政平而讼理"(《清史稿·圣祖本纪一》)，这本是道统和治统的根本，不料却成了非常时期的非常之法。待其打赢了平藩大战，他却反过来要对付，甚至栽赃曾帮助过他的魏象枢等人。

康熙三十三年闰五月，康熙给大学士们作出特别批示，说魏象枢曾在议政王大臣会议上反对对吴三桂用兵，"此乌合之众，何须发兵。昔舜诞敷文德，舞干羽而有苗格。今不烦用兵，抚之自定"(《清圣祖实录》卷一百六十三，康熙三十三年闰五月癸酉)，还不惜与保和殿大学士索额图发生争执，激发矛盾。康熙认为这是"讲道学之人"的误国空谈，故而对魏氏论断提出了严厉的批评，认为他"挟仇怀恨"，要借自己的刀杀了索额图。

而在事实上，康熙帝决意发兵时，魏象枢还只是一个普通的高干（户部侍郎），没有资格出席议政王大臣会议。

有资格出席的武英殿大学士王熙，说："'有苗格'乃会议时魏象枢语。告者截去首尾，遂失其本意。"（《清史稿·王熙传》）魏象枢不是当场谏阻康熙，被告密者掐头去尾改变了原意。

后来，曾任康熙朝礼部尚书兼翰林院掌院学士的韩菼写《文靖王公熙行状》，再一次证实，王熙曾对他说："有苗格，乃会议时魏蔚州语，告者截去首尾，遂失其本意。"（《碑传集》卷十二）康熙帝命令韩菼，在撰写《平定三逆方略》时，将魏象枢反对对吴发兵之事写入，还说有汉官转移妻儿老小回家。韩菼很惶恐，问王熙是否属实，王熙力证康熙帝说了假话："待缚我之东市，君乃载耳。"

康熙帝污蔑魏象枢，要让汉官背负"误国""背主"两大罪名，无颜立于朝堂之上。王熙甚为忧虑。他找到了大学士明珠向康熙帝申辩。康熙帝承认，他说魏象枢反对出兵以及有汉官转移家人，并无真凭实据，而是得自传言。

康熙帝妄图把他的狭隘民族论强加给汉人，不料遇到了不怕死的王熙，于是不好意思地说："朕固知此两事载不得也。"但他言而无信，还是不断地说，关于他的起居注和实录，就多次记录在案！

一个皇帝，拿着虚假的风闻奏事，反复污蔑已死多年的重臣魏象枢，说他为泄私愤密奏请杀大学士索额图，激化大臣之间的矛盾。

2

康熙帝不露声色地为清朝统治者入主中原的正统论、合理性做准备。为了做成此事，他借了魏象枢一次密奏、死无对证来敲打满朝大臣。他在驾崩前，还给后世君王留下遗诏："自古得天下之正莫如我朝！"

康熙为了给自己的出身贴金，特地将其本属汉军的生母佟氏抬旗。他在朝堂上挂了一块"正大光明"的大匾，标榜自己的公正，却为了清朝统治正统论，阴险地以污蔑大忠臣魏象枢去污损未同他争权的汉官群体，又别有用心地、大规模地引进很有才情的汉官名士为他修史，秉承圣意唱赞歌。

康熙帝大肆干预《明史》的编写工作，花大气力去弄《大清一统志》等官修史书。

为康熙帝的政治理想修史者，主要是两批人，前有熊赐履、叶方蔼、张玉书、孙在丰、王士祯、朱彝尊等，后有陈廷敬、徐乾学、高士奇、王鸿绪、张英、励杜讷等。为了使这些人心甘情愿地为他的政治需要信笔记述，他不惜给高官厚禄，在他们垂垂老矣时给予宰相待遇，位极人臣，官至极品，题词赋诗不无肉麻。

康熙三十一年，康熙恢复被连降三级的张英的礼部尚书职务，命其仍兼管翰林院、詹事府，先后充任纂修《国史》《大清一统志》《政治典训》等的总裁官。五年后，年逾花甲的张英，以年老上疏辞去兼管翰林院、詹事府事务。不久，康熙将张英提拔至文华殿大学士兼礼部尚书。张英精力并不好，以衰病再次乞休致，被允准以原官致仕。陈廷敬、李光地被授予文渊阁大学士时，都是花甲之人了。

康熙帝正值壮年，为何对这些老人和文人特别感兴趣呢？

一、笼络汉族知识分子入直南书房出谋划策，使南书房成为新的权力中心，削弱议政王大臣会议及外朝内阁的权力，强化皇权。

二、为自己重建儒家道统观和治统观，形成裁断学术的最高权威，在话语权上钳制天下人在思想意识上承认清朝统治"得天下之正"。

昭梿在《啸亭杂录》卷一《优容大臣》给出的答案冠冕堂皇："仁皇天资纯厚，遇事优容，每以宽大为政，不事溪刻。"他却不敢提及康熙帝对魏象枢生前很优容尊崇，待其死后却极尽恶毒地污蔑，穷追猛打。

这只能说明一点，魏象枢耿直，不像那些能"朝夕谈论，无异友生"且唯命是从的儒臣，忠实地完成给他们布置的特殊的政治任务。康熙帝不自信地修特殊的历史，以满足清朝政权的正统论，让人们以为清朝统治是天命所归，为德治天下，从而使人们和后世对清朝的政治统治，从民族征服和民族屠杀的血色战争中，淡化满汉之间的族群对立。

3

康熙朝战事频仍、国力虚耗，产生了新的矛盾。康熙以修史玩障眼法，让天下人在一个夸诞和矫饰的谀颂风气中，看到貌似"万民康乐安宁，天下兴盛"的盛世。

为此，"枉法诸臣，苟可宥者必宽纵之"（昭梿《啸亭杂录》卷一《优容大臣》），能宽恕的都被饶过。还有徐乾学、高士奇、王鸿绪之徒，不断触犯甚至践踏国法，监察部门和地方官员多次举报，称他们"表里为奸，恣肆于光天化日之下，罪有可诛，罄竹难悉"，"欺君灭法，背公行私，其罪之可诛"，"豺狼其性，蛇蝎其心，鬼蜮其形"（《清史列传·高士奇传》）。他们所犯的罪过足以杀几次头！康熙帝也心知肚明他们搞团团伙伙，却只暂时性地罢免他们的实职，而不进行实质性的惩处，还容许他们随意出入禁廷，甚至想方设法为他们的复出找理由。

康熙帝对这些不断违法的汉臣采取放任的态度，近乎离谱地为他们的招摇纳贿找借口，说他们原是靠步行、穿粗布的秀才，一朝得道高升，住进锦绣华堂，坐上驷马车子，不贪污受贿怎能实现这等奢华的享受？为此，他强调这是不能深究的！

康熙帝为证明大清国立国即正，不惜以修史作为遮掩，以破坏国家吏治作为代价，毫无底线地豢养以修史为名暗生祸胎的御用文人。他在给后继之君留下继续为正统论进行保卫战的遗命时，也留下了一个吏治废弛、官场浑浊而国力空虚、外强中干的虚壳。

康熙心腹干尽坏事，
还被夸光焰万丈

1

顾炎武虽有清朝开国儒师之称，但以死累拒仕清。康熙帝开博学鸿儒科，招纳明朝遗民。帝师叶方蔼多次请顾出山，都被拒绝，顾表示"耿耿此心，终始不变"。曾被革职回家的前武英殿大学士熊赐履，也去信顾炎武，邀其出来效力，顾炎武直言"愿以一死谢公，最下则逃之世外"。

然，他却给康熙帝资助出学霸三兄弟，即"昆山三徐"：老大徐乾学、老二徐秉义、老幺徐元文。老大、老二分别是康熙九年（1670）、十二年的探花郎；他们的弟弟徐元文出名更早，早在顺治十六年（1659）即名列进士第一，被顺治帝称为"佳状元"，赐冠带、蟒服、乘御马等。

徐氏三兄弟是顾大儒的外甥，也是康熙帝看重的大臣。徐老大虽不像徐老三官至文华殿大学士，但最得圣心，即便干尽了坏事，也被康熙帝一而再、再而三地力保。

康熙十一年顺天会试，他出任副考官。他从弃卷中挑出了韩菼，使之有机会参加会试，得中状元。但，他却在副榜中遗取汉军卷，被举报，获罪降一级调用。

三年后，康熙帝为解决平藩前线需要的巨额兵饷，采取捐纳的方式补充朝廷财政，明订价格行之。徐乾学按康熙帝的卖官条例，出了一大笔钱，被复任编修。

虽然回了翰林院，但因其三弟徐元文正给康熙帝做经筵讲官，加之他本人文名在外，很快被康熙帝关注，改任左春坊左赞善，兼日讲起居注官。官职品秩不高，但是负责给皇帝敷陈经史、回答皇帝咨询、兼记皇帝言行，徐乾学成了康熙身边的人。

徐乾学会来事，也善于逢迎，被破格提拔为《明史》总裁官，升侍讲学士。

康熙帝的最大政治任务就是为清朝入主中原争正统，为他最大的政治理想"自古得天下之正莫如我朝"铺路。他很早就干涉《明史》的编写工作。徐乾学作为御用文人，去明史馆总裁事务，就是带着特殊的使命的。

大清国作为建立于关外的政权，直至进入北京城成为中华帝国史上的一个朝代，成为全国的统治者，既要大量吸收坚守儒家道统和治统的士大夫和前明官员，让他们与自己合作，又要给世人制造明人"迎请"而非"征诛"与"禅让"的表象，以便让绝大多数人接受他们少数人的绝对政治统治。

徐乾学为康熙帝的政治需要和统治思想，进行各种各样的舆论和理论服务：如组织人马编纂关于丧礼的重要著作《读礼通考》；如帮助明珠之子纳兰性德搜集唐宋元明学者的解经之书，辑成《通志堂九经解》。

徐乾学尽力地满足康熙帝的需求。康熙帝对他的工作是满意的，即便后来他因违法乱纪被免职，康熙帝仍命他继续编书，请假回老家也必须把书籍带去编辑。

2

康熙二十六年九月，礼部侍郎充经筵讲官徐乾学，被学生皇帝提拔为左都御史。他甫一上任，就拿下江西巡抚安世鼎，动员诸御史风闻奏事。

他这样做，一是为了立威，二是做强自己。他是一个善于曲意逢迎、阿附权门的投机主义者，先投效康熙的新宠明珠，打击不得势的前权臣索额图，继而自成一派，对皇帝日渐弃用的明珠倒戈相向。待索额图彻底失势后，他又联手索额图、熊赐履打击明珠，使之日益被闲置。

李光地说徐谲诡奸诈，是朝中的危险人物，但，这一场朋党交叉较量的观察员兼裁判员却是最高统治者康熙皇帝。帝师徐乾学不过是一颗按圣意拱动的马前卒。

湖广巡抚张汧贪腐案发前，徐乾学正与明珠集团大将、户部尚书科尔坤、佛伦，在廷议廷推上展开多轮攻击战。《清史稿·佛伦传》记载，"御史陆祖修亦劾佛伦祖辅，且言：'九卿会议时，尚书科尔坤等阿佛伦意，尚书张玉书、左都御史徐乾学言兴屯所占民田应还之民，科尔坤置不闻。他九卿或不得见只字。'"

康熙二十六年，侍郎色楞额前往湖广找有不法问题的上荆南道祖泽深谈话，御史陈紫芝告发明珠的死忠分子张汧"莅任未久，黩货多端，凡地方盐引、钱局、船埠，靡不搜括，甚至汉口市肆招牌，亦按数派钱。当日保举之人，必有贿嘱情弊，请一并敕部论罪"（《清史稿·陈紫芝传》）。康熙帝派直隶巡抚于成龙、山西巡抚马齐会同左副都御史开音布复查，查实案情，得知祖泽深被其交结的明珠心腹、武英殿大学士余国柱包庇，张汧曾派人到京城行贿。

康熙帝下旨法司严查核准，鞠诘张汧给哪些人送了银子，牵扯到正在为康熙皇帝修史的刑部尚书徐乾学、詹事府少詹事高士奇和吏部尚书陈廷敬。康熙帝却不深究，说"此案严审牵连人多，就已经审实者即可拟罪，勿令滋蔓"（《清史列传·徐乾学传》），只是将色楞额、张汧和祖泽深按律处死后，就草草了结了。

徐乾学上疏称"为贪吏诬构"，请"放归田里"。康熙帝准徐乾学罢任，但"其修书总裁等项，着照旧管理"。高士奇、陈廷敬亦疏请归田里，康熙帝命解任修书。修书，是康熙帝交给他们的政治任务，也是康熙帝意图主观修史以正名的政治事业。

3

被罢任的徐乾学却没有想到,他首次出任部院大臣的都察院,于康熙二十八年四月来了一位叫许三礼的左副都御史。

许副都御史对徐前都御史很不客气。他上疏弹劾徐乾学结党营私,争权夺利,与高士奇互为表里、招摇受贿,并纵容子侄贪赃受贿,广占田产。但他似乎又赏罚分明,将徐氏二弟徐秉义夸为"当代伟人",说被罢免的熊赐履"可称千古人品",希望皇上能够加以重用。

行文中,许三礼讲究策略,先按当时盛行的谀颂之风给康熙拍马屁:"圣主必需贤佐,惩贪不外远奸。大小臣工幸逢圣主,应为贤臣。"(《清史列传·徐乾学传》)话锋一转,攻击徐乾学"不顾言行,律身不严",与张汧有牵连,被皇上从宽处理,不但不"引咎自退,乞命归里",还留在京城"乘留修史为名,出入禁廷"。

康熙帝对徐乾学留在京城、出入宫廷,是特许的。因为徐乾学正在为他的清朝正统绞尽脑汁。他要保护徐乾学,于是让他想办法回击许三礼。徐乾学逐条回奏申辩,发誓自己要是接受了张汧一钱,就甘愿被千刀万剐。张汧早已被绞死,死无对证。

康熙帝说许三礼所举报的徐乾学招摇纳贿查无实据,其子徐树谷蒙混考选御史也不翔实,要将许三礼降两级调用。

康熙帝又想不了了之,同时示警许三礼不要没事找事。但没想到许三礼锲而不舍,拿出徐乾学违法的诸多证据:一、主持乡试、会试,给亲戚门生舞弊考试,有何焯案尚未了结为证;二、与盐商合作,在扬州牟取暴利,同时投资布商、开设银号,有名有姓;三、多次通过管家收受不同名目的贿赂,管家之一因张汧案发外逃;四、找了无赖在京城和外地置办大量房产、花园;五、徐元文任大学士后，民间传唱"去了余秦桧，来了徐严嵩""乾学似庞涓，是他大长兄"。另外，还有"五方宝物归东海，万国金珠贡澹人"之对语，"东海"为徐氏郡望，而"澹人"则是高士奇的别号。徐乾学与高士奇结为亲家，招摇受贿满天飞……

徐乾学无法申辩就言他，企图中伤许三礼。他请假回老家扫墓，康熙帝却说：徐老大学问渊博，修史有功劳，准假回家，继续编书。

徐乾学临走前，康熙帝特地给他写了四个大字："光焰万丈。"

光焰万丈？是表彰徐乾学的事功杰出，还是康熙帝自许正统大业？匾额成了保护伞，成了老徐更加妄为的资本。三个月后，两江总督傅腊塔（明珠的外甥）上报，徐乾学指使苏州府贡监找巡抚，要给他在虎丘山建生祠。康熙帝置之不理。

康熙三十年，傅腊塔弹劾徐乾学与徐元文兄弟"招摇纳贿，争利害民"不法之事十五款。康熙帝下诏"勿深究"。徐元文惊悸呕血而死。据统计，康熙二十九年至三十一年三年间，徐乾学一家被控做了二十多起坏事，康熙帝却不深究。

两年后，康熙下谕大学士推举文章学问超卓的人上来，王熙、张玉书等举荐徐乾学与王鸿绪、高士奇，康熙帝命他们来京修书，却没想到徐乾学于三个月前已病逝。

徐乾学遗疏将他编纂的《大清一统志》进予康熙。康熙下诏恢复他之前的官职，但没有赐祭葬，也不给谥号。

利用的价值没了，也就没必要盖棺论定了。

康熙帝为了彰显自己的文治武功，对于心腹大臣的贪赃不法始终不理不顾，甚至任其滋蔓。康熙帝中后期出现严重的吏治弊政，留给后世的一笔巨大的糊涂账，无疑是他放任助长所致，这是他无法躲过的政治污点。

李光地做不了
康熙理想的女婿

1

电视剧《康熙王朝》对李光地的设计，是他被绑进京，被康熙强制做官。康熙及其宠女蓝齐儿格格都看中了他。康熙很想让他给蓝齐儿做老公，就连给蓝齐儿送一只玉兔做生日礼物，也想到了李光地生肖属兔。

言下之意，李光地年长蓝齐儿十二岁。

电视剧对于李光地的情感戏设计，来了两桩另类的发酵：

一是李光地在与蓝齐儿热恋期，养了一个小妾，使其怀孕。后来，这事成为索额图要挟他的把柄，李光地最终供出，康熙大为光火，差点弄死他。

二是噶尔丹进京，看中了蓝齐儿，威逼康熙和亲。康熙为了稳住噶尔丹，腾出手来收复台湾，只好牺牲宝贝女儿。康熙爱女儿更爱江山。

好一个三角恋，但为了政治需要，只能成就政治强人。

单从这出戏来看，康熙和噶尔丹都是胜利者。但观长线，牺牲的只是蓝齐儿这个可怜女人，康熙让她年纪轻轻守寡，而李光地最后逆袭成为皇帝跟前的红人。

2

历史的真相是这样的吗？李光地真的是康熙最理想的女婿吗？

先说康熙和蓝齐儿这对父女。

康熙先后生了二十个女儿，收养了一个，但夭折了十二人。皇帝的女儿，叫公主，不叫格格。存活下来的公主们，个个名花有主，六人嫁到了博尔济吉特家，一人嫁给了蒙古杜棱郡王次子，一人嫁给了佟国维的孙子，一人嫁给了皇帝的侍卫大臣孙承运。一个也不多。

蓝齐儿是虚构的，康熙已无女可嫁噶尔丹了。事实上，噶尔丹的妻妾中，也没有一位来自清朝皇室的女人。

再说李光地和蓝齐儿这对恋人。

李光地出生于 1642 年，康熙的皇长女固伦荣宪公主出生于 1673 年，就是说李光地至少要年长所谓的蓝齐儿三十一岁，应该远远不止。同时，康熙出生于 1654 年，也小李光地十二岁。

康熙即便再喜欢李光地，也断然不会把十多岁的公主嫁给一个五六十岁的老头。按这样的算法，这个老头也该儿孙满堂，康熙也不情愿让自己的宝贝女儿给一个糟老头做妾或填房。

噶尔丹也比康熙要早出生十年。古代为了和亲，皇帝不会理会这。但一个强势的皇帝断然不会把公主嫁给一个妻妾成群的臣民。

这是小说家和编剧们制造的饭后谈资，他们不是让康熙和年长他四十二岁的苏麻喇姑，演了一场刻骨铭心的虐情戏吗？

3

虽然康熙的女儿嫁不了李光地，但康熙确实喜爱李光地。

李光地是历史上真实的人。他不是被迫出来做官的，而是康熙九年（1670）的二甲第二名进士，翰林院编修出身。

他对收复台湾做出了贡献。康熙十七年，回家省亲的福建人李光地招募乡勇，击溃台湾郑经（郑锦）部将刘国轩，因功被举荐为翰林学士，不久官至永州总兵。

康熙大胆任命台湾降将施琅担任平台将领，顺利收复台湾，也正是李光地举荐了施琅。

《清史稿·李光地传》记载：康熙"十九年，光地至京师，授内阁学士。入对，言：'郑锦已死，子克塽幼弱，部下争权，宜急取之。'且举内大臣施琅习海上形势，知兵，可重任，上用其言，卒平台湾"。

李光地不但对"统一台湾"有功，而且对"平定三藩"也出了不少计策。当时，靖南王耿精忠和台湾的郑经同时拉拢李光地，李不为所动，暗中书写密折，藏在蜡丸中，派人送往京城，通过内阁学士富鸿基呈给皇帝。康熙帝看到密折后，深为感动，嘉许李光地的忠诚，并下命兵部，录其为领兵大臣。

李光地此后虽经历宦海沉浮，但却一直被康熙重用和信任。

江宁知府陈鹏年冒犯河道总督阿山，坐事论斩。李光地上书，言阿山任事廉干，独劾陈鹏年犯清议。康熙下旨：陈鹏年坐夺官免死，征入武英殿修书。后来，陈鹏年出任苏州知府，致仕河道总督。

两江总督噶礼与巡抚张伯行相互攻讦，朝廷遣大臣往讯，久不决。李光地又出手，康熙下旨罢噶礼，复伯行官。

桐城贡士方苞坐戴名世狱论死，康熙某次言及侍郎汪霦卒后，谁能作古文者，李光地说："惟戴名世案内方苞能。"经其转圜、举荐，方苞得释，召入南书房。

4

《清史稿·李光地传》记载，康熙称："李光地谨慎清勤，始终一节，学问渊博。朕知之最真，知朕亦无过光地者！"

康熙四十二年，直隶巡抚李光地，治理了当地水患，奉旨整治漳河、子牙河、永定河，平息水患，大兴水利，开创了古代治河的新篇章，被拔擢为吏部尚书。两年后，吏部接到康熙谕旨："李光地居官甚好，才品俱优，着升为文渊阁大学士。"

年逾花甲的李光地在文渊阁大学士这个相位上，一直干到康熙五十七年病逝，达十五年之久。

清袭明制，不设丞相，以大学士充内阁主持朝政。到了康熙年间，大学士已是一品大员。

清朝的文渊阁大学士，为康熙九年始设，三十八年佛伦首任，一朝历任者为佛伦、席哈纳、陈廷敬、李光地、王掞五人。李光地任期最长。

康熙五十六年正月，阁臣奏定孝惠章皇后谥号，疏中脱漏"章皇后"三字，部议将李光地降三级调用，康熙下旨宽免。

这些，足见李光地被康熙帝格外看重。

此外，他是位理学大师，并竭力向朝廷推荐朱子学，竭力鼓吹道统说，借经筵日讲这一法定形式向康熙帝灌输程朱理学为核心的儒家学说，奉旨编纂《朱子全书》《性理精义》《周易析中》，成为清初复兴理学的中坚人物。

李光地还十分注重科学技术的研究，在天文、地理、历法、数学、音韵、音乐、兵法、水利等诸多领域都卓有建树，且在文学、诗歌创作上造诣很高，堪称清代一位不可多得的大学问家。其著述甚丰，共四十三种，后人编为《榕村全集》，存三十八种。

李光地才具出众，深得康熙信任，而且雍正上台后，也对已死去十多年后的李光地，特赠太子太傅，祀贤良祠，在碑文中褒其"学问优长"，是卓然一代之完人（雍正帝《谕祭文》，雍正十一年六月）。

遗憾的是，《康熙王朝》把这个真实的人，弄成了虚构的人。在他终老时，还安排康熙把他贬到台澎做知县。原因是，他太忠君报国了。

康熙耍赖复储，
最大的滑头成了知己

1

康熙四十七年（1708）九月初三日，皇长子胤禔向父皇密报：太子胤礽趁着夜色，走近您的幄城（帷幔），向内窥探。

康熙帝的人身安全受到了严重的威胁。

威胁者，是他的储君。

此时的康熙，正在回京途中。他正为皇十八子胤祄病逝在自己的怀里，伤痛不已。胤礽对亲弟病危幼殇异常冷漠，也让康熙感到了极大的悲愤。

这让康熙帝想到了一年前，心腹词臣、工部尚书王鸿绪在苏州调查太子强买平民子女的密折："有从中窥探至尊动静者。"（《康熙朝汉文朱批奏折汇编》第一册）

帐殿夜警，引起了康熙帝的高度重视。

他自五年前，以"结党议论国事"的罪名将领侍卫内大臣索额图逮捕拘禁，活活饿死后，就对太子产生了警觉。作为太子集团的核心人物，索额图有可能图谋大事，力挺胤礽对康熙取而代之。

所以，胤禔的告密，让康熙感到他扶持了三十三年的储君，应该对他将索额图幽禁致死"蓄忿于心，近复有逼近幄城，裂缝窥伺，中怀叵测之状"（《清圣祖实录》卷二百三十四，康熙四十七年九月丁酉）。

曾经唯一可信赖者，竟然被揭发欲行弑逆之事。

盛怒之下，康熙宣布决意废储。

然而，让康熙更加痛苦的是，胤禔在得到康熙明确表态并无立他为储的信息后，改拥老八胤禩，并告诉康熙：如果要诛杀胤礽，他可以代父行万难之事。

储位之争无兄弟。

帝王心术无父子。

索额图事发后，康熙每每外巡，不再命太子监国，而是带着他和胤禔同行。康熙既不废黜胤礽，又要胤禔制衡他。

胤禔的冷血，让康熙更加惶恐。

康熙不想立即废黜胤礽了。他几番向诸王、贝勒、满汉文武大臣们释放后悔的信息，甚至造出了"近日有皇太子事，梦中见太皇太后颜色不殊，但隔远默坐，与平时不同。皇后亦以皇太子被冤见梦"云云的故事。

然而，以和硕康亲王椿泰为首的大臣，并未体会到康熙的苦心，更恼怒于胤礽"肆恶虐众，暴戾淫乱"（《清圣祖实录》卷二百三十四，康熙四十七年九月丁丑），不得人心。

2

康熙不愿意兑现废储。

一、他是在康熙十四年初立刚满周岁的胤礽为太子的，时为平藩大战全面打响之际，国家情势危急。康熙学习汉人的嫡长子皇位继承制，得到了汉人官员和士大夫的支持，从而合力平定三藩。康熙在位超长待机，他甚至有准备提前交权，将政事交付胤礽，自己选择一方水土佳处，欣赏胤礽的大有作为，"以获优游养性"（《清圣祖实录》卷二百三十五，康熙四十七年十月甲辰）。

二、胤礽为康熙首任皇后赫舍里氏用命换来的难产儿。康熙亲自抚养胤礽于宫中，教以读书骑射，使之成为诸皇子中的佼佼者，就连西洋来的传教士白晋也夸"他那英俊端正的仪表在北京宫廷里同年龄的皇族中是最完美无缺的"。胤礽既是康熙对发妻的情感所系，又是自己教育成果的体现。

三、胤礽窥伺事发后，康熙很快发现皇长子胤禔与皇八子胤禩蠢蠢欲动。他在肯定胤禔护驾有功的同时，表明并无立胤禔为皇太子之意，从而警示其他庶出皇子不得妄动！遍览史书的康熙，不想本朝出现储位之争。后来出现的"九子夺嫡"，让他身心疲惫，日渐衰颓。

四、康熙自许文治武功，开疆拓土，不想因为选择接班人之事，给自己脸上抹黑。只可惜他金口玉言，得到了反太子的满朝文武的联合呼应，最后不得不派人告祭天地、太庙、社稷，正式废储。他在第一次废储后，很快找到了胤礽被人陷害、鬼魅缠身的理由，搬出了孝庄太后与赫舍里皇后托梦，要复立胤礽。

康熙废储，情非得已，他一再力保胤礽，既有公心，又为私情。

3

当他决意复储，又想借力满朝文武大臣重新推举胤礽再次出任皇太子时，情势发生了巨大的变化。

大家联合抵制康熙的复储计划。

康熙倚重的领侍卫内大臣阿灵阿、鄂伦岱，武英殿大学士马齐以及揆叙、王鸿绪等，半公开地联名诸大臣，一直推举此前很得康熙重用的皇八子胤禩。

就在前几天，康熙还在说：大家公推的，我一定遵从。但当胤禩以绝对优势胜出时，康熙立马食言，而且近乎刻薄地狂污自己的儿子："八阿哥未尝更事，近又罹罪，且其母家亦甚微贱。"（《清圣祖实录》卷二百三十五，康熙四十七年十一月丙戌）

他就是要复立胤礽为太子。

对他的再次不理智，其亲舅舅兼双重岳父、原领侍卫内大臣佟国维狂泼冷水："皇上办事精明，天下人无不知晓，断无错误之处。此事于圣躬关系甚大。若日后皇上易于措处，祈速赐睿断；或日后难于措处，亦祈速赐睿断。总之，将原定主意熟虑施行为善。"（《清圣祖实录》卷二百三十六，康熙四十八年正月癸巳）

忠言逆耳。

康熙狂骂：你既是国舅，又是大臣。皇太子此前染上疯病，我为国家计，将他拘执。后来发现他为人镇魇，现已调治痊愈，又怎么不能释放？"殊不知舅舅之肆出大言、激烈陈奏者，系何心也"，你"倡造大言，惊骇众心"（《清圣祖实录》卷二百三十六，康熙四十八年二月己巳），是什么居心，还有理啊？

康熙帝抹面无情，佟国维请罪求死。

康熙饶过了佟国维，但是其长孙顺安颜额驸的身份被革退了。嫁到舅公家的温宪公主，已于康熙四十一年七月中暑病逝，康熙不再承认顺安颜这个女婿了。

康熙强势复储，急需支持者，于是想到了武英殿大学士李光地。

此前，康熙曾单独找李光地谈话。李光地揣摩圣意，套了一番养心的大道理，变着话说：只要废太子痊愈，就可以复立为新太子。

可是到了廷议时，李光地不发一言。他不想激起众怒。

李光地圆滑，康熙逼他再次发言。李光地说："前皇上问臣，废皇太子病如何医治，方可痊好。臣曾奏言，徐徐调治，天下之福，臣未尝以此告诸臣。"（《清圣祖实录》卷二百三十五，康熙四十七年十一月丙戌）

"徐徐调治"是人情，而"天下之福"为国事。

病愈不复储，遑论"天下之福"。

话举轻若重，为康熙僵持的复储破局。

第二天早朝，康熙说胤礽已经调治痊愈。大臣们经历了康熙前日的打压，该骂的骂了，该关的关了，于是顺着李光地递过去的竿子，大肆拍康熙的马屁：

"皇上灼见废皇太子病源，治疗已痊，诚国家之福，天下之福也。伏祈皇上即赐乾断，颁示谕旨。"

一出废立闹剧，康熙自导自演，逼着大臣们说并无不同心。

李光地也被康熙狠狠地表扬了一句："知朕亦无过光地者。"（《清史稿·李光地传》）

康熙"再活五百年"
歪解了谁的话？

1

玄烨八岁登基，年号康熙，寓以"万民康乐安宁，天下兴盛"之意。作为清廷入主中原后的第二代最高领导人，他的任务只是治国，让天下归心。

康熙少年时挫败了权臣鳌拜，成年后先后取得对三藩、台湾、准噶尔的战争胜利，驱逐沙俄侵略军，以《尼布楚条约》确立我国在黑龙江流域的领土主权，举行多伦会盟取代战争，怀柔招呼外藩蒙古。

他始终不改元，使用康熙年号长达六十一年。

曾教过他算术和几何的法国传教士白晋说："（康熙帝）具备天下所有人的优点，在全世界的君主中，康熙帝应列为第一等的英主。"

这代表了老外对东方皇帝的最高评价。西方史家把他和同时期的俄国彼得大帝、法国路易十四联系在一起，认为他们仁的共同特点是"标志着前工业时代，传统君主王权的最高阶段"（《剑桥中国清代前中期史》）。

这位被老外评价甚高的中国皇帝，国人也推崇之至。一顶"圣祖仁皇帝"的桂冠，似乎说他是有道明君。

电视剧《康熙王朝》主题歌《向天再借五百年》，貌似写出了康熙皇帝对生命和权力的无限渴望。

他想长生不老！

此曲一出，广为流传，传唱至今，褒贬不一。

不少人以"如果康熙再活五百年"为假想史,展开了各种各样的猜想。历史不容假设,历史不忍细看。如果康熙真的变成了"再活五百年"的老妖怪,那带给中国的只能是无穷黑暗!

且不说他酝酿"欲严洋禁",至康熙五十五年(1716)断然禁止南洋贸易,闭关锁国,何等怯弱和愚蠢,只从其统治后期来看,他大力强化自己私人的办公室南书房,同大臣们争权,组织一帮文人编写这样那样的史书为他的政权正名。

康熙的政治理想,在国泰民安的幌子下,被中期以来的谀颂之风包裹。他操盘,先后将精明能干的索额图、明珠整垮,又聚集一批文臣在身边,挂名大学士,老实地承旨书谕、总裁类书,为其"自古得天下之正莫如我朝"(《清圣祖实录》卷二百七十五,康熙五十六年十一月辛未)的政治统治服务。

为此,他早早地接受汉臣理学的系统教育,专崇程朱,潜修理学,标榜文化选择,形成特殊时代的主要意识形态,在用人行政的政治实践中灌注愚人的理学思想。

2

康熙的帝王心术是惊世骇俗的,亲政伊始便步步为营,明确绝对权力意志,始终把军政大权牢牢控制在手中,绝不会分任于人,充分宣示着一个政治强人的威势。

他要彻底改变曾被四辅臣操控的傀儡命运,将辅政的阁臣操控得唯诺顺承。当他听到高士奇说,群臣不敢弹劾大学士明珠、余国柱卖官鬻爵、把持票拟时,狠狠地说:"若等势重于四辅臣乎?我欲去则竟去之!"

这样的威势宣示,被他的宠臣李光地作为"本朝时事",写进了《榕村续语录》卷十四。

李光地虽对康熙帝极尽忠诚,但他出卖密战的好友陈梦雷,将二人曾身陷耿精忠叛逆集团的合谋独占报功，成为康熙帝的新宠。几年过后，李光地由兵部挂号的带兵大臣，成了康熙帝亲自简拔、入直讲幄的掌院学士兼经筵讲官。他继熊赐履、张英和陈廷敬、徐元文等后，向康熙帝鼓吹要承继道统、重振理学："孟子谓，尧舜以来五百年必有王者兴……自朱子以来，至我皇上又五百年，应王者之期，躬圣贤之学，天其殆将复启尧舜之运，而道与治之统复合乎？伏惟皇上之命，任斯道之统，以升于大猷。"（《碑传集》卷十三彭绍升撰《李文贞公事状》）

李光地歌功颂德，说康熙为朱子"五百年"后尧舜式的王者，激发他对朱熹推崇备至，兴奋地说："知光地者莫若朕，知朕者亦莫若光地矣！"

在封建君王的专制时代，皇帝是天子。康熙帝虽知道天命所在，乃父顺治帝只活了二十四岁，其祖皇太极寿命不过五十二岁，但他还是自许"万岁"，断然不会说"我真的还想再活五百年"。

康熙帝在发布于康熙五十六年十一月辛未日的那份著名的《面谕》中强调"今朕年将七旬，在位五十余年者"，炫耀自己"始皇元年至今，一千九百六十余年，称帝而有年号者，二百一十有一。朕何人斯，自秦汉以下，在位久者，朕为之首"（《清圣祖实录》卷二百七十五，康熙五十六年十一月辛未），也不见他谈到还想"再活五百年"。

李光地以吏部尚书拜文渊阁大学士，一度成为科道言官的中心，令大学士嵩祝都趋奉他，求他在康熙帝面前美言，权势赫奕，但也不敢祝康熙帝"再活五百岁"。皇帝是自欺欺人的"万岁"，李光地赞他为五百年来兴盛帝，马屁没拍到马蹄上。

康熙五十一年二月，康熙说："宋儒朱子，注释群经，阐发道理，凡所著作及编纂之书，皆明白准确，归于大中至正。经今五百余年，学者无敢疵议。朕以为孔孟之后，有裨斯文者，朱子之功最为弘巨。"（《清圣祖实录》卷二百四十九，康熙五十一年二月丁巳）

康熙帝说的"五百年"，是对李光地谀颂的回应，赞赏朱熹的理学影响至今有五百多年，而不是自己要再活五百年。

3

理学以崇尚儒学和孔子为旗号，以道德神学为天理，宣扬儒家神权与王权的合法性依据，契合清初统治者的政治需求。尤其康熙帝在入主中原、平定各地反清势力和三藩之乱后，要从道统和治统上标榜清朝统治承继了中原历代王朝的正朔，避免民众与统治者的冲突，又竭力推动民众承认清朝统治的合法性与合理性，甘愿被统治。

熊赐履、李光地等以理学名家的姿态，前赴后继地向康熙灌输以程朱理学为核心的儒家学说，粉饰社会伦理秩序，深度迎合了康熙帝的政治心理需要。

康熙帝对这些理学名臣的讲论文义，是很满足的。他说自己在处理"政务之暇，惟好读书，始与熊赐履讲论经史，有疑必问，乐此不疲。继而张英、陈廷敬等以次进讲，于朕大有裨益"（《康熙起居注》康熙二十六年五月十一日）。

康熙帝在平定江南、收复台湾后，亟须从意识形态上标示清廷为天下最正，尊崇文臣们进讲的程朱理学，通过士大夫向天下人传递出一个概念，即"太祖、太宗初无取天下之心"，但因李自成攻破京城，崇祯自缢，而使顺治帝因"臣民相率来迎，来翦灭闯寇，入承大统"（《清圣祖实录》卷二百七十五，康熙五十六年十一月辛未）。

康熙帝就是要通过文人传播的儒家道德教条和礼教观念，向主体民族汉人传递一个信号：清军入关，乃天命所归，是承席先烈、顺天应人。

理学名臣们忠诚地帮助康熙帝为清朝得天命而大呼"古今之大变"，为其倡导的争正统政治大业开路。当康熙帝年老时利用文字狱打击异议人士时，理学名臣们又忙着做帮凶和顺从者。

康熙五十年，左都御史赵申乔弹劾授翰林院编修戴名世早已印行的《南山集》记录南明桂王史事多用南明年号。戴名世以大逆罪下狱，两年后将其处以腰斩，并株连包括桐城派开山鼻祖方苞、侍郎赵士麟、淮阴道王英谟、庶吉士汪汾等在内的三百余人，震动儒林，影响后世。这就是著名的《南山集》案。

第二年春，九卿会议戴名世案，说："我朝定鼎燕京，剿除流寇，顺天应人，得天下之正，千古之所未有也。七十载万国朝宗，车书一统，薄海内外，咸奉正朔。皇上御极以来，隆礼前朝，轶古越今，天下人民，咸戴生全义育之恩，沦肌浃髓。"（《戴名世集》附录《记桐城方戴两家书案》）

是时，已退休的陈廷敬被返聘入直办事，尚未病逝，却未见史料证明他出来说情。但他为康熙的"天下之正"，完全一副功成不必在我、建功必须有我的认真劲。

虽然李光地出面，"欲疏救于万死一生之地"，也"卒不可得"。而那个举报者赵申乔，就是李光地举荐提拔上来的。二人的关系好到了何等程度，史料未载，但是穿一条裤子还嫌肥，就连康熙帝也时刻警惕他们结党营私，只是没有找到证据罢了。

康熙晚年对李光地既爱又设防，怀恨且亲近。曾在《南山集》案中得李光地援手而获命的方苞，在《安溪李相国逸事》中说："时上临御天下已五十年，英明果断，自内阁、九卿、台谏，皆受成事，未敢特建一言。惟公能因事设辞，以移上意，故上委心焉。每内阁奏事毕，独留公南书房，暇则召入便殿，语移时。"（《碑传集》卷十三）

李光地靠卖友上位，攫取了仕途的第一桶金，又善于揣测皇帝的心思，恃宠坐大，让康熙帝忌惮他重蹈覆辙，但其于清廷并无二心。

传说为乾隆生父的
二陈阁老谁最像？

1

金庸在《书剑恩仇录》中给乾隆帝弄了一个汉人的出身，称他出生时被后来成为雍正帝的胤禛找陈世倌调了包，用初生的女儿换了陈家的儿子。

小说在传，电视剧在演。红花会一帮英雄豪杰反清复明，硬将海宁陈氏的陈家洛与紫禁城里的乾隆帝扯成了一对同胞兄弟——让乾隆帝有了汉人的身份，他就有可能站出来颠覆清朝统治者的血统。

清朝没反成，后人却把陈世倌换成了另一个人。2013年有了一部电视剧《钱塘传奇》，剧中乾隆帝的生父名叫陈元龙。胤禛得知康熙选立太子看孙辈，见儿子弘时多病无福，便用侧福晋钮祜禄氏刚产下的女婴偷换了隔壁陈阁老家的男婴。

导演和编剧们更会想象，让弘历的身份早早泄密，气死了康熙帝，害死了雍正帝，还让他和寄养在陈家的真公主鱼娘演了一曲绝恋。剧中没了与乾隆帝争抢香妃的陈家洛，改为一个天不怕地不怕的公子哥陈邦国率领一帮乌合之众搞反清运动。最后，陈元龙狠心出手，毒死了身边的儿子，成就了心知肚明不敢认的儿子。

哪个陈阁老更接近历史的真相？

金庸的海宁查家，与陈家有渊源。小说为了抓读者的眼球，哪管啥"大事不虚，小节不拘"的原则。然他所写的并未露面的陈世倌，与后来牵强的、大义灭亲的陈元龙，都是历史上真真切切的政治人物。他们都是康雍名臣。

2

陈世倌是一个高干子弟。其父陈诜于康熙五十年（1711）升工部尚书，转礼部尚书。他小雍正两岁，于康熙四十二年考中进士，庶吉士三年学习期满，散馆授编修。康熙五十年七月充山东乡试副考官，终康熙一朝累迁侍读学士，即从四品官员。

弘历生于康熙五十年八月十三日。此时的陈世倌，实职为翰林院编修，外派到山东监考，距离称阁老的大学士，还有很大的一段距离。陈世倌被称阁老，须到乾隆六年（1741）以工部尚书拜文渊阁大学士之时。

弘历出生时，胤禛高居和硕雍亲王之尊，怎会与翰林院刚毕业的七品芝麻官过从甚密呢？当然，不能否认胤禛同陈世倌可能有私交，或者说胤禛对陈世倌有过关注。

雍正二年（1724），陈世倌丁父忧服孝期满，被擢升内阁学士，出为山东巡抚。雍正帝一次性给陈世倌升了四级，使他成为封疆大吏。

山东境内发生旱蝗灾害，运粮遇阻。陈世倌微服私访，密察灾情轻重、官员能力。他治蝗有功，并疏通运道。雍正帝特地给他写了一把扇子当奖品。

陈世倌是一个能臣，除了奖励耕种、酌情减负外，还对海防提出了正确的建议。雍正四年，他丁母忧归，受命治理江南水利，因迟误工程获罪革职。雍正帝仍给他机会，命其赴曲阜督修孔子庙。雍正驾崩前，还特地将他的代左副都御史改为实授。

如果雍正帝真的从陈世倌家里抱了儿子，又怎会对这个最危险的炸弹委以重任，临死前还将他作为重臣留给了乾隆帝呢？难道是想生父大臣辅佐亲子皇帝吗？

陈世倌在乾隆朝更加卖力,先后出任仓场侍郎、户部左侍郎,这些官职都是肥缺。陈世倌以治绩出任左都御史,不久拜相,乾隆帝却很不满意。

陈世倌赴江南查勘水灾,乾隆帝说:"世倌临行奏言岁内可疏,积水尽消,今疏言仍待来岁二三月,其所筹画皆不过就高斌、周学健所定规模而润色之,别无奇谋硕画,何必多此往返乎?"(《清史稿·陈世倌传》)

后来,陈世倌被加衔太子太保,命紫禁城骑马,乾隆帝还是不断敲打他。乾隆十三年十一月,云南巡抚图尔炳阿参劾赵州知州樊广德亏空,按例当令总督审查。陈世倌错拟票签,乾隆帝严斥:"陈世倌自补授大学士以来,无参赞之能,多卑琐之节,纶扉重地,实不称职。"(《清史列传·陈世倌传》)将其革职遣还老家。

乾隆十五年八月,陈世倌奉谕入京祝万寿,赏原衔,命回籍。第二年三月,乾隆帝召他回京入阁,兼管礼部事,后来还做了两届会试正考官。六年后,陈世倌以老病乞休,乾隆很快答应,加太子太傅。乾隆帝说:"大学士陈世倌虽年近八旬,而精力未甚衰迈,简任纶扉,历年有所。"还御制诗赐之,谓"皇祖朝臣无几也",赉银五千两,在家食俸,在其死后派散秩大臣率侍卫前往奠酒,赐谥文勤。

按规定办事,多些赏赐和虚文而已,就被疑为儿子孝养老爹,实为历史的笑谈。

3

陈元龙年长康熙帝两岁,大雍正二十六岁,是康熙二十四年的榜眼,被直接授编修,入值南书房,第二年,升翰林院侍读,充日讲起居注官。三年后,左都御史郭琇弹劾高士奇、王鸿绪等"植党营私"(《清史列传·高士奇传》),陈元龙因"与士奇结为叔侄,不顾清议,为之招纳贿赂,有玷朝班",被罢官回籍。

康熙三十年,元龙复职,很得圣心,获赐御书"凤池良彦"。他随康熙帝征战准噶尔，做过侍讲学士、侍读学士，康熙帝应奏请为陈家八十多岁的老父御书"爱日堂"赐之。康熙四十二年，陈元龙擢詹事府詹事，兼经筵讲官，成为帝师之一。

陈元龙乞假养亲，朝廷开赋汇馆，以其为总裁，携带《历朝赋汇》回家继续校勘。康熙四十九年四月，陈元龙为翰林院掌院学士，兼礼部右侍郎，复任日讲起居注官、经筵讲官，教习庶吉士。第二年二月，陈元龙改任吏部右侍郎，仍管翰林院事，转左侍郎，授广西巡抚，七年间尽心尽职，抚慰百姓，深受干群好评。

弘历出生时，陈元龙已是康熙重臣，但全家已在广西，不可能与雍王府比邻而居。雍王府若生了小格格，要想与陈家小少爷调包，则需两千多里颠簸运转，太过张扬。即使借胤禛再大的胆子，他也不敢这样在众目睽睽下干这违法乱制的蠢事。

康熙五十七年九月，陈元龙奉诏回京，授工部尚书，第二年改礼部尚书。他在南书房当差时，便和康熙帝是书法好友，且在陈元龙参加会试之前，康熙帝已知陈氏文才出众，君臣关系非常融洽，但后继之君雍正帝对他并不友好。

《清史列传·陈元龙传》记载，康熙"六十一年，世宗宪皇帝御极，诏元龙奉守景陵，仍食礼部尚书俸"。陈元龙给新君忙完登基大典，便被安排去给先帝守陵。

雍正元年五月，吏部以恩诏题给百官诰命，陈元龙又得了差评。雍正帝说：陈元龙系年老一品大臣,朕念景陵紧要重地,特地派他去守护。他理应欣然赴任，哪知他不高兴，像因罪贬黜似的到处埋怨。"此等之人，虽加恩亦不知感！"

君要臣死，臣子还得感激涕零。陈元龙被指派给重用他的先帝守陵，更得感谢新君的皇恩浩荡。雍正公开谴责陈元龙以怨报德，将应给他的封典、荫生一并取消。

此后七年，陈元龙都是在景陵度过的。一同守陵的，还有雍正帝非常忌讳的大将军王允禵。为了防止允禵生事，雍正还派马兰峪总兵范时绎实时监控。如果陈元龙真是弘历的生父的话，雍正帝又怎能容许陈元龙心有不甘地向康熙亡灵和雍正政敌倾诉弘历并无皇家血统的真相？一旦泄密，雍正必然下台！雍正只能杀人灭口，而不是让愤懑的陈元龙与允禵同病相怜，互吐衷肠。

雍正帝并没有对陈元龙赶尽杀绝，以绝后患。雍正七年正月，雍正颁谕："圣祖仁皇帝时所有年久老臣，今在朝者甚少，时深往念。尚书陈元龙、左都御史尹泰历事圣祖多年，屡经任使，虽年近八旬，而精力尚健，著加恩授额外大学士，以示优眷至意。"（《清史列传·陈元龙传》）陈元龙被授文渊阁大学士，兼礼部尚书。

雍正十一年七月，陈元龙申请退休获批，加太子太傅。雍正帝强调他是康熙的重臣，"老成练达，学问优长，奉职多年，宜劳中外"（《清史列传·陈元龙传》），令其子编修陈邦直（与"陈邦国"一字之差）回家侍养。陈元龙死于乾隆元年。

4

陈世倌和陈元龙，谁都没有可能成为乾隆帝的生父！

一、弘历出生时，陈世倌在山东主考，而陈元龙正巡抚广西。他们都不在京城。

二、当时胤礽为复立后的皇太子。胤礽第二次被废，为康熙五十一年九月三十日，康熙巡视塞外回京当天，即向诸皇子宣布："皇太子胤礽自从复立以来，以前的狂妄还未消除，以至于大失人心，祖宗的基业断不可托付给他。朕已经奏报给了皇太后，现在要将胤礽拘执看守。"十一月十六日，康熙帝将废储事遣官告祭天地、太庙、社稷。胤禛虽觊觎储位，但还是胤礽的支持者。

三、康熙朝的宫廷争斗和兄弟恩仇，给乾隆出身疑案加了历史烟云，更给康熙制造了"不但看儿子辈，还看孙子辈"的猜测。在胤礽令康熙失望时，其生于康熙三十三年七月的嫡长子弘晳，却为皇祖所钟爱。胤礽二度被废后，人们曾因"皇长孙颇贤"，认为胤礽有可能再次被复立。康熙帝第一次见到弘历，则在康熙六十年。康熙帝在雍王府初见已十岁的弘历，惊异而爱，令养育宫中，亲授书课。这有乾隆帝后来自许天命而夸饰的可能，但他并没有将双龙会或三龙会提前。

四、康熙一生花费时间最多的是修史，强调清政权入主中原的正统。康熙五十六年，他颁布一份长篇面谕，认为"自古得天下之正莫若我朝"，"若有遗诏，无非此言"，强调大清王朝得天下最正的合理性与合法性。这份面谕，后来被雍正帝修改、粉饰为康熙遗诏，并在亲自编写的《大义觉迷录》中说："本朝之得天下，较之成汤之放桀、周武之伐纣，更为名正而言顺。"雍正将康熙的正统论推向了新高潮。一个成熟的政治家、承继大统的铁腕皇帝，又怎会在有几个儿子的情势下，将一个不能延续自己血脉的汉人孩子，于即位之初就立为储君呢？！

康熙标榜仁孝
却不许大臣葬父

1

康熙帝标榜仁孝治天下，却在晚年干了一件不许大臣尽孝的傻事。

康熙六十年（1721）三月十九日，左都御史朱轼收到父亲亡故的讣闻，不知所措。因为前一日为康熙帝六十八岁寿诞，满朝文武正在庆贺万寿圣节。

群臣为了将万寿节办得热闹点，联名要为康熙弄一个尊号。康熙说："加上尊号，乃相沿旧习，不过将字面上下转换，以欺不学之君耳。本朝家法，惟以爱民为事，不以景星、庆云、芝草、甘露为瑞，亦无封禅改元之举。现今西陲用兵，兵久暴露，民苦转输。朕方修省经营之不暇，何贺之有？"（《清史稿·世祖本纪三》）

皇十四子、大将军王胤禛统率驻防新疆、甘肃和青海等省的八旗、绿营十多万人马，讨伐攻打西藏的准噶尔蒙古大汗策妄阿喇布坦已一年有余，此时正准备乘胜追击，直捣策妄阿喇布坦的巢穴伊犁。但因运输困难，迟迟不能发起总攻。

大臣们要上尊号，也是为了反哺君父的孝道。康熙说过："凡人尽孝道，欲得父母之欢心者，不在衣食奉养也，惟持善心，行合道路，以慰父母，而得其欢心，斯可谓真孝者矣。"（《庭训格言》）皇帝要大家对父母尽孝，群臣也得为君父尽孝。

康熙帝驳了群臣的谀颂，称自己是爱民皇帝，不是不学之君，但心里还是喜滋滋的。

朱轼的丁忧疏，拖到十天后才报给吏部。左都御史的老爹过世，吏部尚书安慰完几句节哀的话，赶紧向内阁请示，建议按制度让朱大人解任丁忧。

内阁票拟，按吏部的意见办。大家满以为康熙帝会批准，因为他曾强调："人孰无祖父母、父母，为子孙皆当尽孝，何分贵贱？朕孝治天下，思以表率臣民，垂则后裔。"（《清圣祖实录》卷一百三十三，康熙二十七年正月戊子）但没想到康熙帝迟迟不下朱批，也不在朝会上表态，直到四月初五日，内阁才传出话来：奉上谕，着朱轼在京守制。

康熙推崇朱熹学说，朱轼为程朱学派的重要代表，对皇上不准他回家守孝、安葬父亲，非常苦闷。他秉承"皇权专制加道德教化"为政治主张和为官之道，出任潜江知县时，便认为教民易俗莫如圣谕十六条，强调教育的重要，办书院崇尚儒学。

无故被皇帝夺情，无疑损害了他坚守儒家孝道的礼教观念。他忧急如焚，病倒了，病情日益加重。他在初九日、十九日又两次上疏请求终制，通过通政司送到内阁，但内阁不再上报康熙帝，坚持最初旨意，将报告打回，不许他赴江西老家奔丧。

朱轼想了另一个办法：请求赴军前效力，想以置身险境换得机会绕道回家葬父。嵩祝、马齐等内阁大学士不顺水推舟，怕触犯天颜，带话给朱轼说：要从军投效，可以，但要写专门的报告。皇帝要你在任守制，就是不许回家尽孝！

康熙帝不许朱轼尽人子礼，还给忧愤成疾、日渐加重的朱轼下旨：山西、陕西发生旱灾，朝廷发放五十万公款，你去山西赈灾。

朱轼是从基层走上来的官员，清正廉洁，关心民生，临危受命，强忍着丧父之痛去山西劝粜给赈。他严惩贪官污吏，奖励富户、绅士捐献粮钱，救济灾民。他还组织劳力整治漕河水道，停收米船课税，以利粮食流通，并责任地方官设厂医治患病灾民。他疏请山西建立社仓以备荒歉；大兴水利，引泉灌田，民受其利。

刚把山西的事情处理好，康熙帝又送来谕旨，要朱轼赶赴陕西会同审查川陕总督年羹尧参劾的西安知府徐容、凤翔知府甘文煊亏空银米案。康熙六十一年（1722）二月，已查清陕西亏空案的朱轼再次上疏，请假葬父，才被批准回籍。

父死一年未葬，孝子不能尽孝所致。这让理学名臣朱轼强忍剧痛，不无悲哀。而有违伦常给他带来的剧痛，却是宣扬孝道的康熙帝强悍造成的。内阁不敢请奏，有责任。康熙帝逼朱轼夺情，貌似重用其才，但他强奸和摆布大臣的孝道，又不失为一个破坏儒家之道的"不学之君"。

2

朱轼是康熙三十三年进士，历任潜江知县、刑部郎中、陕西学政、奉天府尹、浙江巡抚、左都御史等，有着长达十年的基层工作经验，也在中央部门多个职位历练过，并做过几年封疆大吏，颇有政绩，很有大局观念和掌控能力。

他在潜江，下车伊始，即下免耗之令，以民为本，正供之外无丝毫多取。他关心民生，对于营田水利各节，筹划举措，事必躬亲。他在浙江督修海塘，多所创造，采用木柜法作堤基，从而堤塘坚固，潮患免除，民则安之，故人言"朱轼所修不塌"。他治官严明，对于懒政无为、欺压百姓的贪官污吏，给予严厉的打击。

他做过一年通政使，熟悉联系内阁的通政使司"掌受天下奏章，校阅送阁、稽其程限，而按其违失，有不如式者劾论之"（《历代职官表》卷二十一），清楚上疏的程序而按制度办事。康熙帝赏识他，但与内阁联起手来，让他想成为孝子而不得。

康熙帝不松口，让朱父暂厝一年不得葬。这让忠诚的朱轼伤透了心！就连他请几天假回去处理丧事，都不给。

康熙晚年的非理性强横，就连掌"议天下之政""赞理机务，表率百僚"（《历代职官表》卷二）的内阁，也不敢质疑。文渊阁大学士兼经筵讲官王掞，见皇上已老，太子被废，想趁着康熙过万寿的开心劲，建议复储，陶彝等十二位御史也疏请建储，康熙怒斥王掞植党虚荣，下令将年近八旬的王掞和诸御史发配西北军前效力。王掞老迈，其子奕清代往，为父赎罪。

王掞被罚，朝野惶惶。内阁忧虑事态扩大，于是帮助康熙剥夺了朱轼的伦常权利。

<h2 align="center">3</h2>

雍正帝上台后，进一步对朱轼委以重任，安排他总裁修撰圣祖实录，赐府第及千两白银。雍正元年（1723）正月，朱轼入直南书房，并给诸皇子当师傅，两个月后加吏部尚书、太子太保，晋太子太傅，此后三任会试正考官。三年，朱轼拜文华殿大学士，兼吏部尚书，跻身相位。六年，朱轼以病请求解任，不准。怡亲王允祥去世后，雍正帝命朱轼接手总理京畿水利营田事务，并兼兵部尚书，署翰林院掌院学士。

朱轼给储君当师傅，雍正帝设席懋德殿，命弘历行拜师礼。

雍正帝改元，特地诏封朱母冷氏一品大人，并给银两千两养老。朱母八十大寿，雍正帝送去了御书"淑范崇年"牌匾和"柏府清风贻令子，萱堂煦日庆遐龄"对联致贺，还赐银千两兼珍御上药、绢帛等。

这，似乎是替父还债。这，正是捡漏拉拢人心。

雍正四年二月，朱母病逝，朱轼正在外地视察水利。雍正帝下谕："大学士朱轼之母冷氏，壶仪淑慎，训子成名。今闻在籍病故，深可轸恻。朕优礼大臣，推恩贤母，用颁异数，以示眷怀。著江西巡抚动支司库银二千两赏给。俟朱轼抵家，读文致祭一次。朱轼查勘水利事竣到京后，著驰驿回籍。"（《清史列传·朱轼传》）

虽说朱母是诰封一品，但让朝乾夕惕的皇帝花费心思地做出诸多安排，着实罕见。他不但没命正忙于水利大计的朱轼夺情，还令他回京后，走官道快点回家。

治河患、兴水利，是历代皇帝都十分重视的国家大计之一。雍正帝说："朱轼事母至孝，今伊母病故，哀痛必切。但伊母年已八十余，禄养显扬，俱无余憾，正当节哀抑恸，护惜此身，为国家出力，尽忠正可以尽孝。著再赏银二千两，为伊奔丧回籍费用，守孝百日后，即来京办事。"

雍正体恤之至，完全不像康熙那般罔顾大臣的人伦常礼，而是显得格外有人情味，体恤下属。或许是父丧的遗憾，让孝子朱轼大胆地请求终制，雍正帝没有刁难，而是批准解任，让他管理畿辅水利事务，给了他半年假。

朱轼推迟了一月回京，雍正帝又派学士何国宗、副都统永福"迎劳赐食"，还给朱轼下了一道特别的指示，即让他工作时，"素服终丧"（《清史稿·朱轼传》）。

雍正帝对朱轼非常重用，称"朝堂良佐"，也极尽宽容，不仅成就了他对长辈的孝道，而且感染了他对晚辈的仁爱之情。

雍正四年八九月间，被拘禁在宗人府的允禩、允禟死于非命。他们都是同雍正争夺帝位的政敌，生事被定罪下狱后，允禩成了"塞思黑"，允禟改名"阿其那"。

他们死后，有大臣建议将他们的子女贬黜为奴。刚回京的朱轼提出反对意见，说：他们都是圣祖的孙辈，谁敢将其奴役？

雍正帝闻言，十分感动。"谅哉，古大臣不是过也！"（《清史稿》卷二百八十九）

施琅两度反清再降，
是报仇还是报国？

1

电视剧《康熙王朝》中，收复台湾是重头戏。姚启圣、李光地和施琅，成为康熙收台一战的前线指挥官。

重访历史，却有些出入。

当时的李光地，并非贬官，而是康熙的新宠。他守制期刚满赴京，康熙指示不必候缺，直接升任内阁学士。《清史稿·李光地传》记载：康熙"十九年，光地至京师，授内阁学士。入对，言：'郑锦已死，子克塽幼弱，部下争权，宜急取之。'且举内大臣施琅习海上形势，知兵，可重任，上用其言，卒平台湾"。

李光地只在收台后方给康熙当机要参谋。而在前线的领导人，除了兵部尚书、太子太保姚启圣和福建水师提督施琅外，还有两人功不可没。一个是时任福建巡抚吴兴祚，他曾率部屡败郑经的军队，因功进秩正一品；一个是回福建休病假的武英殿大学士黄锡衮。

黄锡衮是帮助康熙铲除鳌拜的第一助手，长期担任大学士管理兵部事务。《康熙王朝》没给他安排戏，《清史稿》和《清史列传》也没为他作传。但不能否认，他在收复台湾后，鼎力支持施琅奏请的设官镇守，出师于台。

黄锡衮死后，李光地以文渊阁大学士兼吏部尚书的名义，撰写《皇清特进光禄大夫东阁大学士赠太傅谥文僖潘湖叟黄公墓志铭》，称："台湾初定，提督施琅请设官镇守，廷议未决，有谓宜迁其人弃其地者。上问阁臣，锡衮言：台湾孤悬海外，屏蔽闽疆，弃其地恐为外国所据，迁其人应如琅议。上韪之。"

有趣的是，黄锡衮是姚启圣的妹夫，而施琅为黄锡衮的妹夫。在收台一役中，施琅冲锋陷阵，还被康熙封为靖海侯，世袭罔替，延续十三代，直至清朝灭亡。

2

其实，施琅人生最初的使命是反清。

施琅是福建晋江人，年少时弃文学剑，从师修兵法。他十七岁从军，屡建战功，成为明将总兵郑芝龙的左冲锋官，后在郑成功帐前为将，进行抗清斗争。此时的郑成功，待他礼遇有加，视为得力助手，军机大事都和他商量。

顺治三年（1646），郑芝龙降清不久，便招降施福、郑芝豹和部下总兵十员、兵将十一万三千名。

施福为施琅的族叔和从军引路人。施福降清，便带着族侄施琅一起投奔。不料，他们给清廷卖力征剿前明残兵和抗清义师时，与从李自成阵营投降过来的李成栋发生了冲突。

李成栋为广东提督，却歧视南方兵将，在奏疏中说从福建带来的施琅等官兵"脆弱不堪，无资战守"，甚至伺机剪灭和解散。李成栋经常打压施琅等前明降将，又拉拢闽系将领反清复明，在将施琅遣回福建途中又派部将郝尚久进行暗算。

一路辗转，施琅拼死突围，且战且行，两个堂弟战死。他得以脱身，复投郑成功部下，再度反清。

对于此事，《清史稿·施琅传》写得挺含蓄，未涉及李成栋逼反："从征广东，戡定顺德、东莞、三水、新宁诸县。芝龙归京师，其子成功窜踞海岛，招琅，不从。成功执琅，并絷其家属。琅以计得脱，父大宣、弟显及子侄皆为成功所杀。"

《清史稿》是说施琅被郑成功抓住逼降，而非主动投诚，还说施琅以计逃脱，结果牵连了父亲、兄弟、子侄被郑成功杀了。为何施琅前度降清，家人仍在台湾未遇害，而到了第二次才被杀？或者是施琅第一次降清时带走了家人，此次返台又带回了家人？看来，施琅被郑成功抓回台湾，是说不过去的。

其实，施琅重返台湾后，成了郑成功麾下第一骁将。顺治八年，施琅随郑成功下广东南澳勤王。

高手在一起，平等才团结，有尊卑上下则易生矛盾。郑成功强调"舍水就陆，以剽掠筹集军饷"战略，而施琅擅长海战，提出反对意见，让主公郑成功很不高兴，削施兵权，令施琅以闲暇人员返回厦门。时遇清军马得功偷袭厦门，守厦的郑军主将郑芝莞惊慌弃城溃逃。施琅率六十余人抵抗清军，勇不可当，杀死清军主将马得功之弟，差点活捉马得功，清军残兵败将仓皇逃离厦门。

施琅以少胜多，却功高盖主。施琅惯熟海务，自视战略家，而被郑成功目为骄纵跋扈。郑成功始终不恢复施琅的官职和兵权，引发其更加不满，以剃光头发来对抗。

顺治九年，郑、施交恶，愈演愈烈，终于酿成曾德事件。曾德原属郑芝龙，后转为郑成功亲兵，与施琅不和，犯事被抓。郑传令保曾，施力促杀之，矛盾激化，郑、施公开决裂。施琅逃至清朝辖区，激怒郑成功将抓获的施家亲属悉数斩杀。自此，施琅死心塌地地帮助清廷灭郑。

3

施琅二度降清，顺治十三年随定远大将军济度进攻福州有功，被授同安副将，但未受朝廷重用。顺治帝对这个反复之人不甚喜欢。

康熙元年（1662），施琅由同安总兵升任福建水师提督，遣军击败郑经进攻海澄的军队，并上书清廷将台湾纳入清朝的版图。虽然得到了四辅臣的支持，施琅被封靖海将军，但他多次为复台上书献策，陈述如何打击据守台湾的郑氏家族，都没得到朝廷的响应，甚至被裁汰水师提督，调北京任内大臣。

近二十年间，施琅的日子过得很苦，依靠妻子在北京当女红裁缝贴补家用。有人将此事归罪于鳌拜的打压，这是不对的。鳌拜在康熙八年倒台，而康熙也似乎对施琅不感冒，杜臻《粤闽巡视纪略》卷二记载，康熙曾斥责施琅为"粗鲁武夫，未尝学问，度量偏浅，恃功骄纵"。

但是，他矢志复台报仇，虽宿卫京师，却密切关注福建沿海动向，悉心研究风潮信候，耐心等待朝廷起用。

4

有志者，事竟成。康熙帝平定"三藩之乱"和察哈尔南犯后，腾出手来处理台湾事务。其实，在平叛三藩时，李光地等就不时敲打郑经、刘国轩的进犯之敌，朝廷调能臣姚启圣为福建总督，就是为平台做准备。

康熙二十年，延平王郑经病逝，其子克塽接任，诸将刘国轩、冯锡范掌权。新晋内阁学士李光地向康熙做台湾可取的形势分析，推荐施琅熟悉海事，可当大任。

康熙下决心，复授施琅福建水师提督，加太子少保，谕相机进取。同时任命福建总督姚启圣为兵部尚书、太子太保，主持攻台大计。

施琅至军营，便上疏："贼船久泊澎湖，悉力固守。冬春之际，飓风时发，我舟骤难过洋。臣今练习水师，又遣间谍通臣旧时部曲，使为内应。俟风便，可获全胜。"

战前拖久了就是问题。给事中孙蕙上疏要缓征台湾，户部尚书梁清标以七月见彗星为凶兆，上疏康熙下诏暂缓进剿。

施琅又上疏："臣已简水师精兵二万、战船三百，足破灭海贼。请趣督抚治粮饷，但遇风利，即可进行，并请调陆路官兵协剿。"康熙下旨，以施琅意见为准，于康熙二十一年以施琅和姚启圣一起攻台。施琅前方作战，姚启圣后方筹粮，姻亲合作得很成功。

《清史列传·姚启圣传》记载了姚、施的合作分工：康熙"二十二年六月，施琅击败贼众，取澎湖。八月，启圣至澎湖，经理粮饷。是月，施琅定台湾，郑克塽、刘国轩等皆降。启圣还福州"。

《清史稿·施琅传》对此战讲得很详细，重点说施琅统兵收台的战绩："二十二年六月，琅自桐山攻克花屿、猫屿、草屿，乘南风进泊八罩。国轩踞澎湖，缘岸筑短墙，置腰铳，环二十余里为壁垒。琅遣游击蓝理以鸟船进攻，敌舟乘潮四合。琅乘楼船突入贼阵，流矢伤目，血溢于帕，督战不少却，总兵吴英继之，斩级三千，克虎井、桶盘二屿。旋以百船分列东西，遣总兵陈蟒、魏明、董义、康玉率兵东指鸡笼屿、四角山，西指牛心湾，分贼势。琅自督五十六船分八队，以八十船继后，扬帆直进。敌悉众拒战，总兵林贤、朱天贵先入阵，天贵战死。将士奋勇衷击，自辰至申，焚敌舰百余，溺死无算，遂取澎湖，国轩遁归台湾。克塽大惊，遣使诣军前乞降，琅疏陈，上许之。八月，琅统兵入鹿耳门，至台湾。克塽率属薙发，迎于水次，缴延平王金印。台湾平，自海道报捷。"

捷报传京师，正是中秋时。《清史稿·施琅传》记载："疏至，正中秋，上赋诗旌琅功，复授靖海将军，封靖海侯，世袭罔替，赐御用袍及诸服物。琅疏辞侯封，乞得如内大臣例赐花翎，部议谓非例，上命毋辞，并如其请赐花翎。"

在清朝，大臣能顶戴花翎，是一种实职的荣耀。亲王公侯也未必能戴花翎。施琅宁愿辞去侯爵，也要戴花翎，结果康熙不但未允施琅辞爵，还加赏花翎，足见康熙对施琅收台成功，龙心大悦。

5

施琅复台成功，上疏吁请清廷在台湾屯兵镇守、设府管理，力主保留台湾、守卫台湾。

《清史稿·施琅传》记载了他的建议："盖筹天下形势，必期万全，台湾虽在外岛，关四省要害，断不可弃。并绘图以进。"这段文字，足以证明台湾自古以来就是中国不可分割的领土。

施琅力主中央对台湾进行行政管理、强化专人治理，得到了大学士黄锡衮、李霨等人的支持。康熙下旨，在台湾设置"县三、府一、巡道一"，并让施琅驻台，肩负"封疆之重"。

至于施琅再次降清，缘起于同郑成功的矛盾情仇，《清史稿·施琅传》是这样说的："人谓琅必报父仇，将致毒于郑氏。琅曰：'绝岛新附，一有诛戮，恐人情反侧。吾所以衔恤茹痛者，为国事重，不敢顾私也。'"

报仇还是报国，历史任人评说。《清史稿》评价："台湾平，琅专其功。"而在《康熙起居注》中，康熙帝有言："收复台湾，施琅之功甚大。"

姚启圣死后，
康熙为何不给好评？

1

收复台湾，是康熙的一大政绩。《康熙王朝》将这段历史作为重点，而主要人物安排，除康熙在南书房里总指挥外，前线的表现悉数给了姚启圣、施琅和李光地。

其实，打响平台战役前，久被康熙闲置做内大臣的施琅被再次起用，主要功劳该记在李光地身上。康熙二十年（1681）七月，内阁学士李光地报告，台湾郑经已死，其十二岁的儿子郑克塽继任延平王，大权为冯锡范（郑克塽的岳父）、刘国轩（台湾主将）掌握，"部下争权，征之必克"（《清史列传·李光地传》），极力称赞施琅素来熟悉海上情势。于是，康熙帝任命施琅为福建水师提督，加太子少保。

但当时李光地身陷与陈梦雷的纠纷案，明珠等大臣极力援救陈梦雷免死改戍，李光地卖友上位的丑闻传遍朝野。康熙有心挺李光地，面对群情汹汹，只好让李找了个送母归里的借口，准假四年，直至康熙二十五年，才回京授翰林掌院学士，兼日讲起居注官，入直讲幄。这几年，李光地并没有奉命至福建前线。

而姚启圣、施琅则是名副其实的当事人，他们在一线调兵遣将。姚启圣的妹夫、施琅的舅哥黄锡衮，虽以病请辞归里，但仍以武英殿大学士衔在籍调用，为康熙帝的平台大战运筹帷幄。可以说，这一场大战主要是这姻亲三杰完成的。

作为战前总调度的姚启圣，更是厥功甚伟。《康熙王朝》在设计这一出戏时，充分展现了姚启圣荣辱不惊、睿智清醒的儒帅形象，施琅、李光地活脱脱两个跟班。临了，电视剧还给姚启圣安排了一个所谓的千古一骂。但论历史上的姚启圣，他勇猛而狡黠的背后，是满屁股的不干净，敢对千古一帝康熙喷口水吗？

2

浙江会稽人姚启圣，前明秀才出身，是一个路见不平敢夺刀相助的英雄汉。

顺治十六年（1659），他一次郊游，遇见两个兵卒抢掠女子，上前佯装好语相劝，夺取佩刀杀了兵卒，救下女子送还其家。他怕被官府追查，于是前往归附族人，被给了一个汉军镶红旗的户籍，并以康熙二年举人，被授予广东香山知县。

这在当时，也算自亏投效。然其已不是第一次干这种事情了。

顺治初年，清军占领江南。姚启圣前往通州，因被当地土豪侮辱而投效清兵，被任命代理通州知州。姚启圣随即将土豪抓捕杖杀，后辞官离去。他的豪侠之气里，有种不择手段，甚至不计气节的睚眦必报。

他是民族征服和民族纷争中的一大奇葩！与施琅两番反清再降的行径殊途同归。

真正仕清后的姚启圣，更加胆大。朝廷颁禁海令，他却擅开海禁，被罢免当了六年的知县，并将其在香山偿还了前任财政严重亏空的政绩一笔抹去。

康熙十三年，耿精忠在福建起兵，响应吴三桂。蛰伏多年的姚启圣，看到康亲王杰书统兵进讨，于是自费招募兵丁，前往军前效力。杰书委任他为诸暨代理县官。

虽然此次的署理，比二三十年前的通州代知州低了一个档次，但他这次不挂印逃跑了，而是领兵奋力杀敌，拼军功，被杰书举荐为浙江温处道佥事。

姚启圣卖力厮杀，康熙也不吝啬，论功行赏，在耿精忠投降后，任命姚启圣为福建布政使。

有了藩台的职权，姚启圣更加忠于职事，不惧凶险。郑经占据漳州、泉州和兴化，清军前往征讨。吴三桂派有"小淮阴侯"之称的猛将韩大任自赣入汀，试图与郑经会合。姚启圣迎难而上，将韩大任说降，得到其部卒三千人编入亲军。

一个藩台，敢弄如此规模的亲兵队伍，着实胆大。但在非常时期，人们只盯着他付出了多少。康熙十七年五月，福建总督郎廷佐向中央报告他战功卓著：一、自领一千多人马，安排其子姚仪统率，随大军进剿郑经，屡立战功；二、他筹措甲胄、弓箭，以备军用，用了白银五万两，"皆出私财"（《清史稿·姚启圣传》）。

这笔巨资从哪儿来的？难道姚家是会稽大户？他那几年的薪水，是不可能凑成这一项巨大开支的！就拿其旧同事、两江总督于成龙来说吧，于成龙掌管全国最富庶的地区，却常常吃青菜萝卜。而在经历了数年大战的福建，姚启圣何来如此阔绰呢？

此处先存疑，待到胜利之时，自然有人要质疑。

郎廷佐主动奏功请赏，康熙正需要姚启圣这样的人在前方血战。康熙十七年七月，新任福建总督姚启圣，偕海澄公黄芳度从永福进兵，收复平和、漳平。刘国轩等紧逼至泉州蜈蚣岭。姚启圣调度多路大军夹击，连破郑经营寨，斩杀其部将十余人。刘国轩兵败逃遁海澄，姚启圣乘胜攻克并收复长泰县。

康熙大喜，马上下诏，将姚启圣进封正一品。清朝的总督，多以兼部院主官，如兵部尚书，高配到从一品，而姚启圣被直接进封极品，自是罕见。

姚启圣更是一鼓作气，再次连败刘国轩的卷土重来，并遣军渡海，攻下金门、厦门。康熙帝将其进封兵部尚书、太子太保。

3

荣耀巅峰的姚启圣，有了破格的品秩官职，却引来了被弹劾的问题。

弹劾他的左都御史徐元文，是康熙身边的重臣，很得圣心恩宠，以正直廉洁著称。

徐元文说：姚在香山，"秽绩彰闻，革职提问，永不叙用"（《清史列传·姚启圣传》），趁耿精忠叛乱，"孑身戎行，遂冒军功"，"以虚词为实事，以干没为己赀"。

徐元文直指姚启圣虚功冒赏，侵吞他人财物占为己有，然后拿出来做拼军功的资本。他一个屡屡逃亡、曾被革职的低级罪官，哪来前面所提到的巨资，养着一队庞大的护卫，装备一支庞大的军队？

姚启圣回驳："臣于康熙十七年十月进兵至凤凰山，因一时投诚者甚多，犒赏不继，与抚臣吴兴祚议外省贸易，颇有微息，前督臣李率泰、经略洪承畴曾借帑为之。"（《清史稿·姚启圣传》）

明眼人一看就漏洞不少：一、郎廷佐为姚启圣奏功请赏时，是在康熙十七年五月。生意还没做，哪来的银子扩大亲兵搞装备？二、他与抚台搞外贸，无疑是用公款，或以政府的名义，怎么利润进了私人的腰包？三、李率泰病逝于康熙五年，洪承畴死于康熙四年，此时姚启圣还在香山，距耿精忠造反还有七八年之久。难道洪承畴、李率泰未卜先知，预料到距承袭耿继茂王爵还有四五年的耿精忠日后会祸乱福建，提前将一大笔钱预存在小人物姚启圣那里做军费？

至于姚启圣说他香山罢任后，下海做了七年贸易赚了钱，变卖了祖产，并向亲朋借贷举债，这倒有些道理。但，为何他在此前向朝廷申报个人财产登记时，又"自陈疏称家无片瓦"呢？

徐元文并没有因姚启圣说不清不明收入的来源而罢手，反倒继续指责他的骇人听闻之罪：

一、朝廷禁止大臣官员侵占民利，而姚启圣挪用公款十二万两银子，经营牟利。

二、姚启圣出身贫困，而平时挥金如土，哪来的襄助军费十五万两银子？如果"不从天降，不由地生"，就是克扣军饷、盘剥民膏。

三、连年征战，民生疾苦，而姚启圣私生活疯狂，拆毁民居建筑园亭水阁，有佣人上千人以及数不清的舞女歌郎。他年近花甲，还强娶了长泰县乡绅戴玑的孙女为妾。

此后四条，说姚养兵数万，三年不战。徐元文说："总之姚启圣恣睢放诞，险诈欺诬，委以封疆，甚非八闽苍生之福。乞敕部确察严议，以为人臣诡谲行私者戒。"

康熙帝给了姚启圣充分申辩的机会，不久叙功行赏，授世袭骑都尉，加一云骑尉。

郑克塽向姚启圣写信，表示愿意对清称臣进贡。康熙不许，命施琅统兵攻取台湾。

康熙二十二年八月，施琅攻克台湾，姚启圣还兵福州。在施琅受封世袭罔替的靖海侯，受赐御用袍服时，姚启圣却已病逝，享年六十岁。

姚启圣死于背疽，人生亦如悲剧。康熙并未因他的死按例赐祭葬，给谥号。第二年九月，朝廷追究姚启圣修造船舶、军械亏欠的四万七千两银子，认为应追缴。康熙帝感念其生前劳苦，免于追缴。而对于他殉职任上，却始终没有盖棺论定。

同样在此战中建功不少的福建巡抚吴兴祚，也以同样的悲剧落幕。吴氏识大体，除苛政杂税，死后仍被官民拥戴，呼吁将其作为好官祭祀。而姚启圣则不然。

《清史稿》论及姚、吴、施平台之功时，说："台湾平，琅专其功。然启圣、兴祚经营规画，戡定诸郡县。及金、厦既下，郑氏仅有台澎，遂聚而歼。先事之劳，何可泯也？及琅出师，启圣、兴祚欲与同进，琅遽疏言未奉督抚同进之命。上命启圣同琅进取，止兴祚毋行。既克，启圣告捷疏后琅至，赏不及，郁郁发病卒。功名之际，有难言之矣。大敌在前，将帅内竞，审择坚任，一战而克。非圣祖善驭群材，曷能有此哉？"

至于徐元文弹劾姚七大"可骇"，未必不是康熙帝操盘，谴责他养兵怠战、拥兵自重！徐元文掌都察院，先后弹劾诸多高官权贵，个个坐实，唯姚启圣一人得脱。

难道姚启圣真金不怕火炼？非也！康熙借徐元文之力，严厉警告姚大帅怠政不作为。徐元文常任经筵讲官，侍直内廷，深知帝意何为。康熙帝对姚启圣是极其不满的，不然，怎会在他的姻亲黄锡衮、施琅皆在高位时，不给个照顾性的好评？

天下第一廉吏是
怎么炼成的？

1

三百多年过去了，清代"天下第一廉吏"于成龙，仍深深地影响着当代中国的社会发展和廉政建设。随着大型历史剧《于成龙》在央视一套黄金时段开播，人们近距离了解了一代名臣于成龙清廉淡泊、莅事忠勤、苦节克贞、鞠躬尽瘁的事迹。

电视剧的开场，以艺术性的虚构掩映历史的真实，在微观中国历史的宏大叙事格局中，将原本英雄般坚忍的于成龙，安排成勇士般的儒将横空出世。当时是顺治十八年（1661），顺治于正月死于痘症，而继立的康熙帝还是不谙世事的幼主。陈廷敬为山西晋城人，为顺治丁酉年间的举人，并非与于成龙师出同门，但为了给剧情发展埋下伏笔，被以"顺治丁酉进士"勒于石上。顺治元年，摄政睿亲王三次下令圈地，但四年后停止大规模圈地，至顺治亲政后，圈地、换地只是零碎的，并未出现像电视剧渲染的那样屠村式圈地。后来也曾出现八旗兵疯狂圈地的景象，但那是在康熙四年（1665）鳌拜开始擅权之时。

大事不虚，小事不拘，对激化的矛盾的处理，更能凸显于成龙处事果敢、不惧强权、心怀百姓的高洁品性。正如于成龙在私塾中朗朗而言，政者正也，以法治天下，如廉正的基因、从政的刻度，贯串于后来于成龙的仕途始终。

于成龙进入仕途时，已年近四十五岁。这并不能说明他才能不济，在八股科场上苦熬。他参加科考很早，崇祯十二年（1639），二十二岁的山西永宁人于成龙到省城太原参加乡试，但见考官在考场公然受贿，徇私舞弊。他在考卷上痛陈时弊，直抒胸臆，结果正榜无名，勉强考了个副榜贡生。副榜贡生相当于备取生，不算中举，但可以直接参加会试，资格虽在，名实不副。这段经历影响了于成龙，他要为天下公平正义和百姓忧乐去说话与奔波。

会试之后，于成龙以父亲年老为借口，辞去做官的机会，回到老家继续储能修身。此后几年，风云变幻，朝代鼎革。

于成龙算不上前明遗臣，但他有国家发展的概念和识见，他要参与王朝大断裂之后的社会秩序重建与人类本性引导，而不自拘于族群纷争。这与单一的民族气节无关，但见一个优秀士子经世致用的襟怀和气度。顺治四年至八年，于成龙到太原崇善寺开办的学校学习四年，不意乡试落榜。此后家中接连变故，兄长老父相继亡故，家境窘困，于成龙只好担起养家重任，但他仍不忘进取，终于在顺治十八年入国子监进修，毕业出仕。

于成龙以明经谒选吏部，由连举人都算不上的最高学历副榜贡生获授广西罗城知县。也就是说，于成龙进入仕途，并没有耀眼的学历背景，且不论进士举人，就是这个副榜贡生还是在前明所得。他虽然得了一个七品县官的实缺，但那时的罗城，离京两千里之外，还是局势未稳的蛮荒边地。家中窘况，亲朋劝阻，于成龙未必没考虑过，但他毅然离妻别子，勇敢地赴任。

《礼记》有云"大道之行也，天下为公"，顾炎武曾言"天下兴亡，匹夫有责"，于成龙出仕之初，便以"心此行绝不以温饱为志，誓勿昧天理良心"（《于成龙集·外集》武祗遹《跋〈于山奏牍〉后》）为己任。这是他的终极理想，也是他的人生追求。

《清史稿·于成龙传》说："罗城居万山中，盛瘴疠，民犷悍。方兵后，遍地榛莽，县中居民仅六家，无城郭廨舍。"于成龙上任伊始，寄居于关帝庙中，带病理事，采取"治乱世，用重典"的方法，推行保甲制，缉盗安民，奖励耕种。他在罗城为官三年，通过一系列举措，使罗城摆脱混乱，得到了有效治理，出现了百姓安居乐业的新气象。

于成龙为官初任，却造福一方。两广总督卢光祖以罗城为全省治理的榜样，向朝廷报告："罗城在深山之间，瑶、玲顽悍，成龙洁己爱民，建学官，创养济院，任事练达，堪称卓异。"（《清史列传·于成龙传》）

执政为民，只要你全心全意为老百姓服务，你的突出治行，自然会受到百姓的拥戴、上级的重视。于成龙出掌遍地穷县，一无政治靠山，二无经济支持，三无特别文凭，但他的赤诚之心、勤干之才、廉正之风，成就了他堪当重任的良好基础和执政理念。此后，他迁四川合州知州，后为湖广黄州府同知，再擢武昌知府。职务在不断升迁，辖区在不断内移，但他一以贯之的执政成绩依然是有目共睹的。

如果当初于成龙的选择，是继续辞去做官的机会，回到老家来堡村做个私塾先生，洵洵终日直到垂垂老矣，而不去生活艰难、盗患丛出的地方受苦，那么中国历史上必然会少了一位以"天理良心"为处世底线的清官廉吏。

2

于成龙年过不惑出仕，任官于落后地区，并不蛮干，而是及时向上级有关部门报告民情，请求革除旧弊，招揽百姓开垦荒地，借给百姓耕牛和种子，仅一月时间便将百余人口的地区扩充到上千户人家。治理盗贼严重的辖区，他勇敢地扑下身子，深入村落微行私访，遍访民间隐情，遇到盗贼以及其他可疑案件，就按其踪迹抓到案犯。他为百姓办实事，自然会受到百姓的敬重和拥戴。

"三藩之乱"爆发，吴三桂盘踞湖南，煽惑湖北诸县山民响应。于成龙不以因工作过失遭有司商定革职而为官不为、懒政怠政，积极遵从上级安排，单骑专赴麻阳招抚。他正是由于能力出众，勤恳无怨，而成为地方工作的一把好手的。

康熙十五年十月，于成龙继母过世。继母对他有抚育之恩，二人感情很好，按礼法于成龙必须丁忧守制，但湖广总督蔡毓荣等联名向康熙帝奏请，安排于成龙在任守制。在当时，如果不是非常时期，不是特殊人才，由皇帝下旨在任守制是极为罕见的事例。许多在朝的大学士，如果父母亡故，也必须辞官回家守孝一年。

康熙十七年六月，于成龙调任福建按察使，主管一省司法刑狱和官吏考核。史料并未胪列他的治绩，但从他的顶头上司、福建巡抚吴兴祚等集体给他的评价可见一斑："成龙执法决狱，不徇情面，屡伸冤抑，案牍无停，不滥准一词，不轻差一役，而刁讼风息，扰害弊除。捐增监狱口粮，偏济病囚医药。倡赎被掠良民子女数百口，资给路费遣归。屏绝所属馈送。性甘淡泊，吏畏民怀，为闽省廉能第一。"（《清史列传·于成龙传》）

于成龙秉公执法，清正廉明，办案迅速，用词精准，一扫往日诉讼刁钻的陈弊。他还经常捐助监狱口粮和病犯医药，却明令禁止下属送礼。尤其他顶住压力，对地方官员不顾连年兵祸，以通海罪名屡兴大狱的"通海"事件力争重审，先后使千余名百姓免遭屠戮而获释，对贫困不能归者还发给路费。他以"皇天在上，人命至重，吾誓不能咸阿从事"，赢得了百姓的赞誉和同事的激赏。

按理，按察使虽是巡抚下属，但按察使往往监督、掣肘巡抚的行政执法，很多时候二者关系是不和的。但是，吴兴祚却以于成龙"为闽省廉能第一"，向康熙帝报告，得到的回复是："于成龙清介自持，才能素著，允称卓异。"（《清史列传·于成龙传》）同时，朝廷任命于成龙为福建布政使。足见于成龙以卓绝的工作实绩，赢得了上司与最高领导人的敬重和信任。

蒲松龄《聊斋志异》中，有一篇《于中丞》，写的就是于成龙"好微行炯知民隐，摘发盗贼"的故事。于成龙对待案犯，主张慎刑，以教为主，采取"宽严并治"和"以盗治盗"的方法，取得了突出效果。他在词讼、断狱方面，铁面无私，头脑敏锐而细心，善于从一些被常人忽视的细节上发现问题症结。他曾破过许多地方上发生的重大疑案、悬案，使错案得到平反，从而被百姓呼为"于青天"，民间还流传着"鬼有冤枉也来伸"的歌谣。

一个地方的社会文明，无论硬件软件，最根本的一件是执政文明。如果执政不文明、不廉政，必然影响当地物质文明、精神文明、政治文明乃至生态文明，严重影响到当地百姓分享政治文明、民生权利、社会权益。虽然于成龙的"执政为民"尚处于封建专制时期，但他在不同的工作岗位上，取得了百姓受益、同事好评、中央肯定的显著廉能。

无论在艰险的边地，还是在内地或者沿海，他都耻于尸位素餐的庸官做法，而是真抓实干、顶着压力、冒着生命危险地服务于治下百姓。在当时，必然有不少地方、衙门的负责人，得过且过，庸碌无为，像个停摆的闹钟，不拨不动，拨一下动一下，甚至拨了也不动，从而导致当地的民生工作是否做、是否做好纯粹看其是否情愿、是否乐意，导致许多管理工作不积极，不少百姓生活不安定。更有甚者，像福建"通海"一案、内地缉盗之事，如果不是于成龙冒着凶险去争取或平定，那么不知会有多少百姓受到法律不作为、社会不稳定的威胁。

当初，于成龙在家境窘迫的情势下，毅然前往百废待兴的罗城负责重建，未必会料到日后会成为知州知府、封疆大吏、朝廷重臣，但，他的每一个脚印，都深深地印在他的廉政路上。他的执政方式、执政理念和执政实绩，经得起历史的检验，虽然有过偏听的流言蜚语，但他人到中年才开始、直逼古稀的政治人生，还是一路走着亮堂，成为今日中国廉洁执政的一个榜样和一面镜子。

虽然当时还没有执政为民、权为民用、利为民谋的说法，但在书生报国的于成龙的实践中，老百姓确实看到了实惠和幸福。这样的权力行使，无疑是一种明显的执政担当，一种实现"政者正也"的崇高理想。

3

电视剧《于成龙》第二十九集至三十集，主要讲于成龙处理通海案后，由臬台升藩台，刚升任福建布政使，就遇到康亲王率十万大军驻扎福建，谕令他征集三万茎夫。当时，战事处在相持阶段，人吃马喂，粮草辎重，差役茎夫，均需地方筹集招纳。

于成龙命属下查清全省的男丁数，发现一共才六万余人，再加上征民夫一事从未停止，现在康亲王又让征调三万茎夫，无疑是雪上加霜。于是，于成龙从实际出发，搬出康熙帝"剿抚并用，安辑百姓"的主张，智斗康亲王，要求废除征用茎夫的指令。福建总督姚启圣坚决反对于成龙这么做，但是于成龙还是使康亲王下令减免福建半数徭役、茎夫等民差。

此事是有历史根据的。康熙十八年，于成龙在福建藩台任上，发生了一桩著名的事件：向康亲王求罢茎夫。在处理此事中，于成龙并未因巡抚吴兴祚曾专疏向康熙帝举其"卓异"，说他"为闽省廉能第一"，而顺承妥协。

康亲王是谁？清太祖次子、开国四大贝勒之首代善的曾孙杰书，康熙帝最倚重的族兄和大将军王。当时，康亲王杰书任奉命大将军，领数万名八旗骑兵驻扎于福建，与台湾郑经作战。八旗子弟懒惰，哪肯干铡草喂马的苦差事，于是向民间征集劳力，到军营里铡草。对八旗官兵来说，民夫当然多多益善，根本不考虑地方上的承受能力，一征集就是数万名，严重地影响到数万户家庭的生产生活，搞得很多百姓家破人亡，也让各级官府头痛不已。

朝廷曾下令禁止再征茎夫，但骄纵的八旗子弟自恃特权阶层，又在为国打仗，仍想继续征调茎夫。统帅康亲王虽比较开明，但考虑到朝廷大军的利益，答应了将士们的请求，再次下达命令，要求各地照旧派夫。这就激发了严重的军民矛盾。

巡抚吴兴祚把康亲王的手谕转发给闽县、侯官等地知县，要求按谕执行，但巡抚衙门并没有下达正式的文件。知县祖寅亮、姚震等人揣测到巡抚的真实意图，就以需要请示为由，拒绝执行康亲王的命令。八旗官兵聚集到县衙闹事，逼迫知县派夫。百姓听闻官兵继续征夫，停业罢市，聚集街头，群情汹汹，大规模的民变一触即发。福建地方官员聚会商议，准备向康亲王请命。

布政使于成龙领衔向杰书上了一封公开信《公上康亲王求罢輂夫启》，请求收回成命。同时，于成龙又以个人的身份，上了一封《再肃上康亲王启》，指出："国家之安危，由于人心之得失，而人心之得失在于用人行政，识其顺逆之情而已。"无论是公函还是私信，于成龙都是拿出了朝廷的规章制度，委婉地和大权在握的大将军王说理。杰书一看事情闹大，官民都反对自己照旧派夫的命令，在收到官吏们的公开信和于成龙的私函后，便决定作罢。

单论杰书的奉命大将军职权，节制辖区督抚，掌握生杀大权。然，于成龙勇敢地为老百姓说话，不顾自身安危，因此得到了康亲王的尊重和赏识。《清史稿·于成龙传》说："王素重成龙，悉从其请。"第二个月，康熙帝下旨，于成龙内调畿辅要津，升任直隶巡抚。当时还没有直隶总督一说。

虽然电视剧为了情节需要，进行了艺术创造，但还是充分体现了小事不拘、大事不虚的原则。身为"治官之官"、高级干部，于成龙想的是百姓疾苦而非自身荣辱，在情感与理智、个人生死与百姓利益的抉择面前，坚持捍卫国家利益和民族大义。

他至直隶任上，下车伊始，便严禁州县私加火耗、馈送上官节礼。针对官员附加征税、送礼成风的弊端，于成龙及时奏请朝廷，形成制度化的惩罚条例，以防"将来道府必怀投鼠忌器之嫌，而隐忍养奸，法纪颓靡"（《清史列传·于成龙传》）。也正是于成龙作为行政长官，在畿辅重地的治绩斐然，故而有了康熙帝对这位敬仰已久、缘悭一面的爱卿有了第一次，也是唯一的一次正式的召见，褒奖他"清官第一"。而在此前，康熙帝已经三次御书"卓异"嘉奖于成龙了。

　　没过多久，年近古稀的于成龙被康熙帝特简任总督两江。两江何地？全国最富庶之地，上缴赋税占全国近一半。于成龙入境即"微行"访于民间，面对"州县各官病民积弊皆然，而江南尤甚"的状况，很快颁布了《兴利除弊约》，开列了灾耗、私派、贿赂、衙蠹、旗人放债等十五款积弊，责令所"自今伊始"，将所开"积弊尽行痛革"。他根据自己的体会，又制定了以"勤抚恤，慎刑法，绝贿赂，杜私派，严征收，崇节俭"的《新民官自省六戒》，作为地方官员的行为准则。而他自己的生活呢？像一个苦行僧，餐餐萝卜青菜，如电视剧所表现的那样，偶尔有几碟肉菜，还和幕宾随从们感慨良多。

　　他举优劾贪，宽严并济，时人说凡他所到之处，"官吏望风改操"。严格执行制度，不给侥幸心理留余地，以"加严处分，以肃法纪"来切实解决"灯下黑"问题。

　　为了解决老百姓的贫困生活，于成龙是想尽办法，查勘实情险境，奏请豁免钱粮。但对于下属官员额外征赋，加收火耗，侵蚀赈济，勒索灾款，他绝不姑息，一律请求革职治罪。

　　作为地方首长，于成龙公正弹劾不法官员，讲究方式方法，"以驱除贪吏、拯救民生为务，据道府揭报，察其已深者，参劾以示惩创"（《清史列传·于成龙传》）。

　　在文化发达的江南，官僚势豪贿通学政，科考舞弊之风盛行，许多贫苦士子皓首穷经却往往落榜。曾亲历科场舞弊的于成龙，专门行文，一旦发现弊行，"立刻正章入告，官则摘印，子衿黜革候者按律拟罪。其蠹胥、奸棍即刻毙之杖下"。这，无疑为出身寒门的书生报国，提供了一个公正平等的竞争平台。

　　作为清代杰出的廉吏能臣，于成龙为康乾盛世的到来，开启了弊革风清的时代风尚。他绝不会想到身后三百三十多年，一个现代中国还会以多种艺术形式来传播、传颂他的廉政事迹。后人用残存史料，复活已消逝的往事，为的就是以其所成就的中华优秀传统文化之精神，来激励新时代廉政建设以古为镜、优于古人。

4

于成龙为民执政，敬终如始地讲究"天理良心"。而对于已从政的优秀下属，他尽显大度，反对论资排辈，对清廷死板的任官考成制提出异议，认为那不利于吏治建设，容易造成"问其官则席不暇暖，问其职则整顿无心，势彼然也"。他以"品行卓越，才具优长"作为标准，积极上疏举荐人才。史称小于成龙的直隶通州知府于成龙，后来成为一代治河名臣，江苏布政使丁思孔后来总督湖广、云贵，卓有政绩，死于任上……一批有作为的清廉官吏，受到康熙帝的重用，都与于成龙的无私荐举有着很大的关系。康熙帝南巡江宁时，曾叮嘱小于成龙多向老于成龙学习。

康熙二十年，于成龙入觐康熙帝，获赞："尔为今时清官第一，殊属难得！"

虽然官职品级和工作环境发生了很大的改变，但于成龙一直保持着艰苦朴素的生活作风。他无论是知县知州，还是巡抚总督，总是带头实践"为民上者，务须躬先俭仆"。在直隶，他"屑糠杂米为粥，与同仆共吃"。在江南，他"日食粗粝一盂，粥糜一匙，侑以青菜，终年不知肉味"，江南人民亲切地称他作"于青菜"。总督衙门官吏在严格的约束下，"无从得蔬茗，则日采衙后槐叶啖之，树为之秃"。他天南地北，宦海二十多年，只身天涯，不带家眷，不纳小妾，结发妻子阔别二十年后才得一见。或许有人认为，他是在做苦行僧，不通人情，但他在当时国家政局维稳、军事冲突不断的情势下，自身作则，严于律己，率先垂范，却给或小或大的辖区百姓和社会带来了稳定和清明，也必然会影响着其他地区甚至整个国家走向祥和、安宁和富足。

某日，康熙帝听日讲官说，于成龙起家边地外官，就以廉明著称。就是做到了京郊巡抚，也是更加清正。亲朋好友相托，他一律严拒；下属亲友送礼，他分文不取。当康熙帝获悉他家计艰苦时，特地从内库专门拨发一千两白银，并将自己的御马一匹嘉奖于成龙。

于成龙升任江南江西总督，身体力行，简朴清明，全身心地教化民风，几个月后，江南民风蔚然一新。他刚直廉正，却触犯了一些人的利益，故而社会上曾起一些流言蜚语，加之他不投权相明珠所好，故而弹劾于成龙衰迈昏聩、为人蒙蔽的奏章送到了康熙帝案头。但是，康熙帝知任成龙，不为谤词所动。

康熙二十三年四月十八日，于成龙病逝于两江总督兼署两巡抚任上，终年六十八岁。人们清点他的遗物，发现木箱中只有一套官服，别无余物。市民痛哭，塑像祭祀。康熙帝闻讯后，说："朕巡幸江南，延访吏治，博采舆评，咸称居官清正，实天下廉吏第一。"（《清史列传·于成龙传》）

于成龙死后，康熙帝赏赐公祭安葬的礼遇，谥号清端，契合于公执政为民、廉洁奉公的品行。内阁学士锡住勘察海疆回到京城，康熙帝询问于成龙为官情况，锡住回奏说他清廉如初。康熙帝感叹不已：于成龙在直隶任上居官甚好，我特简任其到江南做总督，有人说他改变了朴素之风，等他死后，才知道他始终很廉洁，被百姓称赞。大概因为秉性耿直，那些不肖之徒带着私仇以谗言陷害他，才编造出这样的话罢了。当官像于成龙一样的人，能有几个呀？

康熙帝在赞誉于成龙为"天下廉吏第一"时，还专门写诗礼赞，其中有"服官敦廉隅，抗志贵孤洁""江山见甘棠，遗爱与人说"。这，既是对一个治世廉吏的赞赏，也是对一个良臣镜鉴的称许。

只有像于成龙那样做到了为官一任、造福一方，历史和后世才会铭心刻骨地记住他，真心诚意地纪念他，全心全意地学习他，学习他在工作中践行的精神，学习他留给后世的文化内涵。

5

电视剧《于成龙》播出几年，影响平平，但两江总督于成龙杀"江宁大将军"赫里一场虚构戏，却争议很大。

持有权杀之者，依据为于成龙总督两江时，被加兵部尚书衔。"天子念吏治为重，遂特晋公大司马，总制两江，以风群吏。"（熊赐履《皇清光禄大夫总督江南江西文武事务兵部尚书兼都察院右副都御史赠太子太保谥清端北溟于公墓志铭》）

于成龙以兵部尚书总督两江文武事务，能节制江宁将军（不是"江宁大将军"。康亲王、征南大将军杰书已于康熙十九年十一月返京，于成龙总督两江，为康熙二十年十二月起，此期朝廷不再在东南设大将军）。

江宁将军，全称镇守江宁等处地方将军，为清朝统领江南驻防八旗军兵的最高统帅，为正一品［乾隆三十三年（1768）改为从一品］。品秩要比从一品兵部尚书衔两江总督于成龙高一级，不但会同奏事在于成龙之前，且权力比于成龙要大。故以职权而论，于成龙杀赫里，不只是擅杀，而且是越级的谋杀。

另外，清朝虽赋予了总督封疆军政大权，但没有给予生杀予夺之特权。清代规定民事案件地方有自治权，但对于刑事案件非常审慎，有着严格的多重审理制度。即便地方发生一起普通命案，也须待州县初审后将定罪量刑的意见，逐级报送知府、按察使、督抚复审，督抚如无异议，即奏报皇帝，并抄送副本与刑部分管司。皇帝收到督抚奏报后，不能直接批复，还得交由三法司（刑部、都察院、大理寺）依律重新拟罪。若涉死罪，则纳入秋审程序。秋审如同国家大典，代表着国家的权力，谁也不能马虎。更何况是处置一个高级的命官。从法理上来看，总督不能擅自处置嫌疑犯的生死，也不能独专处死代表皇帝的地方军事代言人，更何况是一个总摄江南军务的皇室亲贵。

这一出戏是特别的虚构，明显与史实不符合。

一是顺治帝生女六人，五人幼殇，仅存的皇次女即和硕恭悫长公主，生于顺治十年十二月，康熙六年二月，十五岁时下嫁给太师、辅政大臣鳌拜的侄子讷尔杜（少傅、领侍卫内大臣巴哈之子）。

和硕恭悫长公主与康熙帝年纪差不多大，只早出生四个多月。而于成龙于康熙二十年出督两江，三年后溘然长逝，也就是说，即便和硕恭悫长公主出嫁第二年就生子，那么其子在于成龙死前，也不过十六周岁。而从剧中赫里的年龄来看，明显比所谓的舅舅、皇帝康熙的年龄大。

更何况，和硕恭悫长公主出嫁第三年，鳌拜获罪论处，巴哈父子俱革职为民，讷尔杜后被起用，于康熙十五年正月加太子少师，纯属康熙给唯一的姐姐一个安慰，不至于成为重用姐夫和外甥的证据。讷尔杜不久病逝，和硕恭悫长公主也是红颜薄命，史料并未记载他们有一个显赫的儿子。

皇帝的外甥纵是受尽宠爱，也不可能成为朝廷镇守东南的军事统帅。要知道，康熙爱子如命，但对诸子也是要求极严，几近苛刻，对外甥的恩宠自然不会超过了儿子。康熙二十九年，十八岁的皇长子胤禔奉命随皇伯、和硕裕亲王兼抚远大将军福全西征噶尔丹，参与军事指挥，也只是一个副将军。

二是于成龙总督两江时，江宁将军为满洲镶黄旗人瓦岱。

瓦岱为清初五大臣之一额亦都第一子敖德之子。额亦都为开国元勋，曾先娶努尔哈赤伯父礼敦之女，后尚努尔哈赤的四公主穆库什。敖德虽不是郡主和公主所生，但他也是勋戚之子，做过天聪朝的户部承政、顺治朝的牛录章京，以军功获二等阿达哈哈番（轻车都尉），而且其异母弟遏必隆的两个女儿都嫁给了康熙为妃，即史上的孝昭仁皇后与温僖贵妃钮祜禄氏。

也就是说，瓦岱是关系多重的皇亲国戚。

作为勋戚后代，瓦岱早早地入宫任侍卫，署护军参领，即享受了正三品一等侍卫的待遇。康熙十三年，靖南王耿精忠响应吴三桂叛乱，瓦岱以署护军统领的身份，随和硕安亲王、定远平寇大将军岳乐南征江西、湖广。湖南平定，瓦岱获授护军统领实职。

无疑，瓦岱以屡立战功获得了康熙帝的倚重。此时他的两个堂妹已是康熙的皇后与贵妃。

康熙二十一年十一月，瓦岱以镶黄旗护军统领，获授江宁将军。

按他与康熙的亲戚关系，似可视为赫里的原型。只是堂舅哥被换作了外甥娃。

然而，瓦岱为官清廉，曾在江宁任上获赐御用袍、千两白银的奖励，康熙二十四年十月擢镶黄旗满洲都统，死于康熙三十一年。于成龙病逝于康熙二十三年，死在了瓦岱的前面。

不仅如此，瓦岱作为皇帝的军事代言人，出镇东南，同于成龙等地方官相处得很不错。《钦定八旗通志》卷一百三十九记载，康熙二十四年，以博济代瓦岱为江宁将军，"上谕之曰：前此将军、副都统，与地方官各不相能。自遣瓦岱为将军，众志克谐，彼此和协。尔当效之瓦岱！"

瓦岱像于成龙一样，都成为康熙告诫继任或重臣的榜样。瓦岱不但没有死在江宁，而且以镶黄旗满洲都统，入列议政大臣，先后以振武将军、定北将军平叛地方，皆大获全胜。至于康熙三十一年二月，瓦岱因同都统班达尔沙等督理达勒鄂莫、瑚尔鄂莫屯田，坐督耕不勤、禾苗无收，被议罪降一级免职，削云骑尉，不久病逝，则为后话。

瓦岱的前任额楚，为顺治朝留下的内大臣和老将，于康熙二十年十月死于任上。于成龙总督两江的起始时间，为康熙二十年十二月二十四日。他同额楚，除了都是康熙的臣子外，并没有机会在江宁产生交集。

于成龙在两江总督任上所对应的江宁将军，仅瓦岱一人耳。

《清史列传·于成龙传》有云，康熙二十二年十月，副都御史马世济督造漕船完工，回京上疏，称："总督于成龙向有盛誉，初到江南，美名如故。闻其自任用中军田万侯之后，人多怨言。臣奉差在南，见其年近古稀，景迫桑榆，道路啧啧，咸谓田万侯欺朦督臣，倚势作弊，因未有实据，难以入告。督臣衰暮，不能精察，故匪人得以播弄而败善政，且各有司衙门皆有督臣秽言告示，污蔑各官。"

马世济弹劾于成龙老迈昏聩，被人利用，祸乱政务，请康熙皇帝"令成龙休致"。

康熙高度重视此事，命于成龙回奏后，又命兵部和吏部各自拿出一个处理意见。

于成龙力辩清白：我自上任以来，察吏安民，躬亲料理，从不听任左右。

兵部回禀：于成龙也承认田万侯倚势作弊，从中牟利，确负有失察之责。

吏部认为：于成龙自称垂老迟暮，衰迈昏聩，应该命他主动请辞致仕。

都察院、兵部和吏部都认为于成龙已不堪用，理应致仕。倘作为康熙腹心重臣的瓦岱，此时来一个密折，及时补刀，说于成龙一二不是，那么康熙不免要命于成龙告老还乡。但是，瓦岱并没有这么做。

或许正是因为瓦岱的不表态，康熙帝命于成龙留任总督，还兼署江苏、安徽两省巡抚事。

瓦岱默默支持了于成龙，暗中成就了于成龙"居官清正，实天下廉吏第一"（《清史列传·于成龙传》）的美名。

猪倌于成龙做了
治河名臣

1

1995 年，北京石景山区修建楼房，施工中出土一盒墓志，铭文写道："国朝有清忠强直经济名臣曰两于公，皆讳成龙。其一官总督江南、江西兵部尚书，卒赠太子少保，谥清端。其一历官总督河道、兵部尚书兼右都御史、前都察院左都御史、太子少保，谥曰襄勤，则公也。"

墓主于成龙，字振甲，与"天下廉吏第一"的于成龙，同名同姓同时代，皆为康熙皇帝的重臣。前者祖籍东北，原为汉军镶红旗人，后经抬旗入镶黄旗，要比出生于山西的汉人于成龙小二十二岁。故人们称前者为小于成龙，喊后者为老于成龙。

小于同老于一样，都没有取得进士文凭。老于以明朝副榜贡生加清代国子监进修，四十四岁入仕，被分配到南方刚收复不久的边荒之地罗城做县令。小于没读过几年私塾，给富户当过家奴养过猪，但因养父于得水原任阿达哈哈番（乾隆改轻车都尉），三十岁以荫生出任直隶乐亭知县。

小于虽在课堂上没读多少书，但很有民本思想和实干能力，在乐亭修学宫、劝开垦、免赋税，礼贤爱士，缉盗安民，深得百姓爱戴和上级赏识。他出仕一年便兼代滦州知州。滦州为直隶州，知州级别与知府平行。小于推行善政，深得民心，受罪犯越狱案牵连本该降职，但老百姓几次联名上书，请求上级让他留任，感动了中央，中央遂下令巡抚金世德勘察他执政为民的真凭实据。

百姓代表着民意，小于得以恢复职务。

几年后，小于因没在限期内破案缉盗，依法又该降调。金世德为其求情，部议不准，但康熙帝下旨："于成龙抚绥疲邑，与民相宜，其留任。"（《清史列传·于成龙传》）

吏部按规定办事，但康熙帝评估官员功过时尊重了民意，更加关注这位畿辅要津的青年官员，几年后破格提升他为通州知州。

2

于知州很快在直隶巡抚衙门见到了与他同名同姓的于巡抚。老于和小于都是为百姓干实事的人，有共同的信仰，配合得很默契，见面互称于大人，不会导致误会，还能拉近关系。

康熙二十一年（1682），老于调任全国最富庶、情况最复杂的两江做总督。临行前，他专门给康熙帝上疏，说小于人才难得，堪当大用。

老于正式到两江任事不到两月，总督辖门所在地江宁的知府陈龙岩病逝。于总督初来乍到，发现两江的各类财政收入占了全国财政的一半多，形形色色的衙门都与朝廷重臣勋贵有着各种各样的联系。江宁织造的负责人曹玺，是康熙奶娘的老公，获赐穿蟒袍，封一品尚书。而江宁将军（电视剧《于成龙》中被虚构成康熙的亲外甥赫里），是督率八旗兵防守江南的最高统帅，官居正一品。

论政治资源和官秩品级，二品于总督的行政辖区里有不少人在位比其高，权比其大。于总督是带着特殊使命来的，秉公持正，清廉律己。出于工作的需要，他向朝廷申请，希望"廷臣会推清操久著、干练成效，与通州知州于成龙、霸州州判卫济贤相类者"。他的言下之意，就是希望老部下小于或者小卫来宁当帮手。

老于的请求，让吏部不高兴了，外调也想着用自己的熟人。吏部报告康熙帝，说"知府无会推例"，即是说驳了老于。然而，康熙帝朱笔一挥：于通州调任江宁。

于知州成了名副其实的于知府。他走后，通州百姓建了一座于公祠，感念他在任严厉整治匪盗，令行禁止，市肆不扰，德政惠民。

于知府到了江宁，虽不是京官，也是肥缺和大府，然他再次成为老于的部下时，更加恪尽职守，律己爱民，打击豪强，让当初有些人质疑"于成龙荐于成龙"的别有用心成为空头心。

小于同老于又共事了两年。老于病逝在任上半年后，康熙帝南巡至江宁，寄望小于以老于为榜样，并说他在紫禁城里就知道小于为官清廉，敢于为民请命，澄清土地赋税，现在实地考察果然属实，还特地为他题词以示嘉奖清操。第二个月，康熙帝下令，擢升小于为安徽按察使，并在回京后赐于父貂裘，奖励他教子有方。

小于成了康熙帝树立的新典型，"廉能称职，诚心爱民"，加太子少保，赏赐御乘良马、黄鞍辔、白金、御服貂裘及团龙御衣。康熙帝谕告八旗都统侍郎有子弟在外为官者，一定要学习小于"洁己爱民"。

典型成了学习的榜样。小于继续学老于的作风和精神，不辜负康熙帝的期望，既要做一个执政为民的清官，又要做一个治河为民的能臣。

3

于成龙在安徽臬台工作时，遇到了大水利家、河道总督靳辅。靳辅治河继承明朝潘季驯的方法，对黄河水患进行了全面勘察，提出了对三大河流进行综合整治的详细方案，并积极组织实施，终使堤坝坚固，漕运无阻。

靳辅主张开大河、建长堤，以敌海潮。于成龙提出开通原来的河道。二人所议不合，各持己见，被康熙帝提到朝会上与九卿廷议。大家以为于成龙虽是著名清官，但对河工未经阅历；而靳辅久任河务，已有成效，应采纳他的意见。

康熙帝认为靳辅的方案不能兼顾下河，于是下令于成龙督理，靳辅负责技术把关。

争论出了结果，朝廷决定开下海，任命礼部侍郎孙在丰主持其事。靳辅仍然主张重堤束水，并建议开中河，疏拦马河减水坝所泄水。于成龙力主疏浚下河，罢筑重堤，并谓中河虽开无益。

康熙帝觉察到于成龙不懂水利，但激情燃烧，不好泼冷水。老专家靳辅固执己见，也不受康熙皇帝喜欢。这时，江南道御史郭琇上疏劾靳辅治河多年，听命于他人，今天议筑堤，明天议挑浚，浪费银钱数百万，没有终止之期，还说他夺取民田，妄称屯垦，取米麦越境贩卖，特别是违背皇帝的旨意，阻挠开浚下河。

孙在丰赶紧补刀。

靳辅被革职留任，于是举报孙在丰与漕运总督慕天颜联姻，附和于成龙。一群治河名臣，因观点不一而相互掐架。于成龙被削太子少保，降两级调用。但康熙帝还是给他机会，让他留任巡抚，第二年以左都御史兼镶红旗汉军统领。

康熙三十一年十二月，靳辅病逝，于成龙任河道总督。他记住了历史的教训，刻苦钻研靳辅的方法，杜绝了自己曾因外行而陷身权斗的悲剧发生。

错了就是错了，于成龙具有敢于承认错误、接受正确思想的坦荡襟怀。他向康熙帝报告，自己原来是妄言，从今以后要按靳辅的方法，做得更好。

认识到自己的不足，就是成长，也是成熟。

4

于成龙总督河道，从老百姓的利益出发，坚持豁免河夫、增设河兵的重大举措，改派募为雇募，使民不扰，彻底根除了明清以来佥派累民的弊端，利国利民，影响深远。

康熙三十一年，他以兵部尚书兼都察院右都御史第一次任河道总督时，就曾奏请豁免民夫，以工程量议格。他根据治河实情支持开捐例，虽被康熙质疑是否加重了百姓负担，但他用事实说服了朝廷。他在三年内，实地勘察，修堤筑坝，把淮扬地区河道稳定下来，老百姓也过上了耕种其田得收成的好日子。

不幸的是，他因父亲去世，回家丁忧，被继任总督董安国向朝廷报告黄河与运河险汛甚多，不能免除民夫，只象征性地减少了一两千人。

于成龙守完孝复出，以左都御史衔给康熙帝两次亲征噶尔丹负责后勤工作，督运军粮。

康熙三十七年二月，于成龙以总督兵部尚书兼右都御史管直隶巡抚。浑河发水，与永定府南的河水汇流于一处，势不能容，常有泛涨，百姓庄田都被淹没，苦不堪言。于成龙结合治理淮扬积累的经验，根据实际提出浑河筑浚方案，疏筑兼施，查勘浑河河道，现场指挥，监督河工挑新河。

这次，于成龙又成功了。

康熙帝高兴地赐河名永定河。对于于成龙此次建功，康熙认为必须有自己的历史功绩，《清史稿·河渠志三》记载："巡抚于成龙疏筑兼施，自良乡老君堂旧河口起，径固安北十里铺、永清东南朱家庄，会东安狼城河，出霸州柳岔口、三角淀，达西沽入海。浚河百四十五里，筑南、北堤百八十里，赐名永定。自是浑河改注东北，无迁徙者垂四十年。"

河道总督董安国不懂业务，康熙帝让于成龙再次复职河道总督。于成龙又以岁夫苦累，亟请变通，征解河工，添设河兵，使老百姓免除了摊派之苦，而将河夫改河兵，一举两得，开一代清朝兵制之新。

于成龙肩负皇命，奔走黄淮两河，勘察灾情，欲把治理永定河行之有效的方法和经验运用到治理黄淮上。终因日夜操劳，河务浩繁，于成龙积劳成疾，扶病亲临淮上视察河道，病情陡然加重。康熙帝几次派良医、送补药。

于成龙太拼了，心里装着国计民生，长期带病上岗奔走，最后病逝在工作岗位上，年仅六十三岁。

于成龙临终前，耿耿于怀的还是未将黄淮彻底治理好，吩咐儿子赶紧上书，请皇上另派贤能大臣，不要耽误了国家的大事，加重他的罪过。

康熙闻讯深为痛悼，两次遣人谕祭，谥曰襄勤。康熙帝说："于成龙才品兼优，服官勤慎。屡经简任，实心办事，不辞辛劳。宣力有年，历著成效。"这是对一代治河名臣于成龙的盖棺论定，实事求是。

雍正八年（1730），雍正建贤良祠，祀王公大臣以及有功于国家者，小于成龙入祀，比雍正十年入祀的老于成龙还早了两年。

三百多年过去，小于成龙虽然没有像老于成龙那样，因创造了天下第一廉吏的口碑而影响深远，但他作为一个清正的好官、实干的能臣，为清朝初期的河道建设，做了利在当时、功在千秋的创举，照样值得我们铭记和纪念。

前些年拍摄的中国电视史上第一部治河科学大片《大河颂》，塑造的就是康熙治河名臣于成龙、靳辅、陈潢等的光辉形象，讲述了他们克己奉公，治河造福黄河两岸百姓们的动人事迹。

用
人

康熙争正统，
不是对顺治的背叛

1

康熙九年（1670）八月，圣祖"命改内三院为内阁，其大学士、学士官衔，及设立翰林院衙门等官，俱著察顺治十五年例议奏"（《清圣祖实录》卷三十三，康熙九年八月乙未）。这是康熙帝清除四辅臣摄政痕迹的一个印记，他要恢复顺治时期的殿阁制内阁。

康熙冲龄践祚，顺治给他留下了四位爷爷级的辅政大臣。他们在大行皇帝灵柩前盟誓，竭诚辅佐幼主，报效先帝知遇之恩，但上任伊始，就推翻了顺治的政体改革。

他们以顺治帝的口气，给他弄了一份罪己诏和十四宗罪状，称他背叛了祖宗。

《清史稿·世祖本纪二》记载，四辅臣给顺治帝裁定的首罪是："亲政以来，纪纲法度，用人行政，不能仰法太祖、太宗谟烈，因循悠忽，苟且目前。且渐习汉俗，于淳朴旧制，日有更张。以致国治未臻，民生未遂，是朕之罪一也。"

崇汉抑满，对于一个以少数民族入主中原的皇帝而言，无疑是对祖宗的背叛。四辅臣不敢给故主定一宗叛族罪，但继续说顺治帝对于明末重用文臣导致亡国"不以为戒，委任汉官，即部院印信，间亦令汉官掌管"。

四辅臣之所以如此为之，荦荦大端，就是宣泄自皇太极以降，保守势力对皇帝打压亲贵、改制的强烈不满。

康熙帝恢复了殿阁大学士，又牢牢地掌控着权力，事无巨细，一人说了算。大学士们除了承旨书谕外，就是同翰林一起为康熙帝"论纂文史"，争天下最正的正统。

康熙的血管里，流着满、蒙、汉三族的血液。他的生母佟氏，本是隶汉军正蓝旗的辽东汉人，母凭子贵，被康熙大张旗鼓抬旗，成为满洲镶黄旗的佟佳氏。

传言康熙祖母孝庄"甚厌汉语，或有儿孙习汉俗者，则以为汉俗盛而胡运衰，辄加禁抑云矣"（吴晗辑《朝鲜李朝实录中的中国史料》下编卷二，显宗改修实录七年九月）。更有甚者，认为清宫对汉人女子严防死守，要遵祖制，不蓄汉女，并把孝庄定为罪魁祸首。这，不符合历史事实。

汉人降将孔有德死于非命，孝庄特地将其女孔四贞接进宫，称"定南武壮王女孔氏，忠勋嫡裔，淑顺端庄，堪翊壸范"（《清世祖实录》卷一百〇二，顺治帝十三年六月癸卯），准备指婚给顺治帝为妃。

汉女所生的玄烨，在顺治帝有多个儿子的情势下承继大统，不但得到了孝庄的认可和支持，而且在孝庄的竭力抚育辅佐下，斗罢鳌拜，后撤三藩。康熙说："设无祖母太皇太后，断不能有今日成立。"（《清史稿·后妃传·孝庄文皇后传》）足以说明，作为一位杰出的女政治家，孝庄深谋远虑，绝非狭隘的民族主义者。

孝庄要倚重四辅臣，作为抵御皇室宗亲对孤儿寡母虎视眈眈的屏障，故同四辅臣达成政治妥协，默认保守势力全盘否定独子顺治的政治功绩。

康熙外表张狂、独专、跋扈得很，内心却对清朝入主中原显得非常的不自信，于是任命大批量翰林汉臣到内阁、南书房做顾问、编史书、争正统；同时又在所谓遗诏里宣扬"自古得天下之正莫如我朝"（《清圣祖实录》卷二百七十五，康熙五十六年十一月辛未）。

有人认为，康熙帝像四辅臣一样，背叛了顺治制定的政策。

2

顺治帝重视汉臣，是从其父皇太极那里沿袭来的。

皇太极积极培养少壮派贝勒抗击不顺服的大贝勒，充分重用辽东汉人独当一面。

范文程为皇太极提出入主中原"定国策"，最得信任。崇德元年（1636）五月，已称帝的皇太极，将文馆改内三院，仿明朝内阁制优化皇权系统的决策参议机关。范文程、鲍承先为内秘书院大学士，职掌撰拟与外国往来书札，掌录各衙门奏疏及辩冤词状、敕谕文武各官敕书，告祭文庙、谕祭文武官员文。

范、鲍与内国史院大学士希福、内弘文院大学士刚林，组成了皇太极的皇权内阁，参议政事，虽权力不及议政王大臣会议，但他们是每天活动在皇帝身边的人。

皇太极还经常向参将宁完我求教，接受他推荐的"四书"、《孙子兵法》和《资治通鉴》，以及明朝六部制度。宁完我参与机务，颇得圣心，若非喜好赌博，在天聪十年（1636）二月与大凌河降将刘士英赌博遭举报，被削世职，尽夺所赐，判给萨哈廉家为奴，皇太极组建内阁时，必然有他的一席之地。

皇太极占领永平后，以愿意为后金政权（后来改国号为清）效力的汉族士兵组建独立的汉军，起用为后金效命了十四年的明朝降将佟养性统领，并训练了一支装备了崭新欧式大炮的炮兵。皇太极下令："汉人军民诸政，命额驸佟养性总理，各官受节制。其有势豪嫉妒不从命者，非特藐养性，是轻国体、褒法令也，必谴毋赦！如能谨守约束，先公后私，壹意为国，则尔曹令名亦永垂后世矣。"（《清史稿·佟养性传》）佟养性成了后金所属汉人的首领，汉官们对他的指示必须像法令一样执行。

让皇太极没有想到的是，若干年后，顺治帝娶了佟养性大哥佟养真（后避玄外孙雍正胤禛名讳被改为佟养正）孙女为庶妃，于顺治十一年（1654）三月生下玄烨，即后来的康熙帝。

3

顺治元年，摄政睿亲王统兵入关，定鼎燕京，同时承袭了明朝旧制，设立了包括翰林院、通政使司等在内的一批官僚机构，并下令"在京内阁、六部、都察院等衙门官员俱以原官同满官一体办事"（《清世祖实录》卷五，顺治元年五月癸巳）。

大规模地吸收汉族政权先进的政体，引进前明降官投效新朝，就是要给汉人，尤其是前明官员、士大夫一个印象：朝代和皇帝变了，但国家机构职官与基本官员都未曾改变。这样的设置，有利于清朝在全国迅速地建立起稳固而有效的统治政权。

多尔衮学习明朝内阁大学士兼尚书衔提升品秩的做法，又新创了独具民族特色的复职制度，以内三院"置满汉大学士，不备官，兼各部尚书衔"（《清史稿·职官志一》）。此时的大学士，还是正五品，而且延续了很长一段时间。

而擅权自专的多尔衮只将一些无关痛痒的普通事务，交给了主要由汉人站岗的内阁票拟。信义辅政叔王济尔哈朗也早早地发出了命令："政事先白睿亲王，列衔亦先之。"（《清史稿·济尔哈朗传》）军政要务，都必须先报给多尔衮审批。

新建的内阁，权力操控在以多尔衮为首的亲贵的手上，完全不像明末的内阁及首辅那般具有足以侵犯皇权的相权。这，引起了明朝投降过来的大学士冯铨、洪承畴的不甘心。他们向顺治帝（实为摄政的多尔衮）提出反对意见："国家要务，莫大于用人行政。臣等备员内院，凡事皆当与闻。今各部题奏，俱未悉知。"（《清世祖实录》卷五，顺治元年五月戊午）他们不想做冗员和闲曹，不情愿干些"所票拟者，不过官民奏闻之事而已"。他们希望"按明时旧例，凡内外文武官民条奏，并部院复奏本章，皆下内阁票拟，已经批红者，仍由内阁分下六科，所以防微杜渐，意至深远。以后用人行政要务，乞发内阁拟票，奏请裁定"。

多尔衮接受了冯铨等人的建议，扩大了内阁票拟的范围，但他很快借口部门周转太多，效率不高，规定："凡有奏章，与各部无涉，或条陈政事，或外国机密，或奇特谋略"（《清世祖实录》卷十五，顺治二年三月戊戌），才转到内阁走程序。

顺治帝亲政后，身边聚集了一大批宠臣，他将信任的都拉入内阁，但又下严令，今后凡机密及参奏本章，都必须"实封进呈"，不得先报内阁知晓。曾任道光朝四川总督、云贵总督的吴振棫在《养吉斋丛录》卷二十三中追忆旧事：清初"内阁大学士沿明制主票拟，然一一皆秉上裁，大学士无权也"。

看似尊荣却无实权的大学士，在顺治后期越来越多。顺治十五年，顺治帝改内三院为六殿阁，大学士共有十一人，但参与重要机务的权力仍在顺治帝和议政王大臣会议那里，内阁在大多数时候只是处理日常事务的官署。

顺治十五年九月初七，顺治帝将内三院改设为殿阁大学士，以中和殿、保和殿、文华殿、武英殿、文渊阁、东阁系衔。这样的内阁结构改革，沿袭了明朝内阁制度。但，有汉官助力的完善者顺治帝，始终牢牢把内阁票拟大权操控在自己手上。大学士在他的眼里，都是忙碌琐务的秘书，只能听命于皇帝做票拟记录者。

故，顺治帝曾说，大学士们职事票拟，却不过是照例拟旨，他们都不能获得尽情展示才华和谋略的机会。

顺治帝驾崩前指定侍卫处四位内大臣辅佐幼主。人数众多的大学士，又俨然成了四辅臣与诸部院间的有职无权的摆设。

直言之，康熙帝后来表现出强烈而不无狭隘的独断心理，不但受了四辅臣改制的影响，而且直接根源于顺治帝本身设立内阁的别有用心。只是康熙帝旗帜鲜明地争天下最正，更偏激，但不是背叛。

有一人拜相二十年
红旗不倒

1

康熙八年（1669）五月，"满洲第一勇士"鳌拜成了阶下囚。年仅十六岁的康熙帝正式结束了四辅臣执政时期，开启了他长达五十三年的绝对权力岁月。即便他晚年精力衰疲，导致吏治废弛、皇子纷争，但最高权力还是牢牢地操控在他手中。

他强化自己读书的南书房，转化为皇帝办公室，选翰林文人入直。南书房看似为内廷词臣直庐，但初为文学侍从的中层干部，很快成了帮助皇帝撰拟诏令谕旨、参与机务的政治要员。后来很多大学士，如张英，如陈廷敬，都是从南书房走出来的大佬。高士奇长期担任的实职不过少詹事，却让曾威势一时的索额图、明珠吃了大亏。

康熙帝强化南书房，削弱议政王大臣会议的权力，并将内阁军政大权移入内廷，控制在自己手里。内阁的职责从赞襄机务，变成了承旨书谕。康熙帝明确表示大学士不得侵犯人主权力，以实现"今天下大小事务皆朕一人亲理，无可旁贷，若将要务分任于人则断不可行"（《清圣祖实录》卷二百八十四，康熙五十八年四月辛亥）。无论巨细，他都要独裁。

康熙帝公开对首脑机构的大学士们说："若等势重于四辅臣乎？我欲去则竟去之！"（李光地《榕村续语录》卷十四《本朝时事》）谁侵权，他便无情打击。

名曰告诫，不无警示，警示掌"议天下之政"（《历代职官表》）的内阁大臣，只是"佐君理事之人"，莫奢望臣权侵犯皇权、皇帝"以大权授人"（《康熙起居注》）。

康熙帝有宽仁的一面，也有冷酷的隐恶。索额图、明珠，曾是他极度信任的重臣，权倾朝野，不过昙花一现。他最爱的皇二子胤礽，前后做了近四十年的储君，一旦提前觊觎帝位，哪怕是风吹草动，也无法改变二度被废、拘禁幽死的政治命运。

他在南书房聚集了一帮大臣，为他的政治意图修史。但他仍如四辅臣，旗帜鲜明地为清朝政权争天下最正的大业造理论。

然，有一个人，在康熙一朝居官五十年，不仅红旗不倒，还做了二十年的太平宰相。

2

此人便是张玉书，也是从南书房走出来的政治明星。《清史列传·张玉书传》说："玉书二十岁登仕籍，蒙圣祖仁皇帝知遇之隆，凡五十年，殁年七十。"

张玉书顺治十八年（1661）进士及第。顺治帝死于正月，这场殿试则在康熙帝继位之后。他参加庶吉士学习，三年后通过御试（即散馆），授编修。此后，他在这个七品文职京官的位置上坐了十二年。这算是一个奇迹。

他大器晚成，三十五岁开始升迁，做过国子监司业、翰林院侍讲、左右庶子。他幸运地在四十岁前，以充日讲起居注官，被康熙发现，以进讲称旨，加詹事衔，还加了一级。"二十年，擢内阁学士，充经筵讲官。二十一年十月，教习庶吉士。二十二年十二月，迁礼部侍郎，兼翰林院掌院学士。"（《清史列传·张玉书传》）

他坐了近二十年的冷板凳，终于在最后两年实现了"大跃进"，成为皇帝的新宠。

康熙帝打赢平藩大战，不少大臣奏请封禅志庆，却被张玉书等浇了一盆冷水。他们提出反对。康熙帝是清醒的，不但主动接受，且对张玉书们格外看重。

张父——前河南提学佥事张九征——病逝，康熙特地派内阁学士王鸿绪代表皇帝，专赴张府祭奠茶酒。三年后，张玉书服孝期满，康熙帝将其擢升为刑部尚书。

别人服阕，往往官复原职，而张玉书被直接升了两级，进入了部院大臣序列。《清史稿·张玉书传》记载："服阕，即家起刑部尚书，调兵部。"无疑，康熙对在家守孝的张玉书是很关注的，应该说他们之间有过深层次的互动。

复出不久的张玉书，带队前往江南，调查河道总督靳辅与安徽按察使于成龙关于治河的第二场争论案，以及御史郭琇弹劾靳辅九年治河无功，耗费巨大，与明珠结党营私，私分河银案。张玉书深入基层，多方取证，秉公陈奏，使靳辅治河的功过得以澄清，为康熙帝保住了一个治河名臣。

接着，康熙帝责成他调查杭州驻防士兵扰民案。他核实以后，发现这是一起无中生有的虚报案。张玉书请旨，将渎职的浙江巡抚金鋐、布政使李之粹革职流放。

3

康熙帝对能干的张玉书很满意，遂于二十九年授他为文华殿大学士兼户部尚书。

康熙三十五年，圣祖御驾亲征准噶尔首领噶尔丹。张玉书扈从，参与帷幄。他参与制定了以逸待劳、诱敌深入的战术，以最小的代价杀得噶尔丹落荒而逃。

大军班师，朝廷庆功，张玉书率王公以下文武百官进表上贺。次年，张玉书总裁编修《亲征平定朔漠方略》，记述康熙帝首次平定噶尔丹叛乱的始末。

是书于康熙四十七年修成，温达领衔，张玉书其次，张玉书之后才是陈廷敬与李光地。

康熙三十七年，张母染病，康熙帝手书《金刚经》五部以赠，并赐御食鹿尾。张母谢世，康熙帝复遣官赐祭，并御书"松荫堂"匾额。

第二年，康熙再次南巡，正在江苏丹徒老家守孝的张玉书前去跪迎。康熙召其谈话，赏赐不少财物。康熙前往明孝陵祭拜朱元璋，大书"治隆唐宋"四字，特命张玉书与两郡王将匾额奉安陵庙。

康熙帝对洪武帝朱元璋的顶礼膜拜，也非他首创。其父顺治帝生前就对朱元璋赞赏有加，曾至内院读通鉴，对大学士范文程、额色黑、宁完我、陈名夏等，谈"自汉高以下，明代以前，何帝为优"，众臣对曰："汉高、文帝、光武，唐太宗，宋太祖，明洪武，俱属贤君。"顺治帝仍不满意，继续问这些贤君中，谁是最优。陈名夏答"唐太宗似过之"。顺治帝不以为然，说："岂独唐太宗！朕以为历代贤君，莫如洪武。何也？数君德政，有善者，有未尽善者。至洪武所定条例章程，规画周详，朕所以谓历代之君不及洪武也。"（《清世祖实录》卷七十一，顺治十年正月丙申）

顺治礼赞朱元璋为古之贤君楷模，影响了康熙帝。康熙几次南巡经过金陵，都去朱元璋孝陵叩拜一番。就是鳌拜等为苏克萨哈罗织罪名时，也称其"将内院收贮故明洪武实录，擅专取回私家观看"（《清圣祖实录》卷二十三，康熙六年七月己未）。

康熙帝让张玉书同两个郡王一同敬献礼赞洪武的御书牌匾，可见对这个并非在任的大学士的极度看重。

张玉书的孝期未满，康熙帝诏其回京，入阁办事。此后康熙帝南巡，张玉书皆扈从，被赏赐很多银子和物品。

康熙四十六年，河道总督张鹏翮请开溜淮套河。张玉书陪同康熙帝巡查工程。康熙看到计划开凿的河道上老百姓的坟墓极多，遂责备开河不当。张玉书建议采用明朝人白英提出的引汶水南北分流的办法，受到康熙赞赏。他又与康熙帝一起议定，疏通旧道，使其畅通，既节省开支，又方便商民。

三年后，张玉书以病乞休，康熙下旨慰留。第二年五月，张玉书随侍康熙巡幸热河，旧疾复发，医治无效，病逝于热河，终年七十岁。康熙诏令内务府监制棺椁，沿途拨夫护送回京。

康熙帝说："张玉书耆旧老臣，久任机务，直亮清勤，倚任方殷。"（《清史列传·张玉书传》）并御制挽诗，亲书颁发，加赠太子太保，谥文贞。特命温达率翰林院官员、内务府总管前往吊唁，又遣皇三子诚亲王奠茶，赐白银千两为丧葬之用。

两年后，康熙帝再次下旨："大学士张玉书久任机务，小心恪慎，懋著勤劳，朕追念难忘。伊惟有一子张逸少，著从优陞翰林院侍读学士，以示朕眷笃旧臣之意。"张逸少为甘肃秦州知州，康熙帝将服阕的他调入京师，升了两级。张逸少资质一般，治绩不高，但一直在康熙身边从事文职工作，《康熙字典》就有他一份功劳。

俗话说，人走茶凉。但张玉书死后多年，还被康熙的念旧眷顾，荫其子嗣，这是有原因的。《清史稿·张玉书传》说："玉书谨慎廉洁，居政地二十年，远避权势，门无杂宾，从容密勿，为圣祖所亲任。自奉俭约，饮食服御，略如寒素。"

张玉书位高权重，却始终洁身自好、律己节俭，过着苦行僧般的日子。

清人钱泳《履园丛话》卷一记载：刑部尚书徐乾学上朝要先吃上实心馒头五十个、黄雀五十只、鸡蛋五十个、酒十壶，这样下来，才能保证一天不饿。与他同朝为官的大学士张玉书"古貌清癯"，早餐山药两片，清水一杯，就能够一天不饿。

他们都是康熙帝身边的红人，两种人"竟日不饥"的摄取量不同，见证了他们居官处世的两种态度：徐乾学招摇纳贿，纵子妄为，屡遭都察院的御史们穷追猛打；而综观张玉书的政治人生，他是康熙朝极为罕见的、不见科道言官身影的清正之官，他除了有康熙的不断赏赐外，没有一个因犯法违纪的恩诏宽免。

他们身后更是两种命运：被革职的徐乾学，除了让康熙帝道一声惋惜外，都不能盖棺论定；久在中枢的张玉书，倍享殊荣，还被康熙帝一再追念，影响至今。

张玉书在宦海巨澜中急速前行，一帆风顺，体现了"打铁还需自身硬"的老话。《清史稿》说，这一切都源于"小心"二字。小心驶得万年船，为官更是技术活。

康熙也怕
这位完人"玩阴的"

1

历史上李光地的结局，不像电视剧《康熙王朝》那样被贬去做台澎知县，而是在康熙四十四年（1705）十一月，六十四岁时以吏部尚书拜文渊阁大学士，成为康熙晚期的内阁重臣。

电视剧中，康熙帝贬李光地，是因为他太过狠毒。而在历史上，康熙帝说"李光地居官甚好，才品俱优"（《清史列传·李光地传》）。

相较于内阁马齐、席哈纳、张玉书和陈廷敬而言，他是一个新人。

新人更是皇帝的红人。

康熙四十七年十一月十四日，康熙在畅春园召集众臣议立新太子，命在诸皇子中除大阿哥胤禔外选出一人做皇太子。领侍卫内大臣兼理藩院尚书阿灵阿、领侍卫内大臣鄂伦岱、翰林院掌院学士兼礼部侍郎揆叙、户部尚书王鸿绪等遂私相计议，与诸大臣暗通消息，推举八阿哥胤禩，被康熙帝否决。

康熙认为胤禩勾结胤禔，在处理阿灵阿等人的同时，将老八关押。他给李光地下谕旨，问前不久召他进宫，他曾有陈奏，现在为何在保奏储君人选一事上不发一言。

李光地说，皇上前次是问废太子的疯狂之症如何医治才好。他说"徐徐调治，天下之福"。而且，他没有将此事告知其他臣僚。

李光地只是没说：我知道你要复立废太子，我还能说什么呢？他的潜台词是，他支持康熙帝等胤礽病愈后，重新立储。

电视剧《雍正王朝》把李光地支持复立胤礽的功劳，算在张廷玉的头上。事实上，张廷玉虽曾当值南书房，充日讲起居注官，但议立新太子时，他因"丁母忧，寻丁父忧"（《清史列传·张廷玉传》）在家守孝，直至康熙五十一年任司经局洗马。

张廷玉当时只是皇帝办公室的小秘书，不过从五品，够不着康熙规定保奏官员的级别（京官四品以上）。保奏新太子是要担风险的。康熙晚年的帝王心术是难以捉摸的。此前，副都御史劳之辨奏保废太子，被革职，还遭了廷杖。

李光地则不然。他是康熙大宠，正被倚重。他曾以疮毒复发，请求病休。康熙说内阁老臣凋零，你好好调理，不能辞职。康熙帝还频繁地给李光地送去药物。

李光地曾和陈梦雷密约离间灭耿精忠，结果李"忘亲贪位"（梁启超语），出卖好友，官至显贵，极力迎合康熙铁腕的思想文化政策。这桩公案，康熙未必不窥情！

康熙支持他玩道学，感叹自己临御天下五十年，虽然英明果断，但李光地最为知心，故而经常单独留他在南书房说事，平时也是不时召他入偏殿交谈。康熙帝说："李光地谨慎清勤，始终一节，学问渊博。朕知之最真，知朕亦无过光地者。"（《清史稿·李光地传》）但是，康熙看到大小官员竞相奔走其门，科道言官纷纷向李光地靠拢，就连文华殿大学士嵩祝都趋奉李光地，请他在康熙帝面前美言，还是深为震撼。

这引起了康熙的警觉。他害怕政治投机分子李光地炙手可热，暗自积蓄力量玩阴的。

康熙帝决意重新起用一个人，制衡李光地。因为随着马齐去职，内阁除了温达一个修史的满臣外，张玉书、陈廷敬、李光地都是汉人，"满洲大臣内，竟无有能御汉大臣者"，"今汉大臣欺压满大臣，八旗皆受辱矣"（《康熙起居注》

第三册）。

2

被起用的这个人，就是前大学士马齐。

康熙三十八年十一月起，马齐曾独立做过近十年的武英殿大学士。此前康熙朝著名的权臣明珠及其亲信余国柱，官拜此职，权倾朝野。

御史郭琇参劾明珠八大罪状，其中一条：凡内阁票拟，都是明珠指挥，随意决定轻重，余国柱秉承其意，即便有讹误，其他大学士莫敢驳正。即便皇帝有所问责，他们也不反省更改。御史陈紫芝曾参劾湖广巡抚张汧贪腐，疏中要惩处明珠、余国柱保举的官员，皇上面谕九卿要一同严处，但明、余的票拟就是不涉及一人。

由户部尚书进位武英殿大学士的马齐，慢慢成了内阁中元老级的中堂大人。

他虽年轻却资格老。早在康熙二十九年二月，刚任左都御史不足两年的马齐，奉命同理藩院尚书阿喇尼入列议政大臣。《清史列传·马齐传》记载："旧例，理藩院尚书、左都御史俱不预议政，议政自是始。"开先例的马齐，还不足四十岁。

康熙三十五年，康熙第一次亲征准噶尔首领噶尔丹，由兵部尚书转掌户部的马齐兼理藩院尚书，与大学士阿兰泰、礼部尚书佛伦等轮流在紫禁城值班，辅佐代理朝政的太子胤礽。

按理，马齐与胤礽有单独共事、执掌朝政的机会，但他却没成为太子的人。

李光地入阁时，马齐已然是内阁资历最老、权势最重且最年轻的大人物。

康熙四十七年十一月，胤礽因狂疾被废，圣祖郁怒成疾。康熙帝的舅舅、领侍卫内大臣兼议政大臣佟国维请奏："皇上办事精明，天下人无不知晓，断无错误之处。此事于圣躬关系甚大。若日后皇上易于措处，祈速赐睿断；若日后难于措处，亦祈速赐睿断。总之，将原定主意熟虑施行为善。"（《清圣祖实录》卷二百三十六，康熙四十八年正月癸巳）佟国维是为外甥的江山考虑。

康熙帝下诏，群臣保奏诸皇子优秀者为储君人选。他察觉到马齐"谋立胤禩"，特谕不许他干预此事，但马齐竟置上谕于不顾，与佟国维暗中倡导群臣举荐胤禩。

胤禩才能出众，也被康熙帝委以重任，有八贤王之称。就连最后的胜利者雍正帝也承认"允禩若肯实心办事，部务皆所优为。论其才具、操守，诸大臣无出其右者"（《清史稿·允禩传》）。康熙帝二哥裕亲王福全曾说：胤禩心性好，不务矜夸，聪明能干，品行端正，宜为储君。然而，支持者多了，便是最大的忌讳。佟国维和马齐暗箱操作，使胤禩以百分之九十以上的绝对优势胜出，康熙帝很不高兴。

康熙帝将自己推出的选举废了，并宣布它的不合法。在严惩一些出头鸟的同时，他拿自己曾高度赏识的皇八子开刀，说：当废胤礽时，朕即谕诸皇子有钻营为皇太子者，即国之贼，法所不容。胤禩柔奸性成，妄蓄大志，党羽相结，谋害胤礽。康熙帝将自己的儿子夺爵下狱，称为国贼，不无刻薄。无情最是帝王家，不假！

虽然不久将胤禩释放复爵，但康熙召集群臣问话：是谁趁他抱恙，首倡推举胤禩？

众臣说没有谁是首倡者，即便马齐也只是一同保举。康熙帝不信，说：我知道此事必是佟国维、马齐授意给你们，你们依附阿谀他们而顺承他们的意见。

马齐辩白：皇上明令我不得参与，我回避了，大家推举皇八子，我实在不知。

康熙帝并不满意马齐的自证清白，召张玉书等阁臣问话。张玉书供出马齐在内阁第一个以群臣之意欲举胤禩，他们才一同保奏。康熙帝明令大家不得串通，马齐必须回避，为何马齐能知道大家都要举荐胤禩呢？

只有一种可能，即倡议者"实出大学士马齐"（《清史稿·佟国维传》）。康熙大怒，认为马齐暗中授意大家举荐胤禩，就是想结恩于胤禩，为日后恣肆专行做准备。

议政王大臣会议议定马齐罪行，拟将他立即斩首，其弟马武、李荣保等株连受罚，族人当官的一概革职。康熙帝最后决定：马齐本应立斩，以为众戒；因任用日久，不忍加诛，即交胤禩严行拘禁；其族人官职革退。

3

马齐在这场无情的争储战中，由康熙帝格外宠信的重臣，成了其十分厌恶的首犯。

但没过两年，随着俄罗斯贸易事件和内务府积压事务接踵而至，康熙帝只好将能干的马齐再次起用，还安排他和马武接管从胤禩手中撤回的镶黄旗事务。

李光地等大臣势力坐大，康熙不安了，于康熙五十五年任命马齐为满洲首席大学士，兼任户部尚书。马齐再次成为内阁首辅，直至康熙帝驾崩。

为了彻底确定满汉大臣在内阁和朝廷的平衡格局，康熙帝第二年颁发了一道长达两千多字的面谕，开篇就强调"自古得天下之正莫如我朝"，声明清军入关，是因"李自成攻破京城，崇祯自缢，臣民相率来迎，乃翦灭闯寇，入承大统"，"应天顺人"（《清圣祖实录》卷二百七十五，康熙五十六年十一月辛未）。这是为了麻痹汉人信其天命合理。

雍正帝继位后，虽将李光地拔高到"第一完人"，入祀贤良祠，然对马齐更加重用，御极之初就改保和殿大学士，封二等伯，封太保，还将其弟李荣保之女指婚给储君弘历为元妃，即乾隆帝的孝贤纯皇后。

这样的政治待遇，非李光地所能及。

虽然雍正帝也给了张廷玉一个至高无上、汉人唯一的配享太庙的殊荣，但其骨子里还是像其父康熙帝一样争正统，至死捍卫清朝政权得天下最正的王朝政治理念。

康熙帝瞧不起开国皇帝起于草莽的汉朝、明朝，雍正帝索性说："本朝之得天下，较之成汤之放桀、周武之伐纣，更为名正而言顺。"（《大义觉迷录》卷一）

欠粮举人差点让康熙
失掉一良相

1

顺治十八年（1661），江苏巡抚朱国治造册上报，疏言江南苏州、松江、常州、镇江四府并溧阳一县的官绅士子均为抗粮，建议朝廷将欠粮者不问官做得多大，不分粮欠得多少，在籍缙绅一律按名黜革，现任官概行降两级调用；秀才、举人、进士凡未完钱粮者皆革去功名出身。

《研堂见闻杂记》记载："抚臣朱国治既以钱粮兴大狱，又杀吴郡诸生一二十人，知外人怨之入骨，适以丁忧罢。"这起奏销案，闹得朱大人心虚，也怕报复。他总计黜降一万三千多人，不少人被逮捕，械送刑部议处。某探花欠银一钱亦被罢黜，吴伟业、徐乾学、徐元文等名士几乎全部罗织在内，一时"士籍学校为之一空"。康熙三年（1664），公务员国考在北京举行，有人举报有欠粮举人混入考场。

四辅臣下令彻查，礼部右侍郎黄机监管不力，被立案审查，要降一级。有权臣出手，借了尚未亲政的康熙帝的圣旨，让黄机留任戴罪立功。这一留，他又干了两年，于康熙五年转任本部左侍郎。都是侍郎，品秩相同，但在位列上发生了变化。

黄机是很有能力的，很快，四辅臣决议，将他擢升为礼部尚书。

黄机是顺治朝留下来的大臣，除了当过一届江南乡试正考官外，一直在弘文院办差。顺治十年二月，顺治到弘文院视察，命黄机写一篇关于柳下惠的文章。顺治帝看完后，很满意，特地赐茶。

今天，领导请部下喝茶，要么是出了问题进行内部审查，要么另有任用找他谈话。但，顺治帝的赐茶，是奖励，也是重用的信号。

果不其然，黄机先到詹事府左春坊做左中允，后来被召回弘文院做侍讲、侍读学士，级别到了正四品，按现在的话说就是进入了高干的行列。

黄机对顺治帝的知遇之恩感激涕零，于是说"自古圣仁之君，必祖述前谟，以昭一代文明之治"(《清史列传·黄机传》)，建议仿效唐修《贞观政要》、明修《洪武宝训》编选太祖、太宗圣训，"辑成治典，钦点鸿名，颁行天下"。黄机夸顺治帝是"圣仁之君"，将一个不到二十岁的君王，挠得心痒痒，赶紧下旨"此奏有理"，让黄机主持纂修。黄机因此被调到国史院做侍读学士，充任武会试正考官。

2

要不是有涉案欠粮举人参考的劣迹，黄机的升迁应该更快。毕竟他是顺治帝看重的人才，经常出现在皇帝身边，自然与内大臣出身的四辅臣有往来。

康熙六年五月，礼部尚书黄机一针见血地指出官府乱搞摊派、截留财政、中饱私囊、官逼民困，兵丁私放营债、欺行霸市、欺压民众……"此四者皆民穷之源，而责任全在督抚"(《清史列传·黄机传》)。

黄机大胆放言，指责四辅臣执政吏治混乱，有官逼民反的危险。四辅臣和康熙帝都接受了他的直言不讳，并按他进一步的建议严查各省督抚的不法行为，从严治吏肃反贪腐，同时"对各省藩王、将军、提督，如有不法害民之事，督抚得以纠劾"，严禁官员们讲情面官官相护。

这只能治标，不能从根本上解决问题。鳌拜甚至率先破局，大肆圈地，结党营私。但黄机没有逃避，冒险进言，证明他是一个洞若观火、有胆有识的直臣。

各怀鬼胎的四辅臣和摩拳擦掌的康熙帝，对黄机的建议和能力，都是愿意接受的。

黄机被安排到户部当尚书，不久又转任吏部尚书。他结合自己主管的部门工作，先后提出以豁免奖励耕种、执行降官对品补用等建议，都被康熙帝采纳推行。

但他没想到，御史季振宜成了他仕途上的拦路虎。

季振宜说：黄机从一个降级留任的侍郎，被破格提拔为尚书，不思恩秉公协和，勤勉本职工作，执掌吏部，却"不知设官之法，尊卑高下"。

季氏强烈反对"令降官对品补用"的通铨法，"品虽降而官则尊"，无益于吏治。

黄机坚持认为重新遵从顺治朝旧例，不是降知府为道台。二人吵到了朝堂，康熙帝命都察院评判，收到报告称黄机由降级侍郎升为尚书，是蒙混过关，应该罢免。

康熙帝在报告中批示：黄机要洗心革面，痛改前非，但"不解任"。

康熙帝对黄机给予了肯定的态度，也有宽容的做法，还请他给自己做老师。

一波刚平一波又起。康熙十年四月，给事中王曰温揭发已故庶吉士王彦实为黄机之子黄彦博，长期病休在家不上班，黄机身为吏部尚书，不检举请罪，应该严惩。

黄机说，王彦和黄彦博本来就是两个人，黄彦博早已病逝，所以王彦不是他的儿子，他没必要妄认后请罪。

黄彦博为康熙朝庶吉士，其女为一代才女黄兰次，其女婿为著名戏剧家、《长生殿》作者洪昇。洪昇还是黄机的外孙，他与表妹在康熙三年成婚，不久后黄彦博就病逝了。

黄机请假将儿子的灵柩归葬老家，同时辞职休养。但有人大做文章，说他有所隐瞒，是在逃避责任，应该明正罪行。

康熙帝给吏部发话：此事早已结案，不再复议。

政斗很激烈，但康熙提倡的孝道惠及师傅。学生保护师傅责无旁贷。

3

八年过去了，康熙帝没忘记在浙江钱塘休养的黄机，下发特旨召用回京。当时，刑部尚书魏象枢调任左都御史，于是康熙帝任命黄机以吏部尚书衔管刑部尚书事。

复出的黄机，忠于职事，严防九门办案、虚功冒赏，禁止审案串供、厚诬良民。

黄机在任恪尽职守。有御史承认他老成忠厚，但说他"衰迈过甚"，执掌人命攸关的刑部案件，恐怕会贻害不浅。

当然，黄机确实老了，年逾古稀，但康熙帝指责御史言过其实，充分肯定"从来才德难以兼全，国家用人，正需老成"（《清史列传·黄机传》），没过几天就安排黄机第二次掌管六部之首的吏部尚书事。

当时的康熙帝弗届而立之年，血气方刚，应该说是要大量培养新一代，但他为何对老迈的大臣委以重任呢？当黄机以老迈请辞时，康熙帝却下旨，任命年已七十二岁的黄机为文华殿大学士兼吏部尚书，总裁重修《太祖实录》《三朝圣训》《平定三逆方略》。第二年，黄机递上辞职报告，康熙帝批准，派大臣用公车将黄机送回老家，但仍让他独掌文华殿两年。

帝王心术有谁知？这样的恩宠，是难得的。康熙帝对最得力的助手索额图、明珠进行无情的打压，为何对一个老态龙钟的黄机特别看重呢？一是黄机入阁参与机务，谨慎忠诚，对康熙帝没有构成争权的危险；二是黄机在官四十余年，洁身自爱，敝衣疏食，两袖清风，人称"太平良相"。

一个能干的人，要想在君王时代善始善终，就必须敬终如始地坚守只做事、不争权的初心。否则，索额图饿死于禁所、明珠抑郁而卒，就是血的教训。

乌头宰相险遇
白头阁老临门一脚

1

有清一代的大学士中，魏裔介是一个很具代表性的人物。

他入阁辅政时，年近五十，须发皆黑，人称"乌头宰相"。他是清朝唯一的先为谏臣、后升宰辅、历职长久之人。他条陈时事，涉及国计、民生、吏治、军事、文化，二百多条，"敢言第一"。清初"诸大典"多依其"奏议所定"。

史家说"清初相业，无出其右者"，他却懂得急流勇退，退居乡野，家居十六年，扑下身子干农活，人们不知其为老宰相。

他去世几十年后，雍正帝将其入祀贤良祠，乾隆帝追谥他为文毅公。

他在一首和朋友的诗中写道："三代尚存惟我辈，百年独步见斯人。"能长达数十年地做一棵政坛常青树，若非为官清廉、刚直不阿，且知道舍得，是做不到的。他说："高隐从来思济世，殷勤属我作良臣。"（《和纪伯紫》）

2

魏裔介生于明万历四十四年（1616），直隶柏乡人。他在顺治三年（1646）考中进士，由庶吉士授工部给事中。此后，除了被派出山西做过一次乡试正考官外，他一直在中央政府工作，积极发挥着科道言官的监督作用。

他人微言轻时，敢于请求朝廷发文赈济灾民，严防地方官员中饱私囊、隐瞒诓骗。

同时，他又是一个不畏权贵、直言不讳的直臣。

顺治三年，摄政睿亲王鉴于多铎率师攻占南京，强推剃头令激起了江南人们的反抗，急授太子太保、兵部尚书兼都察院右都御史洪承畴为"招抚江南各省总督军务大学士"，敕赐便宜行事。洪承畴派总兵黄鼎领进入六安州商麻山找到逃亡的张缙彦，并向多尔衮极力推荐这位老熟人、崇祯皇帝最后一任兵部尚书。

按多尔衮拉拢前明官员的政策，张缙彦可以明朝原衔出任朝廷要员。洪承畴力保他，河南巡抚吴景道也援引相关政策举荐他，但吏科给事中魏裔介说不可以。

魏裔介给多尔衮写报告，说："缙彦在明朝，身任中枢，值流贼李自成逼北京，匿不以报，有卢杞、贾似道之奸，而庸劣过之。若复列朝班，恐贻羞士类。"（《清史列传·魏裔介传》）张缙彦执掌明朝兵部，李自成大军压境，他不但不部署防御兵力，而且私通李闯王里应外合。李自成兵败退出北京，张缙彦逃回老家，向南明政权骗说自聚义军，虚功冒赏，受封兵部尚书兼总督河北、山西、河南军务。清军过境时，他主动跑去投降，却隐瞒身份，纸包不住火，他闻讯后又逃。

魏裔介对这种政治上无作为、气节上无原则、道德上无底线的文人，耻与同伍。清军入主中原，多尔衮争取与怀有儒家政治理想的士大夫合作，怕引发朝野汹汹，故将张缙彦闲置。多尔衮死后，顺治帝亲政，才任命张缙彦先后做山东右布政使、工部右侍郎、浙江左布政使，并没按既定的前明官员原职任命的特殊政策来。

魏裔介很厌恶张缙彦。顺治十七年六月，已执掌都察院的左都御史魏裔介弹劾顺治帝的大宠臣、文华殿大学士刘正宗，再一次牵出张缙彦，说他与刘是莫逆之交，为刘的诗集写序，"称以将明之才，词诡谲而叵测"（《清史列传·张缙彦传》）。

"将明之才"，本是张缙彦借《诗经》"肃肃王命，仲山甫将之；邦国若否，仲山甫明之"语，奉承刘正宗奉行君王命令，明察辅政，却被魏裔介反其意而用之，说他有反清复明之嫌。

张缙彦溢美的阿谀，成了刘正宗异心的罪证。

刘正宗本可以解释清楚，但心里似乎有鬼，在清廷大兴文字狱，严防世人对其正统性质疑和反抗的情势下，即便顺治帝再三给他机会，也不辩白，反而咆哮朝堂。

诸王大臣会审后报告：魏裔介等所弹劾刘正宗的罪行，经调查考讯坐实十一条……关于张缙彦称刘正宗有"将明之才"等语，夸刘之才可将助前明，而刘则欣然接受不加驳斥，以此推想刘、张预谋反清复明理所当然，按律应判处绞刑。

正为董鄂妃病重极度哀戚的顺治帝，对刘正宗网开一面，从宽免死，家产之半入旗，不许回籍。对于张缙彦，顺治帝下旨没收家产，流放宁古塔，永不叙用。

3

魏裔介还未任职都察院时，曾做兵科都给事中，先后参倒剿抚孙可望不力的湖南将军、第二任续顺公沈永忠，以及督战对抗郑成功却失漳州的福建提督杨名高。

论品秩，福建提督杨名高为从一品，沈永忠的湖南将军也是从一品，同时是袭封的公爵，位列极品。魏裔介虽只是正五品的给事中，不再像明朝那样司封驳之事，属清望之官，但他因秉公直言，监察成绩卓著，很快被升为左副都御史。

不久，他弹劾弘文院大学士陈之遴心术不正，营私植党，"当皇上诘问时，不自言其结党之私，力图洗涤，以成善类，而但云'才疏学浅，不能报称'，其良心已昧"（《清史列传·陈之遴传》）。顺治帝有意善待陈之遴，没有接受部议"革职，永不叙用"，将其以原官发配到辽阳居住。两年后，陈之遴因贿赂顺治帝信任的太监吴良辅，被顺治帝以"不知痛改前非，以图报效，又行贿赂，结交内奸，大干法纪"为由，下诏革职，抄没家产，并将其全家流放辽东。他后来死于辽东尚阳堡。

魏裔介升任左都御史，成为顺治帝的新宠，即便对部下徇私监管不力，顺治帝也对他从宽留任，加太子太保。他很清醒，主动做自我批评，虽被削去荣誉虚衔，但得以继续主持都察院工作，故而给了他后来成功弹劾大学士刘正宗、成克巩的机会。

康熙即位之初，四大臣辅政，魏裔介任吏部尚书。康熙三年（1664），内秘书院大学士孙廷铨"以父母年老，解职归养，闭户却扫，不与外事"（《清史稿·孙廷铨传》），魏裔介接任，入参机务，总裁纂修《世祖实录》。孙廷铨不想陷身四辅臣与康熙帝的权斗旋涡，主动请辞，但魏裔介身居要职，却作为不大，看来他左右逢源，进退有据。他没有依附四辅臣中的哪一位，在鳌拜权势炙热时也不登门拜访，从而博得了坐在龙椅上少年老成的康熙帝的好感。

4

康熙帝真正亲政，将班布尔善处死后，内三院之首的内秘书院大学士为巴泰和魏裔介二人。康熙九年三月，改内三院为殿阁，魏裔介为保和殿大学士。

有人说保和殿为诸殿阁之首，然而那是乾隆十三年（1748）为了尊崇傅恒为领班大学士而正式确定的事情，乾隆三十五年傅恒死后，没有再设。魏裔介职事保和殿时，中和殿系衔大学士为图海和巴泰，康熙二十年图海病逝，不再设此职。

让魏裔介没有想到的是，康熙九年以其任会试正考官，会同吏、礼二部遴选新进士六十人，给他们分等级。御史李之芳举报魏裔介所定的上等二十四人，为他暗中派家奴通风报信、招摇受贿产生的。

李之芳还说，魏裔介擅改任命其兄为运使的敕书，让他统辖知府，并使其子蒙混得到荫护的指标。此外，魏裔介与班布尔善关系亲近，互惠互利。

魏裔介反驳说，他都是按规章制度来办事的，不存在假公济私，几件事完全是李之芳的诬陷。魏裔介说，李之芳是刘正宗的同乡，是针对十年前的刘正宗一案进行报复。

双方争执不止，康熙帝派人详查，发现各有隐情，魏裔介存在没按制度得荫的问题，李之芳揭发也是事出有因。

魏裔介引咎辞职，康熙帝做了从宽处理，不对他削级罚俸。第二年，魏氏以老病请辞，得到了批准，康熙帝对他给予了较高的评价，说他"才品优长，简任机务，正资赞理"（《清史列传·魏裔介传》），希望他病好后回来复职。魏氏死后，康熙帝按惯例赐祭葬，但没给谥号，直至乾隆元年才对他追谥。这是很有蹊跷的！

帝王心术不好说，政坛就是一盘棋。此时操控棋局者，正是擅权自专的康熙帝。

有人说，魏裔介是功成身退。其实不然。若非李之芳的强势弹劾，魏裔介在仕途上可能更进一步，应该说康熙帝对他有了深度的不满，故而待其死后也不盖棺论定。

年过五十的李之芳获得了康熙帝的重用。三藩之乱爆发后，他任兵部侍郎，赴杭州总督浙江军务，参与平叛耿精忠。九年后，李之芳应诏回京，须发皆白，公卿士大夫莫不相顾叹息，康熙帝亦为之动容，升为兵部尚书。不久，李之芳托病回家。康熙二十二年，康熙南巡，李之芳前往迎驾，随即被召回北京，出任文华殿大学士兼吏部尚书，入阁办事，成了一个权倾朝野的非著名白头阁老。

康熙污蔑大臣
背主误国的背后

1

《清圣祖实录》康熙三十三年（1694）闰五月记载，康熙帝谕大学士等，称原任刑部尚书、道学名士魏象枢，在康熙十二年底针对吴三桂起兵的议政王大臣会议上反对发兵，说："此乌合之众，何须发兵。昔舜诞敷文德，舞干羽而有苗格。今不烦用兵，抚之自定。"康熙帝说，魏象枢"与索额图争论成隙。后十八年地震时，魏象枢密奏：'速杀大学士索额图，则于皇上无干矣！'朕曰：'凡事皆朕听理，与索额图何关轻重。'道学之人，果如是挟仇怀恨乎！"

康熙帝标榜自己敢于担当、责任分明、不听谗言，称魏象枢阻挠朝廷发兵平叛吴三桂，并反复说魏氏对索额图借天灾说人祸，是公报私仇。

康熙四十五年三月初八日，康熙帝对阁臣说："汉朝灾异见，即诛一宰相，此甚谬矣！夫宰相者，佐君理事之人，倘有失误，君臣共之，可竟诿之宰相乎？"（《康熙起居注》）他继续说康熙十八年七月二十八日，京师发生强烈地震，魏象枢上密本，应对说："此非常之变，重处索额图、明珠，可以弭此灾矣。"所谓魏氏密奏请杀之事，在原只索额图一人的基础上，被添加了康熙已经彻底弃用并限制人身自由的明珠。此时，索额图已于两年多前被饿死在宗人府禁所之中。

魏象枢借着宋学秉承清廷意旨，道学有些名不副实，但对清朝极尽忠诚。他绝对想不到，在他死后多年甚至几十年间，康熙帝一直拿他当攻击政敌的箭和靶子。

2

康熙十二年，尚可喜第十一次疏请归老辽东，留其长子尚之信镇守广东。康熙帝准其退休，但以尚之信跋扈难制，决意撤藩。中和殿大学士图海、保和殿大学士索额图等担心撤藩会引发三藩反叛，而刑部尚书莫洛、户部尚书米思翰、兵部尚书明珠等极力支持。康熙帝再命王公大臣及九卿科道会商，大家仍持两种意见。

康熙帝认为：一、藩镇久握重兵，势成尾大，非国家之利；二、吴三桂之子、耿精忠诸弟宿卫京师，谅吴、耿不敢变乱。于是，下令三藩俱撤还山海关外。

他没料到，是年十一月，吴三桂率先杀了云南巡抚朱国治祭旗，拘捕按察使以下不顺从的官员，发布檄文，自称"原镇守山海关总兵官，今奉旨总统天下水陆大元帅，兴明讨虏大将军"，佯称拥立"先皇三太子"，兴明讨清，蓄发，易衣冠，传檄远近，致书平南、靖南二藩及各地故旧将吏，并移会台湾郑经，邀约响应。

康熙帝发兵平叛，派顺承郡王勒尔锦为宁南靖寇大将军，讨伐吴三桂。第二年初，命刑部尚书莫洛加武英殿大学士衔，经略陕西。

此时的魏象枢，还是一个位卑言轻资历浅的办事官员。康熙十二年，文华殿大学士冯溥举荐他，复出就任贵州道监察御史，以岁满加四品卿衔，擢左佥都御史。第二年二月迁顺天府尹，四月任大理寺卿，七月擢户部右侍郎，十二月转左侍郎。

官至户部侍郎的魏象枢，是没有资格参加议政王大臣会议及其扩大会议的。

康熙十六年设立南书房前，"军国机要，主之议政处"，议政王大臣会议作为皇帝之下的最高决策机构，地位在六部之上，权倾部议。参与者主要是王公贝勒,为了协调大臣之间的矛盾,也允许大学士参与。会议可以扩大到九卿科道。九卿包括六部尚书、都察院左都御史、通政使、大理寺正卿;科、道,指都察院六科给事中及十五道监察御史。商定发兵时,魏氏正任职户部,无权与会。

因此,康熙帝称魏象枢反对发兵征讨吴三桂,是张冠李戴、借题发挥罢了。

3

打仗打的是钱粮。康熙帝平叛三藩时,魏象枢作为户部大员,提交筹饷三疏,建议"确估价值以清浮冒,严覈关税以防侵渔,慎用藩司以清钱粮"(《清史列传·魏象枢传》),严查地方官员利用征收财赋粮食中饱私囊,被康熙帝接受并行文执行。

魏象枢成绩卓著,康熙十七年升左都御史。他提出申明宪纲十事,说:"国家根本在百姓,百姓安危在督抚。原诸臣为百姓留膏血,为国家培元气。臣不敢不为朝廷正纪纲,为臣子励名节。"(《清史稿·魏象枢传》)康熙帝朱批"切中时弊"。

魏象枢敢讲真话,以整肃纲纪为己任,为清初直臣之冠。他以身作则,刚正不阿,所上的奏疏都经过详细的调查,故而行之有效。

魏象枢是能臣的榜样,是廉吏的楷模,推动康熙中期出现了吏治清明、廉吏踵起的风气。不料,康熙帝屡屡厚诬他是伪道学,给他弄出"背主""误国"两大罪名,但雍正帝将其入祀贤良祠,乾隆下令群臣"言官奏事当如魏象枢奏疏"。

魏象枢执掌最高纪检监察机关,严惩渎职官员,清查贪腐枉法,积极荐贤举能。

魏象枢遵照旨意举清廉,"原任侍郎高珩、达哈塔、雷虎、班迪,大理寺卿瑚密色,侍读萧维豫,郎中宋文运,布政使毕振姬,知县陆陇其、张沐十人,皆得旨录用"（《清史列传·魏象枢传》）。所荐之人，官职有高低，地区有差异，但他没有像索额图、明珠那样拉拢官员、结党营私，从而赢得了康熙帝的信任。

康熙十八年，魏象枢迁刑部尚书。他向康熙帝报告，他主管风纪，职多未尽，希望能像汉朝汲黯那样留在都察院，为朝廷整肃纲纪。康熙帝甚慰，批准他以刑部尚书留左都御史任。他又先后拿下山西巡抚王克善、榷税芜湖主事刘源等贪官污吏。

第二年，康熙帝仍授魏象枢为刑部尚书，与侍郎科尔坤巡察畿辅，依法惩处豪强奸猾。魏象枢患病，康熙帝赐以人参及参膏，命内侍问饮食如何。四年后，魏象枢几次递交辞呈，才被批准。临行前，康熙帝召他入宫交谈，赐御书"寒松堂"匾额，令驰驿归。在其死后，赐祭葬，谥敏果。

4

为何康熙帝很快地将他激赏的"寒松"，反复污蔑为背主误国之臣呢？

事情还得回溯到那次京师大地震。魏象枢与副都御史施维翰联名上疏，说："地道，臣也。臣失职，地为之不宁，请罪臣以回天变。"（《清史稿·魏象枢传》）康熙帝特地召象枢入对，谈到痛心疾首之处不禁泪流满面。

第二天，康熙帝召集文武大臣在左翼门，严厉指责：朝中大臣受贿徇私，会推不问操守；前线将帅克敌，焚庐舍，俘子女，抢财物；地方官员不问民生疾苦；狱讼不以时结正；诸王贝勒大臣家人欺行霸市，干预审案。

虽然没点名，但大家心知肚明，都认为此诏多为索额图所发，而举报者为魏象枢。

索额图在铲除鳌拜时立有大功，是康熙帝的叔岳父兼股肱重臣，人称"索相"，权倾朝野，干预朝政，不无贪腐。

康熙决意撤藩，索额图是主要的反对者。但打响平藩大战后，索额图是繁忙的筹划者。吴三桂派人行刺他，刺客见其星夜整理军务，大义凛然，弃剑跪拜，称其良相。

胜利后，康熙忘了索额图运筹帷幄之大功，恨其当初不支持。他对新晋武英殿大学士明珠等说："吴逆倡乱，有谓撤藩所致，请诛建议之人者，朕若从之，则皆含冤霄壤矣。"（《清史列传·索额图传》）康熙帝感谢新宠的支持，不惜出卖旧人。

至于魏象枢借地震弹劾罪臣，也给了康熙进一步敲打索额图的机会，说他"自任用以来，家计颇已饶裕，乃全无为国报效之心，朋比徇私。朕闻之已久，犹望悛改，未令议罪。今见所行，愈加贪黩，习以为常。若事情发觉，国法俱在，决不贷宥"。

康熙帝对索额图不满已久，早有出手的意思。魏象枢的检举只是一个导火索而已。

魏象枢死后，康熙帝重新起用索额图，授领侍卫内大臣，处理中俄边境纷争，参加平定准噶尔战事。事后，康熙帝反复重提魏象枢，貌似指责他建议把索额图甚至明珠当作导致天灾的人祸杀掉，无疑是借尸还魂整活人，威慑索明二相，让两人更加惶恐。

康熙帝借着为清朝入主中原夯实合理性和合法性的机会，探索"自古得天下之正莫如我朝"的正统性，而不惜给他重用过或还在重用的汉官身上泼脏水，来为他对索额图、明珠进行终极打击，找到一个含沙射影的利器。

康熙的帝王心术是极其可怕的！他善于起用新人打击旧臣，如培育索额图攻击鳌拜，如提拔明珠、高士奇围攻索额图，更可怕的是拖出死者警示活人，厚诬曾被他盖棺论定的重臣，发出要彻底解决权力对手的强烈信号。

铁面御史为何
惨遭康熙弃用多劫难？

1

崇德元年（1636）五月，新称帝的皇太极设都察院，采取富有民族特色的复官制，长官为左都御史。皇太极在品级上有厚薄，规定满员一品，汉员二品，但在权限上规定：凡有政事悖谬，及贝勒大臣骄纵侵害皇上，贪酷不法，无礼妄行者，都察院都可以直言无隐。即使所奏涉虚，也不坐罪；倘知情蒙蔽，则以误国论处。

皇太极这样进行政治改革，目的很简单，就是要彻底解决即汗位以来"国人朝见，上与三大贝勒俱南面坐受"（《清太宗实录》卷十一，天聪六年正月己亥）的权力僵局。他不想自己"虽有一汗之虚名，实无异正黄旗一贝勒也"（《天聪朝臣工奏议》卷上），故在天聪年间采取形形色色的手段削弱三大贝勒势力，终结八和硕贝勒共治国政制，随即将唯汗为尊的集权统治推向皇帝独专的清朝皇权建制。

为了封建专制中央集权国家政治和社会发展的需要，他要进一步限制亲王贝勒大臣的权力，维护皇帝权威。都察院应运而生，以强有力的监察制度督察臣下。

都察院肩负了监察、弹劾及建议的多项大权。左都御史掌察覈官常，参维纲纪，率科道官矢忠职守，率京畿道纠失检奸，并参与朝廷大议。

康熙将鳌拜、班布尔善集团扳倒后，以南书房向议政王大臣会议和内阁不断夺权，且声称朝臣只是佐君理事之人，"今天下大小事务皆朕一人亲理，无可旁贷，若将要务分任于人则断不可行，所以事无巨细，朕必躬自断制"（《清圣祖实录》卷二百八十四，康熙五十八年四月辛亥），明确皇帝权力意志。职掌监察权的左都御史，在其绝对权威下，成了安排官员的高级职位，同高士奇一起招摇纳贿的徐乾学、王鸿绪，先后担任过此职。

这，无疑是康熙帝的用人不察。

但，康熙对他们不断护短。

徐、王之后，都察院来了一位铁面御史。他就是郭琇，康熙朝著名的言官和清官。

2

郭琇是康熙二十八年（1689）五月擢升左都御史的，此前充经筵讲官，授吏部左侍郎。

他是康熙九年进士，做过地方七年知县，颇有政绩。（他被外放前的九年间，不知为何没有履历。）虽然没有卓异的嘉奖令，但有卓异的工作实绩。

康熙二十五年，江苏巡抚汤斌向朝廷推荐郭琇，说他"居心恬淡，莅事精锐，堪膺迁擢"（《清史列传·郭琇传》）。巡抚力荐自己的基层官员，而不能直接任用，可见当时县级主要领导不是省管干部，而是国管干部，人事任免权皆在中央。

吏部审查汤斌提交的郭琇的任职报告时，说他的催缴银粮任务未完成，给了否决票。

吴江素有鱼米之乡、丝绸之府的美誉，为何郭琇在吴江干了七年，还存在上交任务的亏欠？只能说明一个问题，他不是一个酷吏，不会为了升迁大搞漂亮的政绩。

对于他在吴江的作为，《清史稿》本传给了另一个说法："材力强干，善断疑狱。征赋行版串法，胥吏不能为奸。居官七年，治行为江南最。"一个能干的官员，只因征收的赋税没完成，就使得上级人事部门给他的综合能力考察严重减分。

好在汤斌是康熙十八年博学鸿儒科的状元，总裁修过《明史》，放任江宁前是康熙信任的理学名家、内阁学士。对于他的举贤荐能，康熙帝还是很重视的，特批对郭琇专门进行考察。结果合格，郭琇出任江南道御史。

品级没有提升多少，但进入了京官体系，职权大了不少。他正好遇到治河名臣、河道总督靳辅与皇帝新宠、安徽按察使于成龙的治河大争论，从地方争到了朝堂。

大学士明珠支持靳辅开大河，修长堤，以抗海潮；通政使参议成其范、给事中王又旦、御史钱珏等支持于成龙，主张疏浚海口以泄积水。

于成龙是清官，大家忽略了他不懂治水的实际情况，决定开浚下海。康熙原本公正裁判的天平，也有厚薄地倾向了于成龙，慢慢对靳辅失去了信任。

争论并未因礼部侍郎孙在丰改任新主事而告一段落。孙在丰明显支持于成龙，导致靳辅更加被动。正在这时，郭琇一份弹劾疏，在激荡的廷争中惊起巨浪。

郭琇说：一、靳辅治河多年无功，听命于幕客陈潢，今天议筑堤，明天议挑浚，浪费银钱数百万，没有终止之期；二、靳辅今天题河道，明天题河厅，以朝廷爵位为私恩，从未收到用人得当之效。

康熙召集大臣们到乾清门，让郭琇与靳辅对簿公堂。

郭琇又报告，靳辅夺取民田，妄称屯垦，取米麦越境贩卖，阻挠开浚下海。

随即，侍讲刘楷揭发靳辅用人不当，河工道厅之中杂职人员一百多人，而治河无成，每年只听报告而已。御史陆祖修抨击靳辅"积恶已盈"，用舜和禹做比喻，暗示朝廷应该将靳辅论罪处死。

康熙帝意识到郭琇等人的奏劾有些不实事求是，不能定案，也看到了于成龙是河务的门外汉。但靳辅固执己见，反对者多，让康熙也站到了大多数这一边。

康熙帝下令将靳辅革职，同时将郭琇升为佥都御史。当然，于成龙也被升为直隶巡抚。

郭琇没想到，自己由于同于成龙一样不懂水利，本着为朝廷着想的原则，却沦为做了十多年河道总督的靳辅的政敌的帮凶。他们都被升官了，都成了康熙和他南书房的御用文人们做局策划另一起政治大案的催化剂。

3

这起大案，即轰动一时的郭琇疏劾武英殿大学士明珠八大罪状。

案子由于成龙点火，告发明珠及其亲信大学士余国柱卖官鬻爵，导致地方库银严重亏空。康熙帝指示秘书高士奇联合刑部尚书徐乾学草拟好弹劾疏。

徐乾学不出面，塞给郭琇一颗大桃子。郭琇当仁不让，义正词严地举报明珠与余国柱结党营私，并列举了佛伦、傅腊塔及靳辅暗中交结的问题。

此疏一出，郭琇名震天下。

康熙帝下旨，革除明珠、余国柱的大学士之位，并令大学士勒德洪致仕。

对于此事，《清史稿·郭琇传》说："大学士明珠柄政，与余国柱比，颇营贿赂，权倾一时，久之为上所觉。"康熙主持谋划扳倒明珠，但为了避嫌而显示出对郭琇的格外重用，将他迁太常寺卿，擢内阁学士，调吏部侍郎，做经筵讲官，最后封左都御史。

不到两年，郭琇辗转五个要职，还成了一任帝师。大家的目光盯着郭琇转，不会想到康熙帝及其亲信高士奇、徐乾学才是明珠案真正的操盘手和策划者。

让康熙帝、高士奇没想到的是，郭琇执掌御史台后，便独力策划了一起惊天大案。

康熙二十八年九月，即郭琇出任左都御史的第五个月，他向康熙帝递交了一份报告，直指高士奇与原左都御史王鸿绪"表里为奸，植党招摇"（《清史列传·郭琇传》），给事中何楷、修撰陈元龙、编修何顼龄"依附坏法"。

郭琇直言高士奇"出身微贱"，是康熙因他"字学颇工，不拘资格，擢补翰林，令直南书房供奉，不过使之考订文章，原未假之与闻政事"，但他不安分，犯了四大"可诛之罪"，乃"真国之蠹而民之贼也"（《清史列传·高士奇传》）。

康熙帝对于高士奇等的不法行径，心里是清楚的。他对他们有些放纵，就是要他们为自己的政治需要主观修史，并打击侵害帝权的大臣。当郭琇揭开盖子后，他马上下旨：高士奇、王鸿绪、何楷、陈元龙、王顼龄俱休致回籍。他迅速反应，不对他们惩戒，就是防止他们"恣肆于光天化日之下"的更多罪恶为外界所知晓。

为康熙争正统的高士奇们走了，给康熙肃贪纵的郭琇问题来了。御史张星法弹劾山东巡抚钱珏，郭琇弹劾左都御史马齐，证据不足便是诬告。康熙不再说涉虚不坐罪行，严责他擅用法司，但称他耿直敢言，从宽免除革职治罪，降五级调用。

吏部推荐他为通政司参议，康熙命改推，最后索性命他以所降的级别致仕。

郭琇的问题还远远不止这些。

先是江苏巡抚洪之杰举报他涉嫌吴江亏漕案，继而山东巡抚佛伦弹劾郭琇家族的系列问题，将他伯父、父亲和前明御史、农民义军扯到了一起。洪之杰是高士奇亲家徐乾学的心腹，而佛伦是明珠的死党，徐乾学、明珠都曾遭郭琇举报，他们自然不会放过郭琇。

朝廷派员至江宁调查，又查到他牵扯了一起巧取豪夺运船粮米案。部议将郭琇充军，但还是被康熙帝网开一面。

九年后，康熙南巡，郭琇赴德州迎驾。康熙回京后，给内阁下谕："原左都御史郭琇，前为吴江令，居官甚善，百姓感颂至今。其人有胆量，可授湖广总督，令驰驿赴任。"（《清史稿·郭琇传》）康熙将郭琇三疏的历史功绩悉数抹去了。因为他知道，弹劾靳辅是他偏听偏信，弹劾明珠是他倾囊相授，弹劾高士奇动了他的奶酪。故而对这样大胆的人，他是不会忘记的。

因为康熙帝的突然想起，郭琇由退休之人成为封疆大吏。郭琇上任后，也不客气，多次恳求为贫困百姓豁免或减除赋税。郭琇在任一年多，疾病缠身，欲辞职，没想到却被康熙以人才难得为由留任，结果又被几个人弹劾这样那样的问题而惨遭革职。

十四年后，郭琇病逝乡里，连皇帝的一个谥号都没得到，只得个"寻祀乡贤，并祀吴江名宦"的乡里记忆。

郭琇以著名"三疏"震动康熙中期吏治，并以廉正的形象影响后世。他影响最大的弹劾明珠事件，《清史稿》称"郭琇抨击权相，有直臣之风，震霆一鸣，金壬解体。盖由圣祖已悟其奸，而琇遂得行其志"，并未雪藏康熙打击明珠之授意。

若非康熙拍板，郭琇也不敢妄动。

妄动，必然招致厄运。

高士奇之流干尽了坏事，但他们是康熙帝需要的人。即便不法案发，康熙将他们贬为庶民后，还是想方设法地起用他们。而郭琇呢？荣耀之后的诸多劫难，似乎是康熙的另一份赐予。

这，当是封建专制时代循吏清官的悲剧，也是国家法制约束不了帝王心术的悲哀！

康熙真的特别器重
陈廷敬吗?

1

陈廷敬是一个著名的清官能臣,深得康熙帝的信任。康熙四十九年(1710)十一月,陈廷敬因耳疾乞休,被允准。没过半年,康熙帝又将他召回入直南书房。

十个月后,陈廷敬病逝,康熙帝派皇三子、诚亲王胤祉率大臣侍卫前往奠酒,送去一千两白银治丧,并命各部院大臣凭吊。康熙帝还给内阁和礼部做出批示:"陈廷敬夙侍讲幄,简任纶扉,恪慎清勤,始终一节。学问淹洽,文采优长。予告之后,朕眷注尤殷。留京修书,仍预机务。尚期长享遐龄,以承宠渥。遽尔病逝,深为轸恻!"(《清史列传·陈廷敬传》)除了"赐祭葬如典礼"外,还"加祭一次,谥曰文贞"。

这些举动看似客套,但仍可见康熙帝对他很有感情,并以"宽大老成,几近完人",作为对他的盖棺论定,与康熙说他曾最倚重的索额图"诚本朝第一罪人也"(《清史稿·索额图传》),霄壤之别。

后世对陈廷敬的评价向来很高,谈他的清正廉洁,论他的体恤百姓。尤其是王跃文,在小说《大清相国》中说:"清官多酷,陈廷敬是清官,却宅心仁厚;好官多庸,陈廷敬是好官,却精明强干;能官多专,陈廷敬是能官,却从善如流;德官多懦,陈廷敬是德官,却不乏铁腕。"电视剧《于成龙》渲染,若非陈廷敬在那个君王如虎、同僚似狼的权斗年代鼎力相助,天下第一廉吏就得换人了。

陈廷敬对康熙中期的廉政建设做出了很大的贡献。他以身作则,掌户部秉公理财,主吏部荐贤举能,管都察院依法监督,且对家人严格要求,堪称是一代清官、廉吏、能臣的楷模。

陈廷敬作为生于明崇祯十二年（1639）的山西人,顺治十五年（1658）中进士,改庶吉士。他的政治表现主要在康熙朝的前五十一年里。

他的政治履历上写道:顺治"十八年,充会试同考官,寻授秘书院检讨"(《清史稿·陈廷敬传》),顺治帝正月驾崩,这次会试是在玄烨继位之初举行的,当时还未改元而已。

这一年,陈廷敬二十二岁。陈廷敬一生有过二十八次升迁或调动,创造了我国历史上官员任职的一大奇迹。

2

康熙元年,陈廷敬告假归里,四年补秘书院检讨原官。复出的陈廷敬做过国子监司业、翰林院侍讲学士。康熙十一年,他出任日讲起居注官,成了青年天子的老师。康熙帝称"每日进讲,启迪朕心,甚有裨益"(《清史列传·陈廷敬传》)。

康熙帝给陈师傅安排了不少新职务,如武会试副考官,如经筵讲官,如翰林院掌院学士,如进南书房为皇帝的顾问。

康熙十七年,陈母去世,康熙帝派两名学士前往慰问,赐祭茶酒,并谕告礼部说陈廷敬侍从勤劳,给其母以学士品级赏赐抚恤。两年后,陈守孝期满,复任原职。

康熙二十一年,陈廷敬任会试副考官,第二年出任礼部侍郎。一年后,陈廷敬授吏部右侍郎,兼管户部钱法。他疏请改官钱以杜私铸,免铜税便民采矿。

康熙二十三年九月，陈廷敬被擢升左都御史，从一品。他成了部院大臣。

陈廷敬提交了《劝廉祛弊请敕详议定制疏》，指出："贪廉者治理之大关；奢俭者贪廉之根柢。欲教以廉，当先使俭。"他以官员的衣冠、车马、服饰、器具以及婚丧之礼为例，指出奢侈导致贪污，节俭才能清廉，建议定朝廷服制，禁奢靡之风。

他建议慎选督抚，以公心爱民勤政廉洁为准，严饬地方公开赈灾钱粮账目，杜绝污吏贪侵害民。

康熙帝下旨纂修《三朝圣训》《政治训典》《平定三逆方略》《大清一统志》《明史》，以陈廷敬为总裁官，不久调任他为工部尚书，第二年又先后任户部尚书、吏部尚书。

陈廷敬出任多个部院的主官，甚至在他丁父忧两年期满后，还是大致按这个步调，在从一品中打转转，也没有像其他受康熙宠信的官员那样加个尊崇性虚衔。

康熙四十二年四月，康熙帝升迁他做文渊阁大学士兼管吏部尚书事，参与军国机务，成为"大清相国"。这一年，陈廷敬已经六十五岁了。

3

与诸多和陈廷敬有不少交集的官员相比，别人都是年轻化：索额图三十三岁升任国史院大学士，第二年任保和殿大学士；明珠四十一岁被授武英殿大学士；张玉书四十八岁拜文华殿大学士兼户部尚书。

就连李光地升任文渊阁大学士的年龄，也比陈廷敬小了两岁，但李光地从从一品（康熙三十八年初任吏部尚书）到正一品，只用了六年时间。而且，李光地的名字真正进入康熙关切的视线，是在康熙十四年。他因送出靖南王耿精忠起兵造反的消息，被康熙帝认为忠诚，命兵部录为领兵大臣。此时的陈廷敬已是内阁学士，充经筵讲官。李光地于康熙十九年七月才得到这样的官位，但很快扶摇直上，比陈廷敬还早了五年出任吏部尚书。

陈廷敬久在中枢任职，从从一品到正一品，半格之遥，他却用了十九年时间。

一步走了十九年。要么是本身治绩平平，要么是皇帝用而不重。作为康熙帝貌似最信任的重臣之一，陈廷敬忍一时不为耻，但长期不断换岗位而不见再升迁，甚至一出问题就被马上抛弃而不酌情从宽处理。

康熙二十六年十二月，山西道御史陈紫芝疏劾湖广巡抚张汧"莅任未久，黩货多端，凡地方盐引、钱局、船埠，靡不搜括，甚至汉口市肆招牌，亦按数派钱。当日保举之人，必有贿嘱情弊，请一并敕部论罪"（《清史稿·陈紫芝传》）。康熙帝命直隶巡抚于成龙、山西巡抚马齐、副都御史开音布前往查核，发现他在福建布政使任上亏损库银三十余万两，贪污九万余两白银，还涉及徐乾学受贿。徐乾学贿赂康熙左右，进言说：张汧用银，又有送银子者，陈廷敬也！收银子者，高士奇也，与徐乾学实无涉。

兵部尚书张玉书趁机弹劾与张汧有亲戚关系的陈廷敬。康熙帝明知陈廷敬被冤，却不闻不问。

陈廷敬上疏申辩：臣没有其他才能，但日夜勤政敬业，经常反省，不徇私亲戚，不阿谀朋友，对上恐负圣主隆恩，于下保全微臣小节，以免被人怀疑而恶语中伤。张汧是我的亲戚，但我与他泾渭分明。假使我稍微对他徇私、庇护，他则会感激于我，不会举报我。

陈廷敬表露心迹，想自证清白，不拿出证据，却说"自被谤以来，神志摧沮，事多健忘，奏对失其常度，虽皇上不加谴责，而臣心实难自安。且臣父年八十有一，倚闾悬望，伏乞圣心怜悯，准与回籍"（《清史列传·陈廷敬传》），哀怜求宽容。

这段文字，传递了两个信息：一、陈廷敬引咎辞职，说自己黯然神伤，精神上受了严重的影响，不能理事；二、他要回家赡养老父亲，正好契合康熙提倡的孝道。

康熙帝赞赏陈廷敬言辞恳切，但还是做出了惩罚，即解除吏部尚书，虽在惩罚形式上准其回老家，但安排他继续总裁修书。

三年后，康熙帝宠臣高士奇与徐乾学内斗，相互弹劾。康熙帝深厌二人招摇多事，把他们一块赶出京城，才召回了陈廷敬，再任左都御史。

康熙帝对陈廷敬并非真正的信任，可以说是用而有疑、用而不重。而最初坚决要对陈廷敬追责的张玉书，却被授文华殿大学士兼户部尚书。

曾拉拢陈廷敬不得的索额图、明珠相继倒台后，康熙帝牢牢地把权力抓在手上，内阁出现了几位白头大学士。陈廷敬六十五岁出任文渊阁大学士时，保和殿大学士吴琠已六十七岁。而像青壮派的文华殿大学士张玉书、武英殿大学士马齐、文渊阁大学士席哈纳，都是康熙帝迅速提拔的新人。他们都没有实力与康熙争权！

陈廷敬第一次任左都御史时，张玉书刚守制期满任刑部尚书，六年后执掌文华殿兼管户部。马齐因审理张汧案而声名大显，于康熙二十七年由山西巡抚擢升左都御史，两年后与理藩院尚书阿喇尼一起列位议政大臣，在清朝历史上开先例，康熙三十八年担任武英殿大学士。席哈纳于康熙四十年十月任礼部右侍郎，第二年九月升文渊阁大学士。

陈廷敬位列大学士，排名最后，晋升最慢，慢得在清朝大学士中又成了一大奇迹。

康熙最辉煌的成绩，除鳌拜，平三藩，收台湾，签《尼布楚条约》，打准噶尔，"第一罪人"索额图都是主要参与者，而陈廷敬始终不沾边，要么丁忧在家，要么免职在籍，或者在职并没有可圈可点的赞襄筹划之功。这放在首推军功、大学士以参与军机为重为荣为尊的大清王朝，很让人怀疑康熙帝对陈廷敬的器重程度。

　　康熙帝喜欢用谨慎的陈廷敬不假，但长期不尊崇其位，好在陈廷敬恪尽职守、敬终如始，没有被康熙帝和政敌们找到治罪的把柄。至于他死后，康熙帝派皇三子前往祭奠，也就是走个形式而已，被康熙帝弃用多年的明珠，也享受了这个看似尊荣的待遇。

陈廷敬威力巨大的连环参，
原是后人虚构的

1

近日，网上一个关于"陈廷敬如何用连环参除掉明珠、索额图等权臣"的问题，引起了我的注意。

陈廷敬，康熙名臣，以廉正著称，被康熙皇帝赞誉"卿是老大人，是极齐全底人"（《午亭山人第二集》卷一《苑中谢恩蒙谕卿是老大人，是极齐全底人，臣感激恭纪二首》）。

他是康熙帝师之一，在幼主践祚之际，出任过短暂的起居注日讲官，十五年后以内阁学士充经筵讲官，日值弘德殿，为康熙帝讲经。

康熙二十三年（1684），陈廷敬被授左都御史兼管户部钱法。定朝廷服制，禁止奢靡之风，力谏康熙"考察督抚，则以洁己教吏，吏得一心养民教民为称职，庶几大法而小廉"（《清史稿·陈廷敬传》）。

他寄望朝廷慎选督抚，以公心爱民勤政廉洁为准，且严饬地方公开赈灾钱粮账目，杜绝污吏贪侵害民。

康熙朝前期的廉政之风建设，地方有于成龙三创"卓异"，朝廷有陈廷敬"洁己教吏"，相得益彰。电视剧《于成龙》干脆将这两位山西老乡、廉政典范，安排为同门师兄弟。

然而，陈廷敬掌都察院的时间不长，很快被调至工部任尚书，此后又辗转于刑部、户部、吏部。

虽然都是要害部门，但，康熙帝似乎对这位老师留了一手。

康熙二十七年，山西道御史陈紫芝疏劾湖广巡抚张汧"莅任未久，黩货多端，凡地方盐引、钱局、船埠，靡不搜括，甚至汉口市肆招牌，亦按数派钱。当日保举之人，必有贿嘱情弊，请一并敕部论罪"（《清史稿·陈紫芝传》）。兵部尚书张玉书趁机弹劾与张汧有亲戚关系的陈廷敬。

他们是儿女亲家。张汧攀附武英殿大学士明珠，恃势张狂，贪污银九万余两，而被处绞。康熙责令要一查到底，陈廷敬向康熙帝上《俯沥恳诚祈恩回籍以安愚分疏》，向皇上谢罪，恳请回家守孝。

康熙明知他受了牵连，但也要责罚，还算网开一面：准其回家，革其本职，留其修书。

2

张汧一案，本为康熙清查明珠案的重要部分。

康熙二十六年，直隶巡抚小于成龙举报明珠伙同亲信大学士余国柱卖官鬻爵，激怒康熙，他授意高士奇，指使左都御史徐乾学草拟举报材料，通过御史郭琇等上报。一并弄了三份举报材料，都是由高士奇先报康熙审核的。

对于此事，时任内阁学士李光地曾写道："高谋之徐，徐遂草疏，令郭华野上之。刘楷、陈世安亦有疏。三稿高皆先呈皇上，请皇上改定。"（《榕村续语录》卷十四《本朝时事》）

陈廷敬即便不屑于亲家张汧党附明珠，但不会搬起石头砸自己的脚。更何况，明珠倒台，遗祸张汧，也会累及自身。

明珠在康熙二十六年被革职后，很快被复职，再度成为康熙的亲信重臣，成了捍卫康熙皇权的一面旗帜。

康熙四十七年，明珠去世，康熙特派皇三子胤祉前往祭奠。当时，康熙往塞外行猎，带走了皇太子胤礽与皇长子胤禔，胤祉留守京城，处理政务，充当着监国的职责。

与明珠倾轧相斗的另一权臣索额图在康熙四十二年被活活饿死于幽所，以结党议论国政而被处理。他图谋发动宫廷争斗，以外甥孙胤礽替换康熙为帝，让康熙帝感到人身安全受到了威胁，故而被康熙视为"本朝第一罪人"（《清史稿·索额图传》）。

索额图曾为康熙铲除鳌拜、平定三藩的主要助手，然而日见贪婪跋扈，于康熙十九年被革除保和殿大学士一职，但仍以内大臣兼议政大臣理事，后来还进位领侍卫内大臣。

索额图的失势，源自与康熙的权力之争。最早是左都御史魏象枢弹劾他"怙权贪纵"，而明珠和康熙近臣高士奇起到了关键性作用。

3

高士奇虽只是南书房的一个词臣，但康熙对他的信任，尚在内阁诸臣之上。即便权倾朝野的明珠，在索额图靠边站时，还得纡尊降贵地向高士奇买康熙的消息。

明珠扳倒索额图，郭琇参倒明珠，主要是因为索额图、明珠暗结党羽，危及皇权，索额图、明珠先后被康熙予以重罚，而在中间起了关键作用的，还是高士奇。

陈廷敬在康熙朝，六十五岁才做到了文渊阁大学士兼礼部尚书，值讲经筵，但对于精于帝王权术的康熙而言，算不上真正倚信的重臣。相较于索额图、明珠、徐乾学和高士奇，陈廷敬在康熙心里的位置，还是稍逊一筹。

所谓陈廷敬以连环参除掉权臣索额图、明珠、徐乾学和高士奇，主要是文学创作中的设计，突出这位"大清相国"的高超智慧。谁知却让不少人认为，陈廷敬是康熙最倚信的重臣。

陈廷敬曾在康熙二十九年，上书弹劾高士奇、徐乾学，导致康熙将这两位招摇不法的臣子赶出京城（主要是左副都御史许三礼的功劳。当时陈廷敬被湖北巡抚张汧贪腐案牵连，被兵部尚书张玉书弹劾，请辞回老家守孝，在高、徐被赶后才回京就任左都御史）。但很快，康熙又下旨将高、徐召回身边。徐乾学已死，而高士奇返京后，仍入直大内，算不上被陈廷敬除掉。

陈廷敬是否称得上"大清相国"？电视剧给他弄了个"陈相"的称谓，是名不副实！虽然陈廷敬以文渊阁大学士兼吏部尚书，但在康熙极力强化皇权，宣扬"自古得天下之正莫如我朝"的时代，大学士和尚书并无多大的实权。

陈廷敬入阁视事，时为康熙四十二年四月，以东阁大学士兼康熙帝师熊赐履荣休而补缺。此时，内阁已有保和殿大学士兼刑部尚书吴琠、文华殿大学士兼户部尚书张玉书、武英殿大学士马齐和文渊阁大学士席哈纳，陈廷敬排名在后。

康熙亲政之后，将传统的议政处边缘化，更在经历索额图、明珠擅权事件后，不断强化南书房向内阁夺权，尤其在后期培育诸成年皇子组建凌驾于议政处、内阁和南书房之上的特别权力中枢，导致内阁有名无实。

《一代名相陈廷敬》开场
六大颠覆有点恶搞

电视剧《一代名相陈廷敬》在央视八套持续热播,陈廷敬与康熙权臣索额图、明珠等之间正义与邪恶的较量,让不少观众感知了康熙盛世背后的官场是非与吏治。

我看了前两集,感叹陶泽如版陈廷敬刚毅睿智、知难而进的大无畏气度,但也感觉这部有历史正剧场面的电视剧,有点生拉硬拽地将康熙前期诸多事实串联在了一起。

一、陈廷敬出掌都察院前,已是部级高官,并非低级的侍讲学士。

陈廷敬出场的背景是两江爆发了赈灾贪墨案。江南道御史郭秀(郭琇)死里逃生,奏报以江苏巡抚汤宾为首的赈灾官员,以霉米换新米。十万两赈灾银子,也被贪官污吏截取了一大半。

康熙为了查清此案,即命帝师、翰林院侍讲学士陈廷敬出任左都御史兼钦差大臣,前往江宁查案。他们的对手是保和殿大学士索额图。康熙慑于索额图的势力,有些投鼠忌器。

按:陈廷敬两度出任都察院左都御史,第一次为康熙二十三年(1684)九月,此前职务为吏部右侍郎,管理户部钱法,而不是剧中设计的侍讲学士。

清制,"内阁为百僚之长,中书实办事之官"(《龚自珍全集》第五辑《上大学士书》),翰林院侍讲学士为从四品,职事文史修撰。

陈氏做过翰林院侍讲学士,但是康熙八年的事情。此后,他步步高升,做过侍读学士,在康熙十四年出任过服务于皇太子的詹事府詹事。由于康熙帝的赏识，他又于康熙十五年起，历任内阁学士兼经筵讲官、翰林院掌院学士，入直特别权力中枢南书房，并于康熙二十二年任户部侍郎。

剧中以侍讲学士到左都御史，那就是连升六级，即从四品到从一品，那是一个天大的破格提升。这虽然可以烘托康熙帝对陈先生的特别倚重，但严重忽略了历史上的陈廷敬出掌总宪，只升了一级，即出任左都御史前，陈廷敬已经做了八年副部级官员（自康熙十五年起），而不是侍讲学士之类的、还算不上高干的文职。

二、索额图备受康熙打压，已不是内阁首辅。

电视剧以陈廷敬出任总宪前后，索额图身为保和殿大学士，内阁首辅。康熙还说，明珠协助索额图管理内阁。

按：有清一代，内阁为政府，大学士为宰辅，虽无宰相之名，却因内阁居六卿之首，议天下之政。故而，在康熙九年恢复内阁制后，为制衡议政王大臣会议，大学士"赞理机务，表率百僚"（光绪《钦定大清会典事例》卷十四《内阁四》）。

以陈廷敬于康熙二十三年九月任职总宪、整肃风纪的时间点来看，当时内阁有五名大学士，即保和殿大学士王熙、文华殿大学士宋德宜和武英殿大学士明珠、勒德洪、吴正治。此时的内阁首辅，是康熙的平藩重臣明珠，而不是前保和殿大学士索额图。

此时的索额图，正因康熙的猜忌和打压，靠边站。

康熙十九年八月，索额图以病为由请辞大学士，获准。虽然索额图被任命为议政大臣、内大臣，但康熙二十二年三月，康熙帝公开谴责："索额图巨富，通国莫及，朕以其骄纵，时加戒饬，并不悛改。在朝诸大臣，无不惧之者。"（《清圣祖实录》卷一百〇八，康熙二十二年三月庚戌）康熙对索额图进行断崖式处理，革除议政大臣、太子太傅、内大臣，仅留正四品佐领一职。直至康熙二十五年八月，索额图获授领侍卫内大臣，才重返权力中枢。

也就是说，陈廷敬初掌大清王朝监察系统时，索额图正虎落平阳，成不了康熙和孝庄太后忌惮的大人物。

当然，不能忽视，索额图同明珠明争暗斗，也是事实。昭梿《啸亭杂录》卷十《索明二相博古》中记载："索额图、明珠并相时，权势相侔，互相仇轧。"

他们并为内阁大学士，一个称索相，一个为明相，在内阁共事的时间不长。

索额图为康熙谋划铲除鳌拜计划，在布库一战中建有大功，于康熙八年八月出任内国史院大学士。次年恢复内阁制，索额图任保和殿大学士，至康熙十九年八月离任，不再在内阁任事。

明珠则是康熙十六年七月，以吏部尚书出任武英殿大学士，至康熙二十七年二月革职。其后可能官复原职，翊护康熙皇权，但，他与索额图同在内阁的时间只有三年零一个月。

三、康熙平定三藩之乱，索额图运筹帷幄，但无征战之功。

电视剧通过索额图和孝庄之口，渲染康熙的江山是赫舍里家族拼来的，还特别强调索额图征战三藩，立了不世之功。

按：康熙决意裁撤三藩时，索额图是反对者。但很快，索额图调整姿态，为平定三藩之乱、稳定全国秩序做出了重要贡献。

当时内阁大学士中，唯有武英殿大学士莫洛、中和殿大学士图海，或经略陕西军务，或任抚远大将军出战陕西提督王辅臣。一等侍卫出身的索额图并没有出战，而是留在京城，辅佐康熙指挥全国战事。

昭梿《啸亭杂录》卷十《索家奴》，既谴责了索额图当权时贪赃枉法，但又充分肯定了他"多谋略，三逆乱时，公料理军书，调度将帅，皆中肯要"，使吴三桂派出的刺客，都不得不佩服得五体投地："公批示军机，咸如身至其地，料理军书，竟夕不寐，诚良相也！"

不意，这个让刺客不忍下手的"良相"，最后却成了康熙痛恨的"本朝第一罪人"（《清圣祖实录》卷二百五十三，康熙五十二年二月庚戌），也成了现代电视剧中矜夸浴血奋战、战功赫赫的骄纵跋扈者。

四、心裕不可能在擒鳌大战中救过康熙的命。

剧中的索尼第五子心裕，是明珠、陈廷敬敬称的"爵爷"，官居领侍卫内大臣，也是两江赈灾贪墨案的巨蠹。但在汤宾留下的黑账簿被递交给康熙后，心裕裸露上身，向康熙请罪。

名为请罪，实乃要通过前胸后背上长长的伤痕，提醒康熙不要忘恩：他曾在擒鳌的布库大战中，挨了鳌拜数刀。

大难不死，该有后福。

按：此处有两大疑点。

1. 心裕擒获鳌拜，炫功自夸：满人的布库，就是汉人的摔跤。既然是摔跤，拼的是力气，用的是空手，哪来的钢刀？难道鳌拜进宫能提刀面君？若真如此，足以坐实鳌拜篡弑之罪。

若是心裕等侍卫并非以肉搏战对抗鳌拜，而是提刀上阵，且鳌拜夺取钢刃血拼砍向康熙，鳌拜就足以获得一个砍头灭族的谋逆大罪。但是，康熙对鳌拜议罪三十款，却偏偏没有谋逆这一款。

2. 历史上，索额图奉命辞掉吏部左侍郎的肥缺，重干一等侍卫的苦差，组织一群亲贵子弟练摔跤，麻痹鳌拜，也要摔倒鳌拜。

心裕若是参与者，是康熙的救命恩人，为何康熙并未重赏？

康熙在安排他们兄弟分袭索尼留下的一等伯加授一等公世爵时，只是让心裕袭一等伯，履职銮仪使兼佐领，远远不及其弟法保所袭的一等公、出任内大臣。

对于心裕，康熙给的恶评很不留情面："素行懒惰，屡次空班。"（《清圣祖实录》卷一百〇八，康熙二十三年三月庚戌）

一个素来懒惰、怠政不止的纨绔子弟，究竟有多少能耐同"满洲第一巴图鲁"鳌拜展开生死搏杀？

心裕做过领侍卫内大臣，但那是康熙四十年九月，索额图以老乞休，康熙命心裕暂代索额图出缺的正黄旗领侍卫内大臣。他们兄弟中，只有老大噶布喇在索额图之前做过领侍卫内大臣。

索额图的赫舍里家族，最大的荣耀就是噶布喇生了一个好女儿，成了康熙的孝诚仁皇后。

五、"铁面御史"郭琇，不是陈廷敬查案的助手。

剧中，陈廷敬与康熙帝以师生论交，明珠的长子纳兰容若也对陈廷敬执师礼。但与陈廷敬有过生死交情的，则为江南道御史郭秀（郭琇）。

按：史上的郭琇很出名。他是康熙朝著名的清官，以弹劾靳辅、明珠和高士奇的三大奏疏闻名于天下，被誉为"铁面御史"。

他是康熙九年进士，十八年授吴江知县。此间数年，他应该在翰林院，该与久在翰林院任职的陈廷敬有师生之谊。

陈廷敬出掌都察院时，郭琇还在吴江做县官。

康熙二十五年，江苏巡抚汤斌上疏康熙，举荐心底澄净、办事能干的郭琇，希望给予擢升，但被吏部以催证征粮任务未完成，予以反对。

康熙卖汤斌的面子，开启绿灯，郭琇被考核授职江南道御史。

郭琇是在陈廷敬即将调离都察院、出掌工部那一年，才出任监察官员的，而不是在陈廷敬临危受命前就经历了举报赈灾贪墨案的生死劫。

无欲则刚。郭琇一身是胆，在御史任上的第一次出名，是康熙二十七年正月弹劾河道总督靳辅治河无功，而不是揭发对他有赏识之情、举荐之恩的汤斌。

六、不该以曲线救民的汤宾，污损清正为民的汤斌。

剧中畏罪自杀的汤宾，对应时任江苏巡抚汤斌。

按：历史上的汤斌一生清廉，于康熙二十三年六月受命以内阁学士巡抚江宁。

江苏为东南富庶之地，康熙帝力排众议，就是要以理学名臣汤斌身体力行，正风易俗。是年十月，康熙南巡，驾至江宁，召见汤斌，还特赐了御书、狐腋蟒服。

汤斌在江苏任上，并未经历水患，也不需要朝廷救济。只是他的前任余国柱，为了做政绩工程，向朝廷奏报淮、扬二府水淹之地退出后第二年就征输额赋。汤斌经过实地勘察，重新实报，遭到明珠及其亲信大学士余国柱中伤诽谤。

幸好，康熙相信了汤斌，将他调至京城，任命他辅导太子。

但是，明珠、余国柱诬告汤斌"爱民有心，救民无术"（《清史稿·汤斌传》），促成康熙降旨问责，又被左都御史璙丹、王鸿绪落井下石，纷纷弹劾。

汤斌含冤忧愤，于康熙二十六年十月十一日病逝在工部尚书任上。康熙不给追谥，不赐祭葬，还是好友徐乾学赠银二十两，才得以发丧。直至雍正十年（1732），汤案平反，入祀贤良祠，后来乾隆赐以"文正"谥号，也算是清朝获此顶级追谥的第一人，而盖棺论定。

祸害江宁的官员，该是攀附明珠的余国柱，而非不阿权贵的汤斌。

电视剧不该以改名汤宾的方式，损害汤斌清廉救民的形象。

书童魏东亭被封王的怪事

1

《康熙王朝》开篇，不是鼓角铮鸣的宏大战场，也非揭示主题的历史说白，而是安排小玄烨坐雪橇。玄烨看来天生是皇帝的命，连撒一泡童子尿，头顶尿壶被撒了一脸的老太监也说：生龙活虎，大江东流。

剧本创造，确实很有艺术色彩。但这个艺术却湮没了不少历史的真实。

玄烨晨课迟到，师傅体罚伴读。太监走进来，传皇帝口谕，师傅魏承谟成了太子少保。

皇子的师傅，就是太子少保？

魏承谟是一个虚构的人物形象，原型该是清初皇太极的重臣范文程的次子范承谟。顺康过渡时，范承谟在翰林院、弘文院、秘书院当差，是有可能给小玄烨当过师傅的。康熙亲政后，范承谟升任浙江巡抚、福建总督，"三藩之乱"时被耿精忠逼死焚尸，后被追封为兵部尚书、太子少保。

这样的人物，给皇子做师傅，本来无可厚非，但被称呼为太子少保，是有问题的！

先说太子少保是一个什么官。

追溯到周代，官制中设"三公"：太师、太傅、太保；又设"三孤"：少师、少傅、少保，为"三公"之副。"三公"和"三孤"统称为"师保"。

汉袭周制，于"三公"外增设"太子六傅"之职，专事对太子的教导。它们分别是：太子太师、太子太傅、太子太保，合称"东宫三师"，太子少师、太子少傅、太子少保，合称"东宫三少"。

隋唐之后，"太子六傅"已名存职异，一般作为一种荣誉性的官衔加给重臣近臣，并非实职。如宋代的岳飞、明代的于谦等因军功彪炳，亦曾被加封"太子少保"的荣衔。明、清二代仍沿古制，给某些有功的大臣加上虚衔，以示恩宠，即便不封太子也会封有功之臣为太子少师。

按太子少保的本意来，此时的玄烨，只是皇三子，而不是太子。他的师傅，就不该是太子少保。

在电视剧中，顺治因为玄烨廷试得了第一名，奖励魏承谟晋升为户部侍郎。

清朝的太子少保为正二品，而户部侍郎是从二品。就算魏承谟是正二品太子少保，那么皇帝再给他一个从二品的官职，是升是降，不言自明，哪还谈得上什么奖励。

看来，只是电视剧的编导人员认为，既然玄烨后来成了皇帝，那么他就是潜在的太子，所以给他虚构的师傅就相应虚构为太子少保。却不料因为不谙清朝官员品级制度，在随后的奖励中闹了笑话。

但是，有了这重关系，魏承谟之子魏东亭幸运地成了康熙皇帝的伴读和兄弟。

2

电视剧《康熙王朝》第四十九集中，康熙贬李光地到台澎做知县之前，说已下旨，让原台澎知县魏东亭回京，封文渊阁大学士、毅亲王。

文渊阁大学士兼毅亲王，即宰相兼亲王。

这样的封法，算不得新发明。在中国古代小说中，四大英雄家族（薛家将、杨家将、岳家将、呼家将）的演义小说和评书系列的主人公，大多是什么王兼天下兵马大元帅。如《薛仁贵征东》中，平辽王兼大元帅的薛仁贵，还被李世民给修了一字并肩王府。

明明两个字"平辽"，就被说成与皇帝并肩的一字王。反正虚构，矛盾无妨。

魏东亭老了，却没料到临死之前还被康熙封了一字王，虽没有"并肩"二字，但被加了一个大学士的相位。

他的亲王虽无藩国，但位居宰相，也是相权加王权。当年，曹操掌握了汉室天下，就给自己弄了一个丞相加魏王，因此才有了后来的"魏武挥鞭"。

不论是魏相还是毅王，都可以说魏东亭是有清一代除了皇帝、太后、摄政王之外唯一的顶级荣耀。

所以，电视剧还特地安排他死在龙榻上。

3

魏东亭，电视剧中是康熙师傅魏承谟的儿子，康熙的少年玩伴、青年打手和中年总督。

康熙铲除鳌拜和收复台湾，他被设计为一大功臣。

历史上，康熙并没有这位师兄弟，但魏东亭有原型，为康熙乳母之子、帮他管理江宁织造的曹寅，即曹雪芹的祖父。

曹寅，号棟亭。三国有曹魏，有曹才有魏。江宁即南京，两江总督衙门所在地。

曹寅深得康熙的喜爱，掌管江南财富，收集江南情报。一个小小的郎中官署，年产值上千万两白银。重要性丝毫不比两江总督差。

康熙关照兄弟，也是情义所在。但电视剧封魏东亭为毅亲王，明摆着狠狠地扇了康熙一个大大的耳光。

康熙重用了不少人做大学士，如黄锡衮、张英、张玉书、熊赐履、陈廷敬、李光地等，左膀右臂，但康熙并没有给他们什么爵位。像康熙朝留给雍正的重臣张廷玉，极受重用，主管礼部、户部、刑部和吏部等多个要害部门，身兼首席大学士和领班军机大臣。雍正死前还特颁遗旨，让他死后配享太庙。终清一代，汉大臣配享太庙者，唯张廷玉一人耳。这样的人物，却只得了一个三等伯。

康熙对亲王爵位看得更严苛，就是对他的亲儿子，也十分吝啬。

按电视剧《雍正王朝》中皇八子胤禩所言，皇子被封亲王，情理所在。然而，终康熙一朝，除了老三胤祉、老四胤禛、老五胤祺被断断续续封为亲王外，皇长子胤禔二十五岁才因征战噶尔丹有功而受封直郡王，其他诸子多半是郡王，老九胤禟和老十四胤禵只是个贝子，还有多个幼子没受封。

《雍正王朝》第二集，四阿哥胤禛和十三阿哥胤祥赴江南催款，当时的胤禛是贝勒，胤祥是贝子（历史上，胤祥在康熙朝只是普通的皇子，在康熙朝一度受重用，但因废太子事件影响，一直没有受封任何爵位），还不是王爵，更莫说是亲王。胤祥的亲王，还是后来雍正登基嘉奖的。

4

清代的爵位，除蒙古爵位外，还有两个体系。

皇族宗室爵位，在清崇德元年（1636）定制为九等，顺治六年（1649）更定为十二等：和硕亲王、多罗郡王、多罗贝勒、固山贝子、奉恩镇国公、奉恩辅国公、不入八分镇国公、不入八分辅国公、镇国将军、辅国将军、奉国将军、奉恩将军。

皇族之外还有爵级，分为公、侯、伯、子、男、轻车都尉（以上各级又分为三等）、骑都尉、云骑尉、恩骑尉九级。

韦小宝就被金大侠借康熙的圣旨或嘴巴，封过二等通吃伯和一等鹿鼎公。反正是虚构，搞笑无所谓。

像顺治留给康熙的四大辅政大臣：索尼、鳌拜、遏必隆、苏克萨哈，都是柱国大臣勋贵，在继承先辈爵位的基础上，最终也只是一等公。

遏必隆的一等公，是康熙六年（1667）被四大臣请君亲政时，在其原来世袭二等公的基础上加封的。

同时，康熙特授首辅兼太国丈索尼一等公世袭，索尼当时推辞，康熙不准。至康熙十三年，索尼的孙女孝诚仁皇后驾崩，索尼的世袭一等公才正式确定。

当然，清初也确实封过五个汉人降将为王：定南王孔有德、平西王吴三桂、靖南王耿仲明(耿继茂、耿精忠袭封)、平南王尚可喜和义王孙可望。康熙接班时，孔有德和孙可望已死，顺治给他留下了"三藩"。

皇太极即位，鉴于自身势力有限，为了打败强大的明朝及声势浩大的义军，不断招抚明朝汉官汉将，许官封爵，采取分封异姓王、招降纳叛的政治策略。五位异姓王的分封，对明朝的瓦解、后金的发展及至清军入主中原，都起到了至关重要的作用。

异姓封王制的实施，导致了藩王割据，不可避免地出现了藩王与清中央政权相颉颃的事情。

康熙亲政后，干的第一件大事，就是以军事手段平息了由撤藩引发的战争，彻底地废止了异姓王制。

清代异姓封王制度，只是特殊时期、特殊环境、特殊缘由下实施的特殊手段，不能列入清代爵位体制中。政治强人康熙平定"三藩之乱"后，怎能让它死灰复燃？

可见，在康熙朝，异姓人士要被封王是不可能的，要想被封亲王，是更不可能的。

所以说，《康熙王朝》要结束的时候，突然加了一出魏东亭受赏相王戏，且在千叟宴上安排魏东亭着龙袍王冠上场，实属画蛇添足，似要颠覆康熙朝的真实历史。

幸亏康熙没有"向天再借五百年"，不然必会厉声说"不"！

夺

嫡

夺嫡九子都超牛，
但康熙未必是个好父亲

1

康熙在清朝皇帝中是生育能力最强的：三十五个儿子，二十个女儿。这样的战绩，如果均分给清末的三四位皇帝，或许晚清大变局会是另一番模样。

虽然康熙帝后来因儿子太多而被弄得气短神伤，但他那夺嫡的九子确实个个超牛。

皇长子胤禔长相极为俊美，年龄居长，替父做事最多。他十八岁随伯父裕亲王福全出征，任副将军，参与指挥战事；二十五岁随康熙帝亲征噶尔丹，与内大臣索额图领八旗前锋营、汉军火器营、四旗察哈尔及绿旗驻军，参赞军机，还给西路大将军费扬古做过参军。这年三月，他因军功被封直郡王。

皇二子胤礽刚满周岁就被立储，自幼聪慧好学，文武兼备，精通儒家经典、历代诗词，熟练弓马骑射；长成后代皇帝祭祀，并数次监国，治绩不俗，在朝野内外颇具令名，在一定程度上减轻了康熙的负担。法国传教士白晋说："此刻已二十三岁的皇太子，他那英俊端正的仪表在北京宫廷里同年龄的皇族中是最完美无缺的。他是一个十全十美的皇太子，以至在皇族中，在宫廷中没有一个人不称赞他，都相信有朝一日，他会像他父亲一样，成为大清帝国前所未有的伟大皇帝之一。"

皇三子胤祉无论是文学还是书法，或是骑射，在众多的皇子里，表现都极突出，备受康熙喜爱。康熙三十一年（1692）扈驾出塞围猎时，胤祉曾和善骑射的康熙比试，不分上下。他还是一个了不起的编辑家和科学家，皇皇万卷书《古今图书集成》，及集律吕、历法和演算法于一书的天文数学乐理丛书《律历渊源》，都是他主持编纂的。康熙帝景陵的《神功圣德碑文》也出自他的手笔。

皇四子胤禛即雍正帝，稍长，便跟随康熙四出巡幸，并奉命办理一些政事。曾随从康熙帝征讨噶尔丹，掌管正红旗大营。他懂得韬光养晦，尊释教、道学，自称"天下第一闲人"，与诸兄弟维持和气，与年羹尧和隆科多交往密切，同时向父亲表现诚孝，画西藏于版图，赢得信赖。他一直以实际行动证明着自己，康熙后期吏治松弛、贪腐普遍、战事不断、国帑空虚的庸政格局，唯有其制度治理方可改变。

皇八子胤禩自幼聪慧，甚晓世故，从小养成了亲切随和的待人之风。他骑射皆佳，十三岁就帮忙试马，辨别马的好坏，早年很受父皇喜爱，多次伴驾出塞办理政务，曾帮助裕亲王福全料理广善库，重建东岳庙等。他不拘泥于规制与名分，因此广有善缘。其在朝野有"八贤王"之誉。福全曾向弟弟康熙举荐："心性好，不务矜夸，聪明能干，品行端正，宜为储君。"

皇九子胤禟自幼好学嗜读，性聪敏，喜发明，曾亲手设计战车式样，并首开用拉丁语转写满文其端。胤禟十分热爱外国文化和西学，曾自学外语，并甚亲信当时来华传教士。胤禟善于结交朋友，为人慷慨大方，重情重义。

皇十子胤䄉，是康熙前期四大顾命大臣之一遏必隆的外孙。康熙四十八年十月，二十六岁的他封多罗敦郡王，九年后管理正黄旗事务。史料中对其记载不多，然其能在康熙朝封郡王、掌正黄旗，若无真能耐是不可能的。

皇十三子胤祥在雍正年间作为皇帝最得力助手的种种表现，充分表明他颇有办事才力，善于协调人际关系。胤祥能文能诗，书画俱佳，但流传至今的作品甚少。他"精于骑射，发必命中"。有一次出巡狩猎，一只猛虎突出林间，他神色不动，手持利刃向前刺之，见者无不佩服他的神勇。雍正评价："朕弟怡贤亲王，天资高卓，颖悟绝伦。如礼乐射御书数之属，一经肄习，无不精妙入神，为人所莫及……而王自谦学力不充,总未存稿。是以王仙逝后,邸中竟无留存者。"

皇十四子胤祯,与雍正是同胞手足,从小聪明过人,才能出众,为康熙所厚爱,从少年时代起,就频繁地扈从其父出巡,日常生活中,也往往被给予一些特殊优待。胤禟曾语:"十四阿哥聪明绝顶,才德双全,我兄弟皆不如也。"胤祯个性爽直,重情重义,他从小和才华横溢、为人谦和的皇八子胤禩情投意合。康熙四十七年九月,当康熙怒斥胤禩妄蓄大志、企图谋害胤礽时,胤祯挺身而出,跪奏曰:"八阿哥无此心,臣等愿保之!"一时间,康熙十分愤怒,"出所佩刀欲诛胤祯,皇五子胤祺跪抱劝止,诸皇子叩首恳求,上怒稍解,命诸皇子挞胤祯"。胤祯被打二十大板,行步艰难。这件事情后来反而令康熙感觉到他对兄弟的有情有义,并对胤祯心直口快、表里如一的品质有了进一步认识,因此更加宠爱他。

2

诸皇子的优秀,是与他们的父亲康熙帝的宫廷教育分不开的。

清人吴振棫《养吉斋丛录》记载:"我朝家法,皇子皇孙六岁即就外傅读书。寅刻至书房,先习满洲、蒙古文毕,然后习汉书。师傅入直,率以卯刻。幼稚课简,午前即退直。迟退者,至未正二刻,或至申刻。惟元旦免入直,除夕及前一日巳刻,准散直。"

康熙亲自为皇子们选定朝廷重臣和儒学大师当满、蒙、汉文师傅,如"康熙二十五年,命汤斌、耿介为皇太子讲官。时汤为詹事,耿为少詹"。

他叮嘱诸子,春夏时可在院中玩耍,而不宜端坐廊下,慈父形象跃然纸上。此际多有雷电潮气,康熙被多个子女早殇的现实吓怕了。他对孩子的教育是严厉的,告诫他们不能学做无赖小人动辄恶语相向,训令儿子须戒色、戒斗、戒奢华,让他们从小熟习骑射武功,长大后修学士农工商。他对儿女多有疼爱,除请亲近大臣视养皇子外，还亲自抚养皇二子胤礽。

他想给儿子们最好的教育和父爱，但没有逃脱诸子夺嫡的周期律。为了那把金龙椅、那坨玉印把，康熙九子拉帮结党，结成大爷党、太子党、三爷党、四爷党和八爷党，明枪冷箭，抢得头破血流、家破人亡，甚至丧命禁所，断子绝孙，即便是一奶同胞的亲哥俩，也弄得你死我活。给历史留下一个精彩的典故——"九子夺嫡"。

出现这样的悲剧，作为父亲的康熙是要负主要责任的。

白晋说：康熙曾特别宠爱胤禔，"他是个美男子，才华横溢，并具有其他种种美德"。可惜，其生母只是一个年纪较大的庶妃，不及胤礽生母皇后受宠，故而康熙在立胤礽为皇太子后，给了胤禔一顶看似荣耀的皇长子的帽子。一字之差，政治待遇天壤之别。胤禔表面上遵从父命，内心强烈觊觎储位。他始终错误估计形势。康熙帝于四十七年九月初四日拘执胤礽时明确宣谕："朕前命直郡王胤禔善护朕躬，并无欲立胤禔为皇太子之意。胤禔秉性躁急、愚顽，岂可立为皇太子？"

而康熙对胤礽的过于骄纵和溺爱，不无荒唐：默许索额图所定规格几乎与皇帝等同的皇太子仪仗、冠服（只有尺寸有些许裁剪）；规定每年的元旦、冬至、千秋三大节，百官对皇太子都要行二拜六叩的礼节，并避太子名讳；为了维护太子的地位，不惜罢斥重臣明珠；纵容儿子挥霍浪费，如历次外出巡游，太子所用皆较皇帝上乘，命令当地官员搜刮民脂民膏，东宫内花销亦高于皇帝；太子脾气暴躁，任意鞭挞诸王、众臣，康熙却加以包庇，甚至处置忤逆太子的人；默认私生活不检的太子放肆地广罗美女、豢养面首。

3

都是皇帝的亲儿子，但"立嫡立长"的旧制，让康熙帝经常厚此薄彼。他对其他诸子也表现出更多的宠爱，刺激着他们对皇位想入非非。

如康熙帝到塞外行围、祭陵，都让胤祉跟从。白晋写给法王路易十四的信中说，康熙亲自给胤祉讲解几何学。胤祉的才华让雍正帝不无感叹："如诚亲王其才甚属可用，而其心又不得不置而不用，以朕四十年兄弟事事无不洞晰，而用之之难尚然如此。"胤祉表面无心追逐储位，但暗中激流涌动，其十六弟庄恪亲王胤禄说："胤祉乖张不孝，暱近陈梦雷、周昌言，祈禳镇魇，与阿其那、塞思黑、允禵交相党附……怡亲王忠孝性成，胤祉心怀嫉忌，并不恳请持服，王府齐集，迟至早散，背理蔑伦，当削爵。"

康熙五十七年春，准噶尔部首领策妄阿喇布坦出兵进攻西藏，胤禵被封大将军王，统率大军进驻青海讨伐，并以天子亲征的规格出征，"用正黄旗之纛，照依王纛式样"。这样的高规格，加重了大家对康熙用心的猜疑，也为胤禵埋下了祸根。

在长期的政治斗争、军事斗争中养成专断、猜忌性格的康熙，可以因为哪个皇子与受宠时的太子走得近，就封为和硕亲王，但一旦发现阿哥们冒出觊觎皇位的苗头，或搞团伙过分，马上展现冷酷的帝王心术，进行无情打击。胤礽做了近四十年的储君，最后惨遭二度被废、拘禁幽死的政治命运。即便耿直的胤祥，也没躲过这种非人道更无亲情可言的厄运。哪怕受到大臣们的拥戴，也不行。

康熙四十七年十一月，康熙帝下诏群臣，保奏诸皇子优秀者为储君人选。胤禩才能出众，也被康熙帝委以重任，有"八贤王"之称，就连最后的胜利者雍正帝也承认"允禩若肯实心办事，部务皆所优为。论其才具、操守，诸大臣无出其右者"（《清史稿·允禩传》）。佟国维和马齐暗箱操作，使胤禩以百分之九十以上的绝对优势胜出，康熙帝很不高兴。

支持者多了，便是最大的忌讳。

康熙帝将自己推出的选举废了，并宣布它的不合法。在严惩一些出头鸟的同时，他拿自己曾高度赏识的皇八子开刀，说："当废胤礽时，朕即谕诸皇子有钻营为皇太子者，即国之贼，法所不容。胤禩柔奸性成，妄蓄大志，党羽相结，谋害胤礽。"

康熙帝将自己的儿子夺爵下狱，称为国贼，不无刻薄。

无情最是帝王家，一点不假！

康熙三十三年不再立中宫，
其实别有用心

1

历史给康熙帝留下了四位皇后，而他生前只认定了三人。他的最后一任皇后，是其子雍正即位后，尊生母德妃乌雅氏为仁寿皇太后，乌雅氏在死后得了皇后的追谥。

唯有孝诚仁皇后赫舍里氏、孝昭仁皇后钮祜禄氏、孝懿仁皇后佟佳氏为康熙生前所立。只有她们三人，真正看到了属于皇后的金册金宝。

孝诚仁皇后赫舍里氏为康熙元后，比康熙年长三个月，十三岁与康熙成婚，当了近十年皇后。

他们的婚姻，是一桩政治婚姻。

联姻前，大约是康熙三年年底，孝庄太后曾谕告苏克萨哈、遏必隆和鳌拜，称自己准备定索尼长子噶布喇之女赫舍里氏为康熙皇后。

谁料，苏克萨哈第一个站出来反对，"嗔怒年庚不对"（《明清史料》丁编第八本《鳌拜等罪案残件》）。

何谓年庚不对？

赫舍里氏出生于顺治十年（1653）十二月十七日，而康熙玄烨生于顺治十一年三月十八日。从月份上算，赫舍里氏大了康熙帝整整三个月；而从年份上论，康熙帝小了赫舍里氏一岁。这样的结合，按今天的说法，就是姐弟恋。

这还只是一个借口，他还专门找到遏必隆、鳌拜说："若将噶布喇之女立为皇后，必动刀枪。满洲下人之女，岂有立皇后之理？"

"满洲下人"，才是苏克萨哈反对的关键。

2

赫舍里氏的祖父索尼为四辅臣之首，其父为领侍卫内大臣噶布喇，"系本朝大臣之子，又系见任内大臣"，然而被苏克萨哈称为"满洲下人"。此中原因，不过是讽刺索尼之父硕色为海西女真哈达部的投诚者。

鳌拜的祖父索尔果原为苏完部长，其叔为后金五大臣之一费英东。遏必隆之父"额亦都归太祖最早，巍然元从，战阀亦最多"（《清史稿·额亦都传》），名列五大臣之首。

先辈功勋荫护，后人乘凉受益。太祖公主所生的遏必隆袭爵一等公，屡遭摄政睿亲王打击的鳌拜也在顺治亲政后袭爵二等公。而以内大臣兼议政大臣、总管内务府的索尼，曾因誓立太宗皇子，遭到多尔衮一再侵害，夺官抄家，至顺治亲政后才累迁一等伯。

虽然都是内大臣充任的辅臣，但因先辈所留下的世职等次有别，索尼与遏必隆、鳌拜所得的政治待遇，还是有着很大差异。

鳌拜为开国元勋之侄，而苏克萨哈为太祖第六女与苏纳额驸之子，再加上既是太祖外孙又是额亦都幺儿的遏必隆，都自恃出身高贵，瞧不起后来居上的索尼。即便他们在顺治朝，同为内大臣，都是上三旗，但也是明争暗斗。

鳌拜不甘心屈居四辅臣最末，自许军功卓著，擅权自重，日渐跋扈张狂，对孝庄与顺治共同指定的首辅索尼，步步紧逼，逼迫索尼长期称病不朝、不与争锋。

遏必隆还是很谨慎，称既然是太皇太后圈定，我等都管不了。

他的意思很明确，虽然四辅臣代行皇权、担当国事、裁决庶务，但是孝庄有对国事的最后决定权。此前，孝庄确实没有拂逆过四辅臣的共同决议，此次孝庄主动提议，又牵扯到首辅索尼，反对自然会闹僵关系。

苏克萨哈和鳌拜仍不以为然，拉着遏必隆一同去慈宁宫找孝庄劝阻，表明态度。

鳌拜和遏必隆都有女儿，也都想把女儿送进皇帝的中宫，自己成为皇帝的泰山。

3

没有女儿可送进宫的苏克萨哈之所以率先反对，并非像鳌拜与遏必隆一样，出于想推女为后的私情，而是想通过奏阻孝庄选择索尼孙女，实现自己心中的小算盘：一、索尼为首辅，他是次辅，若索尼做了太国丈，也就等于身份和职衔距离拉得更大了，这使他心怀芥蒂；二、太宗孝端文皇后来自蒙古科尔沁的博尔济吉特氏家族，顺治的两任皇后均为博尔济吉特氏，孝庄也早早地为康熙准备了一个来自博尔济吉特氏家的童养媳待字宫中，苏克萨哈想以反对换信任，给孝庄一个让娘家女子入主中宫的机会，使本不待他如索尼等三人那般亲信的孝庄，对他青眼有加。

先帝顺治为了笼络正白旗，独宠来自正白旗的董鄂妃，将来自漠南蒙古科尔沁的首任皇后冷落废黜，继而又想将第二个同样来自科尔沁母家的皇后废黜，改立董鄂妃为后。他不仅如此这般严重破坏始于太祖、太宗且孝庄极力维护的满蒙政治联姻关系，而且于顺治十三、十四年之际将宫殿、庙坛牌匾上的蒙古字尽数清除。

《清世祖实录》卷一百〇五记载，顺治十三年十二月戊戌，"命太庙牌扁停书蒙古字，止书满、汉字"。第二年正月癸丑，"工部奏言，凡各坛庙门上扁额，或从太庙例，去蒙古字，止书满、汉字；或仍用旧额"《清世祖实录》卷一百〇六,顺治十四年正月癸丑)。顺治帝的批示是"如太庙例",即去除蒙古字。

四辅臣执政后,责成工部及时修复牌匾上的蒙古字,使紫禁城内牌匾上重现满、蒙、汉三种文字。他们甚至在顺治十八年九月,以批准礼部题奏的形式规定:凡亲王、郡王、贝勒、贝子、公、将军之正室及女封诰册文内,兼用满、汉、蒙古三种字样。

这明显是在修复以通婚为基础的满蒙政治联盟关系,也有迎合来自科尔沁的孝庄强化满蒙联姻关系的政治考量。

他们都没有想到,一向和气的孝庄厉声责问:"满洲属人之女,为何立不得皇后?我意已定,不必再议!"(《明清史料》丁编第八本《鳌拜等罪案残件》)

孝庄明白,如此的三对一,其实就是四辅臣之间矛盾激化的一个表现,也是两黄旗之间联盟分裂的一个拐点。

两黄旗虽天然为皇帝亲将,但他们的利益还是分属的、争斗的、僵持的。康熙六年(1667)七月,鳌拜与遏必隆议罪苏克萨哈,其中第十八款涉及鳌拜曾拟将遏必隆亲家卓灵阿之弟选取侍卫,遭到索尼极力反对,说:"此系紊乱朝政已经正法犯人之子,不宜选取侍卫。"(《清圣祖实录》卷二十三,康熙六年七月己未)索尼"曾与鳌拜相争"。所谓卓灵阿之父为"正法犯人"一案,发生在顺治朝,顺治帝认为"问罪太过",将被牵连编入包衣籍的卓灵阿等"发出包衣"。然而,索尼依旧"追论世祖皇帝时已结旧案",反对卓灵阿之弟入选侍卫,主要还是为了减少鳌拜在皇帝身边安排自己人。

辅臣权重欺主,孝庄也乐见他们之间明争暗斗。

4

孝庄为康熙筹备大婚,于康熙四年(1665)九月正式册立赫舍里氏为皇后。

遏必隆和鳌拜也拟送女进宫,不料鳌拜之女却被孝庄与康熙圈去,指婚给他的政敌苏克萨哈之子，做苏克萨哈的儿媳妇。于是，鳌拜与遏必隆二人联手，强推遏必隆之女入主中宫。此时，遏必隆的女儿，也成了鳌拜的干女儿。

所以，他们讽刺索尼为"满洲下人"，甚至扬言立赫舍里氏为后会引发刀兵之祸，激怒早打算联姻索尼以制衡鳌拜的孝庄。

孝庄联姻索尼，笼络正黄旗大臣效忠康熙，抗御以鳌拜、遏必隆为首的满洲镶黄旗阵营，既有分化两黄旗大臣抱团发展的因素，也有强强联手遏制鳌拜势力扩张的战略部署。

康熙大婚，表示即已成年，这是可以亲政的标志。面对以鳌拜为首的辅臣无视幼主、慢待皇室、侵害皇权的现实，孝庄决意打击、分化曾经的利益盟友。

成为太国丈的索尼，以首辅之尊，迫使其余三辅臣苏克萨哈、遏必隆、鳌拜在康熙六年三月提请康熙亲政。即便并非实质性的交权，但在形式上也促使康熙成为军国要务的决断者。这为后来康熙铲除鳌拜集团起到了关键性作用。

康熙投桃报李，在索尼临终前加授其一等公。索尼之前得了一等伯世袭，再次高了遏必隆和鳌拜一头。

值得注意的是，索尼是在康熙大婚过后两年，因病重才倡议康熙帝亲政的。他不是第一个倡议皇帝亲政的。在此半年前，刑科给事中张维赤便疏言："伏念世祖章皇帝于顺治八年亲政，年登一十四岁。今皇上即位六年，齿正相符。乞择吉亲政。"（《清圣祖实录》卷十九，康熙五年八月己酉）然而，奏请提交，却无回应。直至索尼病故后的第二个月，即康熙六年七月，辅臣才复请孝庄拍板：皇帝总揽天下事务，鳌拜、遏必隆暂且会同办事。亲政与辅理并存，原因是："钱粮刑法诸事重大，万一所虑未周，铸成大错，无可挽回。"（《宫中档康熙朝奏折》第八辑）

而在当初，孝庄为了联手索尼，提前实现康熙亲政，也付出了巨大的代价。

她很早为孙儿准备了一个童养媳，即其堂弟、科尔沁三等台吉阿郁锡之女，就是后来追封的慧妃博尔济吉特氏，寄望延续满蒙贵族联姻制度，修补因顺治帝废弃、冷落两任科尔沁皇后而濒临破裂的满蒙关系。

而鳌拜与遏必隆也因为反对孝庄指定索尼孙女为后之事，后来被康熙议罪：鳌拜"因内大臣噶布喇之女，册立皇后，心怀妒忌，感行奏阻，罪十三"；作为从犯，"内大臣噶布喇之女，册立皇后，遏必隆心怀妒忌，与鳌拜同入奏阻，罪三"（《清圣祖实录》卷二十九，康熙八年五月庚申）。

然而，遏必隆比鳌拜幸运，不但没有被圈禁致死，而且仍被授命以公爵宿卫宫廷。不仅如此，康熙十三年五月初三日，赫舍里氏皇后难产而死，三年后，即康熙十六年八月二十二日，遏必隆的女儿钮祜禄氏被册立为皇后，还被康熙帝赞誉为至爱"良配"（《康熙帝册谥大行皇后为孝昭皇后册文》）。

遗憾的是，钮祜禄氏只做了半年皇后就病逝了。但较之于康熙第三任皇后佟佳氏还算幸运。佟佳氏作为康熙的亲表妹，在孝昭仁皇后死后，以贵妃、皇贵妃之尊主持后宫十一年，却只在临终前享受了一天皇后的名分。这是康熙给的最后安慰奖。

5

从顺治十八年正月即位，至康熙六十一年十一月驾崩，康熙皇帝在位几近六十二年。然而，他真正拥有皇后的岁月，不足十年。

可以说，康熙的中宫，虚设了五十二年。

难道是他留恋三任皇后而不再设吗？未必！

他在赫舍里氏皇后去世后，对宜妃郭络罗氏最为宠爱。《清史稿》评传宜妃时，称"圣祖甚爱之"。萧奭也在《永宪录》卷二中说：康熙帝"自孝懿皇后崩，遂不立后。宜妃生皇五子、九子，眷顾最深"。

宜妃受尽康熙宠爱，康熙出巡盛京，曾两次驻跸其娘家，那是康熙朝后妃的顶级风光。但纵然万般宠爱千种痴情，康熙帝都不情愿她住进专属皇后的坤宁宫。

当然，清朝的坤宁宫，主要是祭祀场所，皇后不是想住就能住的。

坤宁宫，顾名思义，应该是皇后的寝宫。它对应着皇帝所居的乾清宫。

乾坤交替，阴阳结合，天地合璧。

明朝就是如此规制，帝后分居乾清、坤宁二宫。

但是，清朝的皇后，真正住过坤宁宫的，只有康熙的赫舍里皇后、同治的阿鲁特皇后，以及光绪的裕隆皇后三人。

清制规定，只有皇帝大婚，皇后才在坤宁宫里与皇帝同房两三天，此后在东西六宫另择一宫居住。

清朝的皇后不少，但基本上是皇帝尚是皇子时便大婚，即位后直接册封嫡福晋为皇后，如雍正的乌拉那拉皇后、乾隆的富察皇后；或者皇帝在位时晋升妃子为后，如康熙的钮祜禄皇后、佟佳皇后，这些女人生前入主中宫，直接获赐册宝为凭，而没有大婚这一道程序。其他皇后，多是母凭子贵，因为儿子即位而被尊奉或追尊为后。

值得注意的是，顺治帝的大婚是在顺治八年举行的，他迎娶的是蒙古表妹博尔济吉特氏，理应在坤宁宫洞房。但是，八年前，前明崇祯帝的周皇后在国破家亡时自缢于坤宁宫，顺治十二年才重修坤宁宫。而此时，顺治的表妹皇后已经成了废后。

宜妃备受圣宠，却与中宫无缘，更没有从大清门进入紫禁城的大婚之喜。但是，她为康熙帝先后生育了三个儿子：皇五子胤祺、皇九子胤禟、皇十一子胤禌。胤禌十二岁而殇，为《永宪录》所忽略。而胤祺、胤禟都长大成人。

在那个母凭子贵与子凭母贵的帝制时代，康熙可以封胤祺为和硕亲王、封胤禟为固山贝子，把胤禟的女儿指婚给已故权臣、朝中首富明珠的孙子，但决不让他们有机会成为嫡子。

虽都是自己的儿子，但康熙要保证胤礽作为唯一嫡子和皇太子的位置。

而孝昭仁皇后钮祜禄氏、孝懿仁皇后佟佳氏，都是因为没有留下子嗣、不能动摇胤礽的嫡子地位，而被康熙尊为皇后。甚至可以说，康熙先后册立她们为中宫，都只是一种安慰。

佟佳氏只做了一天皇后，死于重病，这是有史料可据的："皇贵妃佟氏，孝敬性成，淑仪素著。鞠育众子，备极恩勤。今忽尔遘疾，势在濒危，予心深为轸惜。应即立为皇后，以示宠褒。"（《清圣祖实录》卷一百四十一，康熙二十八年七月壬寅）

人之将死，给个奖励，奖励佟佳氏自康熙十七年二月孝昭仁皇后死后，以康熙后宫位分最高的女人主持后宫、抚育皇子的勤劳。

虽然在康熙二十年十二月二十日，佟佳氏被晋位皇贵妃，以副后身份摄六宫事务。也曾在二十七年因其姑姑、康熙生母孝康章皇后的缘故被抬旗入满，由汉军镶黄旗变为满洲镶黄旗。但是，康熙对皇后的名位，还是有些不舍的。

所以，在正式决定册立"势在濒危"的佟佳氏为皇后时，康熙专门在给礼部的谕旨上说："前者九卿诸臣，屡以册立中宫上请。朕心少有思维，迁延未许。今祗遵慈命，立皇贵妃佟氏为皇后。"他强调是嫡母皇太后的恩惠，还强调佟佳氏"乃领侍卫内大臣舅舅佟国维之女"，出身高贵，才有机会获此顶级殊荣。

佟佳氏不幸，她曾在康熙二十二年六月诞下皇六女，次月而殇。但她又是幸运的，生前还是做了正式的皇后，死后还被后继之君雍正帝及时升祔太庙，恭上尊谥。

6

而孝昭仁皇后钮祜禄氏，生前有些幸运。其父遏必隆与干爹鳌拜，都曾被康熙帝议罪惩处，但她却凭借自己的贤德与善良，赢得了康熙帝的宠爱，在成群妃嫔中一步登天。

她于康熙四年入宫为妃，并无名号，亦无生育，但康熙却称她是自己的"良配"。她与康熙是远房表亲（遏必隆为太祖第四女穆库什所生），但在鳌拜擅权、遏必隆附和时，康熙隐忍，未必会给她好脸色。然而在鳌拜倒台的第二年，被以十二款罪名革除太师和世职且被下狱的遏必隆，突然被康熙以顾命大臣、勋臣之子之名恢复公爵，值宿宫廷。其病重时，康熙还过府慰问。

无疑，在此期间，爱读史书、会写文章的钮祜禄氏，颇为康熙所尊重和喜爱，虽不能母凭子贵，但也能让父凭女贵。即便她死后，其妹也被晋升为贵妃（即温僖贵妃）；其弟阿灵阿也获袭一等公，授镶黄旗满洲都统，晋领侍卫内大臣，即便闹出了家庭丑闻、违礼之举，也深得康熙倚信。

钮祜禄氏没有生育，却能在康熙后宫直接由庶妃晋位皇后，这是一个奇迹。论资历，她并非最早成为康熙的女人，她与孝诚仁皇后同时入宫，按清制，康熙在大婚前就有过性生活；拼资本，惠妃纳喇氏（皇长子胤禔生母）、荣妃马佳氏（皇三子胤祉生母）、德妃乌雅氏（皇四子胤禛生母）等，都是一连串地生儿育女；比资源，其父遏必隆为曾让康熙受尽屈辱的主要政敌之一，而惠妃的堂叔是康熙新宠倚信的能臣兼权臣明珠。她还比康熙年长一岁。

唯一说得过去的是，她的优势是没有生育却有贤德，不能动摇胤礽的嫡子地位。所以，康熙以孝庄太皇太后的名义，册立不靠母凭子贵的她为皇后。

遗憾的是，孝昭仁皇后被立后刚满半年（康熙十六年八月二十二日至十七年二月二十六日），就崩逝了，年仅二十五岁。

孝昭仁皇后去世，康熙帝哀痛不已，辍朝五日，不理政事，并将大行皇后梓宫移至武英殿，连续多日亲临举哀。

虽然康熙帝规定，诸王以下，文武官员，及公主王妃以下、八旗二品命妇以上，俱齐集举哀，持服二十七日；但，前线吃紧。就在孝昭仁皇后去世的第四天，吴三桂在衡州称帝，建国大周，改元昭武。

康熙谕旨大学士等："凡出征王、贝勒及各官为国讨贼，平定地方，效力行

间，今令伊等妻服丧服，朕心不忍。其穿孝服、摘耳环、散发，俱著免。"（《清圣祖实录》卷七十一，康熙十七年二月丁卯）

孝昭仁皇后英年而逝，该是患病。是不是在康熙册立时，就已出现病情，且不好说。但是，圣祖实录和康熙起居注，只是记载了康熙每日御门听政，而没有提及皇后不适。

康熙十七年三月，和硕庄亲王博果铎、多罗信郡王鄂扎，奉旨赍册宝至暂安梓宫的巩华城，册谥大行皇后，也只是说孝昭仁皇后"依疏服浣，首弘俭朴之风。夜寐夙兴，克佐旰宵之治"，而表达康熙"深痛仪型之永逝"（《清圣祖实录》卷七十二，康熙十七年三月辛酉）。

有人认为她死于难产，并无实证。这不是丑事，为何史料不载？

孝昭仁皇后死得突然，但康熙却该欣慰。即便失去一位后宫良佐，但于储君而言，并无新生嫡子潜在威胁。

至于康熙对储君胤礽开始失望，则是在康熙二十九年七月。康熙帝在率军讨伐噶尔丹途中，突发高烧不退，病势一度严重，闻讯从京师赶来的胤礽竟然丝毫没有"忧戚之色"，让康熙心痛不已，于是以胤礽"绝无忠爱君父之念"，"令即先回京师"（《清圣祖实录》卷一百四十七，康熙二十九年七月癸卯）。

当然，此事也另有说法，即康熙突然病重，决定回銮京师，但恐京师臣民因圣躬违和而对前线战事产生怀疑，导致骚乱，于是命胤礽先行回京维稳，以杜绝形形色色的流言蜚语。

对于既定储君胤礽，康熙恨其冷漠，但始终怀有特殊的父爱，即便在第一次忍痛废储时还在强调："朕为上天之子，朕所仰赖者为天，所倚信者为皇太子。"（《清圣祖实录》卷二百三十四，康熙四十七年九月庚寅）

源于此，他宁愿尊崇没有子嗣，甚至没有生育的妃子为皇后，也不会选择儿子杰出的女人入主中宫。这也该是他在孝懿仁皇后死后，长达三十三年里不再册立皇后的真实原因吧。

康熙被迫立储，
为何最后又不得不废黜？

1

"九子夺嫡"，是清朝皇家内部著名的一场争斗。

持续时间长，涉及范围广，社会影响大，导致康熙皇帝统治后期身心衰颓，废弛吏治。

康熙十四年（1675）六月初三日，康熙帝公开地将已故赫舍里氏皇后所生、刚满周岁的皇二子胤礽立为皇太子。

胤礽尚在襁褓之中便被立为储君，原因有五：

一、康熙主导的平藩大战，已进入了白热化阶段。吴三桂为首的叛清势力已席卷大半个中国，关内仅京城畿辅及附近地区尚未出现大规模的军事行动。康熙骑虎难下，只能将撤藩行动进行到底，于是立储。这是迫于无奈的以备不虞之需。

二、康熙亲政后，在孝庄太皇太后的支持下，果断地推行满汉一体政策。平藩大战如火如荼，康熙在国本问题上采用中原王朝传承的嫡长子皇位继承制，无疑是向士大夫官员表示他崇儒重道的方针确立，以最大的程度争取官员们的支持，巩固大清王朝。

三、康熙即位时，虽是以顺治遗诏钦定储君，但还是以"立为皇太子，即遵典制，持服二十七日，释服即皇帝位"（《清世祖实录》卷一百四十四，顺治十八年正月丁巳）的形式确立即位合法性。这，说明清朝已有确定皇太子即位的先例，已经打破了太祖创建的以八和硕贝勒共议国政制为基础的汗位推选制。

四、赫舍里氏皇后难产而死，年仅二十岁，使正为前线战事焦虑的康熙帝深有愧疚之心，于是，早早地册立胤礽为储，也算是对早逝的皇后一个情感告慰。康熙十四年六月初三日册封胤礽为皇太子，康熙下谕礼部择吉日举行册封大典时强调："朕荷天眷，诞生嫡子，已及二龄。兹者钦承太皇太后、皇太后慈命，建储大典，宜即举行。今以嫡子允礽，为皇太子。"（《清圣祖实录》卷五十六，康熙十四年六月壬戌。"允礽"当为胤礽，胤礽是康熙所取之名，但因实录为雍正所修，避胤禛讳而改胤为允）是年十二月十三日，康熙帝于太和殿举行册封大典，授予胤礽皇太子册宝，正位东宫，十四日正式颁诏天下："嫡子允礽，日表英奇，天资粹美。兹恪遵太皇太后、皇太后慈命，载稽典礼，俯顺舆情，谨告天地、宗庙、社稷，于康熙十四年十二月十三日，授允礽以册宝，立为皇太子，正位东宫，以重万年之统，以系四海之心。"（《清圣祖实录》卷五十八，康熙十四年十二月丙寅）且册封正使、副使皆为两人，规格至高，典礼至隆。虽打着"太皇太后、皇太后慈命"的旗帜，但归根结底还是康熙的决定。

五、康熙学汉人王朝立嫡长定国本，得到了以武英殿大学士熊赐履、王熙为首的一些大臣的首肯和支持。但在那个"满大学士凡有所言，汉大学士但唯唯诺诺"（《康熙起居注》第二册，康熙二十五年九月十八日）的时期，朝中最有权势者，还是保和殿大学士索额图与兵部尚书明珠。他们都是康熙平藩战争中最倚重的帮手，立储这样的大事，自然会先征求他们的意见。索额图为赫舍里氏皇后的叔父，自是最支持康熙册立自己的外甥孙为储君。而明珠，则为皇长子生母惠妃纳喇氏的堂叔，对康熙择储选嫡弃长的做法甚为不满，但迫于康熙主导、孝庄支持的情势以及个人利益，又不得不做出让步。康熙立储成功，索额图成了赢家，所以即便面对吴三桂派来的刺客，索额图亦是大义凛然、正气威逼。

2

就这样，康熙帝亲自抚养太子，把太子作为一件最爱的艺术品，精雕细琢。

胤礽成长很快，在康熙外巡和西征时，奉命监国理政，循章办事，也处置得妥帖，深得圣心。

康熙帝曾多次褒扬胤礽是一个"纯孝之人"（《亲征平定朔漠方略》卷四十，康熙三十六年闰三月乙酉），"居京师办理事务，如泰山之固"（《圣祖御制文二集》卷二十二《谕皇太子》），也考虑过提前将政事交付胤礽，自己选择一方水土佳处，欣赏胤礽的大有作为，"以获优游养性"（《清圣祖实录》卷二百三十五，康熙四十七年十月甲辰）。

就连西方来的传教士白晋，也在回忆录中说：他是一个十全十美的皇太子，以至在皇族中、在宫廷中没有一个人不称赞他，都相信有朝一日，他会像他父亲一样，成为中华帝国前所未有的伟大皇帝之一。

但是，日子久了，胤礽恃宠而骄，经不起诱惑，喜好享乐的性子愈发恣肆彰显。

而且，随着太子集团的谋主索额图被康熙边缘化，革除大学士后，明珠成了新的首辅。索、明二相明争暗斗，"权势相侔，互相仇轧"（昭梿《啸亭杂录》卷十《索明二相博古》），他们不但在权力场上缠斗不休，就是休闲生活也是"皆有绝技"：索额图"好古玩，凡汉、唐以来鼎镂盘盂，索相见之，无不立辨真赝，无敢欺者"，而"明相好书画，凡其居处，无不锦卷牙签，充满庭宇"。

反太子势力日渐强势，《清史稿·明珠传》说："索额图善事皇太子，而明珠反之，朝士有侍皇太子者，皆阴斥去。"

内阁当权者如此较量，"一时之盛"，少不了下面的人趋之若鹜，竞相攀附。而作为索、明二相竞争焦点人物的太子胤礽，则在康熙的日益失望但又优容呵护之下，骄奢淫逸，广纳亲信，暴戾淫乱，甚至连康熙身边的膳房人、哈哈珠子、茶房人等，也被发现"私在皇太子处行走，甚属悖乱"（《清圣祖实录》卷一百八十五，康熙三十六年九月壬辰）。

反太子势力纷纷出动，使胤礽受到形形色色的弹劾举报，使康熙与他之间的矛盾日益明显。

康熙发现胤礽性情陡变，变得冷漠寡情。康熙三十五年十一月，康熙第二次亲征噶尔丹途中，曾愤怒地在给胤礽的朱批中谴责："皇太子与朕相隔遥远，朕担心尔思念皇父，故将征途见闻，无不详尽写下，送回阅看。皇太子为何不给朕一句回话？给皇父写信，又岂有致尔忧劳致理？"（《宫中档康熙朝奏折》第八辑《满文谕折》）

康熙给胤礽寄回的包裹，是亲自看视，责成送护人小心保管。而胤礽给康熙寄去的物品，如鹿尾之类，包裹松散，并不验看，送达时均已残破。

这印证了民间俗语：瓜里有籽，籽里无瓜。

康熙在朱批中大骂，"包裹鹿尾之饭上人，无脸小人，甚属不敬"（《宫中档康熙朝奏折》第八辑《满文谕折》），骂那些办事员是饭桶，不要脸，实际上是对胤礽心中无君父的严重不满。

胤礽做了三十多年的储君，在诸兄弟甚得父皇宠爱的情势下，他依然受到康熙的过分溺爱骄纵，日发浮躁。

胤礽的身边不乏支持者，就连后来成为雍正帝的皇四子胤禛也唯其马首是瞻。支持者中最显眼的，是胤礽的叔外公索额图。索额图曾经为康熙铲除鳌拜、平定三藩建有大功，先为保和殿大学士，后做领侍卫内大臣（满洲正黄旗）。索额图平时结党营私擅权，暗地怂恿胤礽与康熙分庭抗礼，结果被康熙觉察，怒斥为"诚本朝第一罪人"（《清圣祖实录》卷二百五十三，康熙五十二年二月庚戌），最后被幽禁致死。

索额图的倒台，导致胤礽越发焦虑，开始偷窥宫闱、刺探圣意等，康熙极为不满。康熙四十七年五月，康熙帝第一次以不忠不孝之名废黜胤礽，但很快又生悔意，力排众议复立胤礽为储，因为个人情感而枉顾全局利益。

在诸兄弟暗结亲信、自成集团、斗争愈烈的情势下，胤礽并不收敛，变本加厉，甚至伙同步军统领托合齐、户部尚书沈天生等谋划逼迫康熙提前退位，加剧了皇帝与储君之间的矛盾。

就连国外都知道胤礽"性甚悖戾"，公开狂言"古今天下，岂有四十年太子乎"（吴晗辑《朝鲜李朝实录中的中国史料》第十册，肃宗三十九年十一月甲子）。

胤礽还对宫中亲信说，康熙在位太久，世间怎能有白头太子。

他没想到，康熙帝在康熙五十一年十月决定再次将其废黜，禁锢于紫禁城咸安宫，不再复立。

3

胤礽先后两次被废，主要是因为康熙帝感觉自己的人身安全受到了胤礽的威胁。

康熙实施汉人的嫡长子皇位继承制，加之对太子胤礽放纵，如默认索额图"怀私倡议"（《清史稿·索额图传》）的与皇帝并肩的太子仪注、使用皇帝专用的黄色舆服，导致太子成年前后，已与皇帝发生激烈的矛盾。胤礽自身能力出众，但由于康熙的迁就包容，越发"肆恶虐众，暴戾淫乱"（《清圣祖实录》卷二百三十四，康熙四十七年九月丁丑），作恶多端，大失人心，遭到了同样受康熙重视的其他年长皇子的围攻。

胤礽第一次被废，为康熙四十七年九月。

当时，皇长子胤禔向出巡返京的康熙密报（当时很受康熙倚信、负责保卫工作的皇十三子胤祥，应该也参与了此次密报），太子夜窥皇父动静，意图不轨，使康熙帝感到了无比的恐慌，认为他是对索额图之死"蓄忿于心，近复有逼近幔城，裂缝窥伺，中怀叵测之状"（《清圣祖实录》卷二百三十四，康熙四十七年九月丁酉）。

帐殿夜警，加上皇十八子胤祄病危，而作为哥哥的胤礽漠不关心，使康熙帝感到了胤礽对亲情的冷漠。

康熙勃然大怒，决意废储："似此不孝不仁，太祖、太宗、世祖所缔造，朕所治平之天下，断不可付此人。"（《清史稿·允礽传》）

当胤礽通过转奏，表明心迹"皇父若说我别样的不是，事事皆有，只是弑逆的事，我实无此心"（《文献丛编》第三辑《允禩允禟案·秦道然口供》）后，康熙又后悔了。胤礽辩诬，承认诸多不法行为，但说不曾有弑父之心，使心痛不已的康熙深感欣慰。

与此同时，康熙觉察到其他皇子暗结亲信，各成集团，夺嫡之争愈演愈烈。

他决意复立胤礽，于是连续做亲贵重臣的工作，以孝庄太皇太后、仁孝皇后赫舍里氏托梦诉冤的形式，为胤礽复储争取支持。

他迫于压力废储后，又力排众议复储，把关系国本的立储大事视同儿戏。

康熙仓促复储，毫不理性，也导致胤礽蠢蠢欲动。

康熙四十八年十一月，安郡王马尔浑病逝。马尔浑的弟弟、奉恩镇国公景熙（经希）举报：太子亲信、步军统领托合齐违反规定，召集刑部尚书齐世武、兵部尚书耿额，以及部分八旗都统、副都统在都统鄂善家饮酒。

他们多次聚集，参与者近二十人。

康熙帝曾以"访询未得其实"（《清圣祖实录》卷二百四十八，康熙五十年十月壬午）为由，将此事搁置。因为他最初认为"以酒食会友，有何妨碍，此不足言"。

景熙为皇八子胤禩妻舅，也是胤禩的支持者。他告发的目的是：胤礽等意图不轨，扳倒胤礽，可以给胤禩上位争取机会。

康熙五十年十月，对胤礽越发失望的康熙帝决意废储，于是开始处理托合齐会饮案，打击其支持者。于是，康熙帝在第二年组成了一个庞大的审理团队，责成和硕简亲王雅尔江阿带着贝子苏努、镇国公景熙及文华殿大学士温达、萧永藻等，会同刑部详审此案参与人员，又命皇三子胤祉带队，领着胤禛、胤祺、胤祐诸皇子和领侍卫内大臣阿灵阿、复出的武英殿大学士马齐等会同宗人府察审。

所谓托合齐等结党会饮一案，迅速发酵，康熙意识到"伊等所行者不在乎此"（《清圣祖实录》卷二百四十八，康熙五十年十月壬午），在乎的是"援结朋党"助力胤礽逼宫。皇太子在策划逼父皇尽早让位之事，被反太子集团发酵。

刑部主审，宗人府监审，诸皇子、宗室成员、领侍卫内大臣和内阁大学士集体参与，很快得出"景熙首告各案俱实"（《清圣祖实录》卷二百五十二，康熙五十一年十一月戊戌）的结论。

他们奏请将托合齐即行凌迟处死，将其子舒奇绞监候，秋后处决。康熙考虑到托合齐为自己的舅兄，命囚禁狱中，待其自生自灭。三个月后，托合齐病死，康熙下令将其挫骨扬灰，不许收葬。

此案另一个主要代表、刑部尚书齐世武，是满洲正白旗人，曾被康熙赞许为好官，给予嘉奖，但就因为他媚事胤礽、参与密谋，被康熙帝命以铁钉钉其五体于墙壁，使其哀号数日活活痛死。

因为他们"罪恶重大"（《清圣祖实录》卷二百五十三，康熙五十二年二月辛亥）。

因为康熙觉得，是他们的怂恿，导致了胤礽的沉沦。

康熙于五十一年九月三十日巡视塞外回京当天，即向诸皇子宣布：皇太子胤礽自从复立以来，以前的狂妄还未消除，以至于大失人心，祖宗的基业断不可托付给他。

此次，太子胤礽彻底被废。

支持胤礽的大小官员得到了不同程度的惩处，以托合齐、齐世武为最，甚至比十年前被以"九条铁链"束缚、活活饿死于狱中的索额图，还要惨厉！

一向宽容的康熙帝，之所以对自己昔日倚重、赞誉的重臣痛下狠手，或者是想让他们承受自己对胤礽的怒火，或者是认为他们误了胤礽，而不得不接受灭绝人性的惩罚。

与此同时，康熙对参与审案的诸多宗室官员，给予了六等不同的奖励。

首告者景熙，并没有作为首功受到最高等的奖赏，只拿了第三等两千两赏银。但是，康熙并没有重用他。想必，康熙并不喜欢这个打击爱子的干将。

4

《雍正王朝》中，胤礽与康熙的宠妃郑春华有私情，那是杜撰。

康熙后妃成群，但无郑氏其人。

胤礽平日行为恣肆，淫乱放荡，身边不差女人，除了不受重视的太子妃瓜尔佳氏外，还有侧福晋、庶福晋和媵妾十余人。

瓜尔佳氏为正白旗汉军都统、福州将军石文炳之女。而石文炳的祖父石廷柱，先世居苏完部，姓瓜尔佳氏，至石廷柱的祖父阿尔松阿，移居辽东，遂以"石"为氏。石廷柱为太宗大将，很得重用，于崇德七年（1642）定汉军八旗时，因功受封镶红旗固山额真，顺治十四年（1657）二月乞休，被封为少保兼太子太保，进三等伯，世袭罔替。

石廷柱为两朝功臣，于顺治三年成为国戚。其子二等侍卫石华善被选为豫亲王多铎第三女之婿，封和硕额驸。

石文炳为石华善长子，也就是多铎的外孙，和皇太极之孙康熙帝是堂表兄弟。

吴三桂造反，康熙命安南将军石华善参赞扬威大将军、简亲王喇布军务，驻江宁，后授平寇将军、定南将军，有战功，但也曾因怯战被责。

但是，康熙帝对这位堂姑父家仍很看重，三度赐婚，将堂表兄弟石文炳的三个女儿，一个给皇太子胤礽为嫡福晋，一个给皇十五子胤禑做嫡福晋，一个给皇二兄、裕亲王福全之子保泰为继福晋。

所以说，胤礽与其嫡妻瓜尔佳氏还有一层远堂表兄妹的关系。

当然，瓜尔佳氏姐妹嫁给胤礽兄弟，也使得关系变得更加复杂。

但是，胤礽最爱的，当是给他生了二子二女的侧福晋李佳氏。乾隆初年著名的"弘皙逆案"主角——和硕理亲王弘皙，就是李佳氏所生。李佳氏是轻车都尉舒尔德库之女，不及瓜尔佳氏太子妃家世显贵，却给胤礽生了两个儿子（大儿十一岁夭折），深得胤礽重视。

同时，胤礽经常派人至苏州购买童男童女，又岂会铤而走险去勾搭庶母？

胤礽淫乱的对象，不是杜撰的郑春华，而是违制派人至苏州购买的平民子女。康熙帝曾于康熙四十六年命工部尚书王鸿绪查实胤礽的诸多不法问题。王鸿绪向康熙递交密折，报告原山东东平知州范溥、苏州督粮同知姜弘绪受"御前第一等人"指令（《工部尚书王鸿绪为续访得范溥等人强买苏州女子事奏折》，康熙四十六年六月十五日），曾在苏州强买平民子女，将男童写作"小手"，女娃署名"玉蛹"，掩人耳目。另有人举报，胤礽将外间妇女弄入宫中，身边有美貌少男随侍。

康熙在王鸿绪密折中追问："此第一等人是谁？"王鸿绪回奏："第一等人还是亲近侍卫们，还是更在上一层的人……这人岂是平等，我万万不敢说的。"他不敢明言，而康熙朱批询问的"御前第一等人"，就是胤礽。

电视剧为了保护未成年人的合法权益，干脆以乱伦来体现胤礽的荒淫无耻。

康熙对于胤礽的淫乱行为，虽然派出王鸿绪密查属实，但还是网开一面，并未深究，只是加剧了对胤礽的失望。

反太子的力量，也在四处谋划。如胤禔虽然在康熙四十七年推选太子的活动中落败，但他还在积蓄力量，指使亲信大臣为胤礽的种种不法行为罗列证据。

原来支持胤礽复储的胤禔等，也为了自己的夺嫡，站到了反太子的一面。

胤礽大失人心，众叛亲离，尤其是图谋不轨，导致他的储位彻底被废。

5

康熙五十一年十月初一日，康熙帝以"狂疾未愈，大失人心"（《清圣祖实录》卷二百五十一，康熙五十一年九月庚戌）为由，再次强调胤礽"断非可付托祖宗弘业之人"，将其废黜，并由御前侍卫从畅春园押送至咸安宫，开启了长达十二年的囚徒生涯。

此次，康熙对胤礽彻底失望，组成了以宗人府府令、和硕简亲王雅尔江阿为首、诸多王公大臣参与的"二阿哥看守处"。平日里，咸安宫宫门紧闭，由专人持凭证，从专门通道送饭。这就是要彻底断掉胤礽与外界的联系。

后来，雍正回忆，康熙曾在"壬辰年将二阿哥治罪之时"，"召进诸王大臣降旨：朕万年之后，大阿哥、二阿哥断不可留，尔等内如有留之者，即系扰乱国家之人"。（《雍正朝汉文谕旨汇编》第一册一三五《谕命吴尔占将二阿哥第二次治罪时在皇考前承旨奏对之事录呈》，雍正元年三月十九日）雍正如是说，是严厉谴责胤禩支持者、宗室吴尔占"一人毅然承旨"，将康熙之"宏恩"、雍正之"宽厚"，"尽行泯没"。

康熙真的要处死曾寄予厚望的皇长子胤禔、废太子胤礽吗？

要知道，早在康熙四十七年九月，胤礽首次被废拘禁后，胤禔曾奏称："允礽所行卑污，大失人心……今欲诛允礽，不必出自皇父之手。"（《清圣祖实录》卷二百三十四，康熙四十七年九月戊戌）胤禔要替康熙行万难之事，杀死胤礽，吓得胤禔生母惠妃赶紧请罪，才将康熙盛怒平息。

虎毒不食子，更莫说爱子如命的康熙了。即便康熙在雷霆震怒时不理智地说了这话，也不能改变他爱怜儿子的慈父心。

也正是如此，胤礽越发自私、暴戾、贪婪、疯狂，康熙是有不可推卸的责任的。

康熙帝即便是在将胤礽禁锢于咸安宫后，仍多次派遣内监探视胤礽，赐物赐食，还让胤礽诸妻妾服侍他的日常生活。康熙至塞外避暑，也不忘给胤礽送去时令鲜果和防暑冰块。

这，让胤礽感受到了父子私情依旧，同时也奢望能再获重生。

康熙五十四年夏，准噶尔首领策妄阿喇布坦派兵突袭哈密，叛乱边界。清廷决意予以反击，被身陷图圄的胤礽闻悉，胤礽决意利用这个机会图谋复出。

是年十一月，胤礽嫡福晋瓜尔佳氏患病，医生贺孟频奉旨进入咸安宫诊治，应胤礽请求，为之带出以矾水书写的求援信，交与镇国公、正红旗满洲都统普奇，希望他保举自己为大将军，统军西征。

被幽禁的胤礽寄望以军功第二次复立为太子，却不意谋求大将军之事被胤禩的支持者、辅国公阿布兰察知。阿布兰经不起贝子、宗人府左宗正苏努怂恿，在御前告发。

苏努为康熙堂兄，曾任宗人府左宗正、镶红旗满洲都统、盛京将军等，参加过康熙帝发起的三征噶尔丹的军事行动。《耶稣会士中国书简集》记载："其当过满洲东部各旗营的统帅及辽东（leao-tong）省总督，他担任这些职务十年，康熙皇帝对他很满意，回京后，他就参与处理国家军机大事，是八旗统帅之一。在北京，他手下有三万人马，北京所有一切事务都由他奏报皇上。"

康熙二十九年决意对漠西厄鲁特蒙古准噶尔用兵，严惩噶尔丹，应该曾考虑过以颇有军事才能的苏努挂帅。但是，因为康熙当时最想培植自己的亲兄弟福全、常宁掌握军权，同时苏努只是辅国公，难以节制诸亲王贝勒和内大臣。于是，康熙最终选择了和硕裕亲王福全出任抚远大将军，而苏努只是率部从征。

作为领兵大臣的苏努，与一等公、正红旗满洲都统朋春，分率左、右翼骑兵。在乌兰布通战役中，朋春所率人马为泥淖所阻，苏努率左翼兵从山腰冲入，奇袭噶尔丹军，大败之，扭转战局，至为关键。

遗憾的是，因福全此战使噶尔丹逃脱，立有大功的苏努不准叙功，还被罚担负贻误战机而使噶尔丹逃遁的连带责任，罢革议政，降级留用。但是，康熙还是认为苏努颇有才干，继续倚用，此后三次亲征噶尔丹，皆命苏努扈驾从征。苏努因此晋级固山贝子，出任盛京将军等。

自康熙三十六年起，至五十九年，苏努一直以宗人府左宗正之尊，任议政王大臣会议首席大臣。虽然此时的议政处，已被康熙挤压成并无实权的象征性机构，但是苏努还是有权领衔议奏军机要务。

受康熙帝重视的苏努，后来成了皇八子胤禩的铁杆拥趸，自然不会给已被打入幽所的胤礽任何复出的机会。

雍正即位后，曾揭秘阿布兰首告胤礽的起始："矾书事败，阿布兰尚自迟疑未奏，系贝勒苏努指使奏闻，非其本心也。"（《清世宗实录》卷十九，雍正二年闰四月十四日，苏努于康熙六十一年由固山贝子晋封为多罗贝勒）而在此前后，苏努已被雍正议罪，革除宗籍，并流放至山西右卫，不久死去，还被雍正认定为结党乱政的元恶渠魁，"应照大逆律，戮尸扬灰，抄没家产，以彰国典"（《清世宗实录》卷四十四，雍正四年五月己未）。

苏努死于皇家内斗，从中也可见雍正对胤禩集团的恨。而这一切，与康熙后期探索密建皇储计划不无关系。

况且，此时的康熙心中已有暗定储君计划，当然也害怕胤礽拥兵自重，再行谋逆之举（胤礽监国理政是一把好手，但并没有超群的军事指挥才能，难堪征战大任），所以听闻胤礽求助普奇事件，当即下令宗人府予以审理，惩处了除胤礽之外的涉案人员。

有趣的是，普奇和阿布兰，都是努尔哈赤长子褚英的四世孙，苏努则为褚英的三世孙。胤礽谋求第二次复储的计划，坏在了褚英后裔的手里。

此后，还有不少大臣，如革职兵部左侍郎朱都纳、翰林院编修朱天保父子，文渊阁大学士王掞等，上疏请求建储，甚至指名复立胤礽，都遭到了康熙帝的痛斥严惩。

康熙五十六年十一月，文渊阁大学士兼礼部尚书、经筵讲官王掞密奏请建储。与四年前左都御史赵申乔请立皇太子不同，王掞的意图很明确，就是希望康熙复立胤礽，因为他与胤礽有过师生之谊。

赵申乔在康熙五十二年二月陈奏："皇太子为国本，应行册立。"（《清圣祖实录》卷二百五十三，康熙五十二年二月庚戌）康熙谕告领侍卫内大臣、大学士、九卿，正告大家"立皇太子事，未可轻定"，并将赵申乔的奏折发还。此时，距胤礽第二次被废，不过百日，可见其不是保胤礽复储，而是为国本考虑。康熙帝还将赵申乔擢升户部尚书，依然认为："申乔甚清廉，但有性气，人皆畏其直。朕察其无私，是以护惜之。"（《清史稿·赵申乔传》）

而王掞却不同，他先称自己"老成谋国"，想效仿先祖、明万历朝大学士王锡爵督促万历帝立长子为储之事，暗示康熙该立嫡长为继。他声明"臣今日之言，初非有所攀附，以希日后之宠利，但念国本重大，实系千秋万世之至计，久安长治之鸿基"（《康熙朝汉文朱批奏折》第八册三一一八《大学士王掞奏请早定储位折》），没有私心。

然而，康熙察觉到了王掞心目中已有人选。他不好发酵将事态扩大，只是将王掞奏疏留中。

不久，御史陈嘉猷等八人上疏，请求康熙帝建储，让康熙怀疑他们结党，秉承王掞之意。康熙公开不允。

又两个月后，即康熙五十七年正月二十日，翰林院检讨朱天保再次上奏请求复立胤礽。

康熙六十年三月十八日，康熙万寿节，王掞再次提出奏请建储。虽然王掞此次还是没有明确建议复立胤礽，但是彻底激怒了康熙帝："六十年大庆，大学士王掞等不悦，以朕衰迈，谓宜建储，欲放出二阿哥，伊等借此邀荣。万一有事，其视清朝之安危休戚，必且谓与我汉人何涉。似此凶顽愚昧、一无所知、不

顾身命宗族、干犯叛逆之罪而行者，亦不少。"（《清圣祖实录》卷二百九十一，康熙六十年三月丙子）

狂怒的康熙帝，大骂王掞"以伊祖王锡爵，在明神宗时，力奏建储之事为荣，常夸耀于人，不知羞耻"，严厉痛斥："王锡爵已灭明朝。王掞以朕为神宗，意欲摇动清朝。如此奸贼，朕隐而不发，可乎？朕并无诛戮大臣之意，大臣自取其死，朕亦无如之何？"

他召诸王大臣，降旨严责王掞植党希荣，议罪令其与诸御史俱赴西陲军前效力。

王掞也是找死。早在康熙五十六年十一月二十一日，也就是王掞第一次上折请求建储没过几天，康熙帝特下著名的面谕，警告群臣："汉高祖传遗命于吕后，唐太宗定储位与长孙无忌，朕每览此，深以耻之。或有小人，希图仓卒之际，废立可以自专，推戴一人，以期后福。朕一息尚存，岂肯容此辈乎！"（《清圣祖实录》卷二百七十五，康熙五十六年十一月辛未）

经过了康熙四十七年十一月第一次复储闹剧之后，康熙帝应该是痛定思痛，已经决定将独专建储大权，不再容许其他人参与预立之事。

6

康熙帝一次次驳回请立胤礽的奏疏，不惜严惩忠于国事的大臣，与康熙四十七年执意复立胤礽的态度，截然相反。

康熙对胤礽仍有父子之爱，但却彻底没了三立之念。至于康熙将胤礽之子弘皙养在身边亲自教育，貌似有立孙的打算，那也只是世人揣测。然而，康熙的这一爱孙之举，最终害得弘皙迷失了自己。

康熙二次废储后，并没停止继续立储定国本的想法。他开始探索秘密建储制度。废太子胤礽与皇长子胤褆的不争气，对兄弟无情无义，使康熙大失所望，于是他摒弃原来考虑的嫡庶之分、长幼之序的想法，重新对年长诸皇子进行综合才能、德行品格及年龄优势进行新的考衡。

早在康熙四十七年九月，康熙怒斥胤禩"柔奸性成，妄蓄大志，朕素所深知，其党羽早相要结，谋害允礽。今其事皆以败露，著将允禩锁拿，交与议政处审理"（《清圣祖实录》卷二百三十五，康熙四十七年九月壬寅）。

天威震怒，诸皇子噤若寒蝉，唯有皇十四子胤祯挺身而出，跪奏曰："八阿哥无此心，臣等愿保之！"

虽然胤祯是受了老九胤禟的唆使，你我此时不言，更待何时？但已成年的胤祯颇具胆量，毫不畏惧。

胤祯此言一出，力阻康熙的决断，康熙愤怒地拔出佩刀要诛杀胤祯。皇五子胤祺跪抱康熙大腿劝止（电视剧《雍正王朝》将胤祺的抱腿，换作了老四胤禛的快速行动），诸皇子叩首恳求，康熙帝才稍微平息怒火，命诸皇子打了胤祯二十大板。

事后，康熙感觉到他对兄弟的有情有义，并对胤祯心直口快、表里如一的品质，有了进一步认识，因此之后更加宠爱他。

康熙五十七年，准噶尔部首领策妄阿喇布坦出兵进攻西藏，康熙帝任命胤祯为抚远大将军，统率大军进驻青海，讨伐策妄阿喇布坦，并以天子亲征的规格出征，"用正黄旗之纛，照依王纛式样"（《清圣祖实录》卷二百八十一，康熙五十七年十月庚午）。

贝子胤祯成了著名的大将军王。这不是后人的称法，时人已将他称为大将军王。

贝子担任大将军，康熙平定三藩时，有过这样的封法。清顺治十四年四月，满洲正蓝旗固山额真（都统）、宁南靖寇大将军阿尔津与经略大学士洪承畴意见不统一，于是以宗室贝子罗托代之，继续围剿永历政权。

固山贝子被超擢大将军王，大清王朝史无前例。

诸皇子争储到了紧要关头，康熙帝将征战的军权交予胤祯，而且给予天子出征的规格，给人的感觉是康熙有意立胤祯为储君。

满朝皆知。

胤禤曾对亲信说："十四爷若得立为皇太子，必然听我几分说话。"（《文献丛编》第一辑《允禵允禤案·雍正四年》）

就连雍正即位后，由广西巡抚擢升云贵总督的高其倬奏疏，还误将大将军王胤祯与皇帝雍正并写。胤祯奉命西征时，高其倬正在康熙身边任内阁学士，自然对西北战报的格式了然于胸，断然不是感染了雍正所斥责的胤祯在军中施威僭分的流毒，而该是康熙为扶持暗定储君而默认的一种权力过渡形式。

与此同时，康熙也对支持胤祯的胤禤集团成员做了一定的人事安排，如侍卫处、内阁和八旗满洲都统，大多数是胤禤—胤祯的支持者。

胤祯坐镇西北，统领军务，收复失土，追击叛军，实现了康熙预期的目标。

康熙六十年十一月，胤祯回京，康熙帝开心地写诗志庆："去年藏里凯歌回，丹陛今朝宴赏陪。万里辛勤瞬息过，欢歌载道似春雷。"（《圣祖御制文四集》卷三十六）

诗题为"示平藏将士"，但又何尝不是对其深孚厚望的爱子胤祯的称许呢？

然而，康熙临时决定与准噶尔首领策妄阿喇布坦休战谋和，命胤祯返回前线统筹和议事宜，且生前并未及时册立胤祯为储君。因此，胤禛继位，成为雍正帝。

胤禛继位的合法性和合理性遭人质疑，甚至传出流言：他是篡改了先帝遗诏，先帝要立的是皇十四子胤祯。而胤祯对自己胞兄的继位，也并不高兴，让雍正帝更加忌恨，故而在给胤祯改名时搞得更彻底，将其父康熙帝给的名字弄得面目全非：允禵。

雍正有效地利用康熙探索秘密建储制度而不公开的漏洞，给康熙重用胤祯赋予了新的用意：康熙五十七年十月，命胤祯为抚远大将军一事，"只因西陲用兵，圣祖皇考之意，欲以皇子虚名坐镇，知允䄞在京毫无用处，况秉性愚悍，素不安静，实借此驱远之意也！"（《大义觉迷录》卷三）

按雍正帝的解释，康熙命十四阿哥胤祯为大将军王，貌似是因为已定老四胤禛为继承人，而故意将支持老八胤禩的老十四调离京城。这是胤禛即位成功后的说法。

雍正继续说，老十四任抚远大将军后，"以允䄞之庸劣狂愚，无才无识，威不足以服众，德不足以感人。而陕西地方复有总督年羹尧在彼弹压，允䄞所统者不过兵丁数千人耳"（《大义觉迷录》卷三）。

按照雍正的说法，允䄞无能，显然不可能成为皇位继承人。

但是，从抚远大将军的任命意义来看，它不仅攸关西线战局，而且关系清朝安危。准噶尔部控制西藏，就有可能借黄教煽动蒙古各部脱离清朝统治，康熙三征准噶尔而再次用兵西北，就是要保证统治权的完整。

所谓康熙三征噶尔丹，准确地说，应该是四征。首次为康熙二十九年七月，以和硕裕亲王、抚远大将军福全领兵西征，原计划压阵亲征的康熙帝因病而返，并没有亲征成功，否则乌兰布通一战的结果可能会另有说法。福全经验不足，而其他人参赞军务敷衍塞责，导致噶尔丹逃归科布多，通过几年的休养生息，又伺机而动，东进谋求问鼎中原的机会，故而有了康熙帝在三十五年春出师漠北、同年秋鄂尔多斯之行与第二年二月出塞宁夏的三次亲征。

乌兰布通之战是福全打的。此时的康熙，已回紫禁城，"指授方略，决胜于数千里之外"（《清代起居注册·康熙朝》第一册，康熙二十九年十二月三十日）。

乾隆四十三年（1778）七月，《四库全书》总纂官纪昀等奉命校订《平定朔漠方略》，为之加按语："盖噶尔丹凶顽爽誓，寝为边患，乃于康熙三十五年二月，亲统六师往征之。贼众骇遁，噶尔丹仅以身免，大军凯旋。是年九月，再幸塞北，谕噶尔丹以束身归罪，并纳其所属之归降者。追明年二月，复统大军亲征。噶尔丹旋伏冥诛，余众悉降。于是廓清沙漠，辑定边陲，为万古无前之伟绩。"

纪昀等人不敢妄定康熙三次亲征噶尔丹的具体时间，而且没有将初战噶尔丹而大败之的乌兰布通一战算入康熙亲征的成绩。他们是根据康熙朝大学士温达、张玉书、陈廷敬、李光地总裁纂修的《平定朔漠方略》中所载康熙帝撰《亲征平定朔漠方略序》所云：噶尔丹"忽阑入我乌阑布通之地，朕授钺亲王大臣，问罪声讨，大师克捷，未即殄除。时贼仓皇宵遁，深惧我军之穷追，投牒指誓，因而释之。假使噶尔丹能自此悔祸改图，则虽至今存可也。夫何转瞬渝盟，包藏不轨，窥伺我斥堠，摇惑我外藩，潜敛我纳木扎尔陀音，肆虐不止。朕深念此寇，断宜速灭，于是整饬士马，备峙粮糇，决策亲征。……朕躬统六师，从中路入比，行近贼巢，噶尔丹不敢抗我颜行，闻风奔窜。……噶尔丹仅以数人跳身走，嗣是朕再驾而至鄂尔多斯，三驾而至狼居胥山麓。宣威布恵，兼用互施，招徕其党羽，遏绝其归路。……二十余年狡悍陆梁之劲寇，曾不二载，悉皆草薙禽狝而大业克就矣"。

康熙帝在序言中，明确对噶尔丹首战，是"授钺亲王大臣"而"大师克捷"的。

不意，他第三次亲征解决了噶尔丹问题，却没有彻底臣服漠西蒙古准噶尔。噶尔丹的侄儿策妄阿喇布坦再起祸端，意图效仿其叔噶尔丹，与康熙帝一决高下。

策妄阿喇布坦为噶尔丹兄长、准噶尔原首领僧格的长子。僧格死于非命，噶尔丹继立，策妄阿喇布坦虽率部依附，但很快利用噶尔丹东征喀尔喀之机，抢劫了他留下的辎重等物品，霸占了他汗国的领土，使他滞留于科布多无法西归。后来，策妄阿喇布坦与康熙联手，共同打击噶尔丹，在噶尔丹自杀后将其骨灰献给康熙帝，得以继位准噶尔汗。

一旦势力坐大，他就开始挖康熙帝国的西北墙脚。

对于这样的政治使命，康熙帝必然会选择他最信任、认为最有能力的人出任大将军，代替天子亲征。大任落在年轻的胤祯肩上，而非成熟的胤禛等人，足见康熙别有用意。

康熙五十八年，康熙曾亲自对青海蒙古各部盟长罗卜藏丹津及其他人说："大将军王是我皇子，确系良将，带领大军，深知有带兵才能，故令掌生杀重任。尔等或军务，或巨细事务，均应谨遵大将军王指示。如能诚意奋勉，即与我当面训示无异。"（《抚远大将军奏议》）

康熙破例给予胤祯生杀予夺大权，不能说没有考虑择立他的政治意图，只是最后选择了理政能力成熟的胤禛，同时留给后世一桩公案。

不仅如此，康熙帝甚至在康熙五十九年的满文朱谕中，将自己的身体情况告知千里之外的胤祯："朕的白头发、白胡子有些变青了！你不要将此告诉别人。朕只是牙不好。"康熙貌似给胤祯传递一个信息，我的身体还好，可以撑到你大胜奏凯时。

康熙不但经常从内库给胤祯府上调拨银子，还亲自为他的一女二子分别操办了隆重的婚礼，又将他的两个嫡子弘明、弘暟带到热河行宫避暑。

康熙最后的心思都在胤祯身上，断然不会再给大失人心的胤礽一点机会。

八爷党强横十年，
遭遇康熙这只拦路虎

1

康熙诸子争储，暗结亲信，各成一党。最激烈的交锋，当是在康熙四十七年（1708）十一月十四日。

两个月前，外巡回京途中的康熙，收到皇长子胤禔的密报：皇太子胤礽趁着夜色，偷偷走近父皇的幄城，手中拿着刀，而且割开了布幔，朝内窥探。

康熙老来丧子，正为心爱的皇十八子胤祄突发疾病死在了自己的怀里而五内俱焚，这时，又听到此前对亲弟病危漠不关心的老二胤礽欲图谋不轨，更是悲愤不已，心火怒烧。

他联想到近五年来，胤礽自他虐杀了太子集团的核心成员、领侍卫内大臣、原保和殿大学士索额图之后，性情大变，频频以"肆恶虐众，暴戾淫乱"（《清圣祖实录》卷二百三十四，康熙四十七年九月丁丑）的丑闻，变相向他叫板。

康熙不知道，胤礽此举是外强中干，他知道自己的巨变和对兄弟之死的冷漠，会引起父皇的恼羞成怒，故而窥探康熙的情绪。

胤礽不想失去储位，但"帐殿夜警"却把他推向了悬崖边缘。

康熙帝认为自己的皇权甚至人身安全受到了严重的威胁，立即召集随行的诸王、大臣、侍卫等，历数胤礽的种种恶迹："皇十八子抱病，诸臣以朕年高，无不为朕忧，允礽乃亲兄，绝无友爱之意。朕加以责让，忿然发怒，每夜逼近布城，裂缝窃视。从前索额图欲谋大事，朕知而诛之，今允礽欲为复仇。朕不卜今日被鸩、明日遇害，昼夜戒慎不宁。似此不孝不仁，太祖、太宗、世祖所缔造，朕所治平之天下，断不可付此人。"(《清史稿·允礽传》)

康熙决定要废储，诸皇子蠢蠢欲动。

2

但是，从康熙宣布废储计划时"且谕且泣，至于仆地"的情形来看，他是伤痛欲绝的，他舍不得废黜嫡长子胤礽，故而哀鸣"包容二十年矣"。

尤其是康熙怒火平息，清醒之后，更不想废储，故而积极为胤礽开脱，称他为狂疾所致、鬼魅所凭，蒙蔽了原本善良的本性。

然而，大臣们不理会康熙的苦心，胤礽已经很不得人心。

废黜胤礽，不得不为。康熙更加心痛，这时国舅兼国丈、原领侍卫内大臣兼议政大臣佟国维建议，要选出新太子，以正国本。

康熙也想继续做王公大臣们的工作，通过他们再度推出胤礽复立。所以，他兴高采烈地说："众意谁属，朕即从之。"(《清圣祖实录》卷二百三十五，康熙四十七年十一月丙戌)

票选结果出来了，皇八子胤禩以绝对优势胜出。

胤禩的支持者最多，其中除了有皇九子胤禟、皇十子胤䄉和皇十四子胤禵外，还有国丈佟国维、大学士马齐。领侍卫内大臣阿灵阿、鄂伦岱及康熙身边的要员揆叙、王鸿绪等，半公开地为胤禩拉票。就连后来成为雍正即位第一功臣的隆科多，后来被发现当时还是一等侍卫的他，也是胤禩的支持者。

事与愿违，康熙咆哮朝堂，不但不兑现诺言，还拿主管内务府的胤禩查抄废太子乳公、原内务府总管大臣凌普案一事说话，责骂胤禩："凌普贪婪巨富，所籍未尽，允禩每妄博虚名，凡朕所施恩泽，俱归功于己，是又一太子矣！如有人誉允禩，必杀无赦。"(《清史稿·允禩传》)因而将胤禩拘禁幽所，革除贝勒。

康熙决计力排众议地复立胤礽，故而对最具人气的胤禩早已设防，所谓张明德相面以及后来的毙鹰事件等，都是康熙无情地棒杀能力超群、众望所归的胤禩的几个由头。

由于康熙坚定不移的拦路，胤禩机遇不得。既巴结胤礽、又友好胤禩的"天下第一闲人"胤禛反而得到了一个天大的机会。

3

康熙六十一年十一月十三日，康熙帝玄烨崩于北京畅春园清溪书屋，皇四子胤禛应诏入承大统，成为后来著名的雍正皇帝。

老八胤禩被委任总理王大臣，晋升和硕廉亲王。

雍正极力拉拢胤禩，但很快又对他及他的支持者、同情者展开了疯狂的打击。

从雍正扩大化打击胤禩（允禩）集团的人员来看，办事周全、才干杰出和平易近人的胤禩（允禩），赢得了王公大臣的支持和拥戴。

康熙诸子中，老九胤禟、老十胤䄉、老十四胤祯，都是他的主要追随者。即便后来他扶持康熙所属意的胤祯，他还是主心骨。

康熙皇帝身边六大领侍卫内大臣，有鄂伦岱（领班）、阿灵阿（及其子阿尔松阿）、满都护（康熙亲弟常宁之子，兼议政大臣、正白旗三旗都统）都支持他，内阁大学士马齐（首席）、萧永藻也是他的拥趸。

另外，宗人府宗令、简亲王雅尔江阿及满洲都统苏努（太祖长子褚英的曾孙）、阿布兰等，以及清初七大铁帽子王（此时没有睿亲王世系）、功臣勋戚的后世继承人，都是胤禩的铁粉。

就连已去世的康熙二兄、裕亲王福全，康熙的舅舅、一等公佟国维，也曾力挺胤禩对皇太子胤礽取而代之。

　　然而，胤禩最终还是落选皇位继承人。

　　电视剧《雍正王朝》安排康熙帝看中了老四胤禛的铁面无私，认为他具有匡正朝纲、整治吏治的能力，所以伙同所谓的上书房大臣张廷玉威逼步军统领隆科多力挺胤禛。

　　而在事实上，康熙是否属意老四并不好说。毕竟，康熙命胤禵出任抚远大将军，可能有暗定储君的计划。但是，康熙因受寒引发心脑血管病突发而猝死，来不及公开指定接班人。

　　老八的失败，有两个主要原因：

　　一、康熙对他曾是大家共议的储位候选人，且以绝对优势胜出，差点将其复储计划挫败耿耿于怀。他的声望，让曾对他很倚重的康熙帝，感到了实质性的威胁。所以，康熙说他不懂事、很奸诈，且母家出身微贱，不予考虑。

　　二、胤禛标榜天下第一闲人，既支持康熙复立胤礽，又同胤禩来往密切，建造别墅都比邻而居，其实他伺机而动，利用胤禩遭受康熙打压之时，以机巧手段赢得康熙的欣赏，而与胤禩保持了距离。

　　雍正皇帝彻底胜利，也背弃了康熙曾对诸大臣的保护令："朕万年后，必择一坚固可托之人，与尔等做主，令尔等永享太平。"这句话，出现在雍正帝的《清世宗实录》卷一中，对雍正即位后的翻覆不啻一个开篇的讽刺。

4

　　《清圣祖实录》卷二百六十一记载，康熙五十三年十一月甲子，康熙帝在一份给诸皇子的谕旨中公开谴责："允禩系辛者库贱妇所生，自幼心高阴险。听相面人张明德之言，遂大背臣道，觅人谋杀二阿哥，举国皆知。伊杀害二阿哥，未必念及朕躬也。朕前患病，诸大臣保奏八阿哥，朕甚无奈，将不可册立之允礽放出。数载之内，极其郁闷。允禩仍望遂其初念，与乱臣贼子等结成党羽，密行险奸，谓朕年已老迈，岁月无多，及至不讳。伊曾为人所保，谁敢争执，遂自谓可保无虞矣。朕深知其不孝不义情形，即将所遣太监冯遣朝等，于朕所御帷幄前，令众环视，逐一夹讯。伊已将党羽鄂伦岱、阿灵阿，尽皆供出。自此朕与允禩，父子之恩绝矣。朕恐后日，必有行同狗彘之阿哥，仰赖其恩，为之兴兵构难，逼朕逊位而立允禩者。"

二百七十余字，看似全面地阐释了康熙对皇八子胤禩（允禩）极大的恨！但细想来，耐人寻味。

一、胤禩生母良妃卫氏，为"辛者库贱妇"。

卫氏父亲为正五品内管领阿布鼐，是内务府低级官员，却不影响康熙对卫氏的宠爱：先集体封良嫔，后单独晋良妃，使之成为清朝第一个出身内管领（辛者库）获封嫔妃的后妃。即便她的良妃位号，有可能是她病危时，康熙为冲喜而施舍的恩宠，但也是希望延续卫氏的福祉和生命。

良妃为康熙生前所册立五妃之一，有传闻称其美艳冠绝后宫，康熙一度宠爱无比。她于康熙五十年十一月二十日死后，康熙亲自为之主持初满月祭祀举哀典礼，并宣读祭文两篇，声情并茂，以表痛惜良深。《清代起居注册·康熙朝》第二十册记载，十二月十九日，康熙帝未时至宁寿宫给嫡母孝惠太后请安回宫，申时由东华门出朝阳门，"至良妃灵前奠酒举哀"。

康熙究竟会不会因为儿子太贤明，符合弃嫡选贤、择立嗣君的标准，危及自己的皇帝地位和绝对权威，而大肆侮辱自己的爱妃为"贱妇"呢？

不可否认，按清廷规制，选秀女入宫有两种形式：

一是由户部领衔，联合内务府、八旗都统衙门举办的三年一度的选秀。这是为皇帝遴选后妃的政治工作。顺治朝规定，凡满、蒙、汉军八旗官员、另户军士、闲散壮丁家中年满十四岁至十六岁的女子，都必须参加三年一度的备选秀女，十七岁以上的女子不再参加。后来，朝廷对八旗官员的品级也有要求，即四品以上。

凡符合规定的八旗女子，必须先送入宫中选秀，如有隐瞒则革职，交付刑部议罪，即便是满籍封疆大员的女儿也不能豁免。乾隆六年（1741）七月，宗室辅国将军、闽浙总督德沛奏请乾隆，称其子与满洲正黄旗人、两广总督马尔泰的女儿有婚约，请求赐婚。乾隆发现马尔泰之女没有参选秀女，雷霆震怒，当即敕令德沛立即赶赴京师，当面训饬，强调："我朝定例，八旗秀女，必俟选看后方准聘嫁。凡在旗人，理宜敬谨遵行。近见旗人尚有将未经选看之秀女聘定许字者，大臣等有奏事之责者。虽系奏蒙朕恩俞允，究于体制未协。选看八旗秀女，原为王阿哥等择取福晋，若在未经挑选之前，即行结亲许字，非惟废弛旧制，并恐无奏事责任之人，或不敢陈奏之人。伊等已行许字之女，朕因不知，另指他人，亦大有关系。且八旗秀女，于十三四岁即行选看，并无耽搁之虞。"（《清高宗实录》卷一百四十六，乾隆六年七月己巳）八旗选秀，服务于皇家，但皇帝拥有优先权。只有皇帝不中意或看不上的，方可赐婚王公子弟。德沛为和硕简亲王福存第八子，其曾祖父为太祖弟舒尔哈齐第八子、追赠和硕简亲王费扬武。论辈分，德沛为乾隆刚出五服的族叔。但是，马尔泰之女未参选秀女，让乾隆很不高兴。为此，他专门给户部下发特谕："通行传谕八旗，所有未经选看之秀女，断不可私先结亲，务须遵例于选看后再行结亲聘嫁。"

一是内务府单独主办的选秀活动，一年一届，主要对象为上三旗包衣佐领下的家属少女，由各佐领根据户籍呈报，不能隐匿不报。内务府选秀的任务，是选宫女入宫伺候主位，带有鲜明的使令性质。宫女如果没有被皇帝看中临幸，到二十五岁就放出择婚。

良妃之父阿布鼐为正五品内管领，属于内务府佐领以下官员，其女入宫就是做服务人员的。她被康熙看中，陪床受宠，转为嫔妃。如果老婆真的微贱，出身罪籍，自己一边过分宠爱，一边骂她为"辛者库贱妇"，是不是有眼无珠、自取其辱？

二、胤禩听信江湖术士张明德之言，危及废太子胤礽。

皇长子胤禔长期争储而机会不得。康熙明确表示不立其为太子后，胤禔改为支持其生母惠妃抚养的胤禩：只要皇父册立胤禩为储君，他愿意辅佐之，并愿意为康熙行万难之事，处死胤礽。

胤禔还说，张明德善于看相，称胤禩有大贵之相。

有附会者称张明德初见胤禩，正好胤禩站在李子树下。胤禩头顶李花白，李花之下一王爷，俨然一个天生的皇帝相。呵呵，康熙年间的胤禩只是一个爵封贝勒的皇子，哪来的王。其封王，则是雍正初年的事情了。

然而，胤礽"肆恶虐众，暴戾淫乱"（《清圣祖实录》卷二百三十四，康熙四十七年九月丁丑），恶行昭彰，与张明德结下了仇怨。张明德阴谋行刺胤礽，胤禩有知情不报、默认行凶的可能，即为帮凶，或为买凶。毕竟康熙第一次废储之后，胤禩为皇亲国戚、八旗王公、勋戚子孙和大臣所联合议立，已是康熙复立胤礽的最大阻力。

康熙需要一个彻底打击胤禩的充分理由。

而最后的胜利者雍正，在"能与相当"的胤禩面前，也需要一个皇父决定的态度。

三、胤禩被公举太子前后，势力为诸夺嫡集团中最强的。

在反太子派中，胤禩是势力最大的。

胤禩能力出众，平易近人，颇有人望。就连康熙之兄、裕亲王福全病危时，也"曾以广善库为因，力荐允禩有才有德"（《文献丛编》第一辑《允禩允禟案》）。

就在康熙四十七年十一月十四日，公举太子的最高国务会议上，领侍卫内大臣阿灵阿、翰林院掌院学士揆叙和户部尚书王鸿绪，完全不顾康熙多次做工作复立胤礽的情面，坚持首倡胤禩为新太子，得到了在场大臣的集体支持。

康熙曾明令首席大学士马齐不得参与议立，但他仍与致仕领侍卫内大臣、国舅兼国丈佟国维四处活动，"倡言欲立允禩为皇太子"（《清圣祖实录》卷二百三十六，康熙四十八年正月甲午）。虽然不在公举的现场，但仍影响了满朝文武。

尤其是佟国维，在康熙明确复储后，仍然陈奏反对意见，请求康熙深思熟虑后再做决定。康熙怒斥佟国维，迫使其请死，但佟国维的"舍命请奏"之壮举，赢得了朝野一片盛赞，认为他"如此方谓之国舅大臣，不惧死亡，敢行陈奏！"（《清圣祖实录》卷二百三十六，康熙四十八年正月癸巳）

康熙强势复储，胤礽被短暂拘禁，但阿灵阿、马齐、佟国维等，并没有被康熙无情打击。

阿灵阿与康熙有多重戚属关系，是康熙的内弟兼姨夫和亲家。他的两个姐姐分别为康熙的孝昭仁皇后、温僖贵妃，他的嫡福晋为康熙德妃（雍正之母、孝恭仁皇后乌雅氏）之妹，其次女被指婚给康熙第十七子胤礼做嫡福晋。

鄂伦岱为康熙亲舅舅佟国纲的长子、佟国维的侄儿，与康熙为表兄弟。他虽与其父关系不好，险遭佟国纲请旨诛杀，但康熙很喜欢这个表弟，很早便命其为镶黄旗汉军都统、领侍卫内大臣。鄂伦岱每每触犯康熙，被康熙怒斥其结党，实为可杀之人，但仍然被康熙倚信。

康熙斥责阿灵阿、鄂伦岱以及揆叙结党支持胤礽，但真的会将他们视为"乱臣贼子"吗？

这顶帽子，一旦出自皇帝的口中，即便缺乏有力的证据，也是不忠不孝、祸及家族的大罪。然而，康熙并没有责罚他们，而是进一步倚信他们。

康熙五十六年正月二十五日，揆叙去世，康熙说："揆叙学问甚好，为人甚是谨慎敦厚，殊属可惜！"（《康熙起居注》第三册）并对内阁学士常鼐所奏"揆叙所学不但超出满洲之中，即汉人中亦少"，表示赞同。

阿灵阿死后，康熙命皇四子胤禛、皇五子胤祺、皇十子胤䄉、皇十七子胤礼以及镶黄一旗大臣侍卫护送灵柩至墓所，并准其次子阿尔松阿袭爵一等公，不久擢领侍卫内大臣兼理火器营。

然而，康熙去世后，雍正很快追责阿灵阿等曾议立胤礽之罪，为阿灵阿改碑"不臣不弟暴悍贪庸",而揆叙则是"不忠不孝阴险柔佞"。鄂伦岱也在雍正四年(1726)五月,被定罪与阿尔松阿结党,怙恶不悛,处以斩刑。

雍正秋后算账,也算是坐实了阿灵阿等"乱臣贼子"的罪名。胤禩也被定格为"不谙君臣大义,不念父子至情之人,洵为乱臣贼子"(《清圣祖实录》卷二百三十六,康熙四十八年正月癸巳)。

而康熙以"行同狗彘之阿哥"警示追随胤禩的胤禟、胤䄉、胤祯(允禵)诸皇子,让人很容易想到,雍正四年严惩胤禩、胤禟时,将他们开除宗籍,一个改名为阿其那,一个改名塞思黑,极尽侮辱,也是猪狗一般的蔑称。

《清圣祖实录》为雍正所修。雍正为了力证自己得位之正,被皇父康熙托付以万钧重担,少不了要借康熙的口,尖刻寡恩地中伤甚至污蔑自己最危险的政敌胤禩。

所谓康熙谕旨的发出,源于毙鹰事件。然而,只要康熙稍微冷静和理智一点,就会发现胤禩在公举失败后经历拘禁之灾,纵有对康熙出尔反尔的不满,也不敢以一只死鹰去激怒日渐衰颓的康熙,以绝自己的夺嫡之路。

康熙的不理智,导致了二次立储的失败。

皇帝的实录,记录的是帝王的丰功伟绩、圣人情怀,丰满,但少不了后继之君别有用心的篡改与伪饰。

老十三失宠于康熙的背后
有阴谋

1

康熙帝曾在三十七年（1698）三月、四十八年三月，两度封爵皇太子胤礽以外、老十四胤禵以上的诸成年皇子，分和硕亲王、多罗郡王、多罗贝勒和固山贝子不等。

然而，老十三胤祥始终不得封。

第一次晋爵，康熙只封了皇八子胤禩以上诸子。胤祥只有十三岁，少不更事，不能与崭露头角的哥哥们相比。

其生母章佳氏，出身满洲镶黄旗包衣，父亲海宽为参领，给不了女儿显赫的外戚身份。她初为普通宫女，被康熙临幸后封为庶妃，然年轻早逝，死了才被康熙以"性行温良，克娴内则，久侍宫闱，敬慎素著"（《清圣祖实录》卷一百九十四，康熙三十八年闰七月戊戌）追封为敏妃。

追封章佳氏，是康熙重夫妻感情，还是因为儿子胤祥？且不好说，或两者兼有之。

从康熙二十五年至三十年的五年里，章佳氏连续生育了一子两女（胤祥和皇十三女和硕温恪公主、皇十五女和硕敦恪公主），为这一时期内诸后妃生育次数最多者（其他生育者，如德妃乌雅氏、平妃赫舍里氏等），足见她一度颇得康熙宠爱。

康熙三十七年七月，即章佳氏去世的前一年，康熙帝前往盛京谒陵，便带着十三岁的胤祥。雍正年间，大学士鄂尔泰、张廷玉纂修的《八旗通志初集》卷一百三十四记载，胤祥为"圣祖钟爱甚笃，省方巡幸，恒命扈从，恩宠优渥"。

此时开始，至四十七年九月间，十年有余，康熙每次外巡或行围，选择地带着数位皇子扈从，但固定的有三人：皇太子胤礽、皇长子胤禔和皇十三子胤祥。

无疑，康熙甚爱胤祥，还在其生母章佳氏病逝后，为他指定了一个养母：皇四子胤禛和皇十四子胤祯的生母德妃。

胤禛和胤祯这一对胞兄弟若即若离。胤禛曾与胤禩等在畅春园附近修别墅，比邻而居，也把胤祯带进了八爷党的圈子，成了同父异母的八哥的铁杆拥趸。

胤祥不然。胤禛教其算术，胤祥把宝押到明里韬光养晦、暗自蓄势待发的胤禛的身上。

果不其然，胤禛在康熙最后十多年连连发力，战胜了皇亲国戚、八旗王公、满汉大臣力挺的胤禩和康熙授予抚军大权的胤祯，成了康熙遗诏上"人品贵重，深肖朕躬，必能克承大统"（《清世宗实录》卷一，康熙六十一年十一月）的皇位继承人。

2

雍亲王成为雍正帝。

即便他登基时，不走新君该走的乾清门正门，而从东旁门进入太和殿，胤祥也紧跟其后，作为雍正皇帝最坚定、最忠诚、最贴心，也最得力的支持者。

胤祥不再是普通皇子，而成了最贵重的御弟。康熙驾崩第二天，还没正式称帝的雍正即封其为四大总理王大臣之一，爵封和硕怡亲王，参决大政，总管全国财政。

此等顶级殊荣，是胤祥在康熙朝，不论皇父如何倚信，都不曾享受的。

尤其在康熙四十七年九月，他被下旨拘禁。

胤禩之子弘旺在《皇清通志纲要》卷四下写道："康熙四十七年九月，皇太子、皇长子、皇十三子圈禁。"

康熙为何突然拘禁爱子胤祥？

时为"帐殿夜警"事件发生，惊动朝野。大阿哥胤禔揭发皇太子胤礽，在康熙北巡回京途中，"每夜逼近布城，裂缝向内窃视"（《清圣祖实录》卷二百三十四，康熙四十七年九月）。同时负责保卫康熙安全的胤祥，应该支持了胤禔的举报。

胤祥擅骑射，武功了得，且为人正直。康熙帝在那十年里出巡或行围，总带着他和胤礽、胤禔一同扈从。皇储与皇帝之间的矛盾日益尖锐，康熙不敢将胤礽留在京师，而是带在身边，同时又带着胤禔，以便制衡和防范胤礽。

胤祥的责任，就是保护康熙的人身安全，防止胤禔与胤礽的火拼或异动。

胤祥作为反太子派的四爷党核心成员，不知胤禛此时还是骑墙派，故而不经请示，支持了胤禔倒太子。

胤祥附和胤禔，构陷胤礽图谋不轨，但没有供出盟友胤禛。这些后来被雍正纂修《清圣祖实录》时删除了。

胤禔更加大胆，在胤礽被拘禁后，向康熙进言：胤礽"所行卑污，大失人心"，如果康熙要杀了胤礽，"不必出自皇父之手"（《清圣祖实录》卷二百三十四，康熙四十七年九月）。

胤禔要替康熙行万难之事，处死胤礽，彻底激怒了康熙。

康熙爱诸子，尤对胤礽怀有更加深厚的爱。即便胤礽肆恶虐众，暴戾淫乱，多有僭制之举，然康熙一直采取放纵的态度，甚至迁怒于已死五年的索额图"暗中构煽，悖乱行事"（《清圣祖实录》卷二百三十五，康熙四十七年九月）。

胤禔严重侵犯了康熙的底线。其生母惠妃赶紧奏称胤禔不孝，请康熙依法严惩。这是一招以退为进的计策。另外，康熙即便恼怒胤礽毫无兄弟之义，但仍有浓浓的父子之情，故而，康熙以长期拘禁，保住了他的性命。

3

在"帐殿夜警"事件中，胤祥作为康熙倚信的主要护驾皇子，疏于防患，严重失职，导致威胁康熙人身安全的突发事件可能发生，被处以短暂的圈禁，以示惩戒。

他很快被开释，不像民间传闻和电视剧《雍正王朝》渲染的那样，至康熙六十一年驾崩后，才被雍正放出。《清圣祖实录》记载：康熙于四十八年二月巡视畿甸、四月巡幸塞外，"皇十三子胤祥"都在扈从的皇子中。

只是，康熙四十八年三月，复立胤礽为储君时，再次封爵诸成年皇子，胤祥仍榜上无名。

与太子友好的三阿哥胤祉、顺从圣意力挺复储的四阿哥胤禛，以及不参与夺嫡之争的五阿哥胤祺，都被封为和硕亲王。胤祥已然被打入另册。

胤祥被开释，却被康熙视为戴罪之身，心情烦闷，不久患病。康熙五十年五六月，御医祁嘉钊向康熙奏称："康熙五十年三月初一日，奉旨看十三阿哥恙，系湿毒结于右腿，膝上起白泡，破后成疮，时流稀脓水。原曾腿痛，时痛时止，一年有余，复出此恙。"

胤祥腿病已持续一年多，严重到成疮流脓的地步，康熙还在胤祉、胤祥、胤禛三人的请安折上朱批："胤祥并非勤学忠孝之人。尔等若不予约束，必将生事，不可不防。"（康熙四十九年六月初十日满文朱批奏折）

不忠不孝，不可不防！这是很严厉的斥责！

康熙对胤祥之恨，达到了一个极致。

对于康熙憎恨自己的盟友兄弟一事，胤禛记在了心里。

十四年后，雍正二年（1724）八月，雍正帝追责允禩部将宗札布时，指出："若言怡王，自幼强健聪慧，人才优良，皇父优加恩宠，此事举国皆知。怡王并非胆大妄为之人，从无非分之念。怡王对皇父尽以子道，对二阿哥尽以臣道。由于与二阿哥好，横遭大阿哥之妒忌、陷害，因而株连于二阿哥。"（安双成《宗札布案满文译稿》）

对储君都尽臣道，何谓不忠？

于皇父始终孝敬，哪来不孝？

雍正秋后反驳康熙对胤祥的痛斥，还授意鄂尔泰、张廷玉旁证怡亲王"谨度徇礼，恪慎有加，不立党援，不邀名誉。所属人众，承奉约束。公私政事，一无扰累。阿其那妄觊非分，数以诈术诱惑诸王，王独不为所动"（《八旗通志初集》卷一百三十四）。雍正不由恼怒胞弟允禵（胤祯）站错了队，而又为胤祥的矢志追随而感动不已。

雍正大张旗鼓地为胤祥辩诬，为他鸣冤，是不是感激他为自己出头又不曾牵连自己，或者感恩他替自己一次性给竞争对手胤礽和胤禔都挖了大坑呢？

历史的天空，已销蚀了那一片印记。

4

胤祥是康熙诸皇子中满汉兼修、文武兼备的代表。

他精于骑射，发必命中。有一次出巡狩猎，一只猛虎突出林间，他神色不动，手持利刃向前刺之，见者无不佩服他的神勇。

他能文能诗，书画俱佳，遗憾流传下来的作品甚少。雍正为胤祥《交辉园遗稿》作序："朕弟怡贤亲王，天资高卓，颖悟绝伦。如礼乐射御书数之属，一经肄习，无不精妙入神，为人所莫及。而王自谦学力不充，总未存稿。是以王仙逝后，邸中竟无留存者。"

正因为他的杰出，让不少人认为，胤祥握有有效兵力，对雍正即位和维稳起到了关键性的作用。

其实不然。

康熙后期进一步培养诸成年皇子的辅政能力，维护和巩固皇权，对皇子们委以重任，命参决大政，分领旗务，分管部院。

胤祥却因"帐殿夜警"事件牵连，虽然此后也扈从过康熙离京出巡，但因为腿伤严重而长期被闲置，甚至被康熙有意限制。

所以，胤祥在军方并无实际权力和势力，也不可能为雍正成功即位起到关键性的作用。

当然，作为皇子，胤祥要高宗室王公一等，故交新人少不了对他示好。电视剧《雍正王朝》安排老十三接管丰台大营，也是靠着十余年前奉命扈从康熙外巡的影响，而不是领兵征战的军功。康熙三征准噶尔汗噶尔丹，胤祥没有从征。清朝西征准噶尔，领兵的则是老十四。

胤祥能够控制全国野战军，是在雍正七年组建军需房（军机处前身），并由其领衔负责时。军需房取代了兵部对全国三品以下中低层军官的铨选权。

此时的胤祥，已被改名允祥。

允祥初为总理王大臣之一、和硕怡亲王，总管会考府、造办处、户部三库和户部，以及全国水利，参决大政，但重点为政务。他参与了西北军务的筹办，也曾督领过皇城禁军，但军权却一直牢牢掌控在雍正皇帝手中。

《雍正王朝》称他在康熙驾崩后，迅速接管西山丰台大营和健锐营，翊护即位临危的雍正。这是有违史实的。健锐营组建于乾隆十四年（1749）。康熙朝的禁卫军只有领侍卫内大臣负责的侍卫亲军、丰台大营和火器营，以及负责京师守卫的九门步军巡捕五营衙门。

管理侍卫亲军的领侍卫内大臣有六人，首席大臣鄂伦岱和阿尔松阿、满都护都是老八胤禩的人；九门步军掌控在理藩院尚书兼步军统领隆科多手中。胤祥都插不了手。胤祥唯有可能，利用曾在康熙三十八年至四十七年间长期负责保卫康熙外巡和行围安全的影响力，与丰台大营和火器营将士搭上关系。丰台大营常备兵力，也就六千人，火器营配员七千多人。他在雍正年间，以众所周知的雍正第一助手兼和硕怡亲王之尊，会赢得部队将士的敬畏，但他调兵须有雍正的手令或令符。

雍正三年正月，隆科多被解除步军统领职务，由镶白旗蒙古副统领阿齐图接替，一直任到雍正十年。雍正作为皇子时被划入镶白旗，与阿齐图有旗属主仆关系。阿齐图效忠雍正，后来受命拘押年羹尧。

康熙朝虽然出现了九子夺嫡，侵害皇权，但军政事务一直控制在皇帝手中，绝不容诸皇子和众兄弟插手。雍正为了进一步集中和强化皇权，少不了效仿康熙。

5

雍正的荣光里，有一半是允祥的功劳。

从允祥在雍正年间作为皇帝最得力助手的种种表现，充分表明他颇有办事才力，善于协调人际关系。

他是理财、辅政、治国的一把好手，长期为雍正总理户部、水利和军事，为雍正推行新政改良倾心倾力。

他最后死在工作岗位上，可谓是鞠躬尽瘁，死而后已。

允祥去世时，年仅四十五岁。他为了彻底改变长期以来的水患，翻山越岭，废寝忘食，马不停蹄。雍正还特命太医院院使刘声芳转任户部侍郎，跟随在胤祥的身边。

野史称刘声芳曾治愈了康熙的下身顽疾，以功加五级，却不能改变允祥英年早逝的命运。

雍正长篇累牍地歌唱允祥的丰功伟绩，感谢允祥对自己的辅助巨功：

一、总理事务，夙兴夜寐，因公无私，精白一心，无欺无隐。他一直赞襄政务在权利中枢，殚竭忠诚，八年如一日。

二、他筹办军务，总理财政，兴修水利，督领禁军，整肃吏治，简拔人才，"凡宫中府中，事无巨细，皆王一人经画料理，无不精详妥协"（《清世宗实录》卷九十四，雍正八年五月丙子）。

所以，雍正说："王之懿德美行，从不欲表著于人，而人亦无从尽知之"，不负他所赞许的"忠敬，诚直，勤慎，廉明"。

胤祥"八年有如一日"，成就了"自古以来无此公忠体国之贤王"！

对于雍正而言，允祥是真正的"贤王"，"自古史册所载贤王懿戚，从未有可与王比伦者"。所以，雍正将他改回原名"胤祥"，配享太庙，尊谥为贤。

康熙诸子，有贤王之称者有两人：一个是群臣所推的"八贤王"胤禩，结果被雍正拘禁，死得不明不白；另一个是雍正所赞的胤祥，英年早逝却享受了顶级荣耀。

对于他的死，雍正异常悲痛，就连他们的亲哥哥、诚亲王胤祉致哀来迟、缺少伤容，也引发了议罪革爵、拘禁致死。

雍正不但要给予胤祥死后最大的哀荣，而且要封其子一顶金光闪闪的铁帽子。

雍正八年八月，世宗特发谕旨："吾弟之子弘晓，著袭封怡亲王，世世相承，永远弗替。凡朕加与吾弟之恩典后代子孙，不可任意稍减。佐领属下等项，亦不可那移更改。再者，朕于雍正三年春曾降谕旨意，于王诸子之中再封一郡王，以昭恩奖。彼时王再四恳辞，情词谆切，朕不得已，勉从所请。今吾弟薨逝，朕追念遗徽，中心辗转，在贤王应有加隆之礼，在朕衷实有难已之情。虽与吾弟素愿相违，朕亦不遑顾恤。弘晈著封为郡王，世袭罔替。"（《清世宗实录》卷九十七，雍正八年八月辛亥）

按清朝铁帽子王的条件：一是世袭罔替，隔代不降等；二是俸禄优厚，岁俸银一万两、禄米一万斛；三是赐予世袭罔替王府。

雍正不仅封了胤祥第七子弘晓为怡亲王，世袭罔替，而且封其第四子弘晈为郡王，世袭罔替。

双份殊宠，亘古未见。

这也是清朝第一位通过皇帝恩封而实现的铁帽子王，不同于清初以开国军功获封的八大铁帽子王。

胤祥生子九人，成年的只有四人。嫡长子弘暾于雍正元年受封世子，本有袭爵的资格，却在十九岁未婚早逝，而无称王的命。其余三子，庶出的老大弘昌不遵教化行事，被胤祥拘禁在家；嫡出的老四弘晈在雍正朝受封宁郡王，却在乾隆四年被牵连进皇家内争的弘晳一案。

弘晳案中，弘字辈有四个主要参与者，胤祥三子中竟有弘昌、弘晈榜上有名，遭到了乾隆怒斥。

乾隆说：弘昌"秉性愚蠢，向来不知率教，伊父怡贤亲王奏请圈禁在家"，一直到胤祥去世，后来被雍正降旨释放，乾隆即位后，加封贝勒，期望其改过自新，却不知他与弘晳集团"交结往来，不守本分，情罪甚属可恶"（《清高宗实录》卷一百〇三，乾隆四年十月己丑）。

而弘晈"乃毫无知识之人，其所行为，甚属鄙陋"，是一个典型的吃喝玩乐的花花公子。

英雄父亲纨绔儿。

协和父辈争斗子。

康熙最能打仗的皇十四子
究竟叫什么？

1

《雍正王朝》前半部分戏，是反映雍正登基前，如何从一个贝勒，经郡王，封亲王，一步步爬到皇帝位上。

电视剧主要表现雍正，所以也就是要说，在九子夺嫡的政治斗争戏中，皇帝是怎样炼成的。

老八胤禩一语道破玄机：老四做事，什么都占理。

这理，就是制度。

胤禛之所以能成为雍正，靠的就是制度！

当然，最关键的是他知道隐忍，擅长给康熙做"孤臣"。那著名的邬先生，教给他的也是隐忍。

而其一母同胞的十四弟，却不像四哥这般聪明。这不，《雍正王朝》第十二集，特地为他安排了一场打抱不平的武戏。

康熙第一次废了太子，下诏要群臣推荐新太子。绝大多数人推老八，结果招了康熙的忌。老十四挺身而出，和老十三肉搏，气得赶来的康熙抽刀欲诛他。

儿子打架，急怒攻心，气倒老爸。娘带儿请罪，跪在龙榻前。

康熙醒了，问题来了。

德妃说："皇上，胤禵不孝！"

胤禵是谁？

如果重返历史现场，真有这一场景，想必卧榻之上的康熙会跳起来，厉声怒问。

他给他那最会打仗的大将军王儿子，取的名字是：胤祯，胤祯，胤祯。重要的事情，必须说三遍。

也许百度百科会挺身而出，作铁证，它就有"爱新觉罗·胤禵"的词条，并写道"爱新觉罗·胤禵，又名胤祯"。

康熙的十四子胤祯，真的又叫胤禵吗？

2

清王朝皇家，自康熙始，按字辈命名，不仅规定了必用字，而且规定了第二字的偏旁。

康熙先后生子三十五人，存活下来的二十四人，名字首字皆用"胤"，第二字皆用"示"旁，如皇长子胤禔、太子胤礽、老三胤祉、老四胤禛……

康熙给十四子，取的名字为胤祯。从其康熙二十七年（1688）出生至雍正元年（1723），他用了胤祯这个名三十五年。

雍正元年，胤禛登基，为避皇帝名讳，除胤禛本人外，其他皇兄弟都避讳"胤"字而改为"允"。即便是废太子胤礽，也被改名为允礽。（只有一个特例：老十三胤祥死后，雍正下旨将其名"允祥"的"允"改回"胤"，以示最亲密，以示不避讳。）

老十四胤祯的名字更麻烦，不但首字要同众兄弟一起改，就是第二字"祯"也因与皇帝的"禛"谐音而必须改。由此，胤祯就被改为"允禵"。

这些，是没有经过康熙同意的。

但，雍正以后所刻印的史书，悉数避讳。《清史稿》虽为民国北洋政府编修，但行述康熙诸子的列传，也照例避讳。

至于"胤禵",前字"胤"为康熙所取,后字"禵"是为避讳雍正,生拉硬拽,自不存在,不料二月河的历史小说《康熙大帝》《雍正皇帝》,以及由二月河担任剧本首席策划的历史电视剧《雍正王朝》,都创造性地给了康熙十四子胤祯或允禵一个不伦不类的名字。

记住!

康熙生前,十四子名叫胤祯。

康熙身后,十四子改名允禵。

他从来就没叫作胤禵。

3

雍正为避讳,给兄弟们改名字,大费周章。

他的儿子乾隆,虽然是一个伟大的形式主义者,但在名字避讳的问题上,要比其父大度得多。

乾隆的兄弟们,包括堂兄弟们,名字的第一个字"弘"一律不改,顶多是最后一笔不点,形式还在。

对于儿子辈,乾隆在最后选定皇十五子永琰为储君后,改其名为颙琰,其余弟兄均未改名,仍用"永"。这算得上一个经典,嘉庆帝的名字,是因避讳才改的。

哈哈哈,今古奇观。

嘉庆以后,清朝皇帝和兄弟们的名字,排辈分的字,不再为避君王名讳改了,大家一起用。

因为,这些字都是有出处的。

乾隆某年新春,皇六子永瑢绘了《岁朝图》进呈皇祖母孝圣太后,乾隆在上题了一首诗,有"永绵奕载奉慈娱"句,乾隆便选字"永、绵、奕、载",

作为后世取名辈字。

　　几十年过去，道光又在"载"之后选了"溥、毓、恒、启"四字，咸丰又在"启"字辈下选定"焘、屹、增、棋"四字。

　　让他们没有想到的是，到了溥仪这一代，大清朝就结束了。

康熙废立太子，
张廷玉没有话语权

1

通常，表现康熙晚年的电视剧和小说，都会安排张廷玉出场，入直上书房，极为康熙所倚重。

张廷玉确实在康雍乾三朝的皇帝办公室当差时间长。汪由敦在《桐城张公廷玉墓志铭》中说："登朝垂五十年，长词林者二十七年，主撰席者二十四年，凡军国大事，奉旨商度。"

五十年，堪称古今奇迹。

有了这个五十年，所以创作者们尽情地渲染，张廷玉一出场就是大学士，就是张中堂。

电视剧《雍正王朝》中，康熙首次废太子后，重议新太子，张廷玉和佟国维、马齐同为上书房大臣，张中堂举足若轻。

佟国维、马齐联络诸大臣，联名举荐八阿哥，打击废太子胤礽。佟国维还因张廷玉既不参与，也不上密折，在廷议时斥其为奸臣，激怒康熙罢免佟国维，给马齐降两级留上书房行走，排名在张廷玉之后。

剧情安排，张廷玉已然是首辅了。

康熙驾崩时，张廷玉可以对康熙后事做具体安排，如招隆科多取来大行皇帝的遗诏等。

历史的真相是如此吗？

2

张廷玉在康熙朝入直南书房（上书房），不假！但那是康熙四十三年（1704）的事。

张廷玉能被康熙看中，主要是因为他有一个好老爸：原文华殿大学士兼礼部尚书张英。

康熙四十年十月，张英以衰病再次乞休致，被允准以原官致仕。此前，张英是康熙统治中期的重臣和要员。

康熙十六年十月，张英入直南书房，充任过皇太子胤礽的师傅，不久升任侍读学士。

康熙十九年四月，康熙以张英"勤慎可嘉"，命吏部从优议叙，授翰林院学士兼礼部侍郎衔。

第二年，张英乞假回乡重新安葬父亲。丁忧返朝，翰林院掌院学士缺人，康熙认为：张英为人厚重，不喜欢干预外事，补授此缺，十分合适！

张英先任内阁学士兼礼部侍郎职。康熙谕示吏部：张英和内阁学士徐乾学问淹通，宜留在朝中办理文章之事，嗣后不要将他们列为巡抚人选。

遗憾的是，张英与侍读学士德格勒撰写起居注失误，被吏部题革职降级，康熙帝从宽处理。数月后，康熙帝命内阁学士李光地接任翰林院掌院学士，张英改任兵部右侍郎，不久调任礼部右侍郎。

李光地离职回乡省亲，康熙下旨，命张英兼翰林院掌院学士，后兼礼部左侍郎，并管詹事府詹事事务。

此后，张英担任过一段时间的工部尚书、礼部尚书，仍兼管詹事府事务，并兼翰林院掌院学士。

期间，张英也受过连带处罚。他任礼部尚书三个月后，一等公佟国纲所写的祭文被康熙斥责"极为悖谬"，张英因未能详审祭文而被免礼部尚书。后来，张英又因教习庶吉士不严，被连降三级。

没过多久，康熙恢复张英的礼部尚书，命其仍兼管翰林院、詹事府，先后充任纂修《国史》《一统志》《渊鉴类函》《政治典训》《平定朔漠方略》总裁官。

康熙三十六年七月，六十四岁的张英以年老上疏，辞去了兼管翰林院、詹事府事务。但让他更想不到的是，一年多后，康熙再次对其委以重任，任命其为文华殿大学士兼礼部尚书，成了无实名但有实权的宰相。

历史上著名的六尺巷，就是张英的精神产物。张英在安徽桐城老家的家人与邻居吴家在宅基问题上发生了争执。两家宅地都是祖上基业，时间久远，对于宅界谁也不肯相让。双方将官司打到县衙。双方都是官位显赫、名门望族，县官不敢断。张家人千里传书到京城求救。张英寄回一首诗："一纸书来只为墙，让他三尺又何妨。长城万里今犹在，不见当年秦始皇。"张家人豁然开朗，退让了三尺。吴家深受感动，也让出三尺，形成了一个六尺宽的巷子。

3

虽然张英只做了一年多的大学士就荣休致仕，但康熙还是不忘厚待自己的老臣后人。

康熙四十二年，张英次子张廷玉授翰林院检讨，开始担任《亲征平定朔北略》纂修官。

第二年四月，康熙帝召张廷玉至畅春园，询问其父张英居家近况，张廷玉作诗两首，康熙龙心大悦。张廷玉当日奉旨侍值南书房，特旨戴数珠，着四品官服色。

张廷玉在《澄怀园语》卷一写道："辰入戌出，岁无虚日。塞外启从，凡十一次，夏则避暑热河，秋则随猎于边塞。"张廷玉入直南书房，早七晚九，每天侍君。

他还十一次陪同康熙赴热河、边塞办公巡视。康熙远巡遍历蒙古诸部落，"穷边绝漠，余皆洱笔以从"。

《清史列传》记载：张廷玉身居内廷，承袭父业，"久持讲握，简任机密"。

康熙五十一年四月，张廷玉被授司经局洗马，兼翰林院修撰。按清朝官员品级划分，司经局洗马为从五品，翰林院修撰为从六品。

至康熙五十五年，张廷玉才被授内阁学士兼礼部侍郎，随后充经筵讲官、武英殿试读卷官、纂修《省方盛典》副总裁官。康熙最后两三年，张廷玉被授刑部左侍郎、吏部左侍郎，兼翰林院学士。

对于张廷玉在康熙朝的作为和任职履历，《清史稿·张廷玉传》是这样说的："康熙三十九年进士，改庶吉士。散馆授检讨，直南书房，以忧归。服除，迁洗马，历庶子、侍讲学士、内阁学士。五十九年，授刑部侍郎。山东盐贩王美公等纠众倡邪教，巡抚李树德令捕治，得百五十余人。上命廷玉与都统讬赖、学士登德会勘，戮七人、戍三十五人而谳定。旋调吏部。"

这足以证明，张廷玉在康熙朝最高职位的品级，是从二品。这是康熙五十五年之后的事情了。此前，他不过从五品。

而胤礽首次被废，则是康熙四十七年九月的事，以罪废拘系于咸安宫，同年十二月被释放。康熙四十八年三月，胤礽被复立为皇太子。康熙五十一年十月，胤礽再以罪被废黜，仍禁锢于咸安宫。

就是说，康熙两废太子期间，张廷玉虽在南书房当差，是康熙的大秘，但品级不过从五品。这够不上在廷议说话的资格，也没有举荐新太子的资格。《雍正王朝》中的康熙不是说"京官四品以上，外官二品以上"才能举荐新太子吗？

这时从五品的张廷玉，更当不起"张中堂"的称谓。清朝的中堂大人，前提是殿阁大学士，要能至少管一部。部级衙门一般有两人分坐于东西，当中是空的，如有管部大学士在场，便坐在中间，故称中堂。

虽然张廷玉在康熙朝干过侍讲学士、内阁学士，但这些与殿阁大学士是有很大区别的,所以说,把康熙朝的张廷玉称为张中堂,是一种不尊重历史的拔高。

待到雍正上台,张廷玉才迅速升迁为皇帝的首辅和百官的领班,成为名副其实、当之无愧的"张中堂"。

《清史稿·张廷玉传》记载:"世宗即位,命与翰林院学士阿克敦、励廷仪应奉几筵祭告文字,赐荫生视一品,擢礼部尚书。雍正元年,复命直南书房。偕左都御史朱轼充顺天乡试考官,上嘉其公慎,加太子太保。寻兼翰林院掌院学士,调户部……下督抚议行。命署大学士事。四年,授文渊阁大学士,仍兼户部尚书、翰林院掌院学士。五年,进文华殿大学士。六年,进保和殿大学士,兼吏部尚书。七年,加少保。"

4

张廷玉以密折的形式,向康熙继续举荐胤礽为新太子,结果被佟国维大骂为"奸臣"。这是电视剧《雍正王朝》中的情景。

在历史上,这次康熙要求公举太子,有一些值得玩味的地方。

一、公举太子的背景,是一个关节点。

康熙四十七年九月,北巡回京途中的康熙帝,接到负责保安工作的皇长子胤禔(可能还有皇十三子胤祥)的密报:皇太子胤礽连续多夜,趁着夜色,偷偷走近父皇所居的营帐,用利刃割开缝隙,向内窥视动静。

这是著名的"帐殿夜警"事件。

康熙的生命安全,受到了严重的威胁。

康熙联想到自康熙四十二年九十月间处死太子谋主索额图后,皇储与皇帝的矛盾更加尖锐,胤礽不但加剧肆恶虐众、暴戾淫乱,而且此次外巡途中皇十八子胤祄突发重病夭折,他表现得非常的冷漠,更加寒了康熙的心。

康熙虽然因为赫舍里氏皇后早逝,而对胤礽寄予特别的爱,但同时对其他皇子亦疼爱有加。他有爱子如命的一面，故而对儿子们之间的冷漠无情甚为心痛。他听闻胤礽夜探自己的营帐，视之为不忠不孝，恼羞成怒。

康熙下定决心：废黜胤礽。

这一决定，是仓促的。

当康熙听到胤礽并无谋父之念的奏报后，立即表现出后悔的态度。于是，他多次向近侍亲贵表达太子"忽为鬼魅所凭，蔽其本性……非狂疾何以致是"（《清圣祖实录》卷二百三十四，康熙四十七年九月己丑），并抬出已故数十年的孝庄太后和赫舍里氏皇后托梦为胤礽鸣冤，意图保住自己费尽心血培育的皇太子。

他还单独召见文渊阁大学士李光地，希望这位"义虽君臣，情同朋友"（李清植纂辑录《文贞公年谱》卷下）的重臣站出来说话，哪知李大学士直接问及"帐殿夜警"之事，让康熙很尴尬。

康熙还是在九月二十四日下达了废储的诏书，但，他开始谋划再次建储："今立皇太子之事，朕心已有成算，但不告知诸大臣，亦不令众人知。到彼时，尔等只遵朕旨而行。"（《清圣祖实录》卷二百三十五，康熙四十七年十月癸卯）

康熙貌似在探索一个新的皇位继承制度——秘密建储，而且表明：皇储人选由他全权决定。

康熙的心里还是想复储，还是想通过自己做群臣的工作，以大家的名义推出胤礽。

于是，他在十一月十四日召集满汉文武众臣齐聚畅春园，推举新太子："于诸阿哥中保奏一人，大阿哥所行甚谬，虐戾不堪，此外于诸阿哥中，众议谁属，朕即从之。"（《清圣祖实录》卷二百三十五，康熙四十七年十一月丙戌）

康熙局限了保奏新太子的候选名单：大阿哥除外的诸阿哥！

后来，领侍卫内大臣巴浑德回忆说，当时有大臣说"立皇太子事，关系重大，臣等何敢保奏？"康熙说："尔等在行间俱能效死，今正为朕效死之日也，不可

稍有隐讳！"（《清圣祖实录》卷二百三十六，康熙四十八年正月癸巳）

康熙命群臣要有敢于"效死"的牺牲精神，为大清王朝推出理想的新太子。

如此看来，康熙设置的保举标准：不一定是"嫡"，而应该是"贤"。

二、张廷玉有没有影响全局的话语权？

电视剧把他虚构为上书房大臣，与佟国维、马齐一道，为康熙的主要辅臣、内阁要员。

然而，值得注意的是：

1. 重返历史现场，此时的内阁核心成员有五人：文华殿大学士温达、张玉书，武英殿大学士马齐，文渊阁大学士陈廷敬、李光地。其中，马齐和温达又在班次上位于张玉书、陈廷敬和李光地之前。

马齐位高权重，深得康熙倚重，但因与胤礽不睦，故而康熙明令禁止马齐参与公举储君活动。故而，马齐不在公举现场，而只是背地里对群僚施加影响，使他们支持皇八子胤禩。

2. 佟国维曾任领侍卫内大臣兼议政大臣，却始终未在内阁出任大学士，原因是他是康熙的亲舅舅兼双重国丈，皇亲国戚。另外，他在康熙四十三年以老解任。也就是说，康熙四十七年十一月公举新太子时，佟国维只是以国舅兼国丈的身份，以奏疏或觐见的形式参与举荐，并影响大臣们的投选。

佟国维也不在畅春园公举现场。现场影响文武大臣者，为领侍卫内大臣阿灵阿、鄂伦岱和翰林院掌院学士揆叙、户部尚书王鸿绪，他们都是康熙的腹心大臣。

王鸿绪是汉臣的代表。其他汉臣，包括张廷玉并没有露脸。从成书于雍正九年（1731）、张廷玉总裁纂修的《清圣祖实录》内容来看，康熙很重视以科尔沁达尔汉亲王、额驸班第率领的领侍卫内大臣、都统、护军统领、满大学士尚书的意见，而不是汉臣。即便是李光地，也要通过太监梁九功、李玉传谕发表意见。

3. 张廷玉为康熙三十九年进士，但因其父张英为致仕文华殿大学士兼礼部尚书，于四十二年以翰林院检讨的身份参与纂修《亲征平定朔北略》，次年四月入直南书房，成为康熙帝办的高级秘书，特旨戴数珠，着四品官服色。

张廷玉作为南书房词臣，早入晚退，陪侍在康熙身边，不免深知康熙复储大计。但是，他只能停留在南书房给康熙出主意，却不能出入朝堂参决大政。

因为康熙早已定下了一大政治规矩：南书房词臣不得干政！

早在康熙十六年十一月十七日，康熙首批选中日讲官、翰林院侍讲学士张英与内阁中书高士奇入直南书房，就通过武英殿大学士勒德洪、明珠严令告诫："张英、高士奇，选伊等在内供奉，当谨慎勤劳，后必优用，勿得干预政事。伊等俱系读书之人，此等缘由虽然明知，着仍恪遵朕谕行。"（《康熙起居注》第一册）当时，张英就是支正四品俸的大臣，与其子张廷玉此时品秩相当。

南书房的词臣，是皇帝的机要秘书兼高级参谋，权势地位自然不言而喻，但，康熙严旨禁止他们干谒政务。高士奇就是因为拿捏圣意、招摇纳贿，被御史举报，一度惨遭康熙赶出京师。这不可能不为谨小慎微的张廷玉所警惕。

当然，剧中张廷玉的"上书房大臣"，取代了内阁大学士"参赞机务，表率百僚"（《历代职官表》卷二《内阁上》）的职能和位置，而实际上，史书中并无上书房大臣一说，只有上书房师傅之职，但也是雍正中期，为避免皇子之间的储位之争、强化皇子教育，才设置了上书房，也就有了上书房首任总师傅张廷玉。

与张廷玉一同领导上书房的，不是佟国维和马齐，而是雍正十年进京入阁的鄂尔泰。

传

位

康熙是不是曾经对雍正
很不满意？

1

雍正之年号，顾名思义，即雍亲王得位之正。

他为其父康熙润饰"若有遗诏，无非此言"的面谕，亦云"自古得天下之正莫如我朝"（《清圣祖实录》卷二百七十五，康熙五十六年十一月辛未）。

正者，正统也。

雍正即位之初，即便年号改得颇有深意，但还得长期面对朝野非议，直指他泯灭亲情、虐待兄弟。在他疯狂打击允禩允禟集团后，地方上依然闹出了一件事：湖南秀才曾静派学生张熙前往宁远大将军、川陕总督行辕，游说接替年羹尧、手握川陕甘三省重兵的岳钟琪反清。

曾静在信中，痛斥雍正的十大罪状：谋父、逼母、弑兄、屠弟、贪财、好杀、酗酒、淫色、好谀、任佞。

岳钟琪惶恐不安，虽然接的是密信，但不敢轻举妄动，赶紧向雍正报告。很快，有司擒获始作俑者曾静。雍正为了自证清白，与他合撰了一本《大义觉迷录》。

雍正说："朕幼蒙皇考慈爱教育，四十余年以来，朕养志承欢，至诚至敬，屡蒙皇考恩谕，诸昆弟中，独谓朕诚孝。此朕兄弟及大小臣工所共知者。朕在藩邸时，仰托皇考福庇，安富尊荣，循理守分，不交结一人，不与闻一事，于问安视膳之外，一无沽名妄冀之心。此亦朕之兄弟及大小臣工所共知者。"（《大

义觉迷录》卷一)

"所共知者"，这是雍正的政治自信，也是他即位合法性与合理性的基本维护。这部四卷本自证书，成书于雍正七年（1729）。雍正的主要政敌允禩、允禟早在三年前死于非命，允䄉、允䄉以及允禵、允祉都被拘禁在高墙之内。经历了长期整肃运动的大小臣工，学会了噤若寒蝉。

2

曾以天下第一闲人自许的雍正即位后，多次宣示康熙最后选择了他，以代行祭祀发端，继而"托付之重，君临天下"（《大义觉迷录》卷一），使他唯有朝乾夕惕、以勤先天下，才能报答上天眷佑、康熙之恩。

他甚至在组织人马纂修康熙起居注和实录时，也不忘大做文章，先抑后扬，历数自己曾经的不肖，经过康熙的亲自教养，发生巨变。

他先自曝不足。

他把时间点安排在康熙三十七年（1698）三月初三日。

康熙御门听政，文华殿大学士伊桑阿等针对康熙前日封爵诸子，进皇长子胤禔、皇三子胤祉为郡王，皇四子胤禛、皇五子胤祐、皇八子胤禩为贝勒之事，认为这样封爵不平等，提请皇上照例将皇子尽数封王。

这是清前历朝的惯例，皇子天生便是王，像康熙崇拜之至的明太祖朱元璋，生子二十六人，一个夭折，一个太子，余下二十四个都是王。

胤禛仅小胤祉一岁多，所得待遇却区别很大。贝勒的年俸岁禄，还不如郡王世子。

对于伊桑阿的质疑与进谏，康熙说，本朝太祖、太宗时，皇子并非一概晋封，还得看其贤而封。太宗崇德元年（1636）首次封王，只有礼亲王代善、豫亲王多铎、睿亲王多尔衮等封王，其余分封贝勒、贝子、公爵不等。

康熙强调："今朕亦视其贤否加封耳，岂因己子有私乎？"（《康熙起居注》康熙三十七年三月）贤明程度，是分封皇子的基本评价标准。

伊桑阿等说：创业之初，正是振作有为之时，那样封爵能起到激励和表彰作用。而今皇子们都在皇上教养下长大成才，各有贤明，所以请皇上一并加封。

伊桑阿长期兼管吏部尚书事，有着丰富的人事管理经验。康熙此次也是第一次封爵诸皇子，是朝廷大事，郑重其事，也该皆大欢喜。毕竟此次封爵的，都是成年皇子，都深得康熙赏识。

他是一个厚重老成之人，希望康熙不留下遗憾。

但是，康熙主意已决："朕于阿哥等留心视之已久，四阿哥为人轻率，七阿哥赋性鲁钝。朕意已决，尔等勿得再请，异日视伊等奋勉再为加封，未始不可。"

四阿哥胤禛，并没有给康熙留下一个满意的印象。

从此次晋爵到康熙四十八年三月再次封赏，雍正做了十一年贝勒。而且二次封爵时，还是因为他支持了康熙复立废太子胤礽，以此为功，才被破格晋封为和硕雍亲王。

这为后来雍正自定年号、标榜得天下之正，做好了准备。

3

康熙四十七年十一月戊子，康熙决意复储之际，召集诸皇子及众臣谈话。

康熙再次品评诸成年皇子。

康熙对皇四子胤禛的看法，发生了变化："能体朕意，爱朕之心，殷勤恳切，可谓诚孝"，大为改变了"幼年时微觉喜怒不定"的老印象。

好一个"微觉"，为君者讳，却是胤禛二十一岁时与王爵失之交臂的主要原因。

好在康熙后悔废储，多次做亲贵重臣的工作，甚至搬出了已故太皇太后与赫舍里氏皇后托梦鸣冤，"近日有皇太子事，梦中见太皇太后颜色殊不乐"，为"前因魇魅，以至本性汩没耳。因召置左右，加意调治，今已痊矣"（《清圣祖实录》卷二百三十五，康熙四十七年十一月丁亥）的胤礽复储争取支持。

诸臣不理会。作为反太子派主要成员的胤禛，改变立场，力挺康熙，以"诚孝"体贴"朕意"。雍正二年八月，他为此做出了解释："有人疑朕与二阿哥不睦，夫二阿哥乃皇太子，国之储君也。二阿哥得罪之先，朕但尽弟臣之道，凡是敬谨。"（《雍正朝起居注册》雍正二年八月二十二日）

胜利者粉饰"受皇考隆恩笃爱"，即便胤礽千错万错，仍"犹然照常致敬，尽己之道"。而其前次"轻率"，如今"诚孝"，都是康熙对胤禛的评价，但见态度已然发生逆转。（《清圣祖实录》卷二百三十五，康熙四十七年十一月戊子）

康熙兴奋地说："惟四阿哥，朕亲抚育。"

胤禛欢欣之余，少不了归功于康熙："臣侍皇父左右，时蒙训诲。顷者复降褒纶，实切感愧。至于喜怒不定一语，昔年曾蒙皇父训饬。"（《清圣祖实录》卷二百三十五，康熙四十七年十一月戊子）

"训饬"出了成果，胤禛却自许己功，标榜自我修炼："此十余年以来，皇父未曾降旨饬臣有喜怒不定之处，是臣省改微诚，已荷皇父洞鉴。今臣年逾三十，居心行事，大概已定。喜怒不定四字，关系臣之生平。仰恳圣慈，将谕旨内此四字恩免记载。"

雍正索性再借康熙之旨："十余年来，实未见四阿哥有喜怒不定之处。顷朕降旨时偶然谕及，无非益加勉励之意，此语不必记载。"一经点醒，便蔚成大器。

随着年龄和阅历的增长，胤禛的轻浮有所改变，不再是"喜怒不定"，却没有发生根本性变化。萧奭在《永宪录》卷一中说，康熙临终前，"以所带念珠授雍亲王"，既是念想，也是为了平抚他的轻浮和急躁。

不论他的性格如何改观，康熙第二次废储后，也没有明确选择他做继承者，后来还赋予其胞弟老十四胤祯统兵西征的抚军大权。

结合当时康熙一心复储，容不得其他皇子脱颖而出（深孚人望的胤礽，就是因为人气飙升，而遭康熙锁拿下狱）的心态，康熙帝怎容得下还不出众的皇四子自夸成功呢？

雍正登基后，要给自己造一个非常巨变、逆袭成功的帝王传奇。

4

让康熙帝没有料到的是，雍正能够顺利即位，还是自己为这个阴谋家皇四子早早地准备了一根龙头拐。

康熙五十年十月，步军统领托合齐被迫称病请辞，康熙帝命一等侍卫行走隆科多署理步军统领。

托合齐本是内务府包衣，但因妹妹为康熙定嫔，因而深得康熙信任，于康熙四十年六月出任步军统领。

在康熙外出时，统率京师警卫力量的托合齐及时向康熙详报京中王公大臣情况，当然也包括诸皇子的一举一动，事无巨细，被妹夫康熙皇帝倚为心腹。

托合齐恃宠骄纵，恃权不法，被大臣弹劾，劾章也被康熙留中不发，极为宽容。

托合齐的亲外甥胤禟无心夺嫡，托合齐便投入皇太子胤礽旗下，成为太子集团的主要成员，日益骄纵，甚至闹出了著名的托合齐会饮案。在故主安郡王马尔浑丧事期间，托合齐召集一些满洲武官聚会，议论储位问题，为尚在储位、但与康熙出现了严重矛盾的太子胤礽说话，表忠诚。结果，其言论被老八胤禩的人告发，让康熙帝感到人身安全受到了严重威胁。

于是，康熙迫使舅哥之一的托合齐辞职，起用表弟兼内弟之一的隆科多。

隆科多曾以一等侍卫被提拔为銮仪使兼正蓝旗蒙古副都统，但因属下违法，被康熙斥责办事不力。但是，康熙仍然很倚信他，虽然革去其銮仪使和副都统，但命在一等侍卫行走，也就是继续在身边当差。

康熙之所以高度重视隆科多，有不少原因：

一、隆科多是康熙亲舅舅佟国维之子，也就是自己的亲表弟。康熙是一个任人唯亲的主，儿子有嫡庶之分，亲戚也有远近之用。隆科多二十多岁就做到銮仪使兼正蓝旗蒙古副都统，虽因办事不尽心而遭革职，但康熙帝仍命其在一等侍卫行走。也就是说，康熙非常信任他，还在找机会对其起复重用。

二、隆科多的两个姐姐，一个是康熙的孝懿皇后，一个是悫惠皇贵妃，隆科多也就成了康熙的双重小舅子。孝懿皇后只做了一天皇后就病逝，但三任皇后及温僖贵妃去世后，悫惠皇贵妃从康熙三十三年起就成了后宫之首。隆科多少不了弟凭姐贵，是当朝实至名归的国舅爷。

三、隆科多的两个姐姐都没有给康熙生育子嗣，使隆科多没有亲外甥可保。雍正以是孝懿皇后的养子，拉近了与"舅舅"隆科多的关系。

同时，多重关系也将隆科多推到了康熙后期第一宠臣兼重臣的位置。

电视剧《雍正王朝》中，张廷玉貌似是康熙最信任的重臣，而隆科多却是一个猥琐之徒。

剧中设计，大限将至的康熙，安排上书房大臣张廷玉找到隆科多，宣读两道诏书，一份指责隆科多出卖长辈、首鼠两端、不忠不义，授权张廷玉可以随时斩之；一份期待隆科多戴罪立功，利用掌管的京师卫戍力量，卫护雍亲王顺利成为雍正帝。

前者是威慑，后者是利诱。这是帝王心术的刚柔兼济、软硬兼施，对付可用之人的。

这是一把双刃剑，强迫隆科多提前站到雍正的一边，将胤禛拉拢隆科多弄出的清版烛影摇红，弄出了康熙临终前的良苦用心。这，表现出康熙第二次废储后，探索秘密建储制度，暗定储君为皇四子胤禛，而非赋予抚远大将军皇十四子胤禵。

这样的场景，是现代影视剧工作者根据《清世宗实录》记载进行的艺术创造，但严重忽视了三个历史问题：

一、隆科多有首鼠两端的可能，但他能够取代康熙大舅哥之一托合齐，出任步军统领十多年，且被授职理藩院尚书，明显是康熙信得过的心腹重臣。在历史上，康熙对小舅子兼表弟隆科多的宠爱，远在张廷玉之上。

二、康熙安排张廷玉制衡隆科多，而在历史上，康熙驾崩前后，张廷玉不过吏部左侍郎，不在内阁为辅臣，但隆科多已然是理藩院尚书兼步军统领，位高权重。即便有遗诏为证，张廷玉还不具备制约朝廷重臣兼皇亲国戚的资历。

三、倘若康熙信不过隆科多，担心他临阵反水，混乱朝纲，为何不当机立断，换一个忠诚之人，力保帝位顺利交接？帝位交接，为国家头等大事，老辣的康熙岂会抱着侥幸心理？剧中的安排，力证雍正即位的合法性，却不敢彻底破坏已经背离的历史事实。

倘若张廷玉有机会守在弥留之际的康熙身边，作为《清圣祖实录》监修总裁与《清世宗实录》总裁首席的他，为何不给自己一个露脸的机会？唯一说得过去的是，他还没资格进入康熙寝宫。

不仅实录如此记载，就是《永宪录》也证明，康熙后期最倚信的大臣，除了隆科多外，就是领侍卫内大臣、总理銮仪卫事、三等公马尔赛与武英殿大学士兼户部尚书马齐。故而有康熙遗诏指定此三人顾命辅政之说。

只是雍正要笼络、分解和制衡胤禩集团势力，将胤禩晋升和硕廉亲王，列入总理事务王大臣时，将自己的亲信胤祥也同时封王，赋予总理重任，同时舍弃了康熙曾信任的马尔赛。雍正十年十二月，以抚远大将军出征准噶尔的马尔赛，因为作战不利，贻误军机，被按律夺爵处斩。从这一事件来看，他不是雍正特别倚信的重要人物。

据雍正所修的《清圣祖实录》和乾隆所修的《清世宗实录》记载，康熙临终前，宣读遗诏，有诚亲王胤祉、淳郡王胤祐、多罗贝勒胤禩、固山贝子胤禑、敦郡王胤䄉、固山贝子胤祹、皇十三子胤祥七位皇子和步军统领兼理藩院尚书隆科多在场听旨，作为见证人。

胤禵集团的核心成员，除了十四阿哥胤禵远在西北前线外，其余都在场。

而作为康熙遗诏指定的接班人，雍亲王胤禛并不是第一时间在宣旨现场，但后来赶到，一直同隆科多守在龙榻旁，直至康熙咽气。

很多人认为，康熙真正的遗诏是传位于十四阿哥胤禵（雍正朝改名允禵），且康熙生前的重重举措已充分表明，受命以天子规格西征的抚远大将军胤禵，就是康熙后期探索密建皇储计划的暗定储君。

在当时，不仅满朝都如此认为，就连雍正帝也不得不承认康熙帝一时定大计，使他都始料不及。

于是乎，康熙的遗诏有没有被篡改，就成了雍亲王联手隆科多做成的清朝一桩著名疑案！

对雍正入承大统极口颂扬的萧奭，在《永宪录》卷一中称：康熙临死前，"相传隆科多先护皇四子雍亲王回朝哭迎，身守阙下，诸王非传令旨不得入"。第二天中午才宣读大行皇帝遗诏，称"皇四子雍亲王为人贵重，事朕以孝，政事皆好，堪膺大任"。又三天后，才将康熙遗诏颁示天下。

这给了雍正帝与隆科多重拟遗诏的充分时间。

没有隆科多这一根拐杖，雍正帝是很难爬上太和殿的那把雕龙鬃金大椅的。

康熙遗诏上究竟
写着谁？

1

聪明一世的康熙，最后究竟要传位给谁，是老四胤禛，还是老十四胤祯？

这是康熙朝留下的一桩公案。

老四胤禛和老十四胤祯，也有很多巧合：一、一个娘生的；二、都很杰出；三、齿序相差一个十进制；四、名字读音相同，结构形似。

康熙四十八年（1709）第一次公开的夺嫡大战，老十四为老八胤禩打抱不平，险被康熙诛杀，胤祯的仗义赢得了近乎寡情的父亲格外垂青，让他一个贝子享受到了独一份的和硕亲王的政治待遇。而老四因为支持太子复储，被康熙直接封为和硕雍亲王。

而且，他们的亲娘德妃老了，五十左右，还被康熙破格给了一个继续侍寝的恩典。

于是，种种猜测来了！

让人猜测的是：

一、康熙五十七年，以胤祯为大将军王统兵西征，似乎欲崇其功，欲授其权。

二、康熙遗诏上，是传位十四子，而被篡改为传位于四子。"十"与"于"，似乎很好篡改，在"十"上加一横一勾则成。

三、胤禛即位后，虽然没有使胤祯死于非命，但也对其折磨，施展了最严厉、最冷酷、最寡情的手段。电视剧《雍正王朝》中，还安排雍正霸占着胤祯所爱的女人乔引娣，产生了情感。

许多人积极推翻康熙传位老十四一说，拿出了最有力的证明，就是所谓的康熙遗诏，上面清楚地写道："雍亲王皇四子胤禛，人品贵重，深肖朕躬，必能克承大统。著继朕登基，即皇帝位，即遵舆制，持服二十七日，释服布告中外，咸使闻知。"

众说纷纭，各执一词。

2

所谓康熙遗诏，无论是汉文本，还是满汉文本，都是继位者胤禛成为雍正皇帝后，在先帝于康熙五十六年颁发的《面谕》基础上增删、修改、润饰而成的，不足为信。

雍正以康熙遗诏颁示天下时，当事人康熙已经驾崩，新的皇帝大权在握，也是胜券在握，可以决定一切。

孰是孰非，我谈几点意见：

一、雍正所修的《清圣祖实录》提及康熙病危，宣读遗诏时，他不在场，在场的是皇三子胤祉、皇八子胤禩、皇九子胤禟、皇十子胤䄉等。雍正的支持者、皇十三子胤祥也在场。

倘若这些为捏造，难免会招致这些夺位的政敌留下日记手札之类，揭发胤禛即位不合法。这不但会招致胤禩一党的极力渲染，铁粉胤祥也会情感不满。

即便康熙临终前，胤禛已同理藩院尚书兼步军统领隆科多建立了攻守同盟，有可能玩清版"烛影摇红"，那也都是后人的猜测。

二、雍正即位后，曾命最大的竞争对手胤禩领衔总理事务大臣，爵封和硕廉亲王，一度是雍正理政的主要帮手。

对于胤禩的办事能力，雍正曾说："允禩为人聪敏强干，才具优裕，朕深知其能办大事"（《清世宗实录》卷三十，雍正三年三月乙丑），"论其才具、操守，诸大臣无出其右者"（《清世宗实录》卷三十一，雍正三年四月癸未），甚至给予了与自己"能与相当"（《上谕内阁》，雍正三年四月十六日）的高度评价。

若雍正得位不正，胤禩集团必然会不合作。只要胤禩突然发难，雍正也会招致群臣激愤、天下挞伐。虽然若干年后，胤禩被雍正严惩，死于非命，其被贬的党羽大肆渲染雍正谋父逼母、弑兄屠弟等十大罪状，但胤禩始终未言雍正篡位。

三、虽然汉文本"十"与"于"篡改不难，但是指定接班人的遗诏，事关江山社稷，康熙自然不会草率完成，而是郑重其事。

即便如此，那么连一个"皇"字都省了吗？最起码也该是"传位"或"传位于"皇十四子或皇四子。

故而，"于"会是使用异体字"於"，同时备有满汉文本，如此一来，篡改就难了，必然会留下蛛丝马迹。清朝已发生过太祖、太宗两朝没有指定接班人，而导致宫廷争斗不休、皇家骨肉相残的悲剧，甚至爆出了太宗原系夺立的谣言，晚年一直在思考如何立储而痛苦怠政的康熙，自然不会再次遗祸后世。

四、倘若康熙要立老十四胤祯，为何临终前不让他在京城，而让他远在千里之外？

抚远大将军胤祯手握数十万大军，在西北前线。而雍亲王胤禛奉命处理部分政务，代表康熙祭祀天地社稷，少不了赢得大臣们的支持。这样的局面，如果择储不慎，必然会酿成国家大规模的内战。

对于康熙为何要在最后紧急关头，将一度极为欣赏的胤祯调离京城，调至西北，后来雍正给出的答案是：胤祯蒙昧无知，支持胤禩，康熙不想他参与夺嫡之争，使之远离是非。

五、康熙晚年因为诸子夺嫡而身心疲惫，日益怠政，导致吏治废弛，故而需要一个熟悉政务、谨慎理事的成熟政治家重整山河、整顿吏治，而不是一个性格豪爽且冲动莽撞的胤祯式人物冲锋陷阵。

所以，一向坚持制度化办事的胤祯，也就成了他最后的选择。

雍正为了标榜自己夺位合法合理，将康熙遗言"深肖朕躬，必能克承大统"大肆渲染，既崇隆康熙伟大的个性，也标榜自己是康熙最理想的接班人。

3

但是，在很多材料上，似乎透露着康熙第二次废黜太子后，开始探索秘密建储制度。

老十四胤祯便是暗定储君。

他也是雍正上位的最大威胁。

否则，康熙晏驾第二天，雍正为何急不可待，要拿唯一的同胞幼弟开刀？

新君登极，多为大赦。

然而，雍正皇帝胤禛，却在先帝康熙晏驾的第二天，即康熙六十一年十一月十四日，将雷霆万钧对准了远在数千里之外的同胞兄弟。

雍正任命八阿哥允禩、十三阿哥允祥、大学士马齐和理藩院尚书兼步军统领隆科多为总理事务王大臣后，立即布置了一项重大政治任务：

"西路军务大将军职任重大，十四阿哥允禵，势难暂离。但遇皇考大事，伊若不来，恐于心不安。著速行文大将军王，令与弘曙二人驰驿来京。军前事务甚属紧要，公延信著驰驿速赴甘州，管理大将军印务。并行文总督年羹尧，于西路军务粮饷，及地方诸事，俱同延信管理……尔等……应速行文大将军王，将印敕暂交平郡王讷尔素署理。"（《清世宗实录》卷一，康熙六十一年十一月乙未）

一封谕旨，两题"速行文大将军王"，尤其第二次前冠"应"字。这是提醒首席总理事务王大臣允禩，不能消极怠工。

所谓大将军王，即雍正一母同胞的幼弟——康熙皇十四子胤祯。他们另外一个兄弟胤祚死得早，留下了他们这一对难兄难弟。

康熙四十八年三月，康熙封胤禛为和硕雍亲王，而胤祯只得了个固山贝子。

然而，康熙五十七年春，准噶尔汗策妄阿喇布坦出兵进攻西藏，拉藏汗向康熙求救。康熙决意西征，严厉打击策妄阿喇布坦，十月，封胤祯为抚远大将军，"用正黄旗之纛，照依王纛式样"（《清圣祖实录》卷二百八十一，康熙五十七年十月庚午），统兵进驻青海。

这是天子出征的规格。胤祯以固山贝子超授王爵，虽无嘉名，但有王者军权。

故而，雍正即位，立即想着召回大将军王胤祯。

他有召回之名：为皇考康熙帝奔丧。

他有忧乐之心：西征军务繁要重大。

他有下令之法：允禩牵头签署通知。

他也有防范，做了准备，在任命胤祯亲信王公延信暂管大印时，命大舅子、川陕总督年羹尧迅速至甘州，与延信一同办理军务。年羹尧虽为文臣出身，但颇有手段和谋略，总督四川时统管军政民事，曾被康熙帝赐予弓矢。

雍正以奔丧之名，成功夺取了大将军王的军权。

与此同时，雍正还为胤祯安排了一个随行者：镶红旗蒙古副都统阿尔纳。

《清世宗实录》卷二十七记载，雍正二年（1724）十二月癸酉，"升镶红旗蒙古副都统阿尔纳，为正黄旗护军统领"。从此事来看，曾为康熙末年议政大臣兼散秩大臣的阿尔纳，颇得新君雍正的信任。

阿尔纳奉命"随大将军王来京"（《清世宗实录》卷一，康熙六十一年十一月乙未），名为保护和照顾，实为监视和控制。

按理，雍正即位的第二天，将同在总理事务大臣之列的异母弟允禩、允祥，分别晋封和硕廉亲王、和硕怡亲王，那么，唯一的同母弟胤祯，也该被授予真正的王爵才对。

雍正并没有这么做，而是在胤祯甫一进京时，便将他软禁在寿皇殿，命三哥允祉领衔，将其名字改为允禵。康熙灵柩运抵遵化景陵安葬，雍正又命人将允禵遣送景陵附近的汤泉，并下旨不奉诏即不得进京，还安排了马兰峪总兵范时绎监视允禵的一举一动。

名曰守陵尽孝，实则软禁废黜。

不久，他们的母亲孝恭仁皇后去世，雍正打着"慰我皇妣皇太后之心"（《清史稿·允禵传》）的幌子，晋允禵为郡王，但未赐封号，也不给俸银，注名黄册仍称固山贝子。

有其名，无其实，且高调防范。

在封王允禵时，雍正指出："允禵无知狂悖，气傲心高，朕望其改悔，以便加恩。今又恐其不能改，不及恩施。"

兄弟之情，变成了君臣之恩。而施恩的力度和程度，仅凭雍正掌控。

雍正如此冷落自己的胞弟，是因为他们早已势同水火。

早在康熙四十七年十一月重新推举新太子的闹剧中，雍正揣摩圣意，由反太子派成员变成康熙复立废太子的支持者；而胤祯却为康熙重点贬黜、深孚众望的胤禩打抱不平，毫不畏惧愤怒的康熙的砍刀。

康熙没有砍到豪情万丈的胤祯，却对他开始青眼有加，从自己的内务府供给中，给贝子胤祯特批了一项常规优待，动辄万金，毫不逊色于已为和硕亲王的胤禛等。

太子不争气，日益暴戾骄纵，遭到再次废储拘禁。康熙心痛不已，不再考虑赓续嫡长子皇位继承制，而是准备探索秘密建储制度。

从胤祯在内廷荣获特别资助、统兵西征准噶尔、康熙安排允禵集团成员等事情来看，胤祯最有可能是康熙的暗定储君，故而被命统兵西征，授予储君的抚军之权。康熙可能期待他以巨大的军功获得储位。

废太子也曾谋求领兵西征，结果泄密，被康熙大范围打击。年仅三十岁的胤祯却在众兄弟中脱颖而出。九阿哥胤禟狂喜之后，对亲信说："十四爷若得立皇太子，必然听我几分说话。"（《文献丛编》第一辑《允禩允禟案》）

要知道，此前胤禟力挺胤禩得储位，即便康熙公开宣示"朕与允禩父子之恩绝矣"（《清圣祖实录》卷二百六十一，康熙五十三年十一月丙寅），他仍坚持认为："此大位必是八阿哥得耳，诸大臣又皆称扬伊好，断不能出伊之手！"（《世宗宪皇帝上谕八旗·上谕旗务议覆卷五》）

行事莽撞的胤禟，都能从康熙命胤祯西征之事看出其秘密建储的政治意图，多次差人不远万里给胤祯送去万两金银，并派亲信太监向他传递京城消息。而同样觊觎皇位的聪明的胤禛，在胞弟崭露头角时，自然心急如焚。

即便雍正后来即位后，对康熙命胤祯西征一事，给出了新的说法："彼时允禩理宜劝止允禵，乃竟不行劝止，一任允禵屡次触忤皇考。皇考稔知伊等党与甚属凶狠，特欲解散，令允禵远离京师，差往西宁。伊又不自量，不为国家宣力，乃纵饮沉湎渔取财贿，从极远之处仍往来夤缘与允禩、允禟、允䄉等，互通音闻。"（《雍正朝汉文谕旨汇编·上谕八旗》，雍正四年二月初五日戊辰）但是，他对康熙在关键时期大张旗鼓地重用胤祯，使其成为横亘在他拼力夺嫡的前路上的拦路虎，免不了恨得咬牙切齿。

虽然康熙临终前不曾宣示秘密建储的文书，但雍正却始终担心胤祯是大家默认的继承者。

皇位之下无父子，遑论早已对立也直接争锋的兄弟！

康熙若不传位雍正，
他会造反吗？

1

康熙六十一年(1722)十一月十三日丑时，康熙帝在畅春园清溪书屋驾崩前，宣布了人生最后一道谕旨：

"皇四子胤禛人品贵重，深肖朕躬，必能克承大统。著继朕登基，即皇帝位。"

这是成书于乾隆六年（1741）的《清世宗实录》卷一所载的康熙指定继承者的最高命令。此同近年亮相于辽宁省博物馆的"康熙遗诏"中的记录"雍亲王皇四子胤禛，人品贵重，深肖朕躬，必能克承大统。著继朕登基，即皇帝位"大同小异，只多了对身后国丧事宜的安排："即遵舆制，持服二十七日，释服布告中外，咸使闻知。"

所谓康熙遗诏，署名时间为康熙驾崩之日（康熙六十一年十一月十三日），而从内容来看，实为从康熙五十六年十一月二十一日宣扬"自古得天下之正莫如我朝"正统思想的面谕"增删、修改润饰而来"（王钟翰《清圣祖遗诏考辨》）。

面谕在文末标示"若有遗诏，无非此言"（《清圣祖实录》卷二百七十五，康熙五十六年十一月辛未）。斯言不会出现在遗诏中，但长篇累牍的升级版遗诏，还是在强调康熙的既定思想。

这对后来雍正为了正名自己得位之正，在《大义觉迷录》卷一中强调的"本朝之得天下，较之成汤之放桀、周武之伐纣，更为名正而言顺"，有着鲜明的影响。雍正之所以这样做，无非是彰显自己继承了康熙遗产，虽进行大刀阔斧的改良运动，却仍然贯彻执行了康熙的政治思想。

当然，成书于雍正朝的《清圣祖实录》，也基本收录了"康熙遗诏"的内容，同时与《清世宗实录》一样，详细记录了宣谕现场的见证者：皇三子诚亲王胤祉、七子淳郡王胤祐、八子贝勒胤禩、九子贝子胤禟、十子敦郡王胤䄉、十二子贝子胤祹、十三子胤祥及理藩院尚书兼步军统领隆科多。

嗣君、皇四子雍亲王胤禛，却不在场。而作为胤禛反对者的胤禩集团骨干成员，除了老十四胤禵领兵西征外，其余皆在场。另外，还有不曾参与储位之争、后被胤禛晋升和硕淳亲王的胤祐，以及有夺嫡嫌疑而与胤禛格格不入的胤祉。

宣读遗诏，主角缺席，但旁观者，尤其作为主要竞争对手的胤禩、胤禟、胤䄉在场，足以让雍亲王升为雍正帝这一历史时刻，有了一个合法的见证。

2

雍正是否重演了一次清版"烛影摇红"，这是一桩历史的疑案。

就连对雍正入承大统极尽谀颂之词的萧奭，也在《永宪录》卷一中谈及，甲申戌时，康熙驾崩，"晏驾后，内侍仍扶御銮舆入大内。相传隆科多先护皇四子雍亲王回朝哭迎，身守阙下，诸王非传令旨不得进"，而在第二天午时才宣读大行皇帝遗诏，以其"为人贵重，事朕以孝，政事皆好"，而"堪膺大任"。

究竟是康熙临终前宣读遗诏，还是康熙驾崩后再读遗诏？此为真假是非的关键所在。

萧奭为乾隆初年人，自称草泽臣，对宫廷秘事未必了如指掌。他可能读过雍正帝撰写的《大义觉迷录》，又以公开的康熙遗诏为是。而在公开遗诏之前，康熙是否曾有对诸皇子及隆科多宣谕一事，实际上不为外人所知。

雍正已然是最后的胜利者，即以年号昭示雍亲王得位之正。

倘若康熙驾崩时，并不是指定雍亲王，而是要传位于传说中的暗定储君胤祯，那么当时势力最强且改为支持胤祯的胤禩集团，断然不会给老四机会。即便他得到了掌管京师卫戍力量的隆科多的支持，亦于事无补。

胤禩不但有老八胤禟和老九胤禵的财力支持，领兵西征的抚远大将军胤祯也与他往来密切。而在内阁大学士中，马齐（首席）和萧永藻曾是胤禩的支持者；侍卫处六名领侍卫内大臣，鄂伦岱（首席）、阿尔松阿、满都护也是胤禩的拥趸；就连管理皇家事务的宗人府，宗令简亲王雅尔江阿、左宗正贝子鲁宾、右宗人辅国公阿布兰，也与胤禩往来密切。

据后来胤禛惩罚隆科多的诸多问题来看，隆科多曾在康熙朝支持胤禩为太子。他虽然最后支持胤禛上位，但对胤禩还是敬畏有加的。

胤禛在旗势力，就是与诸王公共管的镶白旗。而八旗中有多位满洲都统，如掌管镶黄旗满洲、蒙古、汉军三旗事务的胤禵，镶红旗满洲都统苏努，镶蓝旗满洲都统阿布兰，镶白旗满洲都统吴尔占，正白旗满洲都统满都护，以及胤禩在封且有妻家兼领正蓝旗的岳乐子孙，都是支持胤禩的宗室成员。

都统为旗的最高长官，职掌一旗的户口、生产、教养和生产诸事务。他们的衙门都设在京师，对于隆科多所统领提督的九门步军巡捕五营旗属将士同时有着旗属管理权，可以掣肘隆科多不奉旨调动兵力的行为。

3

与胤禩集团火拼，或者冒大不韪与诸竞争者进行生死较量，胤禛势力不济。唯有一道康熙指定嗣君的谕旨，才可以让胤禛获得上风。

胤禩势力最强，故而雍正即位后，第一时间命其为首席总理事务大臣，进位和硕廉亲王，排名在雍正心腹、和硕怡亲王胤祥之前。这是雍正对胤禩的极力拉拢。

如果康熙临终前当着诸皇子和大臣的面，并非指定胤禛为继承者，那么胤禩不会投鼠忌器，而胤禛也不敢妄动。

　　而胤禛的妻兄年羹尧，虽然在康熙六十年升为川陕总督，拥有一部分兵力，并掌握了西北大军的后勤补给，但在康熙旨意不明确时，也不会铤而走险。

　　至于胤禛"内靠隆科多、外靠年羹尧"，那也是在康熙选择了雍正之后的事情。故而，雍正命胤祯返京奔丧、年羹尧接管西北大军的通知，不是新皇帝的谕旨，而是胤禩牵头的总理事务大臣团队发出的。

康熙是否相中了
好圣孙弘历？

1

雍正得位不正，是清朝的一大疑案。

众说纷纭。

一说，康熙在五十一年（1712）第二次废储后，决意探索秘密建储制度，于是相中了老十四胤禵（即后来的允禵）。暗定储君，即不能公开，但康熙又命胤禵出任抚远大将军，以天子的规格出征西北，暗中赋予他作为储君的抚军大权。与此同时，康熙还在各个重要岗位安置了与胤禵关系密切的大臣，似乎有托孤之意。

一说，康熙晚年为了培养理想的继承者，命成年的诸皇子分领旗务，参决大政，在已有议政处、内阁和南书房三大权力中枢后，又建一个特别权力机构，凌驾于阁部之上。结果导致九子夺嫡，就连被拘禁的胤礽，也寄望通过正红旗满洲都统普奇保举，出任大将军，以图东山再起。诸子纷争，康熙衰颓，朝纲混乱，吏治废弛，却给了一向坚持制度化建设的胤禛一个脱颖而出的机会。

一说，康熙传位胤禛，是因看中了胤禛之子弘历（即后来的乾隆帝）。这一说法，来自朝鲜《李朝实录》。《李朝实录》记载，康熙弥留之际，召首辅马齐说："第四子雍亲王胤禛最贤，我死后立为嗣皇。胤禛第二子有英雄气象，必封为太子。"（吴晗辑《朝鲜李朝实录中的中国史料》第十一册，景宗二年十二月）他仍以为君不易之道、平治天下之要训诫胤禛，解脱其头项所挂念珠与胤禛曰：

"此乃顺治皇帝临终时所赠朕之物，今我赠尔，有意存焉，尔其知之。"

康熙选择胤禛即位，满意但不放心，看重好圣孙弘历是一个主要原因。

于是，另有版本称，康熙在六十年第一次在雍王府看到十岁的弘历，"隆准顾身"（《清史稿·高宗本纪》），惊为天人，于是抚养宫中，亲授书课，教以文武之道和帝王之术，作为理想的隔代帝王来培育。

此外，还传闻康熙接见弘历生母，称她比他更有福气。貌似雍亲王的这个陪床女人，将来就是圣母皇太后。果真，后来她成了有清一代最长寿、最有福的太后。

2

姑且不论胤禛在康熙最后的岁月，联合养母的亲弟、理藩院尚书兼步军统领隆科多，玩了一次清版"烛影摇红"，成功夺取皇位。但看康熙选择后继之君看孙辈，最后因为"有英雄气象"的弘历，而选择了"天下第一闲人"胤禛。

所以，雍正继位十个月后，于雍正元年（1723）八月，宣布密建皇储：他将皇四子（康熙称"胤禛第二子"，雍正长子弘晖、次子弘昀及另一未计入齿序的弘盼都已夭折）弘历立为储君，御笔《夏日泛舟诗》轴放匣中，置于乾清宫正大光明匾后，待日后取出宣读。同时以密旨藏于内务府，以备非常之时核对。

综观之，似乎康熙传位雍正是看中了弘历有一些道理。但，这样的说法，并没有被乾隆帝后来钦定的《清世宗实录》采纳。是书只是说，康熙驾崩前遗诏："皇四子胤禛，人品贵重，深肖朕躬，必能克承大统，著继朕登基即皇帝位。"而没有像明朝嘉靖、万历两代皇帝那样，在遗诏中定皇太孙来指定隔代的后继之君。

这样的选择，既是对汉人盛行的嫡长子继承制惠及嫡长孙的改变，同时又是乾隆曾两度拟用嫡长子皇位继承制失败后，改将秘密建储制度化的体现。

雍正即位的合法性与合理性，找到了最好的依据。

然而，像异域史料所称，康熙选择嗣君又指定了隔代嗣君，就严重剥夺了以一个成熟的政治家即位的雍正皇帝的择储权。

3

雍正即位不久就积极探索秘密建储制度，有两个原因：一、他有感于康熙后期诸子争储，结果导致政治混乱、吏治腐败，将清朝推至了悬崖的边缘。二、他统治初期的政治环境并不稳定，他打击允禩集团成员及其支持者、同情者，已经成了宗室王公强烈不满的孤家寡人，他要选好嗣君以备不时之需。

雍正的嫡长子弘晖及齐妃所生的两个儿子早逝，齿序老三的弘时年少放纵，故而雍正选择了老四弘历。

另外，还有一个问题不能忽视，雍正为了笼络川陕总督年羹尧，将其妹年妃所生的三个儿子，不按康熙所赐字辈取名，而取了一组独立的名字（福宜、福惠、福沛），有可能是他最早暗定的嗣君。

福沛是胎死腹中，还是生日即死，已不重要，但雍正还是按存活的皇子赐予名字，足见对年妃所生儿子以及拥兵力挺的年羹尧的重视。不料他寄予福分的"三福"无福消受天命，给了其他诸子中年长的弘历机会。

对于这些，继立的乾隆自然不甘心成为他侥幸登基的潜在事实，所以他要指示史官为其后来继位做铺垫，弄出康熙对他这个好圣孙的好感，称他最爱的圣祖与他不期而遇，见而惊爱。

但是乾隆修史时，又不能命雍正老臣和顾命大臣鄂尔泰、张廷玉在撰修《清世宗实录》时，不忠不孝地以这些掩盖雍正的巨大能耐，所以没有像《李朝实录》那样写得明白。

《李朝实录》提及康熙要雍正继位后立弘历为太子，称是康熙驾崩后，朝廷依例遣使向朝鲜等藩属国宣读讣告，朝鲜派去迎候的官员金演从清朝使臣翻译那里，得到了这样的情报。有人认为内容不受清国政治因素干扰，故而权威性强。如果弘历后继为康熙所定已然是天下共识，又何来雍正密建皇储一说呢？

只有以康熙指定弘历，作为雍正即位的先决条件，才能突出和印证弘历即位的事实，但那样就无形中削弱了雍正即位的自身能力。

雍正上台后，并没有彻底执行康熙路线。他把康熙给他兄弟名字里设计的"胤"改为"允"，"胤"只能他专享；先后将兄弟允禩、允禟幽禁致死，允礽、允禵也死于禁所，允䄉、允䄉被长期监禁。同时将康熙的诸多法令政策进行了全面修改。他不是一个甘愿被康熙牵着鼻子走的皇帝，但因为弘历在诸子中的杰出，他可以处死皇子弘时来为弘历继位铺路。

胤禛之所以能成为后来的雍正帝，主要是因长期的历练锻炼了善于治国的本领，且自身懂得韬光养晦。他尊释教道学，自称"天下第一闲人"，与诸兄弟维持和气，左右逢源，与年羹尧和隆科多交往密切，同时向父亲康熙帝表现诚孝，画西藏于版图，赢得康熙帝的信赖。其实，他一直以实际行动证明着自己，康熙后期吏治松弛、贪腐普遍、战事不断、国帑空虚的庸政格局，也唯有胤禛的制度治理方可改变。

雍正上位，完全是以制度取胜。可以说，没有他的"以勤先天下""朝乾夕惕"，深度改革，我们今天也未必能知道史上的康乾盛世。康乾盛世，实则康雍乾盛世。雍正在位时间不长，但"雍正一朝，无人敢贪"，虽然有各种传说，称其死于吕四娘的剑下，或死在春药作用，但雍正实际是累死在勤于政事上。清史名家萧一山在《清代通史》中说："世宗治国天资独高，循名责实，信赏必罚，好名图治，于国有功，以文景之治的景帝喻之。"

雍正的继立，不需要康熙以年少的弘历做赌注。

4

从某种意义上讲，康熙相中了弘历，是乾隆甚至是雍正炮制的故事。

清代最大的谎言，莫过于康熙传位雍正，乃是相中了弘历一说。

弘历成了清版"好圣孙"。

这，遮掩了雍正阴谋夺位之事，也将康熙后期探索秘密建储制度暗定老十四胤禛（允禵）一事化为乌有。

然而，雍正为给即位正名，证明自己以实力赢得了康熙的圣宠眷顾，故作惊讶，但在康熙传位遗诏中，只字不提弘历。

雍正元年八月秘密建储，主要是因为他的即位，受到了皇族宗室、八旗王公、勋戚后代和满汉大臣的集体抵制。

雍正要择立一个理想的继承人选，以备不虞，防止反对集团对他的侵害与暗杀，起到亡羊补牢的作用。他公开其事，说明藏匿之所，却没有公示其人。秘密立储的第一人选究竟是他在立储后几次赋予特色使命的十三岁的弘历，还是雍正最倚重的川陕总督年羹尧的外甥、最宠爱的年贵妃所生的福惠，已经无法查证。

毕竟弘历成了最后的入选者，成了雍正的后继之君，且时时刻刻以皇祖康熙为不可超越的精神偶像，就连在位时间也做了限制："践阼之初，即焚香默祷上天，若蒙眷佑，得在位六十年，即当传位嗣子，不敢上同皇祖纪元六十一载之数。"（《清高宗实录》卷一千四百八十六，乾隆六十年九月辛亥）

乾隆以对皇祖的特殊情感，突出康熙对他的喜爱，体现康熙传位于雍正的名正言顺。但是，他并没有在修撰《清世宗实录》、抄录康熙传位遗诏时，将自己提前定为皇太孙。

但是，生于乾隆四十一年（1776）的第八代礼亲王昭梿，在其传世之作《啸亭杂录》中专门写到康熙是怎样爱上弘历的：

"纯皇少时,天资凝重,六龄即能诵《爱莲说》。圣祖初见于藩邸牡丹台,喜曰:'此子福过于余。'乃命育诸禁庭,朝夕训迪,过于诸皇孙。尝扈从之木兰,圣祖枪中熊仆,命纯皇往射,欲初围即获熊之名耳。纯皇甫上马,熊复立起,圣祖复发枪殪之。归谕诸妃嫔曰:'此子诚为有福,使伊至熊前而熊立起,更成何事体。'由是益加宠爱,而燕翼之贻谋因之而定也。"

纯皇,即纯皇帝,乾隆死后,被尊谥为高宗纯皇帝。

乾隆精心炮制出这一出皇祖择储看孙辈的煽情戏,也是迫于形势。

康熙在他之外,还格外喜欢他两个堂兄:

一个是废太子胤礽长子弘晳,即康熙皇长孙,被康熙抚育宫中,亲自教诲,颇有贤名,曾传闻康熙会因此要第二次复立胤礽。乾隆四年的弘晳案,与此有联系。

一个是皇十四子胤祯嫡长子弘明,深得康熙钟爱。康熙五十八年夏,胤祯出任抚远大将军,经略西北军务,康熙亲自为弘明操办了一场盛大的婚礼。如果胤祯是康熙的暗定储君,那么弘明即隔代继承者。

源于此,乾隆造出了康熙称赞自己"福过于余"的惊世之语。

于是乎,《清史稿》也采取了这一神异之说,作为《高宗本纪》的开篇,貌似君权神授,只不过这次康熙回帐,见面的不是"诸妃嫔",而是和妃瓜尔佳氏一人,并将康熙的传奇寄语,加重了分量:"是命贵重,福将过予。"

和妃生女早殇,没育子嗣,但作为康熙天语的见证者,因此得福。雍正即位,将其晋升皇考贵妃。乾隆八年七月,她被孙皇帝崇隆为皇祖温惠皇贵妃。

皇恩浩荡,见者有份。

然而,康熙最爱弘历、雍正父凭子贵的传奇,很容易让人想起前明另一个"好圣孙"的佳话。

燕王朱棣发动靖难一役,成功夺位,成了永乐帝。

他犯难了,他有世子,这是太祖朱元璋生前册立的。然而,世子朱高炽肥胖多病，而次子朱高煦英武类父。

尤其是他在造反进程中，几回经历生死劫，都是朱高煦纵横驰骋，奋勇杀敌，救了父亲的性命，也扭转了战局。

朱棣承诺朱高煦：你大哥身体不好，我将立你为继承者。

然而，登基后的朱皇帝，遭遇了文官集团的集体劝说：世子儒雅聪明，宜立为皇储。您要遵从太祖的祖制——嫡长子皇位继承制。

大学士解缙干脆说：世子为您生了一个"好圣孙"。

"好圣孙"，即明成祖喜爱的长孙朱瞻基，朱高炽之子，即后来的明宣宗宣德帝。

清朝官方所修的《明史·宣宗本纪》记载，朱瞻基"生之前夕，成祖梦太祖授以大圭曰：'传之子孙，永世其昌。'既弥月，成祖见之曰：'儿英气溢面，符吾梦矣。'比长，嗜书，智识杰出"。

朱瞻基少年爱读书，很睿智，是孙辈中的杰出者。呼应了他出生时，太祖托梦成祖，此子将承国器，昌盛国家。

这是天大的吉兆！明英宗修撰的《明宣宗实录》卷一所云："仁宗昭皇帝嫡长子母、今太皇太后，以己卯岁二月九日生上于北京时，众望见光气五彩腾于宫闱之上。先夕，太宗文皇帝梦太祖高皇帝授以大圭，命曰：'传之子孙，永世其昌。'太宗皇帝拜受而寤，以梦告仁孝皇后。皇后曰：'子孙之祥也。'已而，宫中报上生，太宗皇帝、仁孝皇后心咸异之。弥月，仁孝皇后抱上见太宗，太宗皇帝视之，顾谓仁孝皇后曰：'此天日之表，且英气遗面，符吾梦矣，汝宜谨视。'自是，仁孝皇后躬亲抚养，甚忠爱焉。"仁孝皇后即成祖徐皇后，"忠爱"则为钟爱也。

朱瞻基生于洪武三十一年（1398）二月初九日，是时太祖朱元璋还在，且册立了皇太孙。朱瞻基出生前，还是燕王的朱棣作为祖父，可能有梦兆，但未必敢四处声张，唯有同夫人徐氏私语。

朱高炽喜爱朱瞻基不假，但此梦最有可能是在朱瞻基称帝后才增加了预示帝王的元素。朱棣选择其父，乃是因为他这个"好圣孙"。

朱棣爱长孙，这是世子的长子，隔代燕王继承人。

朱高炽父凭子贵，做了十个月短命皇帝。

清人修撰《明史》，多有不实，甚至伪造，但乾隆帝之所以没有授意史官删去这段文字，无非是将雍正即位赋予了皇祖康熙看中孙儿弘历、择储看孙辈的决定因素。

名正言顺，这是政治需要。

帝王之兆，原来是造出来的。

就像爱新觉罗氏家族的始祖布库里雍顺，为天女佛库伦吞食一只神鹊衔来的朱果而孕一样，也可以从《史记·商本纪》中找到最初的版本："殷契，母曰简狄，有娀氏之女，为帝喾次妃。三人行浴，见玄鸟堕其卵，简狄取吞之，因孕生契。"

雍正何时知道
康熙传位遗诏的内容？

1

得了便宜又卖乖。这句俗话，用在继承康熙大业的雍正皇帝身上，有些适合。

雍正二年（1724）八月二十二日，雍正谕旨内阁："朕向者不特无意于大位，心实苦之。前岁十一月十三日，皇考始下旨意，朕竟不知。朕若知之，自别有道理。皇考宾天之后，方宣旨于朕。"（《雍正朝汉文谕旨汇编》第六册）

这段文字前，还有一段文字，是雍正的自我表扬："皇考灼知朕之为人行事，爰付大位，盖因朕心仁慈，毫无朋党偏私，能明大义，可以保全尔等之故也。"

这份谕旨，是雍正打击朋党的宣战檄文，主要向皇族宗室们宣谕自己继承了"圣祖仁皇帝大业，若不首正宗室，何以正天下万民"。

一家骨肉，视若仇敌。

这是雍正即位之初，康雍过渡的政治现状。

雍正虽然一再强调自己素来与皇亲国戚并无特别亲密者，也善待了以废太子为首的诸兄弟，但是，皇家"彼此交相陷害"，愈演愈烈，迫使其不得已而出手处理。

骨肉相残，这一切的根源，就是康熙传位雍正一事。

所以，雍正强调：一、自己并不知道康熙生前传诏，要传位于己；二、康熙的传位遗诏，是隆科多在康熙驾崩后宣读的；三、自己无意于皇位，若先得知，自有另一番道理。

雍正要怎样"别有道理"?

是坚辞不受,还是另造形象?

然而,"心实苦之"的雍正,却为历史留下了一桩清版"烛影摇红"的疑案。

2

按雍正旨意修成的《清圣祖实录》,给了康熙临终前一次宣读传位诏书的特写。

出场者,除了当事人康熙外,就是皇三子胤祉、皇七子胤祐、皇八子胤禩、皇九子胤禟、皇十子胤䄉、皇十二子胤祹、皇十三子胤祥,以及理藩院尚书兼步军统领隆科多。

传位诏书的核心内容是:"皇四子胤禛,人品贵重,深肖朕躬,必能克承大统,著继朕登基,即皇帝位。"(《清圣祖实录》卷三百,康熙六十一年十一月十三日)

可是,作为受事主体的"皇四子胤禛",却不在宣读现场。

康熙大限将至,第一时间命人去斋所催见胤禛。

斋所,祭祀斋戒、习礼之所,该在畅春园内,证明胤禛在为皇父祈求续命,颇有忠孝形象。

近在咫尺,胤禛却迟迟不至,是待斋戒完工,还是故意拖延?

康熙丑时催见,胤禛巳时抵达。此间相差五个时辰,十个小时,胤禛的"闻召驰至",不啻蜗牛行动。

胤禛对康熙的病情是十分关注的。前一天,他还派护卫太监至畅春园康熙寝宫,"候请圣安",想必此时的他亦心急如焚。他在苦苦等待康熙久悬未决的最后传位旨意。他即便不在畅春园的斋所,也一定住在临近畅春园的别墅里。

然而,他近十个小时才至,一定是在筹划应对突变的大事。迟到的胤禛,获知康熙病势严重的情况后,在接下来的十个小时里,"三次进见问安"。

在此间十小时内，圣祖实录中并未重提传位胤禛之事，而他和兄弟们一直守护在康熙寝宫外，至少他的死党兄弟胤祥也会想尽办法告知他：大位已定，传之胤禛。

为何雍正要极力掩饰，称自己是事后获悉呢？

3

如果是康熙死后，雍正才从隆科多宣读的遗诏中获知自己是储君，那么他又为何能在康熙崩逝前，有机会连续三次进见？

一、老病缠身的康熙，在塞外木兰秋狝返京不久，又至南苑行围，疲惫之身遇到气温陡降，受寒引发肺炎，突发心脑血管病，已是深度昏迷。如果他有旨传位胤禛，而不是急召远在西北的皇十四子胤禵，一定会在回光返照中明确储嗣。只有胤禛的储嗣身份明确，他才有机会多次进见：他在为垂危的康熙准备后事。

二、三年后，雍正严厉打击反对党胤禩、胤禟，为之议罪，直指康熙宾天后，胤禩"并无哀戚，乃于院外倚柱，独立凝思，派办事务，全然不理，亦不回答"；胤禟"突至""正在哀痛哭泣"的雍正面前，"对坐箕踞，无人臣礼，其情叵测，众所共知"（《清世宗实录》卷四十五，雍正四年六月甲子）。只有康熙明旨，帝位旁落，失落的胤禩、胤禟才会表现出毫无顾忌的"怨愤"。

三、倘若圣祖实录中康熙面授谕旨传位、七位皇子及隆科多见证的场景为后来雍正虚构，实质是理藩院尚书兼步军统领隆科多提供武力支持，在"上晏驾后，内侍仍扶御銮舆入大内。相传隆科多先护皇四子雍亲王回朝哭迎，身守阙下。诸王非传令旨不得进"（萧奭《永宪录》卷一），给了胤禛同隆科多伪造康熙遗诏的时间和机会，即便隆科多统领着京师卫戍力量，但是得到领侍卫内大臣鄂伦岱、满都护、阿尔松阿及八旗绝大多数王公支持的胤禩也未必不会反抗到底。在此情形下，唯有康熙当着胤禛等发下传位诏书，才能使之投鼠忌器，不敢行谋逆之举。

四、不可否认，隆科多在康雍过渡中起到了威慑胤禩、胤禵集团的关键性作用，故而使本处弱势的胤禛感激不尽。雍正元年正月初二日，雍正帝在大舅哥、川陕总督年羹尧的《会陈军务事情请先具稿密呈折》上朱批："舅舅隆科多，此人朕与尔先前不但不深知他，真正大错了，此人真圣祖皇考忠臣，朕之功臣，国家良臣，真正当代第一超群拔类之希有大臣也。"可见雍正对隆科多的翊护感恩戴德，同时也显示了雍正把年羹尧当作自己人，而隆科多为新近发现的政治盟友。

雍正在年羹尧密折上的朱批，极尽对隆科多的赞誉之语，是真心感激，而非客套虚词，也流露出他们曾对隆科多不放心，有过疑虑。隆科多曾支持老大，后改弦更张支持老八，遭到过康熙痛斥。但是，此次隆科多旗帜鲜明地支持胤禛即位，很是坚定，让他感到"真正大错了"！

有学者质疑，康熙此前两次废储、一次复储，以及后来探索秘密建储制度，都是召集诸王贝勒贝子及领侍卫内大臣、满汉大学士，甚至学士、九卿、詹事、科道言官等宣示旨意，而此次宣诏只有七个成年皇子及只是尚书身份的隆科多，着实有些反常。

但是，康熙的嫡长子皇位继承制实践失败后，他积极探索秘密建储制度，明确表示要专断皇位传承问题，不再容许侍卫处、内阁等文武百官参与预立国本。

这是有过教训的。

康熙四十七年（1708）十一月十四日公举太子一事，就是因为以领侍卫内大臣阿灵阿、鄂伦岱，首席满洲大学士马齐和致仕领侍卫内大臣佟国维为首的大臣议立胤禩，才差点打乱了康熙的复储计划。康熙曾将胤禩、马齐锁拿下狱，痛斥阿灵阿等为乱臣贼子。

此次，他让隆科多参与见证，原因有二：一、隆科多是自己的亲表弟兼双重内弟，是皇子们的继舅，更是他们的亲表叔，亲疏都是连着骨肉的长辈；二、隆科多是康熙十分倚信的重臣，从康熙五十年起统管京师卫戍，在康熙每年离京数月中，维稳工作做得很到位。

康熙后期经历了十多年储位之争，朝纲混乱，吏治废弛，身后需要一个政治稳定的过渡环境。忠诚于康熙的隆科多，是不二人选。

康熙选择他作为见证人，有托孤的可能。康熙还曾对抚远大将军王胤祯郑重推荐了隆科多。只是隆科多恃功而骄，"妄拟诸葛亮，奏称白帝城受命"（《清世宗实录》卷六十二，雍正五年十月丁亥），以托孤自居，结果为后来被已高度集中和强化皇权的雍正幽死，埋下了祸根。

雍正是不是康熙理想中的不二人选，且不好说。他虽不情愿承认在康熙生前获悉明旨传位于他，但，他的功业，不以其在位时间短，而比康熙逊色丝毫。

谁教康熙代办尊谥，
抢了雍正的活？

《康熙王朝》拍摄得经典，首映至今近二十年，仍在不时播出，深得观众好评。即便近年的清宫热播剧《延禧攻略》《如懿传》接档，男主角换成了传说中的康熙"好圣孙"乾隆帝，《康熙王朝》也仍深受关注。

然而，《康熙王朝》艺术成分多，就是体现历史的元素和大事亦是漏洞连连。就拿其最后一集来看，竟然有好几处明显改变了历史。

这些戏份，是史上康熙王朝的关键点，不意杂糅成了更大的荒唐。

一、早死的索额图、明珠，活到了康熙六十一年（1722）。

康熙朝曾两次举办千叟宴。

第一次，是在康熙五十二年三月，六十寿诞，举国同庆。康熙帝邀请天下臣民六十五岁以上者，进紫禁城为自己祝寿。

祝寿者近两千人，官民不论，规格顶级。后来，第八代礼亲王昭梿在其《啸亭续录》卷一中专门写到"千叟宴"的盛况："康熙癸巳，仁皇帝六旬，开千叟宴于乾清宫，预宴者凡一千九百余人。"

昭梿说康熙首开千叟宴，影响了隔世之君乾隆，使之也大操大办，故"百余年间，圣祖神孙三举盛事"。

电视剧《康熙王朝》中的千叟宴，显然不是康熙五十二年三月的那场，而安排在康熙最后的岁月。

确乎，在康熙六十一年正月，六十九岁的康熙帝，为了预庆自己的七十万寿，欣然在乾清宫举办了第二次千叟宴。

《清圣祖实录》卷二百九十六记载：康熙六十一年正月"戊子，召八旗满洲、蒙古、汉军文武大臣官员，及致仕退斥人员，年六十五以上者，六百八十人，宴于乾清宫前，命诸王、贝勒、贝子、公及闲散宗室等，授爵劝饮，分颁食品"。

规模小了不少，而且参与者主要为八旗中的老人。康熙命皇子皇孙到每桌向每人敬酒。编剧读到了这一段实录中的史料，让康熙当初下礼遇诸老的命令，金口玉言，演绎旧事，但把乾清宫前改成了畅春园里，地点明显不符合。

剧中还特地安排了康熙名相索额图、明珠带枷上场，单开一桌。他们是"退斥人员"的代表，并安排了康熙不情愿地与他们隔空敬酒。

其实，历史上的索额图，早在康熙四十二年九十月间，已经饿毙于宗人府禁所。而与其权势相侔、如同仇敌的明珠，也在康熙四十七年一废太子前夕在家中去世。

索、明二相没有活到康熙六十一年，就连第一次千叟宴，也没命感激涕零地出席。

二、熟读"二十一史"的康熙，自许中国皇帝年事最高者。

剧中康熙称自己"临朝听政六十年"，着实为在位时间最长者。就是算上他的孙子乾隆，他也是中国皇帝中超长待机的第一人。

然而，他自许"年事最高"，还是有些对不起他熟读史书的知识面。

康熙帝自幼接受中国传统文化教育，长期研读史籍，曾自豪地对大学士说："二十一史，朕皆曾披阅。悉属笔底描摹，无足征信。所以读书与行事，截然不同。尔等以为我读书报皇上，亦是虚文，务在各尽心勉力，庶不致有误天下之事。"（《清圣祖实录》卷二百七十四，康熙五十六年十月庚戌）

康熙说书上所载，已然无据可证，但他该知道，在他之前，若不算传说中寿享百余年的南越武帝赵佗，比他年事更高者也不乏其人。七十岁以上者就有十五人，如汉武帝刘彻七十岁、吴大帝孙权七十一岁、唐玄宗李隆基七十八岁等，就连康熙赞誉"治隆唐宋"、顶礼膜拜的明太祖朱元璋也活了七十一岁。另外，南朝梁武帝萧衍、武周女帝武则天、南宋高宗赵构、元世祖忽必烈，年事更高，都活了八十多岁。

皇上万岁，自然少不了要对从前古往今来的皇帝的寿命有所了解。

这些，谙熟古史的康熙帝不可能不知道。但，编剧却安排他自我"有误"，在文武大臣面前倚老卖老，也卖了一次虚夸。

三、康熙老早就替自己代办了尊谥，明显抢了雍正的感恩活。

谥号是为死人准备的功过评语，或褒或贬，但没有活人早早地为自己盖棺论定。

然而，《康熙王朝》临近结束，因为容妃的死，镜头切入康熙的景陵地宫。

康熙元后赫舍里氏的梓宫前，灵位上写着"孝诚仁皇后"。

康熙命人开容妃的棺，情深义重追封其为"孝慈仁皇后"。

"仁皇后"，对应的是"仁皇帝"。

《清史稿·圣祖本纪一》开篇云："圣祖合天弘运文武睿哲恭俭宽裕孝敬诚信功德大成仁皇帝。"仁皇帝，是康熙的谥号。

但，这个谥号，并非康熙为自己准备的，而是后继之君雍正帝为大行皇帝追尊的。《清史稿·圣祖本纪三》临近结束，记载："雍正元年二月，恭上尊谥。"

雍正为了感谢康熙最后选择了他作为皇位继承人，费尽心思，为先帝康熙挑选了一个足以荣耀千秋的庙号和谥号，以"仰慰先皇付托之命"（《清世宗实录》卷四，雍正元年二月癸酉）

所以，他在康熙驾崩不久，提醒王公文武大臣大开脑洞，引经据典，"谨按《传》云：为人君，止于仁。《礼运》云：'仁者，义之本，顺之体也。得之者尊。'《说文》云：'在天为元，在人为仁，故《易》曰：元者善之长，仁者德之首。'大行皇帝，体元立政。茂育群生，以义制事，绥安兆姓。史称帝尧，其仁如天，惟大行皇帝实与并之"（《清世宗实录》卷一，康熙六十一年十一月己酉）。

雍正要大肆彰显康熙皇帝的"圣心仁爱"！

雍正元年（1723）二月己巳，雍正皇帝率大学士等文武百官在太和门行三跪九叩礼，供奉册宝，正式"恭上圣祖仁皇帝尊谥"（《清世宗实录》卷四）。

康熙成了圣祖仁皇帝，他的已故三大皇后，也就成了仁皇后。

这是千年礼制，也是政治规矩。

如果让康熙在地宫看到"孝诚仁皇后"的牌位，明显让他越俎代庖、提前代办。

孝诚仁皇后死于康熙十三年五月初三日，最初康熙给的谥号为"仁孝皇后"。《清圣祖实录》卷四十八记载，康熙帝于十三年六月庚申，身着素服，御太和门，遣和硕康亲王杰书、庄亲王博果铎带着册宝，至巩华城，册谥赫舍里皇后为"仁孝皇后"，第二天"以册谥仁孝皇后，颁诏天下"。

雍正正月壬寅，敬生母德妃乌雅氏为"仁寿皇太后"（《清世宗实录》卷三），想必是受了"仁孝皇后"和安厝康熙梓宫的寿皇殿的启发：合二为一，顶级崇隆。

雍正先为"仁孝皇后、孝昭皇后、孝懿皇后尊谥"，拟将"仁孝皇后尊谥曰仁孝恭肃正惠安和俪天襄圣皇后"（《清世宗实录》卷二，康熙六十一年十二月丁巳）。

雍正元年五月，仁寿皇太后病逝，大臣们又忙着取谥号。六月甲子，礼部提出意见：康熙尊谥仁皇帝，而"仁孝仁皇后谥号，仁字重复，谨请改易。恭上尊谥曰：孝诚恭肃正惠安和俪天襄圣仁皇后"（《清世宗实录》卷八），雍正批准，实现了"四后同祔圣祖庙，尊谥并加仁字"。

也就是说，康熙生前，多次至地宫凭吊诸皇后，在赫舍里氏梓宫前，看到的是"仁孝皇后"的灵牌，而不可能看到"孝诚仁皇后"的字样。由是可知，康熙即便追封容妃为"孝慈仁皇后"，也是后人不遵史实和礼制的杜撰。

编剧借康熙的口，送容妃一顶孝慈皇后的桂冠，该是嘉奖其力保废太子胤礽，将不是己子、也大自己不少的继子视同己出。

康熙称容妃伺候自己二十七年，即康熙三十四年左右入宫，年龄要比生于康熙十三年五月的胤礽小，但，继母的身份，让她对胤礽充满慈爱之情。

然而，孝慈皇后的殊荣，不是随便可赠的。史上只有两份，一份给了明朝太祖的马皇后，另一份给了清朝太祖的大妃之一叶赫那拉氏。

这都是开国皇后。

叶赫那拉氏，为康熙皇帝的曾祖母。天聪十年（1636），康熙祖父、太宗皇太极称帝，尊生母那拉氏为孝慈高皇后。

电视剧的安排，明显是让康熙出了不谙国史的洋相，闹出"不忠不孝"的丑闻。

至于康熙安排张廷玉为容妃撰写本纪，是枉顾了本纪专属皇帝的历史常识。

另外，让康熙驾崩在乾清宫朝会上，也算对实录所载的康熙驾崩于畅春园这一史实的一大颠覆。

图书在版编目（CIP）数据

康熙奇局 / 向敬之著. —上海：上海三联书店，2021.5
ISBN 978-7-5426-7364-0

Ⅰ.①康… Ⅱ.①向… Ⅲ.①康熙帝（1654-1722）－生
平事迹－通俗读物 Ⅳ.① K827=49

中国版本图书馆 CIP 数据核字（2021）第 043051 号

康熙奇局

著　　者 / 向敬之
责任编辑 / 程　力
特约编辑 / 肖　磊
装帧设计 / 鹏飞艺术
监　　制 / 姚　军
出版发行 / 上海三联书店
　　　　　（200030）中国上海市漕溪北路331号A座6楼
邮购电话 / 021-22895540
印　　刷 / 三河市延风印装有限公司
版　　次 / 2021年5月第1版
印　　次 / 2021年5月第1次印刷
开　　本 / 710×1000　1/16
字　　数 / 281千字
印　　张 / 31

ISBN 978-7-5426-7364-0/K · 632

定　价：59.80元